海寧市史志辦公室 編
主編 張鎮西 副主編 王亮 虞坤林

王乃譽日記

第二冊

中華書局

光緒二十二年歲次丙申正月日 撰之

元旦朗晴。黎明未先世叢家先起，具衣冠，齋佛樓龕，謁祖先，賀年合糕。

即往行南城沿途入關帝祖廟燒香，又北大城隍廟均行禮，乃返。廣生蘭坡往拜一弟宮，

坐久之出。（赤生來未值之）今之見年別，轉由双廟往見四姪，田領壽來走廟宮，過訪沈生漁溪泊人

一語，又入天后宮瞻禮而歸。夜半睡一覺，即過迷不已，夢戌十時安寢。

初二晴。四鼓起，後請盥，盥后化灰匣，到去到后一過，恆於飢離子與祥勤談，又中路廣生云洗收。

至后飯，盤查金為去一單，並及騎馬，即向諸人又去往一二人，促差而他家每人分送之。

美后規排，收撤收拾，好是能粮作四人相宅謁由搜，只仲夫禮香，請歸一起，鼓了未新。

初三晴。上午黃炯桐君來拜，談心同飯去。未刻同伊往海旗遠山，幕使遠來。

樓上大楊柳風來，茶條向西，棲棲樸蝠，半一心庵往。 棲之萬謹記

此外十八家土地廟迎至大舟小帖十七帖聆看，久之由都司前歸。小雨旋來。

謁賀來者十許輩，答謝之。靜兒出賀年。

初四日　晴。早田榮吉來，隨至西門盈賀年，隨紹仰往陳蓉，又見廣光壽，即回，訪家來諧解，謝之。午後即鍾偕携衣冠之葉宅，賀吳人杰，謁文舜神主，賀許四嫂，並與丈談意。姚樸庵因狂倩自長來賀，因與欣賞共話，市讀久情。少間出到店，勿了，雲約亭過松風茶店。下午出吊潘二行，辭去二友，又加楊達夫一出不歸。夜葉敬湯將欣此屯店事之不堪，多懼。久之往雲程大成烟，又入秋農宅，謁吉甫子湘事，及夜回店，飯後話人，供接財神。余見其友之讀吟，於松宅不見，與桐君與孫成語，久食口酥，並烟，似世情之冷暖人而之變。遊家園之不振，慨然者之。別去，轉店，往惟被鏗鑼鼓而往，慎與方四嫂該世子不肖，君欲將此店頂倩余去，轉須之四千元，倘伏出計約千，日內市四千。葉漂然快也。半年情若巨，此其未由得然。設新做少易，此許做彩于以矣。匡扶又兰二兒周達夫。又見沈劍秋挂入店，食後話，伊說從了并無八了，先人面以難，似柳新犯其情即

善心自生耶，終不至与好惡之也。久之，吉祥宗鼓樂喧鬧，我店辦並人亦費，故余煩惱
歸，已二更矣。　付許大貴二元，付烟鈔一千卅
初五　雨。晨，吳理文姓印翼來，爲薛詠友，亦未曾謀識，久之，作書与湘伯、姚樸庵、潘伯欣
内弟公玉賀年，留膳，閑話良久。三點鐘，大吉坊坊格，今別余，九點到店，在店空下
恒瑞与讀四店，飲陳甜梅酒，又至店，照常辦事。　初六　以事不暢，依然就燈歸
初七　陰雨，竟日不出。經者三弟爲商押款事，而吉事未了，殊覺不便，依然可憐伊於且
爲此，視之難特，伊昨過去，陳鄭若未曾見，伊必大來說，然後定計。實予所說，桂軒欲爲再
讀予所類料一遍，一遍五陶，吳味素，無見靜業有感，世蒼茫，言一部，觀之爲孟山鄭陶慮
一厥著真外人之侮，改用制度，晚步之特我圖，積者甚你，年從下手，乃至今請
大老变劍之役，不快，鎮雍寂寞無實，隨照日見凌侮，是大局夏然，日不下，嗟嘆也
夜，孫不睡，隨飲，仍不睡，二鼓上床，不成寐。　大概好　又宿後長
八日　陰。晚去到店，又至五石家，看伯和、岫雲書，出冊閱，小半爲佳，久之，不敢書四店兄
當江錢照諸店用人事，　達錢一包，說爲子知，手佛明日趙吳云乃

令孫媳歸　夜飯後寫詩　餘作記　予伊帶往為靜了也

賀雌歸　靜佳信了　伊云云吳楷西村回　玉重寶先生來賀　三桃來賀　寶學從　予靜伊令貝大家

閒飯後再往廬乃對　徐鼓坤往綠為其之姊之卿來賀　而云欲云剃頭　云云勝之桂

軒以語收借　皆伊著　沈益三即請其　即與伊言之　桂軒來　留江來　伊告盤店盈餘

狀　便飯　王雲往　抗信晉申振　李叔赴傳儀卿　小村則之　留江言恆泰不能讓余之即

允云收　空云論　乘日歸　令之靜致村莊　後壽卿雅作詩飲

初晴　早出至葉氏尋丈覓　到店約留江至匠遲　即與其盤帳　除官利盈九百〇吊財之

二百　玩將作璟元原却　為買滬新入恆瑞　村至恆店飯　至滬買易小洋廿入　並陳又不見之民

缺至再售年情不向　却于偶樓作兒果尚再校對以一串之　陳作殊陳陳沙之成之恆泰留之

和將若伊將單並湯及揚排李去係一之紙店　入桐宅與保成未董其而回　桂軒來不

值所請後著沈友乎　夜出靜住寶生玉重令之天后宮南猜燈謎　又之米紙店

回中三枝　一江東叔聯字一幅　更治飯　寫名學問　兩頁　不請東之來字文

乘掞弟来，留復飲。　子受秀與世兄亡。　代子雲寫帖作詩文存信。

初十雨。晨子研来，云作岳母忌辰。小夜内姪来，語文指不得已者，殷太親丈說三丙日男以廣生

店屋拆五十元許，三嫂允勸之，至冉出列店，送慎瑞兄、陳景雲日本鍾楊来，為衛四

店飯。發意往鑒，三丙男欽丈来。二房柄余函紙四了，送陳廣兄，追伍辞之。再因其久

之，三丙兄至書借光緒撥成伯熟諸士。　潘臣来詞館，子桂軒未留，又閱省事，吸烟，談心，寢。

十一　庭膳伍撤，巡至更許去，寶生至，更打牌，余視之，久復飲。　以上十一、十二等日忘記一日

十二　細雨。於澂寶生至書齋来，午出之，枫比飛至，黑久之，歸成語。余歸寺，方入書室，益覺頭脹，於西扛

為芙坡也，蓮衡等至，棠、余至西，至店，知伊殷往杭，兩人来之。樵山因年少，拜弱，使硯夫去，樵

家存積元，盛来訣，西詩日至，冥市，黄廿十二朋盒一只，恒記一錢四入，桂軒宅，伊有兒，余吸烟久

二郎歸如，蓮衡来賀年，謝蓮燕三紙。　子俶来信，語蔣子研不識中國，陳為快之至。

伊不肯樓引之好耶。　夜雨復出　陳壽卿太翁七十壽，余備礼

十三　晴。子研来，語留飯去。田恆森来，至廣宅未賀，因吸周莊，順蓮華往上之紙

旁夜與宛卷回憶素彩并於陡子雲　子雲亦田往蕩楊石庵社狗屢只柏飲丁庵

睹雲因談時務至二鼓始歸

十二日陰　菁晴　起遲　子雲持子淑信并瓶料紙來，子淑爲抖款，因留欠飯，隔頭二鼓

端甫翁叔招九弟相二首，詞來談，留之同飯，飯未辭。子明來，又同與宗緒弈，燃四子

燈後完　高談矣　玉書寫生打米完工　作代書生　陳廣生料理明晨也　四卯食　玉書擬廿租

料以市炭等爲赤次第挂號西馬，爲三六批照將子康款議　如望以用其三四月月六元與俶

往於蒸中爲何病所羅致　仲甫以爲云見詩不佳，益於畫字款　下　壽棠云云　林軒

擬作文事會書二十　并請雨林世兄夫靜見仲甫作廣詞，於今有貲因借仲甫此

松風茶錢廣生知照子雲所不請狀并問料以網由于湖大全印向雄　元盛　印吞呂段

須自往硃擬存，接沈瓢甫硃函，爲料秦恆所之屋址　仍未請答　在客在松風去

讀文集稿之菽芦原存者不見之書甫和同全挑出逐与件甫話歸已夜
市肉惠魚二斤十三文　到園未賀不值　子研亦到典家
元宵　早晴晚陰雨　晨為朴德讀十餘　靜作廿餘筆為書松姑頌　喬桂軒　作詩篇　沈萬侑作及午
子雲持帖請　粹甫陳余本作子政代　伊子乞代書　又三紙　間之內兄　俱伴俱聯不往　只午　又土堂長情
張景子研來共話書　桂軒亦來談　乃至天以兩　不起北去市　宋仲韜知与共說謎　樵軒作新有
心思食點　米來換應　錢甫至　余以兩四分應　山日續友去歸大識　人亦來室大聚　夜飯後持柳至
桂與桂燈謎　猜得一枝即歸　雨至店　累僅三常生一稱大　乃詞情形去書即時去　以寄相　不能作字
冬之仍吃猜謎而回歸　夜佰留江侑陳應情形
十六　陰　早雨晚　子研到　午後臨董其昌蓮花經六經義務函寄　地圖鄉調到店知樣張元戴仿
由俱案判賦已看四夜往程閱之大夏文意即證　罷未往第一不應將命付坊武家元武為有
理其座村四遠四日來不應全長追摘　及令信不自去似著學生村騎以而歸金錢捏忍之志
致四略之責備伊氣竟即刻往催冊全余往余拜　伊猶往且經夜　事挪應有且去理
日來待年三內兄退知去購苗之石錢詞之會捐著与據縣守去　耕八亦來余

寸虎大诟買之假，然書既無所據，即一言信市土段，李春甫一只開讀一己，不拍只福来書
兄來又茂日岡四面之歸与朱補空說田。夜郭但倩諸一打掃，访虎言下之率，约一印四。
稿生家避于城街，傭任乞字，宵及復地并談余作義盤字。
十七日晴。早硯夫來，除油借出，不肯遵，元盛共情。既已出庄，將一信四通印寄，夜長茹，交言二計，書載
紙硯料作書，未茂筆，乍過來到店，与廣甫三讀者，取筆，那漢法本，付洋五元又角
仍用买通貼，因怀，府丈全恨，咨生。傳備韵之为侯之又名家一贝，此雲揭月咨应之角
名因有石附代渠，五元即就返之。伊等附和，余出到店，詢一切，見常夫，报茶談
久之，田即象對，明嶽字，晚归往宋家，稱至。夜精神草炳，内談桂之枝
十八日晴，夜雨。年來烟，怀。為王碑備雲梅册窗換論。暮甲寺靜作也，林所根飲饒花
[redacted]遂。夜镜甫之入，因旧诸偶陰，朱滿歌竞决，萬之仲甫，蜀事，許春林，以名之
某雜便。云二十老鉄别，有閑，客日间有三遍，那为测，冲沉，渭云雅仿，阅货指局事等
八帝往多钦，石碑未已，而更微雨來。归後錄。
十九日雨。是日失官阅印，与师閒復，静觀堂是日到館，沈林之字海泛，守備，一所諸也，早与四

料，健兒亦稍稍附帶紈絝揚鬼未學莫 周氏家舟租二元，因去年作記今年不管云云。又念人心
可為之寒。作寫梅菊竹蘭四條幅，甚為大雅。下午略招子祈來揚談移時去
二十 陰。作屏二幅，一柳桃及燕，一蘭蝶梅石，一牡丹蝶蝴未半，下晏坪來，下午於孫至晚去，到店知翠棠
到 陳人自為不協而知而非始告之云云。下山叔生附函試贈之，之買積貨着之今為下流，此子不知不整頓其心而詐
明來復開之 又弟信，款余云族一姻家建大，諸人不候有聘也 陳翁知至市舟間，即來作一函怪我
市兆梅而旅 欣懷舒第二升[illegible]附伸謝，款十二元，去四方
　送往新舵祖母像 生記 媳往羯飲
廿一 陰晴不定。致寒作陳莲舟信，又寄四帽來，知翁叔已出 書出見樹人兄生下嫁為但難致
楚高静兄信，隨及三桃附帽子。下午知翠去，下雨來往楚館宴友子 四仙貨予，我到商利，四買文元[illegible]
付家土二元，一匹石硯四八子，去南米店見君為說，居予陰到店，匆匆歸
廿二 陰。為子函孫莊，舜舟下款廿八帳用理。晚莲莊往義生兄前大，佛户云許大料渠舟困訴訊
租狀，令伊往看奈到店，知翠去候，付于雪田于元茂前大未[illegible]渡之，紅兄孫耀，而知為二千[illegible]未久
不[illegible]，晚 排刑，送致書到店文合，大雪入[illegible]瑞 談店，談擇 取米狀，一兒[illegible]書四頓[illegible]

封燈归　将屈道永方生

廿三　阴晴半　送孙耀伯子将礼不收　送王石柳、极二家帐礼　写莲花经单来刊出　颇极相

乘戒约赴吴山谈久之　入蒲厝室　出数剂画扎示　面瓜排金　欲取文数字　方恨不知自

量　青列店主城我取不见　市中诵一二十年　大孩恒好之　若太来叙之　是不冠之　徐又名宗

贺将县见烟雲　又与王少英揭子　谈中间册数独友　皆至入席　余屏以饮　八点见共赏

陈有为居张卿、朱玉老子及石孙六八廿八饮茶　初料店挂灯归　后饮

廿四　晴　上午修莲香经来刊出四幅合装加表　所并玉来信石柳寿　租船已安善接但

周六已阅他所许其列帐送玉重月租千当付押　极该一二元尚可　后说岸去　晚出之店　又之

北入行与大及三两种　主三两元　君合昨写出　谕阴漆作漆对　一元偈说回店　知所写刊布主不

第刊乃后画字　后来申秋阅报　知俄京日[illegible]员三百死　种种　忽周之重送所玉溪去

余六重归已在矣　又去前之谈　与周六十来店

廿五　晴　挨对藏将君旧对检大资作修帖　写字来之作　并子出之大东门山望见三见

菜诺汲侍头十排为之　与广见饮了元　匹不顾注租船大帐　所出房门来宗设借角

伊居平平而于予致得罕見先手國情情久久離別一要相居見陳伸甫伊爲機深詢之乃
十年前色為探三年前之懶来訪余同仰也到居百具布来良友兩直而用八不至
王室不啜往実山相見已借住而係架已客舟則伊仍往六合住不時予恨一直成来
詢栢仰作已跌勢角由此出楊而偏

静見成而廣居萬苦呢七尺余斗么於天素角細七度三抄節叙歷已十元餘
其兩平致四物条四而土而喪已聞託人之不肯住而之深性拜之仍男王墨
子根根老日不出陪甘蓮莊經粧去用筆又作園倒錚長跋畫之子研求一
為説該人陡予予恨倩作挽聯以祠去宜生信国
花時侍帖匠半月作陳子壁莊陌友達鋼鍾老跋不起萆不去楊隱更疏之加如
林来午後去居仰為陳地加押抵俠詩予而至高之予收侸為然棄謀之鄧臥余怜
任芝甫不許不多語入恒論一局以至六出此門日予再不得許陳留居而歸
庭方外孫富其似當馬来不成席閏內子寧想中廣三門請金嘉林至

排挙在山半矣，推窗下望如盆，似于縣為勝者。

廿五晴。晨餐，示桐舟不至，既而周覧，窗向岑山勝，知桐兄食麵，理リ裝飾，用六兩，午後四時到店，知桐兄登舟，無人至，三宅與琴女來，久之，吸烟論店事，至暮回店飯，桐兄來，乃恒議，推烟下舟。開愚夜勝，考其雁與桐兄談邢家事，已三更，一覧天好，恨拾素花，與桐令之遊下究余心幅平覺一刀五十

廿六晴，未雨，夜雨，兩岸人家，抵岸于佑宗橋廣生門泊焉，上岸食麵于永茂，佳一枚。游リ崇壽寺內，禮織妝嚴，規模古，拔百年前，有一石，乘甚古。遊盧沿山脚リ返，祝氏墓，匝跌石人馬翁仲，祝碑乃正德九年而字跡半漫。近市坊焉，入城隍廟，近茶肆，罢，視雅梅茂半，韵梅大令子在深山屋，相于今十餘年不見，推剃並坂擢此，伊居近郊。上城隍廟下山，見青梅磨，一路無古跡，山上一坐，遠岫蒼然，于廣生舟リ訪乃麵，味道甚佳，殷殷相留不果，乃開往笑山，閱口抵已未刻，上岸リ半跡，梧翠真小憩，上新塘，看海塘，望崖山，煩甚，近去大時蛋，進指指，庶庶，言天后宮也。相指余，余麻摩大樟，約十圍，千百年物也。茶話，望海，又リ沿坡下海石，直直，收復，怖甚，天風吹衣。抵笑山寺，入門禮佛，從迎客，名悅靈，入茶室，壺盛羅漢字二，桐小佛為有致，一壺廿。登海閣，天文六字，御座，日■前堂見迎

寺中净洁无伦，于观澜阁憩息，品烟茗话。庭前一梅盛开，阁旁一小梅，忘其名，樸尹数枝。阁后有鸟，好似画眉，阳谐界天。得荔取罗盘探于山口，转针不正，则针转向内，海内一胜地，名为千年石。遂下山，见山上小杉无数，二人共拔三四十株，抵取已，上塔，洁白，饮啜。半而归，其行约十二三里矣。

廿晴。荔细雨，早开舟行，荔阳中于贾岸，未橹沽酒，味佳甚。市苏抵，砖已未刻，旧东南门许氏门，相入锦缘雨靴店久之。荔衣于庄，于松太洞各庄，十行收舍，合开华取看。乃行下东街，于清玉店一坐，转富汇工东街，小古物，又之华古庵，见殊未小对，不真。更之嘉晟，见士毅、叶高楼矣。旋茶于对门，天夜矣。别下，谐汝茗灯访寅宾于回春姓记布川，入睡焉。又见沈少畊长话。便回舟与桐夜话。

育朔细雨如丝，[illegible]续不一。早开桐上岸，由锦陈之聚兴市杂，桐多路访吴友梅，余入谒吉赫老翁。阔古斋见乌，说杂述情形久之。又入嘉晟，见于右三，入一芳禄，见一村吉见[illegible]读久之。

由碟橋四市趁于嘉居，因慕韓清至甘河陸里茶室吳店主沈。少知書畫，多古人詩
略能說宗晁蘇蹤，無有佳者，一衛鑄生行書一屏，書石翁、文少可、少可而輔所謂書者皆陋
朕不笑。今硤之頗為風雅，來實任不可耐者耶。不別訪留兄十人和，因出茶話久之，市上攜
蹉蹺因餃，吃烟而四舟周六市以出，棗十二斤，計之貲。又上岸拍烟，責罰桐君宗相與議行止明
日有名班演劇，至留余免焉。

初三日雨，午晴。晨雨止，風停，意買大減價市。既放舟，風利，至斜橋，已午，乃改小划船泊于此
諸橋之泊，入客，寓于館中，學生十餘輩。見一紅木桌，今見苗嘉，指之下詢，實係加其來取，舟遂開
抵海寧已三四下鐘，入桐，趁身入廬，見子昭、桂軒，又來，交卷，約先飲，來一屏，桂桂友久之
四上燈，于家邀吳家飲，拜之。知碧琴陳公泰坊，談余放歌云云。月底約十日方去，迎歇，坐陳閑不
見客，又談之一刻，揚承乃久，又云岳已請甘石教，于浦松盛云云，持灯歸，同行李宗和
玉君此錢，初一去。　靜兒廿九往嘏

初三陰。鄧木匠來做工，成作棺材攏。廣嘉祥父子來成衣，為靜做夾襖袍、棉褂，相君又到
紬棉襖回緞一，又外孫衣一件，背心一，另一白紬袄，計付洋二元五角。祥即手交之，芳夫餘由相交
到店，與蘇交碼，又春陳（託）要即借吳友合伯借付五十元，市洋由相十帳，補市實上
協源。芸舫侄來談
初四晴。岩木作成衣工作，種松（修松）移相并附領銅刀、銅簪三紙，一元廿市，一日平五千，錢由來到
出之蔡狀業大宗說合（賠洋）達衢保結，伊即可，伊允一千，另送周，後合同交至余處（殘訂可）
相桂生來見，桂妻病頗可憐，到店取洋貴（作）辭，一醉可盡。新事做寸家說店告歇（後店可）
留烟膳，阿說收歲作板告（不合）張合來評，持煙到店，閱與印票，又印乃歸後飲
早丈來共飯去
初五雨。河水平岸，三年未有，世事佈也。是日共買烟不至。木匠太多，拘木料事不清
丁卿來

夜雨。三屆天二次來。寶才來，五年不見，已長成，少壯年矣。若楳朱氏催交隊內，懇合推

吉翁來，偕桐兄宅，晤二房唐姪，送可以詐衣計二對，以禮補唐，知唐昨日向布一兄來

伯蕃和十八讀璧逗市雨，偕進見陸雲卿

爽臣家飲畢返。靜兒編成等信，夜已秋，為老書多多，無聊為詩出

寶生之卿附少寶條，看椽吉耀晚，知昌恆升集店北處午

夜讀偶論詩，教笑健兒，務解兩將撥好遜不恨

初五雨。留真作營理，木工成衣工作，木工做書箱，成衣做健皆以布爲小衣。予研朱，晉書出一

向靜安歸來，于三桃桐兄賭去，未回。而大寶之甚不知伊等以爲何。二更寶之仍不見歸，到店予

復与讀至天黑，陳煥設席，二太、小梅、芳佳俱甜粗戲。余與韓大嘉且談多飲，冬之

下午予寶之折入怡瑞，一坐吳子山說出，又拖在四飲，后遂以誰到，寫又欲

初六晴。昆渭甚[illegible]程布作枕箱，將北行。轉桐店，知靜等早回過店，知有錢某鄰人

爲新保之，圖寫謄本四，集古名刻，索以寄國，以為不至而返

午請吳姓考及山房公事吳特錢　朕伯與　祖生陳道衡五人同往　縣富一即到館
徐加來來寓取　付來押租一元以周六爲留飯去　寓中租房　起租稿付之　又一處　寫中
寫來　　我衣無作　去工付洋一元七角半　而止
青夜陽鄰陳氏罕者陳松如余招之下一帖　不至余素思欲責之　陳人說之不止大
怒不已甚至恨切　平日爲人亞判一歲中　似家來打叫　故恨大甚也
初五雨雪不正　終日不出　四鴉來取五元　印去每抱債　三元之　我亦當不計　贏千五元而止
初有孫條　使家頭作局　周六但以舟　陵膺甫　往詢屋價等
昨過花種一千紙寫
初七陰回雨雪　卯赤匠工作　做成書房一對　周六將舟操付　五十元全之　徐加來寓取去
到祖契　留飯　令來木箱結上年至賬　過清本　繞計一年　大耕　又錢利外　用之說去　著
黃舟付身存元　此生匡着　甚應君　一往千　夜與其妻喜話　　付木工一元押
初八陰快晴陰晴　結上年帳　若來到店　剃頭與　印當及　戲所皆在白局　到姚西樓吃之
目前用度益多　轉思二月　家用令另幾代店經營而結算了　此說後于和保元兒來否

往訪子欣于家，知前月為偷兒所竊，墻爲之穿，用軟梯進樓，因西樓無物，直至三層而去，
實子險危。隨与論首竊損去其衣被皆失矣。子云每見伊買烟雀筆，枯大幅
種植（如元）又有大膽，在相子家，遇逃，居至昳，需三觀。係徐柏臣寫，紙佳而字中
即霽里師

十二早晴，午雨至夜。候君靜君復來，起其衣冠，呼輿至滿叔家，入申嬸夫人留江
陵人談。字雖鍋回，至趙與鐘二翁寒暄，即辭歸。買筆，取帳五六百字，子研一來，為
論雜說談家事。晚雨，穿雨具至青井往蘭九談家，伊鋪方聞道蘇起，席錦三
年晉堂了，抵順云卿夫人葬，請客入席，二桌，汪甜而歸，雨甚，三見不忘回，又得
收帖

十三雨。臨帖數頁，不出，亦無事。

十四陰晴，未夜雨，下午臨帖。潘清來，子研來，付百元找翠戒，煊亦抗，今潘頌也，余大保
同沈晶孫者，甚微，子恨見丈市孫之來書軸，又至相店與顏爭擇匾并

我兩拓匾又云石硯田欲加利，已還我對。去文節公遺店，即與說相仲，余不能許之。余受甲箱去，信以不忘為，即歸，西上燈矣。

十五 晴。早為人寫軸，男字，福全往儀生處，次兩雜，着墨入，祗未入書，院不能，筆墨又不知難，又不知費力費錢，此所以恨恨不能為人役也。午後子研來，久之。相君來，說徐二假貝者留烟點而去。觀蓮花經即持來，綴成款當。看董帖，中刻拴斯嵐友六又七，沈蘭田六二百清對書之桂評，實間讀夜花一刻。北由阿園見二人描寫碑字，口要指該以為未羽，余視之乃不識，稍裝字，因指示之，伊說如神。見陳慈處因桂評有佳蘇齋玉字，銀二兩，已經係趙款七材林畫八幅，殊不佳，倘或有名也，偽作也。照貝為摹印小帖，實可處。不知寶藏，殊可浩嘆。書文映雪二對，又見沈薦南硯，吳大華，到店已遲，即去不過，幼見之為之拓油墨去五，沈莽見(?)一直恆往入賈墨不值，即遂回。貴景園高處相君因往見之，沈蓉琉玉照。

十六 晴。滂(?)小顆羅摩記，昨今皆余之，陳勝(?)益禁(?)，早飯趙午後洪五，齋壽老人到店

佩琴言收款五十元加錢沖賬歸。伊所欠七年以旧余食貲以後十載，向樵卿云廿邊旧匣端硯一匣書夫、翁

化庵過謁，住之，言依安世諸比撫安宗漢諸人，皆中人環聚，爭為張氏為墻壯支，要乃邀解

釋比喻，而將伊畀石公，言之再久，而不取宗。翁伯即去，談我中華之必出到底，知有私謂

莊村畫來訪，天已掌燈，而欲收之畫不得，不論狗猾行徑，亦且卑鄙，乃三居天

詩成大概，香鈴補完補來。見之筆墨大佳，即之償值亡，乃道畫宗田阮，伊不允，程窗只

之不甚大佳，直不亦完，伊猜之兩樣，諸已償，言伊所必極硬，而知為尤物，在得所最送回樣

回心甚甚，以為得佳日，但不見一可玩賞，其草草佳業，不追精，二兩為讀之，余生也，不足較義

余二三百之巨存，三兩盡過，有賞黃名畫無名帖，領悟覺狂，呼絕，既而振宗之

宗人睡矣，余故許去取，解求[?]無，不已，挑燭復玩，至再三，至三四更，又臥，復起，視，題之。吾

不自勝，寢寐思之，數十年一旦獲之，當時精，恨千萬黃金，今又二三千年，全盛

乎。祇為珠璧，一夜磨礼心胸，我亞不感，言亦即于此，必硬成也

十七 雨。早玩畫，畢，樓屏，出至店，將至大對寓，言之甚不勝，急急往，朗兄言過晚，教甫，在回[?]

觀許玉農畫畫贊之私梧羽設昨於之畫雖真而未神妙仍舊是昨說之數已足徵尤以為他日送人如十倍收利之說予乃既云此段書所付伊允諾陸教付託又向後越必送我閱而他處在作別令之袁甫家一堂到店伊云須待費票周中元另索吉乃允了恆瑞即入說清利長語學臣之片饋三四十吃食畢又入恆瑞伊等別余吉桐宗與朗生談帖即而相未說人等至書名筆余偶然說各畫舊有不敢亦人以異古極人氣他日之史語在集子玩恆不之輜恆再此而甚亢大佳收而具桐又贈程而歸乃仿陸寫一幅稍蹤矣而用筆少閑自嫌太弱太拘

六雨作畫完昨扇觀之書甚佳惟少修耳又作霧峰扇則理法俱備氣味沉厚渠師四王意自謂少得力于昨之扇又安甚之真可快心同目之觀也予初未謂否能世事局已易之晚之得翁從家猶有幾人只相居保成等廿能繼及翁業節某屏之一人物一山水一花一鳥然不似此之至足之觀而俗氣逼人不可耐且題語又謬矣

三郎去屯溪十二元，並一支酒餅點物入新房取票，後入市去屋，出上屋
許竹如，出書本，陳蓮汀，至二號金石碑版，隱陽珍父子，穆雕及岫生子初更帝
歸路泥滑，不能行，走之雖然，行過，行得滑放
夫子晚來，同趙旋去，要與兩子往肩便赴，伊一局[illegible]，得一半，託至就寫生涯
並自知入宴，已到，古人無感矣，惜出而不至，如今人受之，竟無有歉然，為畫師者，任飾
昨扇筆未完，而柏桂生表兄哭泣而入，謂其妻病亡，未能收殮，豪賒在各之處，謂定
許尚之為生代辦衣衾料，以先俾其得事，伊即去，又來，因吾請留午飯，合羅奈又去為
桂生往嘉處，生則店去，泰伊同[illegible]，便將布需又多，巧埋口處，賊多，伊付二三元，不[illegible]
為婉語店，指去郭梓元，收據至，作長談，閱羅[illegible]大東門內火，即出之，石閱畢，竟之樞下入
晚雪，又入柏宅，見[illegible]子 人品溫厚，而[illegible]，特南見樓，高[illegible]之，伊住請來，高攀琉[illegible]
見牡丹石，作山水，無題，故高其面，該家色之，不覺，君子也，免[illegible]付入，又見二美錢生，桃花
長中幅，又出土斷，漢餅，皆漢器，又出銅鏡，不佳，閱西清古鑑一書，皆文內物也

晏興段附古鈴録与綠成細之易覓 書与桐之寄花印譜 茶書予 至大東門 乔契
古小蘭三圖 覓扎順 出大東門訪沈蓮生不見与艾家說 詰將向其戾倩人蓋章等送沛
店買古鉢退以還該 出圖至畫巷小飲 食餛飩 非餅而歸 過陳 古錢市典与來翰寶閣書
抵家 內子之陸墨士推之笑 陳帖益 張攜女孫與使聯洞 仍依之葉少向全外甥女來
廿一 晴 早靜坐舒清明似來 惟太早不能捨畫說 何其狀 擬扇作畫未半 錢菊卿偕
沈桂高二人見談 雅字多為閱 乃出所藏觀之 皆真華為同心 觀古硯 嘆其年
向去反晚 為作二扇 一石居山墨揚 為訪畫圖去 過白筆墨已入古手 与名家款
頗然大附之 作以畫為贈了 出北市華未成 一至庭印之田硯田 說未能勿忽了
歸
廿二 陰晴 天半工年 作畫扇至未成 用墨映靄其實 小筆未神 但書寫瞥石佳扇下
半日毒烟 市菜秩十株 乔第一至地
廿三日 陰此晴 早 使光彩出乖 祭風塵壇 乃合之書 先于訪桐思樓 高一談而至畫 北之店久
過辰字翻一遍 深為入壇 將不至 回入店 衡中閑甚 士女繡書絕于道 神

退後乞此信送伊回，余手底只是錢穀輔佐，訴訟事卻付與伊，而今我接手辦之，又亦未
其曲周。今肆聯一元，伊亦未允，合之租田所不值，別年收一五，周兒四株少之，宜橋訪林卿
未來云，月初用洋錢，月一分，以十月底期，共六个月，二月初二百元到期，照加付八百千，說定即寫
訪子淦，談中秋花生開，梯其家，子雲亦在，說失意情，遂入城，一見淵安之相面，歸誠書一
石谷扇，如子攻。又郝圖等。荇論久，靜亦在焉，約明日看桃，而別，梯山宗。未來說
行將門地之理事，即去之，庭叔以耕。靜兒雖然不理，惟因太祖責，總不了了，將
君此人狂妄不羈，一味是自己意。訪鄒輔庭，又藉以寫住附二角。然亦此大名，作構
四月，洋鉄宵阮書，稿閱去信俱求收，應補附月，惟前再佃之書核。
西方吳之手見採訪，黃人因別之離。
廿六日，雨，早晴。晨餐後粲桐、卯香去，又致四錫、附卯、礼安之錢，呼剃頭，未辭之。又致桐君，借徐
臧玉園，話午膳後，談我家花移螺（?）。佳者吾右文二三扇，拉與覺黃，四大宮（?）細雨，候久之，去與
二子伊、文子五人，陪東南郭至大荆場茶，又西望好花多，而濃天雨，倚大乃上封壇一望江霞

葛庵來入桃源園過曲徑一路逍遙玩而行綠成陰矣芳事去速行趁足力尤倦歸余相與偶話其小
憩而回抵家即圃在焉留麵談事相與家了玉儀在去
茁雨竟日未出為健兒畫扇若研摹錢書叭扇散步一已書畫印書林詩叱筆帖店
至書畫園于玉亭達摩扇印書店又為省三作陳非卿蔭芳扇桐君未借飲叢
申錄後寄山水扇設色未定同叢扇招理之有陳秋賓在叔門延入知為蓮汀兄弟楫
二墨楣君日英求售何其庵大正筆許其一二方又說楷書宋生肯花去唐月至今假
國器為
芸晴抄款無誤作畫一長方設色不甚佳芸生之桐一方硯崔洋鹿離花作佳正九過夫一
云此入居詢之二過修蔭共新開市衣一過石硯田諦浮已申一過蒔韌霞未來吳夫舒仙
大帽林余何宿小帽又過摳下勝當5引高陞于押店兜舊鏡三不甚古一有字也
多巧仿造市之桐知之桐亦以為古也無之四已從矣
芸生友滌雲健兒以筆肯請吉飲嘉賓為齋為楷雪宗翁帶忙去

廿六晴。稍一夜抄《六法金針》，並橘園新來瑑證，計三頁。午後王硅安五尺半条，半葉書畫
二葉，至夜不辨。子硯來，出拔書信看。
廿七晴。早仍抄畫訣。午後作屏完，以慵，又作一條。檢石谷之陸題卷，林也。沈蒙生來，布衣，此評
又云：吉相桂生來講，運神佳，留飯去。訂圓未，借贈等，并生見。静田之桐店，伙人說周伯商，指為
死事。桐翁稿，衆鋪詢之。北入店詢，後雲談，又出，和源回，視桂卿，四布紙一疋，丈全之，和兄一星各
堂川晚，葉蔭莊亂緒，渥紅如，魚帰即出，遊一淮，將雨歸
暑劇第一等地，所以貶其值
8 廿八晴。早，皆寶生劇節，譚四斤，以天暖不耐，靈物卑者。蒸玫林卿來，園六换去，仍鑲口識題，屠
三夫人至，同訊。午後作畫完，昨又作扇，以有約，乃出到店，待和源，詢林之來，去，仍回店，與諸
啟生談，又見薛駿伯談。林之卿至，將所用情形說，寓居從崇開，厚記票號，余說到煙劉
出，以背底園之票陳，遊至易閣談，去，乃遊歸。 將取草作什藤花用也
廿九晴。天陰，和肯草衣來，乃將閑日作書畫收，倒桂森來乞較聯，不懂之語，只換一印，應約
圓來。子硯昇來，俱為煙相了去。晚出，在洋以千，店付補元票于和源，餘只鋪去
一揚桐店共店洋一次，洋四要，為不認中心收帽。

三十日　晴。夜雷，小雨，少寒。剛六來，定雇舟上坟，當請推明日。近午而天時雖定，美[?]腹痛甚。

十二[?]　魚蔥、市肯菜、燉[?]蹄、猪、西瓜[?]，廣足話歸。鈔余腹痛方用

硼砂研細，點服角，三次三合，未試。伊夫人亦久未

數日未。三更後不寐，閱讀河書[?]半本。

三月初一日　風雨。讀書作書，臨帖，寫六條字對[?]。　子研來，爲錯招黃俞氏湘，初四日四點[?]來，女服烟多。

初二日　早如雨如霧，午間晴。丈來，談至[?]杭[?]，借讀論[?]，後[?]來，因前夜見早[?]至[?]，明[?]神[?]前[?]

錢[?]，伯作字閒，完早，寫書[?]，晚又作花瑑扇[?]，備圖未閒，飯後[?]寫信，步到[?]店，步[?]宗[?]橋

雇舟乃議七百文一日，向[?]五十[?]百[?]因[?]，奉[?]不定。後面店房四楊[?]來，門[?]，雇[?]，定[?]，遂止。陶[?]眼[?]，西[?]

談到[?]胡[?]店[?]，保[?]成[?]，往[?]飲，又與論[?]雨[?]。　補內姪女來

初三　陰晴不定。臨點[?]舊扇稿，欲作一西[?]錢[?]扇，補圖未成，寺紙[?]信[?]日前所[?]。　子研來談

初四　陰，上午黃[?]烟[?]至未刻，　曲[?]訓[?]至[?]家[?]桂[?]，和[?]府[?]陽[?]恨[?]，明乃看花，閒[?]談，三[?]些[?]前兒[?]伸[?]

北到店，印[?]章[?]，長[?]生[?]後[?]，黃[?]庭[?]新[?]，買[?]，而[?]，幾[?]，老[?]家[?]市南市，以[?]戲[?]自[?]，過相[?]，幸[?]有[?]，之[?]

張[?]和[?]十[?]胡[?]，雄[?]莊[?]三[?]元[?]一千，許[?]僧[?]，歸[?]四[?]金[?]，與[?]桐[?]，六[?]點[?]，為[?]此，筆一枝[?]，艷[?]州[?]，作[?]此[?]，三[?]重[?]，一[?]神[?]

四遂君代目契

十五日早晴。寫畢有暇，意了研未。振吉詞兩余作完一扇册，寫小軒羅庵畫意。仍行六七成，佳

家婿地兄購畢恩趁舟殿去種賀田查橋理嵴，購大扇小十數，出以兄供購。延春寄一古玉作

兩頭形，雪孔方，紅色如硃，如龍解鋩劍，目反有兩符，篆二字未識，甚為許可。愛玩之，因之之之

四又復出之大東門外，見三兄接七稽閑話，記其錯炭并御人取炭對查，又四入吏以雨未晚歸

終日炳炬如至行

十六日雨，六日雁日周六以晚，下舟畢，周六等至。余起即檢祭品等付之。巨和聲徒步歸店，下舟轉

去六圭印開至舞梅，先至者民板去茶話，與坤三一之。四姊今七十六，二姪、一丈夫、二老甚健。御居

送伯真開小營二叔處，善長生甚宜。因令四妹印圃下舟。余等乃上祖父墳，松柏大茂，惜不

補。大少，以雨足泥濕，恐等之得不畢開。周六未城，乃放周王二船上岸，步移洋大隊，同往

王橋西首祖墓開甚飯，上祭。雨止下。既畢而尚不止。祇一發上船，又話，開回余已備一不

與壽偃息至城，四姊等去。余回，徒步，兩兄小腿發。四姊向之談，與之康錢店，錢相告以

昨畫云云。乃歸，於大廳和裁，錢俐不安。夜少止。是日宗叔來

初七　陰。臨帖，作仿胡石查畫一扇，極似。　春日不畫，遣去僕走行下　子研來。

初八　晴。作字，錄六法金針　翊園來　沈子用霖石同葉來　入夜已看書　仰之作扇書

寫花　石谷秋江圖、方方壺各一件，亦共扇上畫二株。六郎不信，擬似。余不置答。至廣三送

來一壺而歸。申末，三相宅為言以人撲築學說，余一晤，畫畫皆偽，妙指實于沈云了，詳為根

到店，梁政三兄有一炭爐，仕汲一件存店。來一學生，不知何人，薦過同市某房一部。又回店，出夜

市開鐵路。聞鄭仿為蔣開新同年，攜諸常夫話，硃店了，相見又言姿，余願歸成

書，僕花室，乃歸。夜過廣兄，與沈子用共談，頗然說，子用既借了子用見書卿

廣家江蘇之郎家，被命人極被擄，與廣說挂舒女十難，談些懷回

是日海中一大魚擱于小普陀，數百人斲其肉，如牛皮里色，身長至二丈餘

頭如象，大人多取以熬油，往觀者百十人，魚攤僅而已矣，入海則以其肝為燈油作

補舊也。其魚有云為馬膠魚，又云鯨，未定名

初九 小雨間作。作書，此舊為著色桂軒撰說之之，已得一冬竹植之之庭，已廣三株，甚暢。
殘兔大魚幅，作補不得。
辛如上，小幅作畫，此作畫一中幅為，是未完。大來，廿頁。至吏仝佩仙、徐加吏等來代
至徐炭書石條跋，詞翌吾齋付。作九角，月內付洋四塊，一未而加吏匠般，敷議論，莫夜
下豆去，前至查頒。晚又送華玉，以花大季忙至上三蒯，於晚移七元，至於就會鑠，共餘
董去會于路三夜，豪健佳，係北季侄宿和書，擇得乃使，使歸，余飲章安村，灯而後
睡飲。讀書之下。間至有女石年廾粹，往植桑，又之省押船若之，不得大魚眼，故
掛之未去書而悵了。

十一 晴。書鈔一千四百餘字，完一小幅墨，甚佳，筆亦章之。今君自語，道時無財，而世無識
我此道，知言實藏，只負教習市之路。午後四首，同其族人未語，徐將般且回，極
未張為可怪，居轄不得已，留飯，思所以留，余同以數，費張為買罪，推仰未有
者全是我行，往久語問，沈氏了，撰說相根，參之去。余此至桐，入其家，數語
華夫來，乃書此，入店詢一切，可怪。林之之小鼓，書後，恨之，許甚

至修雍船至竹行訪笙崖至樵作 看此宇四大店 雅子市斗 細筱留食開瓷

十一日晴 夜雨雷 晨静未克日擬檢點舊藏書小池以祖書附與扇云云 又新桂舟知燦說畫卑 歸成未未多尺牘付去 樞貴云云至甲出 余出六東门晤錫爵宮坐遊 余至伯宅看新得畫幅 乃說先至山頭与説託陳仍僧尤云着与兩之至只云陸云胡石查以告病回北京 去五十七外舊七千西退庞氏謝了了歲云 入城梅唐丹帳恵和 下午雨稍晴規於一小案梅葉閑逸甚而松針用墨極極如山人敵作 為之未到店到文齋居一轉又与相之書瓶 匆匆歸 又茶珍桃 又畫字扛樣 又題詩未就

十二日陰 日作書致酸首特作履之三信託静之華田信託國吉茶林 子康子雲信託花子研安蘭切璧來附各信向炭意兩速 蓋完擬送小池以祖書一詩

九茅縣雅一春新雅懷花松極楊哥即合洪譜倩伯一南何信山讀者人同題上書一扇子健庄而疏少減色 通開六合与送天 又完松夜与花大云以祝秋崖宅壽文辛樓人間不做了飲食是靜是饒下 餘年日果泉 伊云要一起之

夜與遂庚三談節松壽不甚佳也

十四 晴 晨至錢帖作橫卷雜抄數條，兩一頁。寄紙不佳，可惜。芸生約庄知印學斜

杭硯甫往江西，余不佳，知可怪也。書匯呂取廿元，和甫知往西市盘什粹一元，寸相往云

新游近京山水寸，祥云見其公祖，往環志遊園十數詩冊。夜庚史送子用書來，似

倒留已印手澤之筆，來甚佳處。

十五 晴 雨周六來，余知桐兄為書游計，收拾行李。靜甫兄今達徽來，與余論詩文，觀尺牘作

字之法，頗其一冊。即出，而來珊出色，庄暮去之桐，初與庄飯，候桐來，下舟行。閔六彩號

呼桐雲之佚。而桐埔出申，余先至亦，于慶雲泊，已三更，得是夜與桐帆談，家為余之

書費執也

十六 雨 黎明開船，望東山清翠。巳初上岸，至君大庄，與桐爺二人坐一人嘉晟，送去。訪與志廣

巳 人和與留江語，令出陳屋茶，問語。令桐來，借玉下香衛，銀家有四盒，未回[illegible]不住

道碓孫子春，正出申，又訪。花家不得同入源泰，市易物並人，保如四件

是夜好種

七　雨。由寺西西小乡错路，明路仲上山岸，同生平未到。保摩陋如吴门入书(贵)画，快快。四邢

嵗丞玉刻抵石门，夜膝陋，拈灯访田继之六丹男家，见不惶愚母懐事，備〻样〻卧

田丹似

十六日　雨。访画一晤，卧甚雅。午饭后，借桐之访子周(吗)于横街宅，入门谈笑，许观者，待吴昌之

書卿、伯云、吞、鹰云、仁斋，请江聊世现知郡，韓勤酒膳，谈〻，约二点，偕耳玉乃游访葉生(阿甚)

去城隍庙甬道，殿楣陈宝琛一七大典(横)，见寿生内院，借阅甚宜夏，纳凉垂钓也。阑读

一刻去北门，訪入生原兄、盛友生，甜久之。桐之、铭鱼、杨甫、朱仁卿、贺川、金侍〻、怀玉，偕乃令入城

(鱼)介鼓偕去訪子周宅，引入西厢，鱼玩赏〻壁间。供奉卿、芙、秋士、张子祥等四合作幅，甚佳，甚逸。

又米芗庵、吴伯滔、石卓、小仙等中幅，平〻。又两小幅花卉，石门卿农逸。健未定書卿画样西

寒暄，延茶间，请出西花阅兄之其子寅生、令子用二人，检出画轴册幅，共二三百件供玩。董

文敏兰亭(真)临天马赋、《画论》，甚逸；海岳庵图，米初橅记；又画图十余，赤壁图小卷，文恭甚

吴铁生偏楷，又楷精；姜铁生小像，改琦写，徐附尺牍，题跋，种种极佳。王广叔册

題謝中山冊 甚精逸 汪士方冊 逸格精雅極妙品 青卿自謂名家當稱隱讀書畫上

中下等(三)作者皆有(共)四冊 二書經更 戴文節巨幅 精題 馬文璧石田二幅 題 卓長十二尺冊 石精

子祥等花卉冊 卓長(人物)条幅 王石谷尺冊山水 題

共費鉴画二百餘件 半未見人者已覺舒展之煩 乃請與入室吸烟 与青卿論古 甚出玉黑

等与桐兒謹(以)餘(之)不識 他謹桐兒去 玉相示 不久之後 步觀各種 其次金溪寄玩此中 及至方二

冊真妙極也 請收田石(云) 徐石沪卿山村望藪大高傳來再 去示子 鑑之 留縢窗韓之 子閑送之

朱寺前田舍等以幽雨下冊 在畫齋屋

桐四舟本擬約游福嚴寺 而(以)雨故並閏人之 南門子趁 繡桐及路計 青夜放舟南門 同馬高

橋下 取柁小李以俟舉之 四鼓 擒舟聲來 乃喚橋白船第小過小李 与桐作别 下日晡子抵沪

四舟泊居家而臥

十九 陰小晴 早石門閘 舟從大壇由崇福高橋入滬 過周王廟 飯 抵郭店 知黄梅庵有钓舟子欲观

請計羽城尚早 及抵棲观鳥雕佈紹興 新雕調与照行甚異 觀之久 飲後而回 觀亦一佳趣 及半乃

南城拉牢已晡罢拉り李上京到店詢一切萬□惕封事作信晚芝樹今夏付桐寫之五十元並言上
觴仍形拉家得使矣
二十日雨寒甚本了甚雖畏寒畏冬藥之眠終日大家等候之眠蓋大約限度也晚來未食而睡
字信余舟欣欣往詩抗寺病甚研國之集竟日作書五百字作贊應注了方以中便五岳册
是日一東北字筆及鍾禮成作盆盤入倨成之論書冬之伊拉忍腦食筆至此之誠非乃由
廿一日午細雨蒼陰
作安五夜有書入精華庭玉神化之境况林之前夏圍扇京畫又一面扠歡相書極佳用墨如戟戟用
筆如松影惜太嫩耳陸墨亂華廣竹極似少仕帖訪桂軒不值疵邊廣兄語伊病之食書賴子
用雨至西
廿二日晴晨靜未備書題去作書二百字即代廣兄致南信述伴侯清自來余致謝涵觀各點之
廣數十之計三家楷一家行書無字向均小能工也乙陳雨家又見錢書任此寺房之有
為容而藏之乃約其並至弟昭房或出寄房者語燦夫人畢觀音及陳氏羅漢大幅阮仙亂佛
陈鄒了借廣兄去一在閱卑之四作紫门小册數况厚意遠自樂猗欣賴無色古于招見四

瑒持西湖作諸暮子所藏，而跋處與居，高余所錄墓志佳，但只臣之多人如其樣，刊店只的
只粮四一道情極，買樹人送帰美矣。应付錦小冊五元，亦不寐。

廿二　晴，日午日暈數層，壽徵也。是以不寐。一至地，渴陸近送聯至，付一元，收董此山獨文查回。
瑒來請乃全書一，此奇輕陽房館重出石谷小卷，竟悉似石西入目，亦為呆摘回，到店与印真字清宣
特我余八元，又去五元，去月至有女止，計二月半一元三分，乃送府店陳恩元中一月，計四又二存息陳子抑一元二分。
抵是在熱羅匠跋同之，計真十元半。而此炭備帰並著為屬，四瑒歸往集，余為定恬至行移与丈
詩炭猶不能暢讀，一讀畢，把十具奉陽四店趙筱抖炭与樹之一見筆人祿家韓帖冬帰畢
作占新董諸般亭派景甚不佳，只西明日完，然此種与余張浴走遠也。
收藥清出二筆一畫筆出六一，攜理整理。

廿四　雨，夜陣雨，早靜來云此著詢汎楚卞余行过，不知只果錄初書也。剃頭，余爺淑粥把手具奉隔
付元久石斗　寫六法金針二頁，并鈔題畫詩，作占整塘潑景小冊亦完，知粥著演雜張未科
中刻出列出一視遇，無人鼓十葉。四瑒文店加出三十行石至北而去，售不清，遂出山增与三兄訖活移有
積不成，周君先錯五十石，出向延經于月城。仇吉村亦同去，即有舟家，三兄抖之未決，乃与吉村定入。

已寄。夜讀林香第一齣，收演程祝，久聽戲等。身無拘繫闌行，甚樂，乃晚已上燈，佳静亦足樂。

惠老小字。夜廣元知此不用，往貞宗乃往談，并看楊石門不用借來，間說詩去看論古詩語徵。

日風雨。二更後飲。

若寅生父子唐湘舟起來，付炭值三元。寅生留宿。

廿五　晴，不用來現。陳子康字。蕭尺木山水自綫本撥三長卷，伊許給日久遇，并收之，甚喜，久之去，致伯

草俗辛虎到店買宮居雲科，玉書來付炭价拖欠，借与二元，印章周六字來，來刻書觀劍。

廿六　封人店小坐，到店說炭帳未成，而陳補孙至，借廿廿，未存值。悔協和談，見店友皆數費，石事之可恨。

圍雪地垂許加三力，通儀又乞之陕，甚雖多南尤然，業語于坊中，見陸潤庠去欣公府田去，實法缺

又三署觀讀一齣，課業等，逢市新至樓，託以業新四冊。

廿八　晴，周六來找付船資，收丸。臨董杜詩，書六法金針，旁暮作一山水冊，極似大癡，用墨亦和，

但神氣少薄。午課健之，好署看劇，未是初留上樓，吐薰園，又見問言，印望阴山第一，呢又北

入店詢一切，它會酒于珍三付收，四兩七大。後又入觀劇，演九更天，完已日晡，遂歸。

廿九　晴，老范一去辦，貝不來。臨書寫字如正例，作一米冊，至有生入為袁臻澤代于健見覓狀

看刻竹范先生。余訪桂軒，唐印堂在座，因与仲甫出一冊紙扇，竹花卉，筆甚真，南田
所謂筆底有小鬼者也。嗣欲求桂翁桂署指竹三人借印，余謂有花卉成字者有研之指桂
其證係家藏，當有因為人不在，已撤二百金，余為難得，因以所署復一語云。余以是之竟撥出桂拜而寔的
中之余之此筆入店說字，字到齋生5的翠識貨了，真可異物，不須種之一只。王禹功藉以蔣友聖老秋市肯中
四家已將之燒。比在滬，以書催功課完，筆健并夫輝，指燈，玉卿著觀，刻燭大樓，書畫衣食
點顏子詳閱，極憑風凰山而乃在公之詐瘋財運，大宗山妻相地獄，人擁家余以借鄭，悅明顯貴
俾而四開，作觀真無入寧，國矣。二更始歸。極生平之至樂也，無飲以。兄亦和庆紀年
前二夜云今日于，卿等房只余倚，諸人贊之不絕口，問余起居能否，當有深意云云。
廿六 晴。整僱收欣，帳而不得，宿靜未文二扇一，手附去新肝陽作，隨錄苦茶妹大媽，以在大吉桃山庆文一篇，机一篇
一座一蓋帽，香等出籐筆于地，到店見印翠，和云孩口拿已準捏，態為家之難以挽回，多費而
伊不信，將來與君將房子流字出推托，做了某之侯，此燈借者之珍三件人，恐嫁娶，及余和
煙袋各一，同性業欣然，余手談無識見，詢曰以狂之為證，余略論，從完之不已，及三內之解書即

為伊相歐眷脚下擬翻子地詳令人擁助不理至久指揮向尤榔保与左耳看得索身趨迎至陽
陟又復來楊施該人呷餉不已余又通入對門之之下閉見喫讀譯之語說至寅公酒酣而羅遠
嶽在攀事之之數与桂軒出角又久之說至服罷其欵倒无理憎無而業該人若樣之小人也
遠得羅樹軒及索丈分之洋貨洋六十元小角五十元又千文一洋另錢廿千文又猶桂詢上房楊文要之
悻之餉人數丈之乃付洋包與雜仝歸　姜安西角六甚賴尤西雅自來天下萬不可出以
此類甚此事而无屬信有性命偏夏嚴秀之極買餘璧玉已蓮不合理在前
頭通田之為通身以有命于而息之且又寫之烏率子哉
廿七上夜小雨晴早丈來其飯為之紅会寫而點為也公因語及午後余到桂軒小坐將以該細對
結賬只數心中比歸又与大該人計對了伊十三元又欠七元又付過該米洋本索銀十元本當另樣樣呆
算清錯誤細算核對尚有小錯誤佳扎乃已倦甚大眠　稼雲來辭行去
二十八日晴巳刻出黃煙至南刻百下業廻底寓就緒申刻去訪桂軒云洪氏家世之寓而書帖尚帶
同補經經識要覆出在貝堂而即此餘題于後刻后以題經山房須去行之大事門山檢及仝行

說命行之某兩肯去，至西邊無可張羅，取出隨兄楊家之往。三兒偕去，久之乃留索詩，陳各國至平叔、懿青
前檢文之畫扇，今贈四一元二角，付之。又話筆甫，不值歸，作字跋。虞兒臨書帖二，又作六行，寫紙數行
雇跋。陳虞兄來談，佳楊蘇生借譯虞畢，相借如何。答之明，索價罰底也。因說種之無聊，不至二更
乃歸，以夜看吳梅村集一開，西來又寄，約乃同至，所要者乃安頓，即無奈，入燈中。
四月初四日，陰，微雨。起遲，蕭島來，屬之抄為照料，而黃澹開僻。余看虞漢信大略。起作字
臨帖，如例作小楷，墨但不可，而骨法亦太懶，又作松溪扇少，對款細密，似乎太法嚀。定者未完，出之店，買筆
三兒崇了又來，全兒與師夜兩跋。何也？言弟往了，直是不能為力，盡前我虞貴心力，不幸而我雖是大自愛之福
乎。雨下市，沈嵩二取偉文來，與修前說，余爾等對之，看似為胡詢，全以雖余有疑心，余一言釋之，顏其志予研
來托去市藥。
初五日，雨，早訪花大太，批葉伊推，索不肯往，實非思用，今之不力，如此是泊。出批，余閱後御許葉，不甚印出，海之兒
蘭西權宗云核。阿修詢之許，陳以擇稱得六十斤，付洋一元三角，批回而，而不止。至夜閱竹收，乃付范道，雖挂售緣
以一元四計，總一角，葉廿斤，以之為店主，業者之需，識之利也。修日早完，作扇極清，使道勤之，路可攜二五兩
齋聰也，續予迎，六來寫，刊，予少，對款，逕為小覓，等而珍藏，為大博了。不作一幅子，月前弟亦極明言，惜用極少
神。熟回酉，蔚卿有回，那無麻卿乾窗，前所有而忽去之。于吳不能進，無古人，第貳路出罷。

雨。楊茶之學姬以寫生團扇見貽，有忘其名諱者，期而還無概。栽卿款，仲甫為也。五窗一冊，佐楊柳
岸一壺去舟並稱，櫂岸作蕩，而拖岸似無心言狀，再發一艘，內置裝瓦者，其半在蘆中，頗為
間逸。看日三經，皆不佳。如雨不止，難作蟹。藏來不至。要查賢炭二百斤，已
初三日　陰，多時雜作雨，若大肅。將登山，我客接達三日矣。無伯不小，作博濟。錢書帖，此例作靜未
扇面頗清而有濃，未盡穩當。作楚楚高仇扇，野神收筆，無異文節後生。忽念同此，覽持是識
者無星風，不知有人能實藏而傳以之堂人，要善悔完成之者。細琴來為說了，故手收。金絲此約同諸
豈識今也已。據訊印記八件並，乃多改。子鹿二節，子徐太史梅，其事悅地，茶為人窮，小人云者不悅。
夜讀書實大抄佳者例。壽卿一僕。柏老身一作為蓉伊亦不知亦則。夜寫兩來。
初四日　晴暖。題闕堂，又以耳以書法嚴出市仁典二。二山亦又到店取雪者無殊，一二十元，將以為內子一裙。
余老大矣，不能及作之葉，仍去言題即歸。靜未到，病未已，將往餘杭看病，住杭調理。
過老處，因存全伊處歌往加春雨，覓買面得，又覓代庵等了言石，知其事，無作有此在百。
吐紅一口，為百不干。午後寫二扇款，楚高仇扇蒼苔引山椒，三元不見其。此書久欲退安，何大為小。
是思放田玉處，家西語而作書之團，去處見之誤，多卯以四已春圓，懷于吳清卿說書為

冬々收看法之绝去邑喜宮浴伊宦子儀与中子出兑僞成云桐来之雕刻已代示一楷許四字乃还
雜病取到兩舟荣廿四日竹之子入數中为君静藥中包多僵色残亦恨且還另緻而張不足支柔矣
如此踪息真飲藥之急值迎忽之歸　许董扇静許米弟兹代繳息
夜三更起飼犬又去往来飼織二次
翠时君起静坐行与祥梅卿偕赴杭院應日試院料拔第名越作畫致陈锡蕃盖炭被团如久成
九雪霞退无生意住行甚蕭瑟也蓍問業何藉耶而我多為罗子担係范大市不得開六及家人皆坐贱
余独居無之比寫一册筆墨雖庄布置未宜此做覓手布置行合工用功夫許告本三芳蓄去合對君
三弓取兑到店细挑之老大字遁怡協印签去一玻璃架戒蓝玻現紫菱寶之皆佳皆在一二元若三千換
再与金宣信出五重如此市肉無業处收拾一行鶴嘡合城市会業在用之如蜜留歸皆萬二百訪行設法云
繳後用其表同同去楊淩許村採如付八元錢內外担足了然终不及也　夜三更起飼犬去茶
親晓晨起起石起闲与研長偕付加起葉所此矣若無時要萬内言葉以在庆酒禁葉點心雲如此住錦
画册并楷扇蓋茂细看加墨而讫十日一幅为日一紙夜去廿年去用六筆則为厄大君不得再出东二北
阮兄来蓋便二担与紫墨頌之行行与丈諸滨一入和原爻手刊店拌怡秘山庆十石慎佳廿石於岁
批付米四店出畫錘郁当迦醒四大字初登已也入点二紅視佳皇兹一刷班甚佳四生而利而匾

唐[illegible]琴索扇付之，[illegible]付乙。出大東門[illegible]三兄不見，望訪唐，与說叢帖，歸山家。又至[illegible]明，程[illegible]

[illegible]在陳乃作函入，寄王[illegible]詩代[illegible]名之，[illegible]與廣玉談，至[illegible]歸。夜二鼓閱畫。

十四日　晴。早市叢[illegible]周[illegible]與貿叢帖。出市于陳[illegible]處，見陸毅之、桂軒父子、仲甫[illegible]年子[illegible]

人[illegible]于店，与羅[illegible]談叢[illegible]未定，歸。飯後一檢雲扇、筆墨未見，殊自悔之。[illegible]目錄序跋。

十五日　[illegible]甲[illegible]起，上三[illegible]，余出北唐，望[illegible]入邑廟，[illegible]柳子[illegible]等，回寓[illegible]

唐与仰[illegible]談，陳[illegible]一來，并詢[illegible]，乃歸与[illegible]雨田談。夜赴會，諸人子[illegible]忙亂異常，

不得不[illegible]理，以[illegible]之更餘矣。

十六日　晴。[illegible]工[illegible]，共廿三篇，[illegible]人頭[illegible]痛，而山大乃極[illegible]者，談人皆[illegible]，而不[illegible]者之[illegible]

[illegible]主人，真[illegible]也，檢[illegible]十數[illegible]，鈔跋附目錄，[illegible]本而跋之，又[illegible]

[illegible]先[illegible]至邑廟觀劇，[illegible]乃[illegible]出邑廟，[illegible]

[illegible]田三[illegible]至店，[illegible]已[illegible]詢[illegible]祥林[illegible]方四[illegible]

[illegible]加用[illegible]石[illegible]山[illegible]二孫[illegible]生店[illegible]周[illegible]

四刻歸 蒨每面价廿三元 孟頫求王帖 夜三更起 看松雪心經合錄一月以樓下圍頓睡
出外下談度之已極
初九晴 早飯後起 程山女李威蒨 老君少老之扇中堂未 蒼姻已備 真堪棗葉作付 静兒往之
常寫植卿房附目錄之序 為周慕之寫一山水扇 甚和甚雅 姊嫂不容下手 接歷休
信有識者似無愧色 欣躍之至 蕭同伊去之 見扇夜刻一晌 到店 宮往去事 為佳市扇背
與繹來立談 芸托桐韜鵬扇 寄到桂高僱扇 告其延慕 唐茶景清 立馬說畫 仲甫到鄉 均
陰 晚歸家 拈畫
初十晴 作字 鈔瀛目 臨帖如例 秦送楚高之扇 王安侄姪送糕肉來 并女之扇乞畫 沈錫圖孫
以健國研究之一扇 但不往訪 竹帥黃初平叱石成羊冊 半石遇搦多笑已甚 晚仍静之色
夜 盛挂看戲 御夫陳研生均之演 劉聲代看田店 鵬之扇 王四元 甘合意一元 花院書 夜东
旋歸 夜接王圖來 代盛禄畫字 乞寫松陰盦讀書圖冊 又一冊 欲之立牠 惟遇多 過大
午過 慶三兄 陸男閑話 伍洋送歸之家 因不說 二更歸 以 夜夢阳不寐 二鼓眠
十一 早陰午後雨 家人自黎明起 揀蘭得一百廿斤 家坡識矣 往店未回 無午悟 未售 盈初發運回

泰益大來表園以來料理。晚請看蘭者，俱以僕賤更難售，竟日未出，僅錄舊作三首而已。夜與范
大篝燈共詞，渠云伊猶未為見好。
十二 陰晴雨未定。謝君花草雜莫魚有閒，而家人又加請地主祀，宜出世謂余大略之，故自執綠城
一來，只有二扇，午後買二盆并扇一隻一把，月季舊浦大物早售蘭六十斤與同泰（以三元半）作華書物
由桂卿以足痛一天，仲甫以漆匠入店借鞋一雙，將同泰嘉之加公付印騎存店沈錦達
取及夏布一疋以須午節後也，不果，須明日另借與之，又說朱地屋云云，談洋所對本和市收由城
園歸，孩桂卿來詢作伐，陸氏借車經過。夜為廣元徒勇言
十三 晴。訪深與揚桂卿，復以作伐事不諧，丈來說實不堪狀，余甚懟焉，乃留飯，等王重來，李去遲
進四場回來。午作一扇，青綠金碧，又有將失，孩子用青華桂葉求廣元一幅，城邊洋蘭李蘭
俱佶少採，蘭求售者甚難。米康家送粽來
十四 陰晴。漁釣于城（邊），從光得三尾四斤一來，議市蘭緣，作漁出園花扇，書成玉重去，作二小冊頁有
早晨中刻出于陸園，看提線戲及戲法，實此技甚為難能，猶有作人學向之事，為文
為書畫，在藝長能，陸（隨）而工，後人（加）益精進，不厭之功，然後可至悅于眾生，奢泰于文及藝術
為保之計，店知一切持，靜抗正謹，余病未能抗，文不來等皆非正理，北出城一行

孫男來，梅去。韓上香嵩甫翁書，張恬為一說四人與方四兄說岸心先生王祥林招付岸清倚，爆，又裘乞
畫作方上山取獅，若之印譜四諸名節，乃歸。途遇許印室申江初上岸，説甲口及烟台年號宮閫
又晴。夜過寅三譚，陡男抱出，早送孩子開書
十五日黎明雨，后晴。余致廣三附叢篆坊過板十冊，[illegible]以存然仰仍所偉，前閱者衆，以[illegible]余堡[illegible]作
一元錢法帖，目[illegible]法帖未得其節，改[illegible]目錄。雨時間作蘭作梅竹四，錫來換卓，余不出，作付靜字去
十六日雨晴，午止。躁熱，畫梅作付靜，請一字，又加一條。晚[illegible]帶到字，又加一条，下[illegible]送大扇紙并
托留雲華欵書，林娘母節孝神位，限倩刻雕，金陳[illegible]函字扇去，山塘西錫蘇室取雜[illegible]一担佈
又云岸印往匯益代備，詩及欵。又云有旧旧扇面十許，王閎色，致来取。因天作陣，勢勢市併惟店
宮雷聲殷殷不息，北行半路，天黑雨點，臨下急趋到地，已斗黯，抵家身沾，旋傾盆大雨，急雹
作，下如拳大，止雨後作，雷轟轟不絕。至二更，夜又見陽曦，雨為困，六夜人往看，夜雷雨，為註霹靂數
題白夏[illegible]，燥燥沈沈不寐，蚊鳥如撲。燈下補夜前健講，解去。
十七日陰晴，雨間作。寶[illegible]如蓬，超匯壽午剃頭，致[illegible]山[illegible]桃岸[illegible]扇，加付靜，請一字，錄清[illegible]
書[illegible]目名無粉，自竹序，小畫，計五百字，又因雨不出，[illegible]港水消岸矣。
十八早大雨，如[illegible]河[illegible]漲，午後晴。黃烟日[illegible]。陳[illegible]生來，乞畫[illegible]，[illegible]書[illegible]，晚[illegible]印，另付

兮健將積書存舊嘆信成來訪說書法甚善余筆困因之格出欲議論殊暢一縱清風
徐引水決之有活潑機趣而雕花金山雕一粧無之而意庫押入保成寶秀帖書佳甚北入
店作時靜談一時市餅歸州
十九日晴雨陰閲作字羅賜楮僻性金陵正吾詔靜見叔咸雜材字也揭識之祝聲綜翁名
水樓開尚人吾有閣翁真死正歟道之沒清首列二五家俱集之即手鈔付靜齋
往四象橋此候東首街西富戴柏三四陸有之來余未訪陳子渡不值吹毋來靜往云今日赴識上
有也書山掩之兄家去清云扇僅有之訪沈達兒見其夫人云抱病訪山炭公二子四山揜適雨久之歸厥
過矣印國在說飯旦之去播擾把行務涼戶在豐魚
二十日昨夜雨早晴腰痛無力手研一來作七古題扇
平生極佳與君緣諸君過我姦說歎在房絡很我居伐十六朱吳吾叔周穆惲節衍山寄今也代田
之赴勝我之居前輩相距延讀陸沈子清閑文家花子袖名飄義七友陳子孫之前齊錫來青尺擇
曹桐池蒸被穿葉于松瀨之照意與中仙如夫欲收好來悠陰穿階裏洪高所世間殘書債且乾
人學朋徘徊續傳禪去子作是黑馬秀讀子爲課讀遠篇善爲不誤喝理室冬念之鄰對陣少年

廿一日 陰小雨微晴 病耳後及枕骨作痛 隱痛之狀現 而身不甚適 殊無可爲 大作豁山寫 不寫再稍柔

午後胡琴舫話 託託新了 又在怪者存五千數日向清 三十名 欲做旦元合二件 以炭你刀文作招牌 云云

藕舫景昌來 商討市陸萬公母壽 與陸毅夫言 得知乃近極 賬入 仍與胡大吉田吳友來取印信 付屋租

帶鈔英粗二錢 附細二元 市土參移之 竟夜不寐

廿二日 雨作冷 枯隱庵請胸不用 伯雲松隱談 留飯 以雪景仿古法也 因之一求 亡印去杭以金賬不善 枕骨生瘡 肩背時作

四更撒溺 有處已破 竟不能仍痛 若此而且不斷 淋漓 若鍾鑑臘 隋之餘 不出血業考 親墨紙及

夜與完雪景 自一頁 收 此種手古為答一了 是乎今日更難見好 夜讀書 慶夫見送物

夜歡起看書 想天道循環 今日泰西業之種國之殖 歷數十百年後 我國迄之程之今家

少時較此較作役 一次 自收 此甚似有理 又想天生此雨 上河應多水 而作圍揚家填打鐵

樵當此水奔 宿 以上河雖有雨 此種西又乾 多論者議 西得上河水利議 役則精當

是當道以救 百里內之農 並此中未當任任之矣 尤須速救 仁和城東水者佳 堤堰

不濡水 欲填加高 并役粉一同 並掛判等 欽 壽 涵水堤 有換 官罰 鄉保有罰 必使

此 上巳遊詩 憚佚 下乃然有蘇峯一叢月 此叢 十里 一此 年無用 渠洞應塞 或加一層 更築一層

不爲所信風水之説向來攻擊之方地有靈還古今異宜不可膠執而棄祝爲豐田如草也

廿二 雨連夜經宵有時奔騰有時斷霎匿藏梅林濃帙鈔書相病未已閉門謝客渴欲上者作長幅未能神游矩矱殊爲悵恨及吾年少時要不謂真何素成不易動筆極意經營乃稍傳于

夜雨未已夜讀書 徐旭齋

廿三 陰小晴周來示鄧四錫來市得鰣魚一條每斤五錢吾鄉此魚甚甚十年未嘗對此日得

廿四 一齋口腹之幸甚肥美于海鰻扣上下共清晚過之完昨畫石復作松隱讀畫冊分雄蘿從心墨神筆趣無一搖即石谷漁山深生時矣把臂入林矣自古畫無筆真於仙飲服靈丹酒醒如此不飽不饑名不立利不就傳世不久也寶圖六洋二角市井雖甑青

蕉書精石今晚上看字之任舟上將以市大閱千筆書緣成之到後付五百逐上六找五六二六市糊

廿五 雨連夜作二小幀爲佳一古木竹樹甚瀟午静畏杭歸知佳修杭寓病詢其情形以勉強到贈爲石谷

廿六 雨連綿仿盆梅霖溫寒風户連上作完工古木又寫一幅筆墨俱高至此已神化風字

廿七 精力衰之及今爲進悶讀周六杭歸得詢斗蕉書貽石云取洋之權最重殊淺矣

廿八 雨飄未止

廿五 昨夜又連宵雨，早陰。到壹溫蓋沒河，沿魚沈氏家少，聽輝白二館教習之門房來
浚蹀至自小有晴意，甚暑。瑞民來，因詢及峯。彫陀石即去。鈔畫粕一張，作石譜稿。
玉研來，德潛來。三桃未嘗與言笑，作三石：一即峯一樣，一盤陀石，一美女峯。
廿六 陰晴雨三次。向作石譜：不雕屏、九獅石、綴雲石，皆跋上。
倚針石、觀音石、弄娃識焉。稽緑威來，寫附呈，坍工壽早年大幅玉
廿七 雨。貴房蘇園磨視為真情，搞欵及付夏附六元。押花余家，盧日我抄價一二成，讀均不也。子研一來
補昨申刻羅攜印圖，印照住連，該丝已勝，花元六左，乃寬兄與印合，印若有意，即兼一二包
印泉沒印圖，又印尺指南。子研說，做丝泄元之。是日付十二元
舊書取以前春住，付前來作三石。到唐房，四采呼瑀、溱匠、穆崇巳刻印來玉氣，丝玉昂，即書詢丝
伊自為之也。逗方四兄，該同嵙，祥嶷，請倩英字入門于張蕊兄，函緑威，請及君陳印芳至，云君作係
託一再做價付我一元，云乃作記，多之，遂歸。 庭看美字入門，反恨無資，不能買物
玉自泉小手，至廣兄堂，燈下談久。
廿八 又雨。丝不斷，米業莊看庵，至靜遠出肥，讀潘世文怡書道田，其謂其代庭寫氣也，遂一刻去作
予府住六馬，乞其宮子研舊中尾一元，作盤の 獨立石、懈石、簧石、芸雲、芥山石林
廿九 刻北行一見桂孫。到府見仰山之兄，舟少進，曉矣。知以頸，才利，六中下和為信，乞恆祝前陳賀

朗生送諸人墨蹟石硯四去又待拓大幅長一丈四闊四尺書一稀訪上有太歲閑[illegible]下三印定
為真蹟以糢之恐未許過十六看吾甚觀其花而若无[illegible]其他者簽未錄收花吾所得者六下三定之
也一平常聯出七金懷索一元　六詩將也因從之之去色點十假而四逕揚帝林譚至沈樹窗內邊入
去存陰雨　墨石畫畫薇楠書最前而無未醇伊真墨蹟藝石也久之歸　子翁[illegible]來看值
五月朝早晴甚熱張濤司來作工　楷筋指示墨書箋[illegible]踪攤兩其書相送　赴北賣越粹至固知其回轉去
到其居西之從由此之錫山倣蘭亭付歐鵬扇　價四元也　又送余糖色　北之居印琴陝西云其備去昂至
三四元隨主與余合僅一色　三十五贈　已付半元定擇之　雨路來地加往去城一詢源泰　知無貴　一當源昌與
吉甫說田職丹一玉桐居　未至　樹八送馬歸　夜為徐出對三
初四晴　宋生馬錦芳來飯去　馬收一方付一角　去山茨中余檢去在之　挑　寶生山陰茨　收五元七十　為欠五元之左
同與錦帷諸其寫藝賭伯夫人禮交上年欠租　馬書林　六元　物價六六元岩　王同岛坎　談宣林院錢其日間
瑕往宗送糕來晚餅者情親及寫　晴米　付其元　廣生算帖余收至恒　秋源當　夫早未　並為月錢
陳壽山師小堂合靜去到　欲題石譜作中幅山水　張爾恬意　晚出先至桂軒買印筆[illegible]回語之
趙[illegible]閒此市去前一游　北小入祥霞鋪居詢印泥　由性伊已售　歸伊舊鋪　手甲付利實十根
乃與吾去又查山茨存居對居取還廿元　華信蘭題取葉房租　余取銃辦之首四元收崇帳[illegible]

一坐帖板法楨賒桐云匯金三帖付乙去　一見仲甫放回歸綠綺廣　訴沈郁[illegible]楚白回之來情
實[illegible]　趙子栖來取刊足叶十行少半行　計洋六元二角　又付十元共[illegible]留在館去
又帖板法半行
初三　晴　將晒袋俱物　作石門法[illegible]　前日去龍門矣去村莊[illegible]人等修記　富中[illegible]仍未
完　鈔[illegible]相二種　午後聖約　匯款二元去[illegible]　隔樣匯完工　計漆書[illegible]二[illegible]作格　格架付[illegible]二二
申刻出大東門山塘　三見不佳[illegible]　拌去註裝[illegible]有誤[illegible]人亦未見識實也　由大東門至小東門
尋鄭仰桐[illegible]不佳[illegible]　乃寸[illegible]由[illegible]須值[illegible]　望向大清
一號圖直隔又十餘幅　中國各海口及島嶼　算[illegible]細　出示西畫院[illegible]　地入也　到店[illegible]為之帖
五客[illegible]行成只二件　一對合[illegible]用　合二冊[illegible]　計付一百四十元整[illegible]洋[illegible]　與說帖[illegible]
情此事[illegible]不能不[illegible]難[illegible]矣　即回　夜子研[illegible]　未[illegible]又付十元共[illegible]
初四　晴[illegible]丈來[illegible]　付來二元[illegible]　呂[illegible]來　付來[illegible]元[illegible]　黃[illegible]
丈來含飯[illegible]多福巷[illegible]頭[illegible]手[illegible]值　初十[illegible]起[illegible]　趙[illegible]訪[illegible]
林並說文[illegible]靜[illegible]雅不[illegible]地[illegible]兵[illegible]　[illegible]失計也[illegible]店付[illegible]

岑價拼入說節子椽　兩京買得中尾印　書　陳氏店子本情　并得數被坊山千佰元子　野士店山尾
兵回見桐作　漢石宋元版及三部尺錢尺　魯班尺　武作定尺　彼有用店佳見成仿造子
植為佳士對　子研未收偽做六件丹　契帖　已合壽　真不知何許
初五　陰濕晴　暮收起　出樵　信往店　刻到店　借燒見陸錫光說　琉璃厰　仍向出　出店　午膳　畫看一切
役玉吉亭軍工如卅　至怡樵一大像照　與陸慎齋說印子過秘原入訪　屢謁孫　吉本田小帽　偽說部
子四店　至桐之宅　再　錄碟帝華長談久　友卿一見于　祥雲　見李小池　並侯　談甚久者　半吉住寓出
二扇一扇盛一竹蘭蓋少佳　並難言之為其故　沈夢林及鄒　二不佳　並值二元　留之而歸　早以少寐故
吾陰腰眠而平玉穫分
初六　晴　與葉同三伏寓中書起客豪因取腴　葉二官蘭室來樓紙空撰書　撰書借老　新乃為康氏桂氏
殘俠往市而換烏宿二人書付之　有二未一抄亦一作桂詩說見金洋中燈之　久之去　許大來不翻地去
華子研未發稱然吐
初七　晨晴以出雨　周六來云剛往長安五日二次之租　余書既排處死四寄季桐君來訪　義起長談句新
一將去印完徐作林訪林自不值　來去之北入店即看說並明之　但知樵入已豪　殊恨以雨而歸
出謂是同分　書六日間無石女已從次集立三元未詳速集　知子有園

初八陰雨時作。周然來，丁研耒作鈔書，稍前所目錄一帙，書一冊，爲結生樓，此乃稿成家藏時也。
夏夏艾雅如此，著錄此人，在伊的之處找出，仍乘秋收付大洋栈，夏布市街趙四時雨盛揚四與伊鄉
諭無何已帰夕。帰從陳節竟，而頰上之瘡腫痛，食甚懂，纔又見痊，更甚，深處與痛。
點林子白來，知其加注昨年臉面上後氣，夜實生病一二日內，天津未擇必別。
初九雨。寄果病甚，出城。忠憬同靖嫏時同作慈懷吾和，搬鈔書二紙。臨董程氏墨苑序。
雨通升
初十晴，間作雨。市茶氣，升菊將作飯，菜市，買臘花。升偏英，菊邦，楊開與白芳瀏。丁研耒共飯。周然來，帮洗腦。
扁舊二冊，價亦如文而已。帮出，坐桐店，晤雲大來，談夕，店主宵已租空屋矣，到店，伊等高懷，丁說無
出，過陳印書，說有無到，果成，途遇沈慕生，一談，晚四點，由等入胎，那推過，說市情，月盛，出，論此一市，恐誤亦
去，又訪顧升樓，致說其屋租不付，金其說法還伊已，將此去費，勸使伊去，照亦不久也，易之店不實，伊云
在法利及弟談中，丁雲過之，與談，伊與丁，丁雲說杭薑廠，無情面，後來過一王豁壽一次，憶在余以前
不甚歡，即歸。歸以不收房租，甚熟。店請出對倪蘅。丁研耒不值，說以廿七十元寶住屋
拂者過王金伯，杭信談，徵上公會，傍晚日來。作字作一畫中幅未完
十一雨。梅雨連綿，趁匯置以百，安甚也。李達微錢石臣坐來，寶亦屋。王金伯來，說鹽務現已居
朱昭信以八元，式稍成合，雖但張之，六日一切以無如已李像為擇月世今，除午無椒白

又至少至廠肆將來舊墨衚衕中修飾樓從伯雲中幅得失參半筆法墨法有限者廉價來

歸昔賃元上刻從艘置今及又四名僚壽夭

十二 微陽 晚晴 作廢雨廢 秋山千疊山並中稅子已放溫蔗不已 昨中幅未完後加點染尚未全塵中初未訪林與

叢間 傘子鈞子雖 夢廬 落并冊 箋小海冊物 因論諸久同出小東門者場武帝二廠觀到 道聯老眉

老相君植卿 堯夫等數十人 又見陳渭卿 飯自林歸 廢靜夫等與 歐林、三人坐看台 舜庚三齣不甚佳乃合林又

校元茂飲 伍叟叫法利菜 作 余叫鈔備入店談久之 別去 蓋託其靜甫等、也與訪註之余校畫 廣文亦在 詢以

將伊甸蓋大無此價 遂益爲其書之錦 張太常之 壽來換穿法 壽夜歸 廢夜健來請繼其附 粹溪之夜說道

十三 晴 早作 稿 封緘 媵林 廣鈔 英字入門 正楷 草篆 二十六 山子冊予並 並備使靜先一原目者也 楚卿來訪因

話兩家舊源并 獲面欲來年 完面者之事 園亭會沈曉子桂生 來訪 船伊得只以爲勞哀之垂情多讓余

于此舟已大餘舟 物計年 物加修 蓬床物附 無錢以書 已惟之、再三叔議作詳 恔面堂信與伊因子之伯二十萬成

而洋付舟去 午後健 談準福宗觀劇 遂皆往出小東門 壹之兩場 四處行 至去駐雨小玉廠坐之 和光萬字蓮

清一壹之又久之 壹來與 蓮汀 硯田 綠雲 從德 廿錦 業謹並楚 不佳 中入城 于 蕊事 入燕 訪父 店 談元 蕾薇 溫畫 大兄

問之 即去 飯罷 市住去 到店 陳司拌 一石四 子之 壽椒又久 知有庭 到 在芭蕉 轉桐店 二壹小幅四 而歸見桂軒

並招飲 健又陵 松蔭往 仲蔚 彥甫 益三 弟六兄 金及八人 全食之 志而談 健 乘月歸

三更息 夢魘甚

十四晴 早子研來 作一册桂樹山莊人物未完 積之未合 岩夫到店 待景雲不見 早至奎

長來 說鹽務可做狀投 雖与景一樣 恰巧店中坐久 一匝 惟檢 向晚于幸佛有店 見查伯 話歸

十五晴 早 午雨 早出持簡到店 即飯 又久 一匝松風 見秋屋 歸 自斜川來之甫同 与茶話二時之久 說伊說族可 家中

子情 祠情 偕芳圃又與之入 備材 施 在猪帶 約夏秋偕赭諸友游 譚久之 二嫂久不見亦不理 殊飛書甫已

付黄伊嫌完了 付還寿二 說市丝來 偈大市亦盘 若騰之未 乞換上聯 換聯 鏡詩元共一 求宗 店 夏布 常州一疋 照申刻居

景雲來 鹽可伊与朱青林一半 以十股一股作四 說布置一切 皆見之甚洽 則再聚 禁題大做 奉之至 查告佛有店

說及寿晚歸 見盘似菊 雇住賦 稀書畫云云 子研在小話 華夫回告之 夜雷 挽對 你兹 聘母 結茶

人下鎚決審富也 又條發一騰之 一回幗 初版不成寐

十六早晴 薄陣雨 早丈來 少譚 出到店 少向茶于松風 書林在焉 少間 景雲至 說鹽事 外面卸

多為難 至查伯 幸佛有店 宮至 論久 出往 諸周子棠之 太新場 談之 与約湘一之 四店 察訪桐兄宅

閑話移時 市果廿文 向歸 絵一畫 雨來 雷聲轟轟

十七晴 欲雨不雨 夜 悶悶一陣 作一雪景冊 平之 畫筆字三日 鈔解目 及申刻出 知店 研夫 至山歸

常來 少佳物 君即居 景雲來 霽林來之 見一見 皆老而已 並帰 華夫為發入 貧不善而自是 善用

廿 早生不改 寿保 為之氣短 盤羅一返 計四尺 七尺高 截下三尺以悞 一系陳友山奎西湖 又程桐宅題

十六晴時作微雨晨印瑩來言訪之翁店契之中孩書留江村書十下鐘畢之店之孫之印書未稿閱之杜風兄詩
友之店景雲朱如林金至議送之已成今主年新到取帖余與未沒安詳四須沒物印之致舒春伯首枕
詢之之說四國紹曲也坭得蘇儀民牌面為友朱鎔娟詩書城丁益大之之吳柳保金同坐吐和漲同鹽四點
之金七之諸景雲來得明日在宋家議而讀楊通之于擇用作宜不允當伊布桃母之歸
收宝慶至壽陽付之周六來章上壁紅改作節略
十七晴早鈔書樓店陸錫蘇条誤付毛詩殊不符而疑正刻宋雲五並之兄抄帖誤久徐頌生取
須頌晴至棲楊舍言會葉為生日作者次之諸表之股一切于帖抬回七本換歸分數約西劇中刻書到店
知三數當刊留帖之應我三十元息帕西閣行山房三店為寫書与朱胡兆言記誼第語並價取錫壹二付之
莧民堂方言招四言諫甫來乞題扇改節略
十九日晴午後微雨不雨晨樓健書于此寺市三京魚三千文到店之交印瑩節略指示鈔之入彩風兄口采雲五
于以後為合股明之定群被臧日供應聚之史到孫堂用兄十數友之適怡稼乞陳与印瑩並未節
須頌市烟之未刻訪不祈又久澹坐于桐宅名生諧詳歸抄存粕剩杜欠言糧佳勝諸物
夜讀韓書對
廿日晴夜雨熱如三伏早徐穗來之印諸書辰書到店言及僧允緒之亦不允集兄以夆陳兆兄陳壽

皋孝翁主翁昶干摇人读，至松风佛眉谈，渊石访安诸田店坐，言尚佳，饭后知邑庙有剧，乃往游林林高
振甫因久作延黄班，不甚佳，步向楚之潭，晤人为友者来坐，将半，余出后，到田店久之，归于桥边见桂轩
仲甫偕成饮，星指西入剁果果，保之、曹园中对之付余一白之，笔款力勤，余爱后昨日往石积取之，付欠钞银
吉庭归。玉云来宿，生未定，四锡持去卿，硕甫信至，硕为送二画来，扇乞画，聊补款。
廿二 昨夜大风雷雨，卷光甚大，似如湖祸，时许止，及晨又阵雨小雨，又不断，亦稀。赵逸宾生来，为之讨取一会
高取均共六会，即当去所，均安業鄉人，正非急務，必致一文难得，即未请去，而雨中刻，著被到店，與余至
手其行旋眉客非之去，至及诸余条致诸，即赴来高近，不果未，盖首为即作市太过，不协争执之四。至桐庐谢余送
罹漢系谈及合联，似有雄色，归晚，致之菩提说一怪事。
是晨大雨中，提裹者至西门外弟格扨馬氏门前，瞥见一大蛙，大如斗，于草中跳入瀟御人，以扇
提蛙之，忽大风阵，其蛙提入街心，如人状，黑色，两手指人，似求救，视其项间一条，直上天际，御五律烈
人大惊逃，匿屋行，见者唐宅馬媪并一小豎三四人，均见異，不知何怪，晚刻盛传，未審有何
走出朕妆，嘉之。
廿三 早起晴，稀大病甚，余亦患温，晨出到店，至松风与仰甫、叶云、佛眉、文毅、书林闲谈，携子以徐纨

阻往東城識西庄飯合餅與仰琴往季叔處行 日進笑子迎入沙樹吸識其餘至身在做祇欲卅四元

多言香諸張曉鍾 兄告新涯稱意全滬領拒子便出見視田一丁孟大詢其吐其肥到庄方其病痊

之元付遂付十元換屏扇 又請楊曲仰姚出坊 往庄 及在庄由號 其詳全元 俟一半磁清

平帖首寄刊用道用 昨晚為沈桂芬棲紫畫 荷處羊眼豆紅蓼 紈扇半面極有南田石

田兩筆意 閒適更非今人能到 然為小孩兩手不獨今之人實且與畫蘿亦仍ㄋㄋ又一幅川 辛鄉

指扇作海棠黃紫菊不甚合手 今日完一了無可取 晚以家人子弟全不理會作家之道愈想只

恨不一頭心上不一樣討更與將成不能乃是困苦之機不知何時極肯惟與殫力為之時時已厘去粗存

懶慢心泰方同ㄋㄋ 暢庭慎向

茵半雨 麴五雨晴昕 夜將冰石庵消明而寤起 近鈔臨帖字稍為 讀水墨山水 作扇 歇之扇晚

有一二少可惟運墨未常識了四 賜持朱成樣 致沈子西書未抖 硯浦 慕芬坊帝屋云云 將往

屋扇收將麦庭洗兒

其清赴曉朝赴李梅者帖玩 石公扇 等下梅張而出 到庄 發辛月進景雲庄 局人陳蝶畫 面四子西往

乃見松風景雲誤與子不諸 徐公然後生殺等決之止做 領之觀帳上進與付子西信云了

上衢屋碧柏笋炒，共有一阕，又往伊理料之，约两三枝高，桌又石，沪田见玉几，指佳诸读，赤两三
往西莲与景谦过，后沈田谭回，店镜残月梅，云佳生做盛合，顺给佰佳书，来寓，闲谈写字，吾与过恒裕
见陈长之振周，仁夫诉予两手，恒之不值，访族，金壹谭贽实，中饼，吾见旧货入相宅，院西井，任吾帖与
陪成论书，余忘度，六之屋扇，橘廿一字，归由庙，金山付样微印，底据家中刻矣，为青荣执扇书
寸面
黄叶烟，烘高枝，蛛网，雅树，实生锦地。高長成衣一条，罗夹襟单襟各。陈锦康来，新近来
拜午后陈锡孙来，为之欣，留饭，久谈，言已贾三长谈，钞录粕闻新单，嘉强不帖，假住夫且一佳笋
如巳已得，如墨仅有太佳者四，张应贵也，寿松，印条说由，本修出和之，付新本，近拨，云承房，函，壬西
作之，到后取洋钞，又布织，林膝之说，案方已成，泰与视，唐六语，以狮月，抄朗，两成，次与一来，垂振，息中出作扇，不能
暂息，到家稍止，要为多日未下便，踌于庭中已。黄健谨书
写一页一小册生搭书句
着带，挺且难作，箋字，干淘写一扇料，倩戴基门，用墨清，连日画理抚，甚矣，自胆，运间，架骨法
阮五一书，印仿真本，亦设色墨法，不匀，一概之，成日久之，玩具多异，只难混夫，资下书，从事此，那
追参以为步趋，并庵有会意，属列一条，观之境，改作初画扇，近无是处，以为临笔帖之
精日不出，二无人至，牙痛未已

廿六 晴時作小雨 寫畫稿三四張 畫一冊 蒲灑亭去不出 亦無甚事

又 廿七 時雨時晴 偕祝衍芬梅寶生石鍾工作 至儲田卿 起早牙痛頸痛口拙 無好懷 作一小冊 即贈於戴

張雨上寄觀董香光手跡 惟筆墨皆平常 問當稿一部 抄畫稿 定一年 將目錄傳之 此一件及素刻石硯

田樹指張素來聯來 合之 素君其確評得文徵仲大幅紙八元 作翔以無資 辭之 又之吉錫蘇來 假 因過陳氏

君匹三元 付虎頭 加其十五元 年高古元 又虎洋十三元 為計 須日債矣 君子用去 修理與歷經 之常至

乃往印鑄廬 其雨之 廣付之 今日 我芝油洋計 已述與六元 卅元 計存票 印琴至居 誰為 係之交之 指出 伊為問

二初 價又伸甫 市 獨過桐廬 見又石頭 語 供設園與桐語 紫溪印底 乃過 居室山 付貝 樣 歸 並問 吾兄 志民

續有性 夜請 辦畢 玩自扇 香 翰林記略 三更後起

可 晦日 晴 細雨 問 催乎 劉 計 往 屏 扇 詩之 陳 神道碑 粹 前取洋一 自問無 遺 借之 計 剩 居 租 不得 接 伊 不可 辭

又 須付 與君 之 工刻 頭 間 濮 燈伯 佳生 至說 過多 以來 室為 兩 件 既 式 現 錢 作 後 議 之 之 吉 來 到 去 北 到

居見 過 付 多 件 不 得 不 為 一 理 與 曲 洋 計元 伍 居 合 玩 曲 與 玩 印 手 付 原 為 廿 六 憶 石 居 玩 石 硯 田 托 命 曲 園 聯 可 去 遲 作 元

一元 直 四 匣 以 議 好 作元 共 四 得 加 梅 島 樓 丹 黃 二 奩 湖 羅 甚 佳 即 換 四 為 內 子 假 衣 印 琴 張 之 長 多 自 夏 帶

為 予 留 之 陳 高 余 印 撫 書 松 贴 六 七 紙 自 佳 因 以 取 出 墨 以 夜 為 書 之 又 以 畫 不 安 墨 場 健 安 至 向 四 當 中 燒 燭 寫

戒 卯 十 八 請 書 而 收

六月 朔 細雨 蚊 黑 陰 早 田 鍚 來 取 帶 交 二 角 示 雲 之 寶 生 來 余 取 烟 帐 至 午 四 鍚 復 來 請 當 分 貴 重 甲 刊

撫 家 聯 補 曲 園 聯 接 梅 而 不 成 不 果 抄 畫 張 撥 法 帖 殘 畫 這 不 勝 出 題 見 共 張 和 二 三 扇 款

初二早雨一陣檢恢錄張君詩畫梅頗有年先生册前題遊于沉厚守吾閱之真先生嫡吾後一人也
間道之外書味書卷氣溢於書蓋加密矣筆皆余目運歎枉真家思力索叩學用筆用墨不為不明悉
而遠無成是與蟹竟不我獲耶暮作鏡卿扇未半夜書數行書入申步列店知訪令卿友玉長
簽布店過墨寶齋看聯于是長談對窗兒照西竹節一丈梅形一夜料荷綠常欠長白是又不去大拼在
悅得直封之過快雪每之歡雨甚亡大東門君二區大人市月餅歸見沁庵是及用六十指示有五洋又宗鏡傳初
十未損殺似久不見　夜寫生陳人三回夜未借寫千壽
三 初三以雨外出丈未話久留飯談舟起航不定未到冒雨去周六丁來的談載之此赴硤未定申刻雨奔騰出崖
廣大全未談燒床余出西寫鏡卿扇未半祥佳悟得不離用柏之法暮作一冊沉厚翁錄又寫之石
一冊梅園到精寫扇快
初四晴早文靜書葉蒐大二扇書作殘新扇未寫已太陽暮書兩開筆用墨已入殺從此熟極
五 照子權廣林而工攬漁山惜中午中心悸不定過書之桐庭床暨託山食退飯過又石見新硃叚了閑及
岫雲今年已恍惑吐號及未手帳缺八月歸大雅別見桂森到店印碧名說修川令店看找金油洋布至罪
桂軒過坐歸已將燈　另帖
初五晴黎明起飲湯檢具書并詐領食鴨麵到店取修之元還一角昨借市和來識市姜過松風即浦未林招
今宜吳雲又來言鹽伊等雖似不成以俟再探　回家閱畢傳財說古玩久之遂回將已刻再案有
靜來談平瑣讀之數條飲看數有未楝

將午看完，作廢針〻扇，經營將淡，至薄暮完，未免全是有拈帶塞〻過，手用墨亦不甚靈。皴法不與雲頭點一氣混，不能貫聯。因記出前筆法：點樹葉宜混，樹枝宜扎，少向有一枝混者，山石骨宜扎法，點宜一手扎，皴宜少扎法，側而深，横以點之，縱以擦之，加一法混暈之，此爲則氣骨開張，但虛靈得勢，樹石庶可似近畫理。房舟宜混。青綠神道碑宜先著未合一筆反復，倦未成樹，何况着脩，不大。

雲晴。起遲。正地倦甚，將許懶，僕持生烘脩來談話，至夜大戲法。做冬事，琴師亡与日算書，說話現丸〻。新儒來，談夫以公判，兩燒人來取扇，情極，又扇不能支，累是數日，去而不得，法談之爲難，中心又為之擾。

冬之來，周云來，作一扇，蓋欲用墨用筆之法，未是窺庸妙，而下筆近，排解，唯猶骨法，都無來。屋壁平。廣泥遠照合來，適雨，點去黨以均，而無刑底，特氣，帷小外，點只只息，似莫極天平，至壯。于叔和相討詩，未得蓋煉，直剥，點便收視之，入筆月挺行而之，伊崇因失點，神則偏，獨見中心，點默乃對議。姪與事〻來程，種〻會以去伊秀請只以自己信而贖類一〻，出所居，至佛前說戒節而歸。

初八。善陣雨晴。晨起，蘇老宅來，於午四人來借扇，二大鈔，任陳。晨甚早，煩伯至説無墻已剏，譚高哈直之，殘缺出京，誰去信，閱論久之，蘇宮不居，小玉春影有未大寒完之，前遠間炭歇之，三兩兄至一言而已，申初去之，双仁差四肢疼，甚，會了，寬見兩掌中。

若樹人來門，到店見他寄怡而歸，將清與論其覺飯工廠只合存此。不可有乃廣其國言亦甚是
是。顧曷不見吉甫畫悟極入墨客市蔣廉一如，久閒至錫山，八日小舟，推墨潤筆，便有大勝
風，惜不得見其何時人，殊可嘆絕。陶叔亦先為入墨，每每歸于橋邊船艙，得風便有對飲，拉入座談笑
此所怪至，而天忽陰，雷四合，陣起風狂急，但歸至家，少間風搖樹如掃，暗中摸索，屋瓦千剝去
夜。善余付之，存蔣店在收，又余寄雨洋帳。又加田租，余留付書，藕星盖雜，余畫一二幅，余舍之余后
墩。初唐如田家所租，伊欲並經伊，有豫力日打日計租，不為難我，日畫而不厭，且观之，似較難十倍

一日六

移之我名或可久，被得其趣，或佳，蠅縱雲，你二人我書也。夜復起，閒看降降不寐。

十三

初八 晴，陰雨早後，昨無聞，望或記錄畫稿，取到帖，卜復作四小屏，桐兄處寫二幀，至有史大雅
均為篤古人一之特，未能遠個語耳，使粹出套看，視歸之僮之，二匠作第姓，約君並隨去之，着云市
情此入常歲與月，進子女談月語家，歡新歡而季余作成其女，乃為說沈書所家，少久族伯之袁已至矜令
未睡，伊以事阻，約明日來，蓮去與祝四一詩，祝四一話，四店，至相丑月出三四五二篇最，蓮陽，見飲及又致沒大
信只壯，玩作半紀，使殘缺音。　　廣兄送到，携李十二，食少佳
初九 陰，晴不定，早至見表乃擊，氣悶熠厭，黑陰，余爪之，又不真其至也。日間未向工作，寫一冊未完，拓
曼翁題畫詩，將稿未名，至申刻，使粹出城，余背一覺，移人說明，保成植卿與覺夫扣，揩聽月樓
閑宕，將可逸為其打，而其可樣樣，時可笑。卿人之喜，忽不識，如今北島佛眉店，去陽，等批日匯乃係

蒋话给戳袁慰庭 郑人 貌似唐之徐之威 陈夫轻率皆一面而赞扬之 别欲之庭接谈森生三元程
付兑一元以三年烟 此中当以半阳大也 煙伯送西之 知其可见而无心 包而不切其未足见丝竹之如子也 印之
排用陆大字锁之 曲之由桐庐过归 庭践多条 後徐大不开不用状 付高成衣二屏计辦绅宽段开
于祥霞见 陆雨岩家书禄 田之扇三幅内莲斤陈说六平之本者字也 一贾牡翁一路古卿
二陈朱岩一花果作一平罢 一水孟内兰花岂迫 一李健余山水张芝 一遥丹山水佳 三半最 花卉
一王文節文 一铁门程画兰迫一 竹平之 一菜 一以人物 一陶琳山水仿北苑高古之极

十一

雨中晴 黎明起 作上补满月录 陈子岱 程铁门 鱼舟 陈莲汀四人入侍以呼不适心甚欢也 录鱼约二陈
还 午桐君送白台卷二 玉同久留入陈 及楼同看易康 遂又观垂宗一扇倩虾模麻姑床扶书去 留些迫
印圃玉路未会不叙 材泽甫看紫会十二元玉金贾 即与说其本云之均贪然去 树扇访李傲舟未设
色 唐兄来迎闭之天后宫看田横季六十金课与李以兴储入永清楼谈以田玉屡起家宅说隤之矣
种雨余以向下夜 晚明复且必多游谈及谢明日发即去之也曷悟今归 静甫崔询绿了未了 粹大归之北
是袁遗穆金云须百之款今太白是云东岸大街今日加一册马持其小之 夜寒出西御帛棉被
印圃乞扇书阅纹访莲利庄仁一览来拿陵等处共大班行有之矣

十二 阴小雨 早完仿李之扇 设色虽不佳过在营 然与此稗日之不能而倦人余亦〔 〕揉集五天 已悔留石

二叔粹甫至舍，會廉甫來，不至，僅五、六書取行李。十一。廣兄至，談，留飯，吸少久去。余訪之，途遇雨，下亭
過叔已去，退。題三四扇，殊不愜心，太草率，沒氣截切，從來有佳畫，而款字同累，大此耳也。靜安
歸，村村之為過擬寄二十餘枚，手付校，与廣兄談，留話。夜風雨，大甚寒冷異常。
是日兄手奴劣，見陳東求花果，皆寫之。又閱林石一之扇，亦皆寫，殊有趣，仿道州字，益之之自謔。
親過，惟名釈墨未化。
十三。陰雨，達偉平，擬之為二幀，一已歎，送。朱研田字平，中偶之畫甚不化，其一石壺纸扇本。對其翻面渺々
之，石臣、雨田、吳王為八尺三百年，無此作，實為擇劉呼，絕不置其一，未采山字平。陸佚與之平々騰解
山閒叔梅作偽，且不擬物人之識，雅任真偽之難，旦是禁之為高傍，加陰惡者保中。蠢只脫墨，字均
賀之余擬一身終石壺本也。午前，陳三膠石壺本，却錯陳世帶，而用墨未全似，陰墨陰盡与法之
悅傳來，話陳升之、杰佛十五開篆。請問哲歡信，而其行瑞潭陳實訊。此資少，開訊一加，隨伯居之資一々
擱笔，就勸其詢備至。甚思，若失北川、篇居陳眉先之，伽眉詢之，戴擁來詢者再。十八，壹之唐
來，川程中記上程月由劉去外之，家佛眉并全持一植，維予光生至居時可不平。十五，陳七弟、王唐穴粗實
子陳任識大之書扇，由桐店畢，自玉周圃，燭甚，閉夫人之印刻。歸，過仲甫談，往之
十四。晴。早起寫恒夫扇，又定冊畫，補桂之之扇面二，又作石壺一扇，過，待硯夫來借扣帶去。出雲之，会見慎伯
廉甫，燈論作書。招奴往地看開鎖，進門禮，且并及陳宜加用揷漏，施工灌入，費數十千，予一二年矣
唐國斐瑜事，并戳背兵舍四周，久之乃与柴門同，于揚你懶余，旋後作畫，忘書胸向而出勝

祥霞三丁墳大興福植仟之人事，雖非是而覓夫亦難，自辨其然也。別北到店，与伯翔算炭帳，燕京
共購覽正三月初五起付續覽，居半其內梅曲先分擇所的，來信已照之。炭先收帳，今收訖自用記，另（只）存冊
告將大書協源七石居抄至路四現存炭，往石庫門再分，並送將二元借一元字據，回圓說其弟十二日來趕訂
叔文四號帳付交晚來報，一見陸雅夫，上元舊友，立談之笑，至石硯田說對舊集兄徐文卿說
一路述市情甚可。　四號田
十四日　陰晴相間，雅風不止。早發（條）保成包（自取）送清洋洞尺牘，又發楚南二幅論扇並論其楊李又
發潘伯和扇均未付來，鈔番柏宮三冊，筆墨甚而都最田價雖高，李伯川寫完屏四幅簽（並）聊
挽稿，步到桐庵，並遇葉人說，接論請即赴尺牘，步到店，一詢佛甫云今捷坤月張步伊翔云共八
中兩仍圓不到，現在述帶楊壽兄，望說余老談其無償，篤詠其古書福七文能許一扇也。夫又說兩
中旬將晚。　靜健將陸舍，是日開面　也
十五日　夜二三次，看陳凱所著佳世識，余謂中國不識，更值此已急，說加焉東西洋而自立難由
皇上爭合幹某心竭力主變，惟新先以學校，必取六經文字（及）擇要（任其述）訂書與其詞曲及詩賦下
小說謠詞與夫學堂中之神童詩（三字經、千字文等）一併拒雜，擬書懇為厲禁，然後學生文字
齋一畫亦一條，難然後前枝藝為務無窮，一一整理，惟一家一人不為無益，增補

及廣學均有罪罪及家長里長之此所以不獨酒烟重稅十倍且查宜罰應充並為收費即不用西法磨隔屋可減民力可用且夫今之俗至不齊一人焉衣飾直十金至御棧而光鮮即或本民不能有千金之入然其一歲十衣飾所賺之千金尤不敷也何者為民上者無法律以御律故焉既乎衣飾而外家人焉友朋焉親戚焉俱可耗其財又加房屋器用盈耳悅目即不能有百萬之入安望其或果木否或上上智見異不與心遷者萬數人數故吾必以重善點之以家校始學校以整齊天下為急急也

小顆羅庵主人

附盛杏蓀京卿奏自強大計一疏 十月

光緒二十二年歲次丙申六月接寫隨筆

家規 商說 要議

丙申六月既望，早晴，旁夜陣雨大作，風狂雨驟，勢甚洶湧，刻而止。今夏雨多，本涼未熱，是日稍
熱。復涼。與荊揚大水，缺堤救丈，信有之矣。然太平全恃此方得不有妨乎。晨起去看甚困。回
來，陳凱治平議乃草中較更制，一切風俗法度之本。得百數語，上冊書字。鈔書臨帖少許，花日
作茅舍竹佛樹上笠佛芭蕉間亭中有佳者，送沈林一語謝扇軸。晚暮望使去西城工海坨見
王姓伊同學走塘橋下海又一壹尤遠，趁俗于海塘，識同平地。押真美。澎見也。閱其宮置海船法來，好善
承由坨入舍，見金老庭甫、嬌伯、綬長諸人，咸在以和苗作神福。飲膳俱畢，留余談之。不意茂法又閱帳冊，內有諸
及付徐陸一筆，未免太糊。重查說一有古銅牌，同步求古物，因歸。途中見經廟者再，夜三起，看書，月光
照窗清徹。

十七 晴。起遲。錢叔相二張完。昨冊并收拾設色諸件。閱舊冊，著印圖已達店四種，又三元二張，又一冊
靜帶釘觀，又付年氏，加碼土。伊來，取縣物云，明日去，陝託琴子研書。萬八張玉說舊久之印圖云，實佳
昨自長來之劉王家，持亞轉去之宅中刻金健與魚蒼北之店，見查眉生手帖，林云林園已二角去，陳書
午飯四人去，飯辭，由桐店託致子傍子雨。到寺衙市，粘一見輔濤而歸。
是日未刻腹痛甚，汗流浹背，或一食林擒故耶。今日暑盛。

十八 晴。晚起陣，晨起少閒，印擊健之珍三食，暇數計八十八支。全之北伏歸，一只沈秋卿 新來 余為印議，求翁只，兩施工之言大
異。已，過墨寶玩各冊扇，得六對，往房曲園聯，北之聚寶月樓，又子坊他出，一詢和源，園六云舟，并談，理郵店

中一午夏令莅市访友，数数不值，一至旦梅斋无埋王匯下，昳雪取对，见叶古墨册八幅，布湖六伯源
药舟十二、吴秋农十二、美荪十二，皆有可取，陽某物也。过又石，晋贝小横卷已就，欣然话来，供花烟，云周孟
卿平安桥人专伊泽货生理，谈久，阅古久之，出洋伪供果四，一葡萄一柿一梨一桃，论画并古人之别，出田庐
一丘瓜一幅，谢天时阵，衙署以归，路过王阁，另讨租，详以不租，或云谈为不画，此事莫下，迦之，玩佃庐大
总翁也。晋夜雨，后谈焕伯同徐六帆来，后又需添款，因陈向疏清之，原叶沧舟之至，要为之乾，款疑有
不符，主谈去。将姚知二樯及广去人，明晨赴石芝手画，致子用，并告任伐章氏，可此库已夜，急挑叶揍成
画册，赤夜下款。致又石，系付小横卷。夜三更，后门有警，询之，楼下二犬为之石，整物，致之人不察，而住分
楼楼修夜
在阴坪衙阳，对陈装衣料理税货。力为祖母吴氏忌辰也，亲洗手用行外面，往不及之。安，搜挂手巳刻，二猹等
蔼舟临书，收拾画对，思与儿心珠为至午，玉书子丹陶园，玉函两年，离识朴，内珠习玩，具家
玉桓只谈，恐自恩过半，因话面说室书之资中存账，同儿王金，但之钢，定为住，与焕伯惟夫商，清地头，依善士
人，分版于是，余近议并于六九月叶市，纺人任御书，庄兑有起色，而运自不来，有去用，偏为未上之钱，缘去
询三日内需用之二三千之付也，各各归。广兄过我，乞余致函和，以钱解付，即书付之，董史于北京，衡兄
都之叶谈，保成玉、吉昌泉，同者可为，先此结，明高侯，应三十五元，单付不及，余亦多，而帝只又印好
同往铺料，不再大备，以后取出东之又两，子和同，楼之发听会，取出书，乃言打赤金叶

补书古钞六卷，合洋三十两元又二角，付讫。坟一見大，乎益写取華袁两文，为伊兒交實用也。倦甚

去花冬冬匆匆归。

二十晴。起甚早，刷版单隆帖五百馀字，作一册，仿园亭少有似乎否否也。暑甚，午后沐浴，汗流如

瀋。食后菜腹渴渴，席中刻，轿由祥霞，見陈亮泉等，书佳记以二人画人名四屋，归去亡六印至长巾

去城，台汤粥过，千歳見爱锡女弱共卅六，妻子游留菜，竖烟说店子不早暇，市屋華侨颇异，昔吉思五时许别去

到店，琰叔留至乃归。星海来访，与陈匠扎罢，宽恢谌肩，殊堪嗟惜。上灯书，佳静雅谈，乃多不上心。

夏至。与陈云日夜皆讹而已，路人知其速改，自殁甚咻咻。素庵来论语数百味

廿一晴。热甚，家人脱皮衣。余以四锡送伯圆土，钉靴至，起搞书者之府栽集，附询论市去，蔡生持稿余至

今晚陈洋世之云，珠侠二梅行处，伯圜作字临帖，收拾书册，午后风又来，勸勵并加意，肯去申初

持西去于北寺，范香石印，留氏画谱，及名人画谱，装裱面佳，原渎残作入，祥云偕紫，皆背見，又不甚殊

日棋三人，茶去余。挂月于祥云内，告陈租出口工别，有陈余及催生名其乎乎，将后店主议，并作代笔，别去，知烦伯

在路二叶，挂书佳言，陋颇情形。見大与晚饭去，乃坐谈久之，别之桐，谈诸及偕霞子力，向去晚余，亟请泪印野

寻余，挂星到店，伯诏留已到，偕直平雨，罢会余，遂去城之子，收回伯之至论店，子并及鹤荣萧庐九节待

雨止灯，殁途中复以油漫渍，仍补书框物，寡锡如收拾，乃饮膳于后面，陂来留至，饮留招，意到与树业之

父子谈伊辨，计鸭兒現，莫五宝，父不及知，况佣赃，急而盗成实，羞耻搭，其年发业，追究，家余旧日之原

廿四晴。飭掃除庭，雨兒挂書架。壽田師來，邦兒面之，為二日不到館，以病也。夫趣錢華蕃暇中北行，健兒相隨。由北寺街店，留信與明日去，往店門說文市書物帖與以歸。佛眉一向停佐。

廿五晴。午賡兄過之，筱子蘭循西畫帖，伊誤一半，其他陸續借扣，由伊帶向借去，為購子之，此係伊出保任云云。佳樹老來說字，同兄為說項。集珍又石借供果。謝孩郊文壽余為入姑節孝祠事。富健文字帖。明日請媒三兩樓畫。健兒出也，去對對店珍珍，往湘宅告去，到川在，到琴上來。特來請一一，暢告伊，伊知非是。湘面烟，到古之樹辨余以不適，匆匆回過店不見，到隨合健歸。

君楞快伯來茶點三去之。乃露鏡士光談古匠畔。臨是奉勉力闖書書。入者店加意篆寫。

廿六晴，順陰如機。周六目買辦下付。老吳順售帳持。自晨至巳以昨往狗外說至巳一興來到熟聚之要，嚴極未子湘要暢其與玉如林儕至再以三兩樓玉之將手來。午膳後將帖之論整之，盤一金玉如意，西一陳帖也，盤角花果齊備，乃請三兩樓來稿至時，時許還帖二叢，與金科雨之。于是與子湘說有子店子皆無事，宗子從及從微久之。請賡兄與商定廿一年以前之吾存其清光緒加奉年廿之加子切，共語謂將代為訴楚，新賡明拈材老以後之會麪帖，其入祠湘許無費三百，加臣蘇之。及晚如點去之，與夫帖之辦，加粃轎以賡庭子湘去。

廿七晴。周六家到西元郵寄改致郭，又寫入祠了。午粹夫至，說余荒謬，爭論右左無令譏，中心忽恨竊不喜。此業皆亂窮狗盜，好只好過慣于伯威作下來，益西拉塵不以生理為事，寫如何防範法之第石，伊用我臣不月可了完，與論疑然，雖未置其短氣也，而粹店如屢思生嗑，賤倒地，幾之暈中，尤為早晚之憲三內悔去映。表之諸子研往來遲赤申出，健之學節孝詞，見羅守祠，交其來告以初四迎往入需祭品，與姊又包北刊店見一小洋，囑健余之和園間分會款，此返到琴考生保言，子湘兒返，乃遂往告徐昨之賡友。硯夫藏芝某等與

注荛之為雖印雖已舒而可不理且宗余見仍從書与衡并非之今已查出於不解相是不可歇也衡堅請余入

店有開通上燈矣歸印稚發請取莽云回

并接沈子培函問書語帖言題　是夜熱三起

六晴大暑寒暑表至九十五度喘息不遑略一理書稿鈔畢粕而已孫慶兄家隨後到語移之陝弢甫之

音申刻之舍諸友不在僅梓与余在任寫同岡帖之但在寓殊不結此甚非作寓之道因戒友叔弢政

之卯回梨使令之安國寺看車艇宿山與樸來往撫臬開之有一千八百餘名矣于衡見仲甫云桂軒已送約

着乃入珍三茶一至店市扇不成回見多友与陳小蘭諸君數十人一同说至座桂軒父子三全與之二對与仲及

言若八九人兩集論若閒語工頃天內燠作雷即起由寺前回座瞧　處与寶生約工

三更雷雨霹靂一刻即止　後作又止少涼

七晴清晨偕見數之請起乃起床吞餅開行書至老經清之起入李氏偕桂起与老為吳由北寺游覽

內身燥人攜出麻之珍三茶復入麵　見陳濟夫等隨計諸鈔集　再入茶又見數十友將臣乃歸桂館極

卡室源來說不堂看塩可回稍示一二留飯去申刻出到店一棋北之衆茂于門討館租支去二晌入社

日趙說棋可以雜柳見未回去煤頭以合衡去暇時招替伊兄其遂并詢其悵行為藉告其租戶可滿

收今為到店約翌日去政作請寄去至再而集未晚請伊自到其擬余宗即一至掐一扣議令日去也唉

俟陳堂石碌通佛剛說舍可乃由陳園歸一見樊等

夜以結性不合豈惟恨而相循有不付殊懊恨也
十月朔日晴起巳刻剛視僱傭未得甚而僱得一心庵傭自囑至午 嫉散如廢 所嗜然也陳氏小子臨
錢退出 廣見告之 樹伯來而不值屬錫說其寄書禁之西酣申刻出北寺對彼詩挑多有書者王相云
乞金跋蘇堪書語王蘭撝仰已辭推薦張威之錢之食一餅到店仍琴已去陝宦屋錦海彥于蘆宮門
呼左次子于寓訪陳雲軍也言之子赴闈念僱而未曾在同語面候說店而之諾樹之之之言 仍川韓知來是
遂飲晝夜而伯韓由店賭牽 朱鴻洲談歐戲店及談而
夜讀甚而御寒衣 見陸閬生跋靜書附時務報余規其人殊有才 實堂談力學 一兒月杪于店告訴和已令措之 兌之節 市生人
初二晴晨起意勇竟如久病之夫周六榮 寶生觀地正二日
蘇堪族姪士人碍壁 錢年來由彼聽大海鑑閱 長者匡算棠理應務勤能指示勞
勸不順給滬里生意而順而退祿使遠肩旁族日讀知鴻業之盛指論之美家運之隆
豈不敬歟宗峰也哉○ 方象自抹歸來掩伏駐寧佃居諸西惟革而葛莊楊之庶者
此重暑喧悍睡不安偕吳政而蕭之復為長入閩中不能積之乘後于實為權剩在蕭祇
御巽供賤于吳閩豈亦足矣鼓聚詹雲 大兒從于同城決森戒許素接以其性祠乾好談
財務書古籍而不甚稱帳指現蘇城千金陵做材諸之生以湖通達中興要務以自主然究不
若必其成為尼也 次兒十歲通變執僞四為稱竟匡數年使之游于商亦金再而于制藝
臉諸語甚誤錢之識也 非不可派商于滬性來累日伋僨語不多兒果千因誤而勝

慨悅月前耕孫來城晤　姪孫錫如在舍　詢悉　壯厲境孫甘　林質夫侄　華居郭本　新梅吳氏
赴台中植館傳此不得　族弟里業　柳之甯壽之務　所議寫往　又聞　府居正旗起生支祠　為表姪
主持葉成本支百世之謀　難厥功課之　情為之悵燿　悅服形諸　城中　王詞鄭祀日　嫁　林字日把
諸保之廣宗鬼害壞　姓　考與耕姪所外　宣蕩目　痛心　陳述　為之備為孰力　啟大義　推起舊誤姓
從府此館任　堆佳覕之高　安待懂去住　者前也哉　抑又聞者　葉相君　細先在口　為因親知好
在姪為素識　意友莊閔　兄弟府　所請　王菊𦶜先生　以丁露書　面陳　易延明師　以謀姓華　今椆
兄之郎　壽查去保成在讀學　和則已入議摩　為樸子　東不觀者之心　為且認真　星材歷延請
擬多方識與陳吉甫先生學　餘扶揀格　姓以羽之為可信即日　取諸相見吻蓋客無　據未敢藏著
數月為之左右　即和裁奪焉　以玉俊　明年姓陳
申刻　廣三來　招往留以膳　倚了凌集李生之言　照映伊万保　余理為且百元邁　初二午刻
了又之四印出于福　來常甫招請桂考寫了　李以八千之之洋作　收條以錢作洋　又半之去陳兄蟻　辰之之說　揚蘇西弄
要西門問　考了問神安此　路役付款不清之語　余以風馬牛口應　唯諾而別　北門居見子　叔出洋四入
一月原取之　好元付協　始于三月　補而協不付　恨陳龍一到　鄭吉甫借王已玉　剪物說惟康　屬失　情狀乃還
業焉之　余償居之　猜理　鄧居証知　親遣為稿　大伍泥陶　壽館于此　陳殿也　夜三起
初三晴　攝衍勞力　益見神　債悉已到　丈來料理　陳雲甫申刻實貫來　談久　歸之　余與丈未　微之公合見悞

嗣後又換左手談，查悔惜去查存而取勝，未因清困。談一刻出，廣兄招語，旋渠爲約明日扮書至一
堂，候其留飯。余乃宿於北寺。蔡兄根泉、竹君到相店，付薪，燈位因乘至，賓約余北道，屬欠加賞稅
近兄查眉生，梅庭說鄙散，廿六病發于秋，及思鴻霄，率到庭，至和園取洋布的，找收條四千，廣生取
洋布，先兄洋一元，宜生損四千，顆果，歸，手收查留夜膳，後至更深。是夜收送潑以一壺文留
宿。

初四日 晴。起，五刻，面盥，做席，入節孝祠之畑，早俟來，就鄰道禮。二十約，蘇牌、葉某兩氏來。圣五六
祭品約收及丈均不留，廣三來謂，後要做了，宣付百元，但約今，俾另出借撥，午後保成來謁，坚留，束刻
將往上江，理祭品，錢帛具夜，尉宜生、桃傳四錫小炳兩內姪，使見田城，泥至祠，供位設祭，菜八，簋鏡
中宜另拈余炷，禁鑼手守，祠羅牲色，禪文。祭菜全手，並信，諸位參宜，乃茶甜二刻，以歸，各鼓
以煙單，受暑，不適，略與保成小飲，積已至刻，信矣。一心疲倦，繹用道場，遂歸口悅，依送徐賓
賓來留鳥，傍義乘人晌午，借到真區，待約安丁。夜游不至甚，思之，速返到此時，睡矣，乃送信，信
遣設席。僧二桌，樂人四晌，各一桌，并日中等食，羽士一桌，自留飲。在四厨二計，宜生周六日悖
昔收禮卅約，另洋一元，又五千，三串，手收四人祠費，悅計，二共大益，另南貨，周日保榮，六七十文，共用洋須十
約元，內菜備還多，約用四千。入座，席散，聯安先生、悅安、秉樞、查丈與二內姪去，保成、少子湘、賓賓
人宿，諸談，更許去。補記 如留 夜三更後，火伏，甚閃，步似興下樓察視

初五晴，平起理函，又翻整舊書物而外，備案過多，天熱易致疲，可惜也。諸人昨未甚勞，而皆頹煩，少不兩男

均未歸，飯後刻出北打店，知所寓在松風茶園，已誑店知有人偪宅，詒緘示彩謀吉偽，行十六元，回未給，戒令多方

市收。付周六百淨市物。付宣生工作錢多四工寫。寄湘書店，厚記付印字計七付杭記而於不入，適言補付又不至；杭記令查協午節摺單，寄山摺，共異而有大病，應徐審察

初六晴，夜微雨。西窗雨極，香未退，早少傳印，持具往店閑拈，快查各項，諸多不合，處理甚久，簽索後而來，又

無成，龍聞錯，余目眩不能清理，乃急處飯後一過，查定有一書，未見存義。郵經用舊筆，仿宋體字，原爲

羅珍生未取，刊研田樣，合曲園聯其聯，將成未館，極佳，小盛南，入祠店說久，又入貝宅5，偶閱說書，清漆

伊家陪，乞貝唯西洋燈，伊乞余刻印，並加眼，皆雅素可喜，岳明燈。去樊榭，主人將仙三石等，在年四花

又以收一胸，論及種，但有大事，益出點于祥源，增王梅溪之書，釋其腫，病日深，于佛前店，說乃致見，余處人之不

復久存，而出執子華，皆避人，出必擠脫，卸精由人，訪日推偽之數日，無順燒書，諸之說，而後而歸，未去只沈鷗，再子乃訪

子湘，告其種種，又留久，富及時留未書，乃詢海昌米，轉店持具寫書歸

蒙揚女四姊宅[illegible]女丘去，四姪之孫，家人去散，清淡勝覺，楊月湖若乞作扇，乃許彼之

初八日早晴，即陰作雨，撥對收拾，蛛網塵封，偶坐懶惫不爲，歎息，半坐已雲，只楊貫出5杭，讀既久

歎息，憶概余除平生，僅得扇五叢，漢之李閔之數，只以紫豪筆研，足是兩宗可人，抄舊粘可觀

四小時，不欲書，但頹雖如舊，題讀閱，首癖耳，題竟，思欲出北，又已將夜，時者易遠，不覺

如歟？若是，速也。夜讀書，語悠及已，以對陳皆懶慵，有病，第不在少年，與世可惜矣

初八　晴。起甚懶，胃鬲痞塞，兩足亦然。有鹿魁赴館，余閱霜林，見崇禎末年將帥君臣文士皆義含肝移不振，而為陵侯，數百以上遇事不忘，以此況擬，應日深好，以成古昔而將來，不因乃以往，置以了故年群不料，教子如此，蓋謂粹勵，皆是由剝也。誰應齊望，必思前以同回，凍辛苦，無思多至長策教之以學子，而發悅悟也。黃去于北寺，殿兄金之詢，好并述贊意，伊云祇為慎，致于月杪，能必是肯到肯理。至店，轉堰下，晤雪兄，美其二山水一霓，綠柳亭一雪，均不佳，任說之凡四，亦不佳，薛存菊讀惟章芳八小冊，皆仿古檀長一二首，皆嵋嵋雲物也。另秋丈一二，惠又藉貝，周盛師，并貝為樺，知明日伊亦守壽，看古玩久之，北訪桐，付其四小屏，致意伯昭日往寺，又在轉向北，子淵請，送其家讀，留未至，說文節撫署去。揆、蘇墻，後往子閱桐。揆穩雲來，壽孫揆訪。瑞守節了，寅夜頻將去了，往來不寐。

初九　晴。集如。晨起，理前對備鼓勞。亟具之，桐至，在行乃偕之堰下，往抵不至，少間來，具衣往謁，仍易衣觀玉器，滿古乃入數廊，一桌半多，熟友久之，去到店，去偕淵子轉之，桐店宅，晤之，又承蹤煩，余允借烏與保戚，談又四廣，子淵來，余攸于店，在硯田，堅以文徽仲大字幅，許余三元一大聯，易存，金因以先付，後付來暑或也作偽，不甚二處，淵移去，將市肉館等回，又石運于硃中內，請余夜席，甚堅，并琢君桐，應卿從意之邀致桐後，回店，至恒裕，看烟會，余識，胸無墨蹟。至和源，對岩兄收付，應以存金也，子淵又一來，市梨二十四文，桃烟云，章芳、夜章倩來云，余君已致保，蕭市午餅，御覺三十余，村之流水云之，珠不偏，況步停止，又勸且至年夜收拿回，伊一人去二處，先且議去。夜，桐兄來，即偕之徐宅，共三席，余四座兩友

叢星　桐君　沈伊墀　余　君父子孫一席　楊君　馬眠山　施友卿　周生　周益卿　葛伏棠　信松鶴　鄭子珍

先鳴岐　周華夫　朱滋甫　翁錢氏　沈馨甫

二更許始歸，余以不勝其蒸飯而辭去，談友亦同。

十四　早曇，晴之無事，看《兔越》，說起詩人皆垂庶也。吾之台精解樂府葉村，鄒川字屏，朱藤翔龍王梅溪

李時庄搭鵝簫燒乘月歸

未刻陳寅翁偕伊兄華亭請以假玉年前丙定，余書情之爲其與此人照田玉又即莫不吾收藏與久之至筴

貽發若之付譯与靜令伊岩燕生余　陳壽師之攜拙也　夜回知付十元　余七元千　一夜廣見病不貴敗

楊雲信計前行鄭事子宴日晚分去　又陳卸雷氏沈王之節卸一番宗不能算　倏云之計二第一房可夜出

舍寓視余其頗大萃吾存書雖仍不明白而幾　當已廿餘之自形自檢　諒其無理今日往鐘所看書

嘉興前月杪年回至楊兄六刑之舒錯無私盛然長瞳挂康夫挑揚之去未不顧人笑改日必詒世乎

收和陸信十元　付發葛生二楊乃京號七元　收子十元

十五　早以浙来信俟信楊市肉趙玲擬淘信淘市巷周帖杪畫粕撿名繹碑搨之只一本者碑上一字

見需是爲一兩字因作考證子闻書俟下册觀寄与并遠伐傑書中刻拄出請賞宸而觀

小雨稍正云俟猜病癱急餘周子任乃肯余令筆輿去家楊寄住余一人余得出遠之雨見玉

因曉周往宜出余之徐貴四尺一吸鄭葉高新來訪月巻均回一賞即出大東门詢陸鶴扇未

归之偶了煩问陸鰻遠又石值四去北遠逢王　余甘问沈蓮生欠会今訪伊岩昨欠付会还

使余向取過綠成來門云伊妻昨夜分娩得一子可喜出鬯桐見之于琉甸友卿得見請五石五元
之宮十四日二席也刊席轉換二種行詞子用作價不點程祿迓巖入墨客見之名皆偽物即截
五節書二函又微仲等毫不知也此人善作偽不可交尤不可向買物慎之慎之一事先勸
留人少住兄媳曲雲詞以吐價五串作學舞吉川去不過一筆元左右耳四時天降黑矣
十三晴早飯晨郎弟如坐石對理僕饅飩煮烟五串日妹事刻出到庖接研農浦後得需六百千加中所議
熱說因陸錢託買卷乃去語子明因之卷七串四副五付二之知魏甫行伊云陳騰之市鐵人阿之金奇集上西四也
歸說廣友採借千元與陳葉袁并余實收此等之答拜李芗生來詢廣書諮劫川石到京異一見寶宸歸王勤
甥鄭一頭點錢雇車廣兄來招往觀長洪觀劇六在說從名伴歸又家人睡矣一勞來之事偉兄同帶錢
到去乃與春輝補內訊女[illegible]之西門鐵口黃績行書閑天宮以其任人為安良客說話很罪之秋月梅花樓
何好
風流心天邑謹懷應賜所恨無知音因筆耳三更四接祖供說果餅半時許合衆山粹以所
十三晴越過一修帖雜閱大讀王梅屋來持契來抵多錢謝之陳騰遠見訪細談陳瑞農甫家秦
某坊市屋價六百千余與醫保并朱袁亦之候路硒後真識尹久去余控旧性柳山經冕說路而覺頭易
望向普出大東門匯協和四條錫義四詢結性伊偽月抑此雲星戒不有卯程小山一之北兄桐賀兄緬邨黃傳龍大清仰
如意北天店頭報硯大出借洋因換報候材館情秋出門匯小雨付來和匯路中生宴公賀又石舟陳很匡沈楚

申　夜已垂盡一點雨，微大冒雨急歸，身汗夜溼，鞾悶懊也。　夜不適

酉　早晴，巳刻雨，午後陣雨，與靜生談去。午知沈楚高已殘傷，靜生往言。　陳廣兄招乃入謂閒話　周上來付一五我

買梅全知辨未作書唁帖，晚寫二種，得以寬慶善出于城中，利店亦和順，到店擬與樹人談歸

戌　晴。備四書，送楚高理葉裁，平作戔並書。彥得作書面達。兵來談，天忽作大雨傾瀉，出館借傘同

與彥等議論書法至宵二時外。廣兄來問一字，答之。靜歸，夜溼。雷遠聞，待夜去。　十時夜眠安

廣兄一坐談去。二種書借玉峰君讀一過，君泉贈文字作武進莊生敘業　叢書所有物借材章程

亥　早晴，巳午大陣雨，四壁漏溼，正在過節，視饗史跟于行走，及攻蹟陽去。

形尚大雅夫人萬傳四月中旬拷讀。　農偕兵府竟去看昼試，出門而以。　思起以為垂情務說援引

孫生至于此則之風且譽也。風篆戀意至為跟蹤，能本月中旬陸續寄陳託。　楚白甫來，秋之假報覽

四室語過去，覺第未來。　福書為明印局孫維。　上諭原稿。　闡釋議者以欲親政明以僅上在人事

知勝從近出中江，必作而留張，閱者大見暑往也。書因即對編四秋鶴音果叶刊與月來，部署殷

新世勤篤到不言而去，舊田地垂徑一切來信民生帖服至素尘躬暨甘甚遠也，樣里遠

閱新舞藏稿所著做材館一地，明為人眼出手程經常之逸報，三日一去取之，然不知何等文字前

列者昨日言火為核之事之中，試凡鄉試文出乃投均不為拈出，不宣出經果為毅求論明編示

伊進館來見應辛絡，乃或月中旬十四去，頭為布置出當去尤委之也。　順數來將集英傳

極佳，王漁洋筆作之思，道作書，樓之曾同之，贊恨莫名。宗卿又秋雨水句，調均感本下，寧樣少
首，閱論文筆算備色乘，標語千兵所發雜亂之際，許覺不為而去十年，語為尋能，道出學問之難
之自感不不覺悟，辛亦感歎，從而作求，益見俗陋無材而已。張麟閣養疾，早晚日來，但明粗食
有不無缺，上席勃，不等八藝，除空只攜，頭向山中宣之，自涸未甫發去
中刻，趙循八刀，携之桐宮，謁桐内姓上元代鋼管也，由食鼓。筆人出一桃劍，瓷及柄皆古玉，僅以四百文得之，何
相過，應且巧也。言及做材静，為筆人作書扇，乃北入，承和宮，穗信到店，携顧福合，但以當假，市之屆
云：云座振知，天津宣十重，深恐侯補道孫宏。取字人覽，竟識一文一字，予華下。兄向學多信取十餘分
一見地雲，色格于今，去店留店中，乃歸。携稿重寫，述修志，柬訪予。蓋玲、雲廣升帶調知席伶
十七日，雨晴。閱作積柴信，書蓋晴。四點餘來，午後傳一寫門，紫小幅，識筆與筆書意。晚帖，秒查粗，已出，當
過，慶兒來，寫予閱，詎不門信。已恭留之。照雙，晨厝早均生，夜鼓，饒陽來，舍但中刻出北入店，閱公厳以慶惱
予，次去因語座，予松風與地雲主過，碧帆有卿飲茗，甚存畢集，談久分散。一見桂軒，店兒保費報，以歸
桂森，松玉為報伊母之喪，宗為予實說其字畫，故掛據而索取之。一不償大，予使艱。蓮清來亦為
田，請莊入志，言該招法。第與業之用者人心，詎能見為陽懶清，强聲而言之不理，為有病無踪
小娘人之道，將來焉堂，其勤而業之，成看為。徐輯御者人，僅四五層樓
十八日，晴。周少泉餘，謂木不樹，香帖一件，師是午後，于寫門索作二小冊，何夫是見作書，似將中出之，内付若待
氏兄西漸詢狀，母之郭壽之是不知，回向沈姑母之夫，借之號云，原同之四妹，痛甚而止，周皆見一面

少奎昔赠晓雪文稿均不多，经入数于祥源，敝见少无乃不识者十余页，其间陆之记吴赤丹子等到店
贱物亦令且措置既知，简臣与彦勇同去，乃乘便车至于三元说物，种种萧谢，其大街遇见浩倪，此物不一，至病
语与青而此去了，至善八宝堂之残别，乃思所青象名家贤适取之，留湘东书坊未已也，旁夜归。
夜适广伊寓谈谶口，湖州镜波俱在告，乃属玉而赐书集之，亦之四
二十辛 晴。起甚迟。静卿早来未回，晨云左陈增家，宿王老来，适同年秦图公谈，作字写一册，篇尽书
中吾丘窒景宋踪，方为作画，伯益子爵来，云即夜去，朕国付二元，余珍之实易只大偶忆，荆聚若来于桐店见朱氏云乐
瓶水仿梅仿彭好写之玉以回，仍之仲肖来，相属于下，只陵题字，此乃吾于行中，五旗之美，又弟允阁一笔角烛
一瓶梅，中间嵌一帧，红顶孔雀翎，律律弥畏，旁为子专果盒，珍佳，而笔墨虽只惟，跳动美，在用笔全圣矣
到店拔加价代云居，应者地加百千，野此书扣题，又此其此等之妄想，不达事也，在根揭月举玉，芳之卷四
静楼刊乾诗联，庶便取节晚三桃未，不值收
廿九 二十一 陰晴。书作书，极下午之会见粹夫，病仍着，伊但之难于支持，且多不阙结，曾归伊之，烘伯云会
了未偿印金事，但说现下尚好，少向来研玉国居账，又之西刊家了研之，在金益北，携居于北门下，见了卿
手缴借子治西入其家，收证物了己，今归必过一查问，余意以半饭，伊言之议，收买之，旁夜归
夜三四，蹬雜录词，钱并，夜是豫等

廿午雨雷電作夏。孫浦往市居，代羅論二段、四開，窠飭住居偏，呼渫太工均畫成，仿美女之歲
朝圖大同小異。紅燈、徑畫一種二，一爲花鉛紅頂朝帽一盆梅一，石子翁吉果三福橘一、水仙一盆。又作案中所
有村石壽星加小兒糕品、俚識蟮蟀金蝗五色須，以乃喜祿福意，猪豬歌祈新矣。晚及夜不出。

廿二晴。草（吸）僑渫來，節略稿，即送還。作一樣君小屏草，似少佳。婦累招，咳多又咳，昨幅申四錫一來。
達徽來，索帖閱，因出《淳化閣帖》，殘本，發一查，及《二王書》并《禊帖》，遂僕去。秦郵帖四冊，未讀去道。
和書禊帖一篇論，書度青瘦，去余國六尺紙出。

廿三晴。黎明起，早即出市，物利店云有（王壽大）柳茂臣蘭雅僕，店路詢余，並吐即老渾隆四錫知，家少用，注以來
之借，吾佯嘆。余入旺官注，去，又詢其四店，要汪叟（猶）逃，且去萬少遲，柳（未）告，並有出入，乃許柳借，傍六二元筍。
因遂吸，而嘗不利，懊喪之至。久之出，往店，露之，使入園，發岩招十元，林以爲多，付（官）告，並屬我籌六十，乃至蕪
一招，淨四店飯。要歸，往柳處，出煩子書，書連中情，柳去，借其至，到家，查之，猶渦，而家人且作，渦覺之，易給
晤，渦來，去本源訊，今止七千斤，萬如，老子竿言電。中心恨惱，所恨爲庇，柳已知，及店人如辰，不知會（言之語乃）玉，是不識。
寶笙送壽至，四開，去常寄秋浦住，作一屏，寫杭垣吳山城隍廟，橋梁屋市，人船庭宇，專畫樹，物皆
有古法，筆意有鶴鳥目。今人無有知者，倘異日必有賞鑒服其處而無低價棄也。完成時已上燈，及夜靜
未眠。了及詳三桃子，去慧是不知（畏子累用功，致有髓）深，居倚，費了情，至極且明，他日爲成家之算，謀方與瑞日至，桂緩即一
嚴訪往我，日和，送去，半塗案。辛苦而歸，事在意中，爲思余言，無宇識，又不肯著裝，哭完，□。

安能感人。天下惟有君心剛健以回天運，庶乎無論內外不盡俯首聽命也。即如以小事而發之，非作官場帖樂耳
世而至于不能大變，然後思盡其力于無可奈於是而堅心不去焉，再進之乃得憑如幸乎，次第遲久矣。若他人守法獨不然
而怪偽生，不可理喻。若自是好惡從其不成材耳。深思以思憬悟矣。上床閱書四帖，特於來謁無所賦，即送出。
再又復寄來疏乎，卯去。

廿四日晴。夜雨。門前將盡，正替見心，種花亦有殘，柳葛無復生，當復以將仍不驗也。已之去。比日又不至，打退鼓，即不眠矣。
修帖作湖田錄一段。午後寫小屏于通堂門，分至湖上卧橋一帶，呈笑為單亦似于鳥有然知為
徽台糧事合成稿，華字相應見之。綫彩一方，祥雲到店，北討頗祖，古而支畫。入月極川，見又極苦之一帖佳。
祖其情于思，惟有搓磨。已行，與去一一，四面大作陣，市鴨雞而歸。夜過廣語說，伊吾于和夏雨。是年為陝捷

廿五日晴。早謁華法帖，山處來到館。午後寫鄉農牛屏，張掛田縣，牛拖船，依帆村市，桑林草滿奔流。尚書挽聯 詩文
修捲湖山屏幅，集一幅之中，番農畜勤事，各種皆逼古，豳風圖也。完陣筆抑鬱不舒，即解衣出海，描光入
已遊鄧棧，仍於雜在四間，又三過煤太常，於不測也。退據假以何鳥海舟十百，如鵝遠山樵燈大舒其抱，至宜角勢弄四
夜作來光山直畫科，西吳山之異而南為元宵之臍，雨山陰讀山羅列，直惟赭含我樹，危山藏。入宿兒童粹煥乍明，後月初進，涵空耳
是日寄欸，而余理宦舍於廣布。寓人只不知是以仍怯乎，彼輩粹夫但求安閑，以小兒仍執己而同其地，亦不能及血本
廿六日 夜雨 生之言子恨之之謂見瑞林一語。夜雨，雷作陣，二鼓雨轉晴。
晴。與同子談及靜明于近無揩手，既無大宗，疑可種用而計收三百，畫之往還，乃不可。一難將以求內一無高將何為讓之難

此学成就且十年，不成更委屈坐。谈大一宗钱经所人加三难。年用为剩数一经，分以君子之见。喜事不戚，消以寿。揭卉三
莫能究见谈文变要出，全家食百计些子谋，不获者多。安有真静不谋而能偿者。殊觉甚苦也。又势择计作
心屏不甚惬，而中心烦闷。未知何出一抹。岸丁马旺山往九日到店，时蔼大一间，加买鱼吐。觉事忙，往至国东若三斤，又买钱
日放夜画一尘。晏泰向净个眼鱼棉衣几件，至行与文斋兼画顾王本宅，前了，岩了，石出赚，彼如不见，我勿得悔，可在意中回
询，专乃往大当一旦。深为可讶。予细说，伊戚啸七月换荷印有丐见其一宅人，以为印册之市收。友卿六日向彩设席矣。
夜热蚊多，帐中三四起，不能成寐。静文来晚面。
廿四雨。阴湿借。接桃寿，呼接三款一据。初四日付一砚，商接。知其碧桃一丛，桃揭，横李，予五支。宝生以雨为余辞
米，予陪四甥特子游。一说，以藏，束子叩了。保附访询之，广印来，可致。四甥今着喊午，至伊访之。广印去，四甥出
而将启情，谕之，数点昨启面，君不屡，意不成事，而偿候尔夜一跋，印谱。夜热太多，骚之而出。食后到盐斋
廿五阴雨未定。阴帖二百字。又动手粘于净洗窗，棚席，棚门，数劳顿。广君夫人至，已留其宿。又为修，令付可用
一函询册到君也。沈之来，疏。今日答，请徐又石、诸视同出于北寺。佛见佛肩云：舍去往，颇晓，直晚间，错大会筹
廿六晴。年经，左为沈翁意中了。已其为主，张台之店别，初聚已四说，薪货之下。月推至询其张祖，我也拟正盖子
系中，始知及伊乃评著。刺目，毛跃，自来粗必可措到会，而请致模。我脱伊所合可物，和合之情，其不免斜易抹成
尚未者，必意见不合，难以措手。伊亦免向白其帖可及招内宴。嗯啊可言几截。平平意，余为实告宜发。君出，道说当
廿七晴。纪台吾每人去，伴次之，聚中到桐庄，贾玉傍桐由瓦石，状雪入，徐氏二人，村也中设，谈友但浮未定收，张想八席，计二桌，六
十八四美，然一品锅，余桌半了。呈王孟如周，廿年大，施友卿，杨日阶，桐君及妯云，并余八人。两桌。都下欢又石、沈程雷、钟石臣写

韬山、钱鸣岐、秋棠、陆邦翁六人。颂甜拇战，余饮啖颇加，畏球是狂，仍饮约三斤，殊醉。向诸人说来速者书也。结伴诸人多

以画往名开也。菜而别，与桐、兮特庭在，持灯归，已更深。中秋以来，今夕始安睡。接子角扇乞行楷，又接其函，云所已到

晦。月晦，晴。黎明起，不能睡而起。多食蜜，要此肝阳所致，多饮传积，殊情躁。临书扇对临，仲抄画，雅过庚，以树之

毕。午后至晚，赞佳接云，某为题并知，子衡于是日行，过中见许友友，那依视，庚子九月下付书到，庭即手

跋十馀又而三。归。又料虔与细商所为，得子衡后，天已晚，遂归。条致附衡条，虔兄，庭监，坦藏，东尚请

书。

九月初一日，晴。画烟，穿衣，母寿共，冠带，亦穿。三游至申刻，丈来。备食，子侍静多，素以之用，不能久，况视者不敢，复伪去大

○吃宴，又加费，岳乃见。行文事年，牡金平说，不理会某报，其嘱恃说不稍。杜雅继理深，大中丞目在加之京，已准再书

更请后露三是也。中刻，吴书烟毕，为丈书名，此帖书到。庭仍不在。昨见唐瑞圈相国真迹，长幅写五绝一首，墨

神奕奕，墙是佳本，问之，张东百元，问之奇甚。午后常来。金之四十七携北来，访日极不值，独而之。子衡许因告，兄积君置写

和中丞均袁，使习，初三午见兄弟诸，精书因诸而书，犹房一询，仍乃子衡，见建午，云欣然及江南，被条丈一帝，见照旧说

苏此调，二君说元说卡重，伪指而书，并及田。夜至庚话，留为久，借书在尺牍一本。夜三起，叹之

欣如然，我下眠，常庸说之书。 道日拯云，到证一方之，招日内付完，子保至官子焕，以某说不能，归去城边语

初二，晴。午后司来，做内并上一函，颇及开拓，多细件，取此等约于，至事来，是年佳婿，见庚律自钞一册，又自书三本

今伊钞，而付事生也。替木作仲门窗，为道并作一壁，忽忽即夜。仍庚后不至，手衡乃在中，赦某询之。此夜饮

子谊访，寄振兄函，饮毕，书陶苏多赋，取来夜，予衡宅会谈，庭子至之，筋骨旺，早益者

夜讀來齋香天曉三起廿六時待律々有味
初三　晴。晨催花師業作畫，手段作二扇，字必行楷，抑者是受一畫軸一次子用。覽書兆于義大向另且吐
于佳店向以一家手係昌陞夫詢余，頭子過子相若，財已在一面抬其紅琴玉乃與義服論種々少問初至詢其帳中
情形，西之杭係沱兩子十元，直至三月出帳，出帳矣，撥付協記，而司帳何以不過付協記已二異，比在協午帳無收此項，異
矣。大仍在杭賤宦，或趣多心，雖以此即以不通，吾店其村協記，該人不覺，以是做契，斷々而然，紹玉難為協存閑□以
堅嘉借予，然以付伊，尚未收年往，即而知渠真是乃將詞諮詳，乎以其果如是，何以帳途不過，何以至三月而推性
道一々。十九仁談到書之唯新，自己抒息，倫過之便宜，及用人閑銷，生意不一二用心，尤多自是伊出口稱服日語人至
山時情理不錯，中我肯契，故有一貿十元々，逆其非之程，是伊出余三人，步久亦別出持店已多陽矣，四達兒替
鄉云自歸，照數表出，我在炒。靜云已照抄之。白桂歸云，借材紹薦其三人，一陸閩生，一陳，一靜，以未全錄而我已覺兄性
慮中稍同，今作書再訂，并知後信月五壹以六年為滅，中不得拖難，假多不應。
晝早，因子儀及烟子即後往葉丈，請其擇日，十二日此二月難用，且另設又與兩子設用度及婚後各節，為备在
無假面至說虧被菜之學不成，去指不下，又慮款日短日難，指手度侵，況更加一婚子頭，使從如置衣備禮種々積累
事，以一西間兩又有兩子要不缺，後等決然不動于中，時何以繼，言之無益，徒於窮興。錄畫稿，子又書聯并陳錫康
子調極大苦神，稍之兩面不要下談，欲以路其入情乎，未知出爾。指午后所寫，欲焚寫為靜子四樓其一生之再
與其留意嗜排一之，亦志以烟其滅，計四紙。靜起稿時何時，計四紙試替自于其山家頌語，切託如先滅于詳又
說搽々，伊日又印崇顯之待其讓起稽也。至據不為孫朗齋，欲託其先致伸定情，面不值，再往又不見，又名尖
到店收納琴字匯昔之款一月利息，向連恒稱虎為美國之係四八號中相應，請歸。晚無。陳家堂說池

初五晴　早少倩来，旨趁到店，巾雅访翊辛，接说为先琦坤宅係弃空日再行说親，如大之磨渠，不画久之出資

唐林白西生谈一刻，遥见秋棠月卿偕扇声甫相君十许人，市鞋。右题第八帰，知文王来择定廿四日（旨），但欲殷盤，须作

函次年为不盛，因不晤僕函空年留粹夫来为言，今日宿已滿八两（宗）栈，此舍事自去不致蝕，特舍此另人，余意

宿少收，兼去益早，纯以此局，而人应作有清谈，已不调度，更陆整顿。及晚去唐秀来询杖，坐佳兄树棠亡安子

十向日，昨余璐子衍诸坐长，又为校庚付。夏布一疋，于白加花作新被用二被单料，印花一补料，作绸袱共久之，平衍玉

精诚唐来，诸兄口仔细斟酌，雲卅约少缓，二十方，约月内唐付余蓋约与金借者，其分另欠，加作这时书年归理此次乃

的过目新唐保玉等后作（约日）内去保信，并后有年云十卿，村去留后趁，更来读了。旁晚去访桂轩，因以谈，谈家亡

年程缉成子，仲甫余六往去的函，于决定四人共饮桂轩，係此说鬼甚浓，慕知（今时）丁店有一女，在烟已者，玉在画勤

是日作书作二百字，甚少

初六晴　迟起，看秋海棠盛开。勤书临帖千字，午后为欣内犯寒来，八言楹联，因挥向去。来之，来见太是，又来写目

题小结，谁会道及，抵唐题，又作写门对扁，专盛时已黄昏，从天短，要记去之，遽下访孙调来，未值之，只

夫人过徐氏，知又病，父子促赴申，到店询一切，云报者恢而谢，予去因之，其从陪伯予烟兄两日，予列来知也，告之

去随归，止斜阳下山，又接有唐兄保信，乃系来免太活，程之再之。店当七日初二一时去辞世，鸣呼，店主敢正人，理必诺

翰有谈，友有怕之

初七晴　潘承佳铸玩，日扫地，作大小字五六百字，宽帘设色，仍不甚善。翻斋钞，来刻书一通王孜谭

到店，转函之，子游完，又借信阅一过后为棹铁一段，李生说田自娘等滨，不得此种烨，燃成一二顶，可以冀

子孫以爲衣鳥北田密家傳文武狀去金香樹至竹行與三角只隻誰頗有可談近吐但定得價免我家積欠盈
而得利耳今日南門店月進未能言諸前樣同乞借云錢蕭夫子有蘭桐等三四件要不能成店而云之一開胸次又
小住之仍是十之殘矣見王梅之因一路閑談同歸
初八日晴早刷塵掃地居然二兒每早作此事如鳳過耳可恨此輩不知稼穡之艱嬌情成性即此小事尚不能如命
不能得法無成業即如今日法不可得思之憤恨鬱塵寢食作畫如舊新筆已速不可用另作小屏謝萬
枝來見其出色中止出玉桐唐與之詩潘其家費厚貴善庵崔梅翁年老以帳雖爲佳而未足善與保威父
子抗論而今世爲之愛世之方余與桐同保與靜同無害伊等之無關歷名爲高英然嫌名為有學石旁旦當寫
無爾為耳保有情之意余極去詳言者李方考得居下南風之筆寫作風骨筆端點染形態子祥云朝花召
遊其可憾南田惲擇石竹蘭神品也作時竹子竹下二叢葉萬方長石作點筆皴下以石點少許枝可杉惰緣
蔣垂表余皆見之惟惲石蘭石兩張三千日已同觀不克此耶　是日未刻海陳見訪高居可居謂身世
中自少至陸而中善用半四分嘉蓮冊但過而遠好雲而不籌至柱如余強可識恨但有佳說難以穫振
蘇得同得一女　劉黃鶴印以兩寫二字篆刻來筆手疼目眩之書者　石(?)柱理畫一時許
初九日晴天燥花樹灌水不之嫩作書微恙進憩張自云作扇二頁太陽濕塞備四體因余在樓陳石居三扇
石年大(?)思見遺閣子同谷鼓伊茶本二扇一頁不所田去處祥翁謂墨山水記是淑夫擇惰及米帖頗氣勢
甚佳云大乎備適白元惜無錢資以撐堪其值貴也與花五元之花稿頭另三元約期來取以而生意未起店友牧高
至拙拙不梳頭大子定扇扇堅如也即返

下午陰 昨夜三更後雨 嵩霞董君

初十日晴 早四鐘至与綸庭穎和閑談 要多人借討欠項 淮澤又未有成 起會吴節陳性無早識 一言向甚著 必以為戒

同度張至安贊 既不計較 素原有之 即認垂仰 宦產重利 擾人數年之間 必至聲色不止 甚不知何以行為計

真可謂素異 借已一到之 同乃未書 將母事略于儀形 甚干鈔字 乃不克脱帖 作字完 所事屏設色畢

又往撤黨 予閱成林借竹稷事 未到 士來送月錢 并福新烟子來 望十二謹親海府 自買自撤 又古室禮以

力不減 昂刪久之 方真為兵好作為牛矣 誰未久靜歸云 陷中大不合 此素志之 程提徒言狀 且為取你債 責之

于三桃蓮墨及師 此大謬也 師僅主七不讀經 無亦取閱 即有同字不地 知兄責予 靜中無主 以為責三桃 乃伊兄

附逆將辨 主不知正禮一也 不能家貧而不在靜之前 僅七步改運 無所有二也 既不以催為重 且欲他去 以親別項 高哉

之秩 不誰為援手 況出行資張所住下 必召而不回謀 先兄及此 真是無籌計 無識見 無用 實大恨憾 責之胸中益之

若是安置成家 至後何運及庭兒要出身 使其後來与唐三謀 而伊去人誘痛及兄而未去 不太息無中歸臥

十一陰 抄書 不克作畫 于後閑暇出市購買 兄蓋石硃 具市海常果藕梨油鹽以備海府用 買筆一管 李增順筆

店中請友出者半 州靖在內半 大惠因好心素之少 久過道府觀劉班 而往海府寄去 色墟君拜訪亭居

不值 見其夫人 知明日請親友 請三之 又回不成 不軽至四人店一過 恆祿一過 桐後買風 晚陪席与徐成宏邑

及三桃予急之 歸要等矣 夜寫顔閱帖十頁六開

十二早陰 店雨 晚起 到少使同此市內購粧油甚佳 計拜訪魚子兜蘭菊葉了 桑陵積乙陪四人楊禮書 也第兒心的急 只向炯

陳星岑談 永和閑暇為之業 請夫根門道為借入點于楊神 一見借歸後改寫定十月初三行聘乃

吉呼之吳料理法席，坐為設爹而健園六謂朗亭、和卿、西山六下，旧午國之兩位朗亭吳方七、蔡六朗一人主話

秋珠不解其辛女眷必二樓備列，以為此宗且奴而余甚不願淵動之清夫之依逢之之朗玉，必以為請使留午餐，印桌

上房今加一盾，居京帽子丈，借款于陳逆文五朗亭同行，余甚惡此業年初我耗因請議種之道行，伊與印

竟談桂軒，語飲并致廣東和夫相回坤生，約久期而往聯姻須段年之付與英公八公四年留鼓与朋友樓間談，仍

靜去過，傳夜，桐居廣三桂軒，借繆玉山談，不二席十二兩四小七八盆四毯步甜謹洽，小作揖戰，強為消吸，和更席散矣

去計費二千六百八角又買之皮兩二三兩

十二日 陰，小雨，刺頭作字。趙肯進燒邦岳處，在其程如此，為能聖繳，借人口目，卯年後，王梅舟談之，持扇來乞

書聯之，垂求惟不乞書，將必為倭奴書乎？并函舍弟李達煙筆毒四罷語。取錢出，天時作微雨之，太東門山煙道鍋

藕席有陸墨卿，閑雜說，并拉之之伊去，與鷸借入閭城飲告，言之有一女昨為債，綁往叙彈，曲于身燒傷，腹亂之日斃

不食之伊居文樓，一之指示計議三元二分，力之爭兩除紫一理頁。耳至陸祥門，廛午麼又与陸毅雲談，富之含多種

入影房，生全家女嘆嗟之，此未云要程編中庭鋪石板，多節余不出而至，而于門首暗活遊閑，鐵衖作動之

不得好善活石碾之于街，切實示之以雨地須四家，既去上，為伊夫語其家，毒手而楊，為林告其母，病危狀。後查之一二

安不能住也

夜不寐，病發之，四起，若是徒又思及其業，不知世情，今世溷溷人類皆無求，自顧了家，以資生為重

又語其學業者千萬以以勝自勉，舞或有用力不當他多所間，或又云資本不致，或無成伊業，既果自勵，實為無人

奔鶩謀名利，為實世計，無一是者，吾尤為最，息肩實謂隨言者不理，識之不依多得存任說，余近日身無一作，戰此

洄通，無可復說，內子知其情狀，又大恚，余不知其量，擬多款，窮時之及目真返馳歸，亦以仙術聯進致千金，坐留帛

是于家中，櫻之作信紀費，書是以自治，諸煩惱起而名利並至也

十三晴。早仍作書，臨帖，日課。腊境窩佑〻自喜，午後作完五蘭亭、鼠鶴小條人，即廿餘人，而亭人既似，但布置了了。
未刻，唐兄來，詣付古衍之三十對質，欲余同過花札，回。前借用炙石未借，銅句小說一對去。師孝祠來，余知十六祭期。
申初出，到祥霞院，梅庚松、薛石蘭約一到過祠，云有一研已買贓，藏於家，遂入其室出示，乃康熙四十二年青宮
端陳文簡者，前有自跋，並有漢大丹油紙占。移同炳時食畢事。夏紀金倍。蕭異樹云研色青黃有條
紋千百，錄仲甫贈漆研，紋細起暈，紫細蕉星，以墨試之，甚佳，雖為絕品。伊從廿此桃花研得之價仍也。尤珠義且貼也。又有大士
了枝之吹笙士女及蘭石二兩，亦此，自詡為其趣，餅印二方出於店，平拓閱之，備未試詢，丁蕉大瑞叶兄笑，六郎四唐一刻
即歸。夜雨。　庄三同兄來，借得帽為我題之文去。
十四雨。晨起，身如重病，時許少憩，閱六來，臨帖半山，書寫謨包蘭亭，屬又作雪景松竹與梅，似有月景耳。庄
蕭霞到店，又亲前已到，並同席，葉瑞不佳，梅戟一刻，余自倣畫碑。末竹等人之，其人善識，陳力余好歌，陪之談。
十五陰，仍借拳餅鴨，少閒，是大治席大戟，大鋼門牀，上六一本，實執而有其法，制之好手。挑燈四再，始再食蔬湘。
三客坊多不容，看書二次。　余詩得成，未之也。
十六晴。早起，已畢。寅二刻兄帶錦兜覓之，以帽作佛，師孝祠。蕭精椰，不得已之而作，書畢，已剡之。師孝祠
見郭又來，同早率即入行禮，見陳丈理臣、蘭徵臣兄二扇，是予舊字義祠先世父寺碑，雖名位不
白坡亦不耕，詢之，又以為全列不知，何坡順便之，學宮歷大成殿，遍學師出，行孝子祠，祀並僧，歸之
師孝出祭，義祠余以有宗祭辭，歸不飲，飯，四親鄰。午後完雪屏小件，又作梅，並去不亦扇，北

墨太肖，大費事。帶林海生篆石，知臣自喜，刻古。晚出，祠于保成，詢帖中西昇經，係九板，每開四行，惜不哉。
須請求書楷平北面店購一大帖，復使歸。
老師偏修陳神道碑，下字尤能作北墨屏。太陽董素熟之識，書畫誰乎？申出廉官觀劉處西盤
山書吉熹岳一派見，五諸侯士神犀大戲壇，對古槐一盼，鄭植卿一言，云即識，傳其廢者，達難十葉，常非戲
彩書嚴大東門一行，但城一居，真是以足力不及，亂雜到去遇藏燭内，留坐飲，為說抖府日朱，云足抖幫若且容
回一坐錢紙店，心多鼓，識余資亦備，無力作，來看書，請力如是，而後無君利乎。
步出閱鋪書目，得數頁，其石法亦是，亦有教學子師之趣，而不成寐，困極始安。
十六日 陰雨，相間遲起，知陳壽卿來訪，借升算去，即見出躑躅，出門看徽使，往住舍，普後合去，偕行遇
天雨矣。汪丈玉叩留午饍，談話出，至壇，以足不勝，舍約留壇侍，余獨行舍，而見吉假館，唐南之大東門地頗
為九里橋石，此等皆最多雜投，亦已余出留先揖，修不應，君多長言，余語只須余，如通融，若被地界，我可得而錯
此口之子利子省衛也，不知此而仍議多是城日出處，大用何為乎？枠前尤不理，乎之向乎恨責，可原已伊，飯後道一番
當都邑又覽而見工坊東行，且得泰久乃出，南門人踊如麻之大東門，塔前尤擠，上觀徽亭而過，書道道岔出，停等
自即進之，大小普陀寺，小憩，少頃同徽君去，于盤頭安假徽，書練還白，達峯澤，吉井騰使閃，皆同越坊而西
徽不甚大，平松安閑，人退如魚，又擁健行，大塔不得，趾見子由程明帝等，溢遇由南門于應廬，煉傳童而坐，茶熱，喫一壺閑
又聚使海東，祇一廊宫摘甚，其子先何，祇過橋由學宮出，再北入店甚久。玉重甚，馬岡道路徵鹽小飯，為言出去余，日早

告其種種，惟禮無人來，呆逆書一條，致緩府，候伯韓未，會伊等，與之說要，慕少欠，似為子叢，其事不能遲利者，去王中丞
兄，候伯言之，逆由閩周，時得佳歸。

夜看王先謙翠屏，雨，無讀古文辭，事類纂序目條例。

作小楷，條紙既不佳，墨亦不勻。

廿六日　晴。早寫信，作未工，作已刻，直庭作書，忽有客，伊秀來訪，說與桂軒，任季新，布吉，得令夏初被湖州，期日午後
雨，留作進出文稿，雜錄，甲有實，再自開店，因以收單與季仿，又有上下兩層，依據手，亦不無虛冒，苟且前事之誤不少，須手撥正
更雜歷書，既已付覓，為先商，店償以借出之子，而被季信約再須於議定，於是余指明已歸，又於議，以杜後累，余據論伊再三，乃允，且
道及子是四阪，長請去年須身作惡，不道甚慕，因來飲，使然少陵後飲，申刻過桂，先兄　雲島程未往復，乃又詢告，度其是兩家
甚明，未必能不收，而去，君須仍多，去不要，不至，乘甲作信，書簽，致為歇居，仍與仲益二人下議，余為幫，要伊執，不可能不了結，方余
之此事與孫勁戚居於議余任之，耳，又長談出此，揭店，入於風君，王子雲　　莫蘇屏程　　蔣　　其眾人，敢幫者再覓，依手
徒撤芳述種種，約專布在，君余之去，課申少間，來居，憐撤因請以為必，耐性必於議，乃可，兩讀仲，蔣宗，有作，余內為點，成其蘇，吉　來此
其幫書異，既無用，其堂，奈使四動，重談語，並錢撤不已，去手，豐與切語，市易物，持僧，得已初更矣

陳四錫傳文，余不暇傍讀。

二十七日　陰。早，初望徐樹芳至，為昨議，仍請仲商一切，會伊已至一面，據云，兄可再談，兩點，余獨任其力，故未建也，況二人，語時不能取
未識，可往視，既已虛談，怯，多不用，第不知一色之見，仍令余仲去，陳仲去，與桂合，其以余與仲談也，尚未午，陶又至，仲，遊翀，事，雪
且覆甚再，往余往，決祇得應之事，傍閒，作字三四行，乃出，桂屯與仲議用利，課計議，而實桂主撥，桂謹久其氣填
膺，一再開導，初望之不肯，請歸至此，識其正止過第，令也與物，雜為而自告，其果，念久，負雜，愈不可，收拾，請三思

無聊之甚，又復入夷一一細惜未遍，往渤光又至，與共詩圖不同，乃同出北于松風閣焉，復之，今自觀而蘇亥處之無情之

焉情形情心，今之余出到店，印翠說一切未已，晴而雨，涯停，祇歸，殊悔不合為人役也

廿一日 晴。保成交來兩石章，一刻魚畫大利，一刻亦為人篆之一刻与千葉不冷，申刻与半岸四字書篆寫上，奏刀陰文，點殘入

秦漢之正宗，俗流頹得與人傳，而引余為知乎，十餘年不復田澗，于此非但不生疎，且饒古意，實由書法多閱所致耳也

由內經玉為諸札，殊無物也。晚又作為人篆是四字，構次，子研來，久談，印翠未為當，蘇亥之至北，先已據仲甫琅桂大

憤懣不歡，去時其情狀，沈雜復圖，松欲橋而何不匯之，蓋伊意祇動之氣，且有落寞不應，倪廷伊年肯去，余与子研互余于

內兄矣，入見試入，罪之一周，性詢辯，夫此頭已拌，實之人，余其決意，復意急不欲復，試告之言內，陶堂通籌，勸我兄勸之穩穩

不治，皆也。本年海上，有四園山色一隅，陸光紫方原白，柳蟬奉復，下塘歸，家人從之前，印翠孫亥青坊之之，棲野諸外郎

于卯乃獨晴去，先与桂仲談，昨入席，從無之來，共七人，廿六席，從從及印事，戢書對沈，後勳扁之，云翁居住，部雜之

諸人咖余田翠喈，再四遲（緣聯）遠違再復（三人）與談，知不可動也，乃與別，至小于返歸　以多收少深　栽須附印章，并書許保成之賞而 昇通

廿二日 陰。改刻印章，作字，知鄭雲陸發，年七九　陳恪泉老姻兄九十三歲，多往事上，拜之，印翠皆往，撤者年手至，詢余一切，告以原委

竭力相維，匯逵不可，後之之兩計，我其毋能行，激事　我輩之內，由其重，蓮人之之去，恐四之自在，居今日之苦，在人生者來樹

雨兒至，書未刊理建之意，一厂觀劍三齣，余五不盡為，鑄店詢印翠，有歸，又詢澱福田，廊勝臺，而出，去訪桐孫印　保成與方去

李科燧董一僕漢　毋之而歸，夜，看讀雜叢景

廿三日 陰。煮烟之事，已去，代去學孔科事　是了談昨之說纔之　修日寫畫，而疊了不能遵違儀，勉為之，未剝劍點，讀月又晚之，落吳大

收桂小人，不自量，多根，北行請保成知西身，任志何事，係席，靜作，陳少泉去人，幾談其節晚，鑿異希市北之，居查趾知

枕間鉞蜕半黃四，不接生平居但尤外，余不勤處，語落了，而無附說他日言之之明，而起而去，狂叢而習，高手動之也，又識

陰陰。署□□十餘葉。輪船如織，柳者多于此乎。陰為札覆莊地吳、陳吉呂招，用武昌事也。查人家居不過，借賃而目若
積多廣東赤子重者，而不知為多方責備是難。家暖萬户，忽然在為而伸，願意借此瘠者耳。然仍椎心轉蓄，於此無往乃市
多墨帝烟，北物而歸。制餐飲，在府查靜頻，以暴閑適異常。
廿日 陰。作字玩帖，五千字。以訪阮亭不值，見果梅數十，同庄一晤。于書齋有小坐。
三竹訪子雨，見之于衖，入之書房留談。余往蕭抗閣，談諸事。或抗閣繫足，乃聞屋坯欲計半斤許。

陰雨。辭李居氏，與周士數十人，楊氏、陳堂一晤，見該處友廣
時花艾卿來，豈不成要業，力請廣見值歸。莫，而飲為廣留借行。述伊先行，余于席散，持燈過廣見杜古稿。
廿日 余訪陆西五十，家人往堂佛已集異品。余拂然，雖一水費石鋳，戲理疑余位也，即以為錢市肉而
以現有一雞劉而煮之。夜訪文策為行禮，自請坤宅擇吉。
廿二日 晴。題帖，鈔黄柏為陆少泉太人董氏壽挽詩。五律四首。偶錄小楷，談笑于出之。居天溫熱如秋，汗津津。時已至
霞，而不正。北三姪奉陽之禮，至佛對向。此白馬廟張氏不斷之也。至行，見丈詢，具注陸梅，而能有文五，堂高須匡其我。以因
之。往案題三兄佛，見赤照經秀，紙抗，多周抗圍，取四洋向文。行聘娟，筆請思過，政去苻，留案，戒詢多九日祭斗，期十三，祈翊十六作。
猪炯之，去晚陳数日請坤日，擇日寫書宣如至空。和二最好也。因別于姪，丙八廿八。太擇佛升存，廿二元換歸。日息于和原，帳神廣生大雷作。
者雷作而雨，吹急去以歸。夜汗足，然不多支，而仍無雨。夜以三桃木索文，而修書述，又大畫論。靜坐，洗四六大之
一日 仲省，委祠梅李燭，煙伊弟第、益代巡驗，進禮，見桂拜，道謁即出。夜三更，霞，畫至五更，又以收多，不寐。
廿二日 陰。微陽，細雨。題道無聊，而家人兩事不治，該物四散，無收束。如破家子相支吾。該物中多色，之鹵，不可收拾。
碩來，洪楚而關事靜往陰霞。鏡日傷風涕淚滿身，周身不適，而描據，日甚。生以家若生成作一
小墨心屏，服痧藥丸，旋用筆匹

廿一晴。陽風未已，又兼氣息伴中中燒，多翻攪，尚未用度，不似病，見無一毫及。鄰洗即傳之不理，而態意又不能一掃矣。為清甫可恨，故時時加問，戒其速入塾門徒補，內孫女田去，而內子又素畏潘，潘來重之，無味，所為既不合時意，又不從。而為之子，內無自若。再計算與静晦等所一共，服其長而不之頗解，不為鐵綫，修行自為，向卑而了生產，開中位。而自無家人父母化之識，於當羅飲此，惟望未而此人事之用之于八，若謹能得八事之，八毒乎言合此等，實係棄位不濟無用。難題之甚者，實為慮，恨無家也。亦之言，構朴母迎神，使送家之，義象於月植取，能相静去，遠不得，又無約九日之抄中。出待店之李伊川家，送一祠，見諸熟友，借語久之，不席（棄月），葉金從下答，其飲未辟。此輩之非位，乃剎落客，又悟可味。棄然。財要而用號技之去戚串。鞍著未告，對彼自陳，可審儒萬之矣，但吸懷而以。

三更臨觀顔歲第十修六，寐静而立凍，從不自知。

廿四晴。續大來料工飯之去。論修議神道五石字，字玩無譜，作跋原記王右但書，知其筆理鐵路，雅為佳，蓋此可稱得之手推廣科學家也。用去利於出過店，訪子卿，子穿留飲，飯書先談，換乃益為改處，錢無久之，知予穿對四庭五。擬訪訓在之下位，總呈荐用之，居亦司長書五，與伊第談過柳青，食談並與陳度業談悼。夜閱書，極有味。

廿五晴，夜雷雨甚，而孫早來。樊飯至列節略。計算陸席等，家人私議，將妻與之之產貨去修一千餘錢，余主兩分，以月去，而以去者不從。振挪用追存典錢為而田，因先子報明其阻，中上通鐵路耳，無可過貴，偽目下一而得為對，今共日用何被燒稱，亦此不。原去語以分為何是也，而但有見則可耕不穩，故為相意議之也。惟是此代人家，家用日緊，婚娶取平常，非三百萬金不辦。嘉萋之宜，即使風俗使人家內外不溢不隨平常，非三百萬金，周不辦。去家豈不可減，而素性即有家產者，租米且自不夠。租十九不過持十一二，即有子弟及身善為籌計，或借貸等，亦不過十二三，即無將來子書，購其半收無保，有費累，或有見錢。

以見或有來篆筆了以此然後度書於一三字而以數見之少實業而錄居不出於路人爲不着意而能食氣然衣膚不完大率不學矣作字有得作畫塞字於胸膺必墨不屑尚完天已晝暮卽擇一事而此於居取所存倚未計也日今日大半臨帖廣卅七日早晴此係藉骨假邪無理取鬧寫字昨于雲說板通宵度其般及天已上燈而黑雲幂起墜墜而歸比至更盡已下點雷電于橋大雨傘濕困極卽出之吳借傘一柄回衣履盡濕伊深深下離見鄭沈

夜二鼓過卞文肅閣入床觀中走談間忽覺冷身冷掛掛而逸去　去內時未寓楊見沈琥告以廖好能以玖　一見陸貞石說林

納案鑑見放得二八千至橐之伊願之和上我　一見陳寺向其知札年云次海日政前數日卽去九月下旬至矣

三十日晴早刻大雨至夜不休　西美圖佛來六叢偶韻錄寫購祕篆字百餘校白書神道碑陰千橋廣三行云李欲對逐日之桂花余店之云

順桃手示錄書隴西騎尉找高僕射　高景則無不可也桂花會其不能侯今之衛周隱者林有九聞其名而英蛻芬形離然此花刻畫先時節有芳菲之一日吾與

閩下張伯頌芬他日齊維欽共戲岩如隱士云閔見芬香或與陵一笑

完畊墨小偏上作寬房山風雲署碑傅蝶虹具景色用墨亦其莫印吉道

四物于北寺巷子致事大加告其畫與座先覓住之又伊店房前頗超居特店居抵要詢余見價月分二兩分取月息名之代子匯日來成打開而別北入店房居以兩埔收僅五成帳之苑五大樺註說銘說萬氏戚種之四有付御儐極好民付你和之寸于微晴里痛張且盡滿作枝了

夜讀群賢墓甚南屏之屋壽序與梅伯之書華十錢甚謂一再讀讀情惡與喜樂久而至于此真以平平淡處雄豪于理趣縱仍其樂莫大也其次爲文與梅公禱其能以倣精治于讀人消一生妄畢雅嗜好破衣淡食各處畢事生向此仍以屢有而至神仙福哉

廿一日雨終不斷二月少雨一雨卽厭子研未言店物租仁和以仁和發言匹卽取又亡遲則自其巧蓋云云陸續囊滅以殷子余計既甲曁取不得將趣中往以以伊庇在一日則取一日租無兩平而絶其說也作篆時臨朱書未来稀權軒見降不付亦至設而理一言事止乃與談又余飯至未後同出國于致中一詢與石臣一言到店遊洋李駱廿

余事只卜卅与宕论正价出益大帝佛寿字院是佛肩问烟日子所未云信钦为操说作信以竟余张不能跄平些狗
照四箱得只须月程刻翻交因年租六千写月三四了息权等贷了是为之数问切契书留以作讨据作日后乃
呈余府之归付之与子所寄之行归　夜雨甚厥阅书二页分

初一　雨淋浪不已。早以二对联琴书切琴写联日下自用，半书半十日用也。日研未告伊了作生篆，笔不达意，西以此下笔决不能作书，昔人论欧公作书不择笔，意者未必然，要在其胃格或可否，或用力而不见功。作小屏，虽未完，士气尚在日了不了，近时人不喜不识之耳。一午知昨四鼓大东门正堂出炭行被盗，明火执仗，洋铳火器伤一人于头面，刀痕甚深，盗去，呼城犹凶，而即每菁兵役，令之城守。呜呼，盗胆法冥此，而官吏于近城竟同无人居家嘉宝，识者民不安枕之势，今盗出闾门，或者即为外面宠饰之文以掩耳目，要之役兵不联络作保护，日用平常，苟免无事，肯事比保哉，安得从川设想度日耳。正事为陈广之合闽阅先生千元以备，果尔少龢不免矣。辛苦粹夫踪与书家考余不合，种种欺有理而说不能之，又不能作了真頳阅于余，真为难也。
夜作[illegible]百余杜诗与健读，伊对钦讲而不肯用心，不肯多读，是天资佳而自暴弃业耳。三更后二次[illegible]书。

初二　雨荡晨少止，继又作复阴，再雨。巡稻出芽，不免甚愁。现在米石四千以为伤，权乡之人不进米，大为饰虑伤一切，仅则贵而租只种种。指手作篆字半日不出。

初三　雨出竟日。作书先嘱午后至广读易，切琴贵余寄之一文。云昨盗被伤之少年甚重，渐勤伤缉，言之不已未。余家移去桂花，余示居夜梧皮切出。夜出书篆二百字。三更后古文至夫昭三西两屏说钓直柳洲渡生。惟年衰不能毅清，为失为憾。

初四　细陨一刻，晨阳曦，如至健士霭霭可观。余四物阅礼服六件尺寸料，讲此由余无计算至再分，余并令借即为此布。师笔未了，居内考精帖至天书易食东吴又薛出刻，与桂轩议论，借余春为说项，余料为事

法雖鈍倩且啬啬去一九不費為其行事益難應一再熟讀勉允囑為題道之將午去

午鈔篆韻鏡字各文皆並言字不知為人有不治爭端皆言出爾而不戒慎哉

寫一屏作行樹棠門柳崔讀書窗影野趣門山林之樂居趣中仰其後來識伊人者桂許未得仍久而致

全立道人搖釋初年往西桂沃請余堂余辭也若諾不可指作有爾輩自詢自歸來借有成議余再為中排

俏律存或修多語無成了悔之責因又雨竟不出

初五晴晨滿窗月照固窗刀手照水寒祠痰涕涕出窗寒神頗不稍壯年氣象柳亦衰謝殘老矣鈔篆苦無心

及曉夜雨達旦 連曙 倩而為事縈心一不能為半由無錢半由心懶牽日出于致中觀泰山說這偽人狀列居印琴說余性善

百元託吳雅來以吳語舊伊忘記抵致雅光居只雅光而余既不能性于是無抵仍歸余既佷續匹居平閱說

了便瑞一詞印考覓合數于祥保友卿而馬錕三說項霸之錕三匹迪雪許十餘件擇靜以歸一兒清靈臣靜持時

務報第一第二冊上海新設肯與閱說緒理為洋權卿全堀延士執筆新公果啟誕而陳直言識繳恰時政

誠要財之實務惟言談何容易相夏之說轄義療肯而大人君子素尚為一旦雅必至著不可為大事已去乃思

一宛此啟習俗固信大器不靈已三更起二冊大服已寫而天寒少而足如冰兩腿如蛇皮風利之虐如標秋不知何至

于鄉少隊至平四更大霧

初六雨猶已簞有功敗垂成之遇於達鄉人上堤而死已無鄒若茶狀所冀十一之禾茶穀斤則無半矣早起

振保圃以一本屏令覓壯農菊花以吐鈔篆款作篆鈔無柏及晴蕭墨為楊月陶畫扇用墨用筆深

得古致且擇西外意此幾一減印于駕古心相印世豈無知所恨平之病懶作又撫士可安

尚可比日其百説解識者名利兩失予爲排駁痛心及天里名有一成未完者之癡又畢學學矣

初七　晴。早起，晴，下款。錄篆説。午後出，往大東門山塘史三兄未歸，局（沈）濟生逕至三知住閩宗境詢其

余頭後者未即來，至西堂坐，與子梅談，稍蓋其名之。進城過梅卿，談，云沈酌甫來詢（訪）余，乃至其村廣小甜刊

益大詢仍在吐，云近日有字畫須索。益因而後出。欣然耕作，云此卿學業冬冬，和眉（目）伊為濁力，藉家好以發

習，而無心于生產之資，甚喜于我，以為可畏之焉，為之語。舊者再論。至梅舟，並諸玉桂軒門，入見，摘甫離焉，為之去

家開別入，並飲，吸烟，大加笑語。業甚佳，桂舒又述多種，乃別歸。靜揆來，時務報の母，仍樓卿時務論三道

文雖不及梁而理則是。盛世元音知，梁啟超撰，吳其沈以子宗序，云能半日而通音學，於圖譜下上字，因為去了

何玉是也。又和卿能書，擇其理此種不容（示）從入（桂堂）。夜再三讀。

初八　晴。早起，來論讀了至午後。余無所事，于祥甫處見余為校樣，廣橫幅以下款字，自撰大忠湖笑房一大石板而觀，過相閑說，同葉

自去梅堂廣去住，房桐（?）取，實業不皆形，遂其持閩帖二本，信而佳。按之吳家得成統之未經多余之識也，到店而桂軒，歸甫君

余在初風茶館，知二人過訪余家，以為市之風事，擬去梅卿，謝他一身之品了。余為閩白得而少生色，又常夫玉之並奇書一玉，惜佳品固

佩一玉鴉嘴佛物。奇晚與桂通店，兼根麓甫，偕玉即還，之淺飲，近夜共飲四斤半。詢吳玉芳又麓甫，並承而健談，於是別次歸。

店公桂舒持煙一路話歸，復飲，去未經，云麓甫為中了聯，眼睛之不知所云。

重九　陰，多晴。少同（五世）桂，似將來，云有（舟在）其進焉。制學無作字，心緒拙與媚俱。及未刊，（子務酌澹茶，于壇生茶了）桂軒並閑，閑（自）畫去了。

十讚不容口，抑心悦服矣。同又出，尚以來，陳子（?）家去，二奉之，三又至食，而不佳。近晡，借出恩說之詩（?），一盤而食，年少全未來。

子干二稿，又供酒肆飲利，萋之。桂雨共閑大事，代筆一本，以豈計，用之工，大約刊四卷，定當生持煙同雨見書

拜客不甚多，又借其公子三女一侄一先生来写，雅广乐独人数十一二，颇觉入其性情与资质，伯玉碑，常有所谈
翰卿后陈君长谈，了佛南汇钱理，云该五百里，送书画于吾，匪之久，乃合谈人，论之，薛其人二桥，开独友清
雕，余入局，拿思些马，中见芋香柏，雇广纸团花，掇请卿携数样红，钟七点，动村山东卿一年中之陈会名
为蔓书子饮，府官州少年作乐，谈呢钦，诗以留闻，计千秋马踏月而归，余以经不积，烟不空，再三抽盈四壁
吸烟搬床，寐不安，数之难觉。
辛，阴晴，工夜，气燥雨下。快中闻桂义仆所赴此此中起。已八下。出，桂为样立门，借川之广生伊，所谓嵌浦，余
往住魏印阑，之思市土二元，益之，拜立侯，客舫少间，崔君之大祥源食羊脚肚羊头，合时佳，而合浙绍来
为衙，道回入和风饮，询殷庄，赎走团为列宝中云。论若杂谈，见山前山谈金鱼，嵩，田怀，谈书，款举之甚
高论，孙居特云味之，孙要得善之，如眼白合堂，国记礼备，礼乃道，而色鱼头一斛，十下钟，偕与桂等归，归于北寺，见友生在
榻，石幢，陀罗尼经，乃广仁沙门合洪书，大藏(?)居碑，可分(?)居薰一二，拓碑踏叶，勉着危石，素隋(?)寓，拼力君
即来别归，作字极善，会士金与谁面谈，而多居气，苍劲，合周鲁，适不知而以问，检录类分出，而之者不白一二
向乐为士和与隆其四已工对。夜好以补上旨而望
土陵(?)作篆书，楷斜不正来场，仿康架，阙几，害眼，益多笔，之谓若以绵颇，杖(?)发乱，卡海市北路中邮，四(?)俞及余
居了列居，方对开一迷，陈瑕不居南，将女帮礼之与吉肯谈，款入院，怪宇(?)见韵，古烟母并琢浦，云今日市居公书契信刑余石目间八
事毕，又张沈子西难久，谋面乃抗论天下事及两家，了盖辛小书，及居卿宝塞，又见闻语西法不足，致而改耶者

出伴白粗名为同谱，久之思与情为未有益，了不已。国寿贺岩杆，由五十斤加水卿，买其并参珍意，梓卿九日抄手期成达成否先行知我，然达只这息，较夫未畏沈龍，足見得玉青言已与陸原夫王質夫談，頗蘊借，又述延二弟所遇之者以價太離而復囘，以開通杭省。虞世南白衣年與此碑時，余亦粗有遠見，故採得盛墳二三頁，議云即去。四弟桐宅見綠民秀、鄭雲皮之書祭屏一片，執業入桐房讀一回，特入塾中見楊月湖，邀飲剝蟹，乃入布業集菜館者，飲以為笑樂。蓋日間話素無談会也。即由陳園以歸。暮色蒼然矣。

十二晴。早四鐘來芳耳病。在余家羲食。坂來。巳刻鄭履卿來訪，道中遺絹。詰蒼談心頗久。留午膳。邱余亦桂軒，早已余約來議佳史來会与敢（？）抵閲。桐許余篆乃集，是日靜人八下一聯，敬安書了。研墨在厨。壹未畢桂軒至此酌。以北有人傭之，去。加隸。桂軒語及園事冬三。伊借來沈蓋三到其宅，遂余侍其秀桂秀陳氏，□碑副稿祠之一座，正偷奶陳世珍一偷筆多，故壺仲兵說樂志論為字好，惜罢之墻下。今人問設一人提之，以祝貴，童如宦仕人太平縣是为益三語桂軒，去岐阅未見，而徐福来言李留位自號未家，有事怪四，即不予歸，遂告疾。吳友梅都座一件，以安宗多人在只出入，手談，近晚。存久矣，以談出入，在右七八日，谈孫安第了未出房，为遺雅高議，余決去盛京說請之望偕出細語，伊素內向在撫閩，近曉及見諸紫卿禍之，承幾了撥云青年踪跡，此史將了難矣。余然之出城飲，且待久之，玉先去之。伊犹未瞭，一旦論語，乘月至買上去楊家讀，反了的晚午後月，叙雅旧懷。

巳刻三店翊，族長大原成試搧國三人来，余柬明日祠祭至祠。一見宣家了十七字，啾。

十三晴。早三鐘未起，來孫嬌乃四鐘，蕤出行不五日，犯雨作濃，歸言此人也不成材，朱氏之家何可情？最爲卑，是夜對至將前王祠。巳刻請族人，敬服，祥伯祖孫慶成等卅餘人揖而諗余。動去程，詒知紅叙，指招為祭，再二來，量孫付志局

收之以畢久議論畢設祭余依讀祝揖次行禮送神返入席佳兒今上名全福十一開別去于牀墻後兒弟石丹事
畢與余去院西芳舫素偕吉田寅房吸烟並與郭芸生談前去門首看會比益寶紫有所胖箴于此龍四與寅
房偕北友御說笑夫此請盒到店入松風兒池塘也步亭於兒少去共十九陸寶囤談余字甚予半舟共去易座
蓋房寶室居玉留以易座說雅之店于四此后池渺自在知稍循之晚去四取瓶布踏翻到四剎已之
西陰閒閒　未出庭洗抹並案房收拾掃叠午卯團至杜土晚付之東帖請姜寫静字之人西去余出十餘步
王秋王青村字去伐收
男諸到店將菓收此平拜客繳價付三元四角唐取帳又此门前閒閒諸之文行詢孔孝壽四南入聚容與日租一說
伊呼毛頭至諸于外付租六元與與知雋為会為談出四店兵近談其錢有去看為而到兩王大桂郭氏
四為日閒之以等為至折此矣也　唐為去　初更去寐
十二日晴上午煮烟病兒之服後豫極反未利以煙且半談之持扇冊上而閒之球等四日書往正坐寫挫扇出
居近一日服于今吾今其吉中到去于館君諸粘文爾晤王首都丁弓田莫小君評　左邊以諸為節並及為為詢兒
作之家世余見程其將來穩去今畢周華并設爾上以諸西去要收拜現乃益村北付為店友族又諸功琴
但以不言四剎五全其此以作而居借百節占詩後設筆意之不起識不意如何詩友皆以相據醉釋至村印一和
歌為之快諸諸申而書物陽由錢家邑精節爾律為室出文節之八言聯李近日之似書深意文本宗趣居
莪舟士見陽附陳家心經贊品也又諸共扇冊允既以贈道家燈已日為郭司周係點在家惜求床一舟去諸
因作付帳書　唐取之日文
十四日晴早佇植樹四株將以收花送人　手寫為之作癖已到借名林翁五林序請為刻與至乃乘之往入見

前宅得五件並錢五元　雲芬邨大二印一字世伯少洵大六孟叔等言說鈔房並無照經紅准經序散十六元以前宮頭
觀館四三元千儀罪乘興抑四盤作一条箱二金一翠一銀准價廿元加銀金の匯還乃由車街過往幼梅一石杠料花
岩三弟包行帶村中興の面閱兒操鄉雜り抵十七元　唐福新兄信入堂從西枝玄入內見吉前代写換帖借吳
少收宜照趁二物　作稿一家来陪青門山四点廿分　印圖計用工人六作二条箱の盤　領充拜旋此入城回俞　但又留起行之
伊坤生開館前候刃主盤後隱喜主興安典道乾宅加一椅庚10接盤拍訃而已入夜入席四点盡十一四点の此大案同
虞丞林祖子孫四談五兄偶稍剩及丈余八人案後鉗從請呈許席散乘興歸
牧順来請伊祖入祠席此　字未請子后小作

十九

表晴早洪鄰来为鍾柳見往洵秩唯在滬在宿状料理り裝之碗飭周六挑之米之叔仁着徐宅賓已出乃北
到店书寻恒瑞及同堂曉之借北雇舟于北門幸埠舟不得有來舟四室已原昌5說成明晨開船歸店与賓宿於楼
吸大之去時已上燈店飲只元叔往十珊　居取洋十五元合存洋子共帖係親之肉錢計值廿四分取　共前取市並廿三元作收業租息接帳對
內一元為洋陪存及夜以性不符玉再規戒妻同開书送祠宅請表甫在店共情子惜話妻仍回店臥　一夜不安及明後寤
大晴八下鍾賓来喚起而闔早来　說以待之不至　賓賓以病卷換之余獨食趁十祥原回待九妻黃有林　齊下舟行一路吸
烟长話与松樵論見人当是工乘而奇　抵碇祇二下半十四上岸家行李子行与少耕談閒弄大內宅因与賓借入天樂園飲烟
整畜住　一路詢飛甫湘泉王昭益之子研　笛江一不值　与賓別獨上東山虎錢價　略台劉見子研公下一路談玉毛梅多
別返讀書請及閱讀入府君志處　告桂軒叫托子伊州移約次日再議　余同嘉晟二家均致留住　旋回飲飯于庄

寓館，便爲運同處取行李而無司路，覓一小梁友肩之入庄。予作文。鋪陳畢，運廳共食，再至嘉興與居仰甫談，有予陳廣兄与女
孫陶若鴉烟而取拖不治意。孫壽來，說周友爲四復，飲于店，至樓與夏宗康談，吳其濃至，至三更。朱保生、程椒常、陸士衡、李元伯
吴半江旧識也、又倪竹濱，予學生陳芙欽子，清六。乃有爲之先，均相恆也。是日見朗亭、印川，李十竹筆。

十九 昨夜狂風大雨，早陰，巳刻又作雨。顧明卿与陳
南叢訪留之，印琴均不值。之兄往兄往葉嚴經其談，同拂地儀仙去，有至蓋順昌店與蓋三談，話去往晚与子研飲于嘉興与常
肆。夜仍与士衡往來，談久，傚与說合，俊生去。至夜偶見玉姑頤蓋三。談去，至加成店，老陳之御送，月波陳室，予送孔琴。飯于嘉興与常

二十日 晴。市園衛于嘉興，收訪印琴、衛明、爲傚之西壽西園。僕以寿陳品夏帶令步茶于白石泉，又令至臨和，陳叔印琴
書棧。僕兄令之不來，亦至合作蘇坊，至南寬之，及茶見公往，陳六煒來之，別与印品三人至大觀飲，留鴨酱鴨與蓋飯，出鈔諱
乃逆劉四，訪蓋三不值，坐。東加成与孫。徐謹又至嘉興，見寅賓同至，衣俐菲香韜惠。晚見士裁，此去虔約，合肇薛蓋
与留之，令之東山舟劉小山石甚妍，秀之之訪犹芳，坐內弟于上淶街，雅宜齋室內見陳傚，年內弟之夫人史
子
往其家，大源已去，世安恃嫁，表同，寄若年來，有而芳不應。予雖一言，坦拂其意也。又見仰其舫，再之江侍
曹侍人乃與岳康廷、阜康市原陳台泉、恨山、悴原、陽土山、悴恨大土山、恨恨，飲于蘭莊，大加笑謔，通述誠甚，健又至
嘉興入肆飲，市寄物于稻香市，雜日于怡宜。夜与陸士衡、夏社三人談久。運同此取往吐笏老鍮倪由鉅倪益言付梓兄李七斤
廿一日 晴。早衛烟不甚久，市菜與嘉興十穀，運附內茗談，說抵局之。予研未，又孫壽之來，訪藏喜林于晉程見
廿二日 慶之之合題于後，托子研請之。予研虞衣信矣，爲錫庄日取行李下船，趁局湖也。

訪友多不值，路昔嘉果成錦，取夾半條帖，並又市洋油一鐵箱，炸小烟二斤四兩，筆合等，匆匆假新橋埠，彼付論擲司毛大洋七元五角。去辭別諸君嘉晟、利岸，待久至蔡秋丈，因日間別母，余郁臉脚抖，坐四人，窄不能舒手足，十二下鐘開，日間冊為陸上。源泰出慕王頌甫，在石門灣，值魚若綢莊生理，訪汪嘉善、蔡手扣與諄說，頌甫言：澄絃寺殺何名厲，男女六名，華為帳共棄葬，時蔡公等察，而犯多病，該友并規理殘，掛生去，陪談，而該家多將太開，歌業年老於我店附說錢，其市情當撰，店址在縣市，識舊址為以三千千得。續開之保歲年少發之，余甚之肯，惟其人識似小有才否，且你侍也。三下鐘，到城，使店司楊譽之挑上于店收，賬今先發出四千，楊達夫峽前來，五日今於玉之處，六日不在店，一玉二人陪出，余為喟然言之。特燈四月，到家交談。夜，推窗觀宵，規像人衛陰，錢多我冊要大有致。

廿晴。吳陳慶棠來說紙芭，彩備未說而止。去查家懷，悚大將子燥，畢子已啃笑去矣，族印松植，以三元二文，袋宝，致視。今世耀湘來四楼，屬也，庭邑厚光諄懇，欲印林為孫英事，伊去，調梅往，蓋伊花之石，開其内建此事，該人西田。夜，在鳴雪因歸。補目十五至今日記

廿一晴。午丈來商議築日事，飯，共來，剂偕步于偕橋，介手男孫席南子五果，到祠店，歸，其查檔八塊，邀歸，成其筆墨一筆誌。多錢，少語叩北刊店萬壽聞，新歸，紅綾袄料，帳暖，印洋標，快呢之帳，一尺作兩，歸，秋衫禪，裡洋，時靜快，起招見之阮佳保，擬西又令之臻同，兒取去廣帖筆等共一角，趁手擺市石榴六斤，計梨斤，共銀 元，又見岸之出北園訪訊，孫楚卿至家，往訪（毋子十齡），聰俊可喜，同門假人與楚議及欲喜先付號，約匯一月，余以為必全付，否或全限乃定，既胃烟，計七月，月底計其紙。遂約月初，物局衆出，談并為山水畫幅，其堂間，老之金圓，又神速而寫也，庭中孫三七書帖黃花

子蒉交之乃去到店轉由錢市鄉歸　夜錄靜安寫意禮帖
苟晴　馮律司來油床几盤架閑二卷取櫃檯曲尺計年　取四石榴檯少榴三頸梨木此該店友之肆多呈慎不然作當
大恨之之撲油煤收拾具物午後代子研作場雪梅行內室等共修廚之地進廚日擁方之萝粹甫來所言舍事
不情之甚煤之有氣作某合股亦非之舍固無舍將候寄停之因向舍主不允責之租之即舍主以要年加等必之
照月和租乃可集資找修本租其舍也而舍傾不租仍有十租此龍救但燒之以應依舍洋租利而上下其手
不詳將舍主而舍主與同族不可不收主之嚴措況又乖張其性日喚菱工之作應盡等不事之不理　吳用吳作
欧難合手者矣可為嘆也而粹之六嫌不曉事　徐蕙閑氣非律作完工跋其化詞記　昨天開云宣傳既以老將以迄未
為以承傳姚亞唐四均來向工
芸晴　取檢料理各事　午後即出弔陸仲甫太夫人　初喪　楊二兄叔陶往訪閻玉田同行　過半街見街上哄擁云業
氏兄弟因墻舍事欲請丈人勸息之　過九房以是日行衣飾禮　丈孝圖宗之　菊生借弟來旋與兄諸翔甫所說
朱女佳不洽請撰書狀　一再論說可見婦嫗之難理喻也　揚月舉兒至有為小海以情留未能　同馬梅上下布
石綠石雙鍋爐蒸雲閣送请備識　先生晚年仍喜筆為秋客　彼寄不安而丟責子賞　此移堂四對書到店取得半元詢乃
石　先石榴梨而該友積之　惟四婦四仰無從取白　余因責之言太質直　後應大戒　不喜周康嘵嘵　不是以為實　不忘　及于店奈
大詬飭之　其父亦告之　即責路仲路問丝及汪傳葉翦可　並催孫七七速贖且了拐合拽那店云之　命店取色銅物
市羊肉　收劃和因收收繼也　將以秋日準日給業成衣同工匠也　即歸寫洋工紅喜後令徒男代寫

計壽津日礼廿八樣壽，請姻收，太上又壽上又太崇三壽，太妹嫂一壽，張岳又壽男，男婦七，男婦嫂，外太姪嫂二分六仙

又媒金八錢，又壽席八，共洋十三元四角。五月伊等全不備禮，本係侍來作贄，即可回來，惟禮應否，不能自為輕重，即如男婦男嫂已於

九月初知，親男決不至如是之多，以致以事房而自禮例禮而濫索，尤可笑，外太姪嫂二分，外太姪嫂者，外祖之弟媳，此而應禮數

不可禮，余以禮從儉之語相勸勉，以角洋壽并六備帖，然此等其眼固識，亦不知自是內外人也

廿晚，赴祭照令趁待久，然與法湘吳先生衣冠，只之丈至又久，朗至令趁夜禮帖，朗高枕以外太嫂之神，相燒爭丈，又以與

夫不至，恨責及齋已辰刻矣。順福六金，擬盤二與，去坤宅，寫司四載，途開工作帖，又添市帳，該務事。梅相趁，未來地

舖共，計恒加洋六千，并器之。五年夫归云坤宅買紅納庚帖一礼，指倘幣帶前時文字已送，宕又說此其相，難免說甚有

笑倘朗至六至二僕，空手而回，盤囗不付，四帖不發，乃使其意，非加不，余計此等受理取鬧，原此伊等況勸幣帶

頃城中十家，而半有我，既半處同此，免涉爭執，是以先行全系此，任其相無識論，已宕之人亦不能責余也，因留

餘系の協夫，代與董仁。六金恨無均飯去朗，吳換說，能少加備一禮令而取回，余不之也，鍾去與城商開各料度

東保去舍，與煥伯循謝華夫，經話令了修舍，責成慶之而修擲挑，及余碍計余，既去其以益取余事去資而令伽

如汪中取巧實也，余以其說此，是否召況与相一整，冒自保之，風而合去月二分，自然難因以加等廿元，計月糧可乃

能成了，兩目相觀，有恨悚意，此等小人不無而存，累之可語，識至話及月下而四

是晚の以后，備不來取，慶生梯板，半分隨風崖三四，因取之枚，去皮切片，煮熟，以清水四五兩，則浸，去其澀將

以擾段之話來，又無到可令試之，午後初問，閱戚否，問各料，乃携之物去菊笙家，送壽禮，訓，陳宏光等言

余閒，敬示一席，難與炳內陸璞丈者，已保戚及相之，然之，況其與菊不洽，狀余畏難止之

往胡子店送席数并致言坤宅無事伊自四清益冬之未遇桃子佛于孟康前往与談權甫匯事甚

口語難核算一百兩大洋民心乃送匾額詩文又之樽轄并跋詞記良手自料理而又述落任及費書大稱

巨案京控言官參奏又弟一疏言說圣之宅應別伊始云移宗到店勇亦假半足良倘撥新帑侈等語

陳茂邨二次奉閱之久俟飯工撥回之家与法人商議

廿六日晴早內子至葉飲賀典在巳刻族祥伯來訪言通學生余告譜中只要所得照絕觀老亭內炒祭銀之兆

三錢之譜余加核將送去局以示派信并屬伊借北藏譜之冊將鎔有用者并賀也尔之未閱帳費料

年由其葉殿生宅直談与大假衣裳禮上樽信歸送喜果与外家讓人注到店均与結合羹廣之這時余五月

初付本二十五元已見盈十元以卯年賬不能計已飽這付戈元扶息十二元日對合派他洋五元此又運氣之壞一端說向來節而

該友以為吾薦之弟在檔案內教書言查詢鄭兜不服狂言余怵之恨恨至是四甥四書知余誤書

肴習刊字取檔案既稱究該友撓習視言以為寬嘀咤饒舌余抑然下以為冤誤于我此等小人不必与

校前輩所為細之人原無意然彼等大陸貿勢自然其烟撓之其口舞蹈得意此執尚向之無規例以驗其因下

勇茶料演閱不已歸已及之夜

朝趙大來門嶺道錫蓀今之其行矣前欠息應找三元六角至子伊忽路讓一石息未免過高此可未扶取時已昨

良尚去之蓬房其村把炭一担計五松柴一灶雜柴四炸九卯排付卯借而北

廿八日晴上午詢戚夜聞帳午後蚤鮮竹著了赤潤許佳晓其但商之費至余不知也半作二付一鮮以友文茶諸其絲味隨

伊但去甚一贅道語詢無款息館窗不揀用楼窗去訪桂高談倩借碑余少暇辭乃要余往思誠閑于道而陳君已代採
情形無不諧伊無甚來裁画事雖古之四手又然也並延師洋堂而腔皆以情同論說至再而別北一大葉宅詢由子衣料請人
枉道談不能訪與相之一刻到店取料裁其約至元矣暇閑日陪世侄麗不成淡珠為風俗至今等為破換此款
靡而到園業莪岩來訪不值云楚之李石未回而取手撥錢日得足四易賣付泉文元詢其若年住未將託於市桂輔石
去遇事目推向世租又處限五根閩客房詢昨日細陳之方偕到店取物為詳霄已燈矣
由子外往廊生而悟家去甚飲是晚至

十有一日　晴　上午紀順來錫至圓三到使之蛛牒安床宗與紀順助之共飯後去到三人至未余借桐至朱作生家正在
裡織為母親之陳雲沈入晤王卯霖王左杭若則法者詳揚鈔而去節大之去訪苗筱溫陳與化翔談名序
李撫紗入志伊兄為禮採話久始去仍云其素需用百元廿日須具簡余使四錫西取之並仰訪桂軒不值及夜歸
去作長談乞余致函金以德弘不諧撫易戩言于陀伊擬為兄振伊弟仲夫料理若市屋需預先要与全家主賤之
玉吳許去
夜談隨世無古文者類債公集餘之味
是夜得奇夢恍過兩無盡情悅西室有錄圍燈對佳兒西女挂宜接債而下無一人府有中人錢洋盞上有一大嘴
唐訪入一句隨而登于庭閣共萬千百級直上以一寸木為著跟銀上之比及頂有一板手攀擺去之上有所道者下爾
句由此余對爰乃將人此学佛者修道者矣以手示指之似可即登忽見山水佳勝樓閣無差仙靈妝華不似人境
清绝身塵去之有一下去又與各掃仍無樓直視下萬丈莫測僅短一簾垂則有一女道先則呼易余之挽之女
復回撫之殊公簾而攀手簾常口念窩王經余枉口誦行之易與過上層又下層仍誦抄步佳及抵下女道不
不識神起舞金剛菩薩諸生山水又奇絕久之則怪鳥道路逢主人推則

秦岩一草徑中人以為窮也四峯壹間恍惚驚逝石破壯闊崇崇向向枝閒玄入雲霄同此山大數者名曰攝山

秋人在半山碑道兩旁下諸麈市必數百里皆愧過見之菩堂未一寔似園林精緻陳設古雅山崇法

此澗乃異境及六一朱嘉雨三座在尉士人笑讀間遊見余為同調重慕吾餉蠟芷而埋 名為招隱

余故夕甚多每不理中一反側而忘此其以奇也君不反側目見天曉閣子等已起遂爲之說出田亡記之

出

初二日陰後晴早詣神祠祭過節已午矣王宦來詢桂軒過我乃寫致子淑信為桂說項輯久之金本及

猶收福樓蔡氏四德漢印取去帖仗并撰別仁等 二石 開力全典道典要書說補加道舍中看偕來也印

往三舍你為行燈佃于杭船赴韓九里橋金上杭杉塩拉留送場字堡慕陸三疋馬以為後余路中畫于伊

盞錢 早方 同你懇訪宦堯最之余議事不相得 今理直 費其山峡陸贈自往於是余去往四中出三斗北寓局到居問仰仁侍兄欠

乃廣年廿元未又知連仁帳日中時性雨昏歸 言 一見年自推約以叙語

初三日晴攜笛後印來字陶物及玉侍五文居丈未議久近來事生此陳重礼周公者耕祭三侍兒陪到店 名交 不近條直悟 狀元廿三元

少時下舟候靜見到中行舟中滿載炭頭角乃周三兩時二人搖櫓如飛不一刻抵徐步橋祭掃西墓 東西兩墳上春

上東兩秋上西拜跪畢四圍瞻望松楸盤漏加土補松此二十年下力吾力衰而財迫祖此生亦必成此志也使二兒吾字宅詣

張余入陳二屋取钊租 辨 說伊子病甚余屬令多償始塩 此其近來皆用九里金也 具公諮然久之二兒出去令取錢清者

租不係其子云此年說退租余去橋東陳氏去嫗識甚勝生母也劇喪跟若我同而錢而史當此累代書亦出從蔡

今劇少且不根而呢黄宅赴楊五又侍居山不以我辨事之功其即宜者其我眉且有感此而特巢僅成

至回舟抵城，訪月樵告租屋未歸，尚稍稍入城，至邦店談冰臺對仁翁開寫之，其他皆未坤宅，又寫老弟一，秋士一頁
二十五，五更雨甚半，宗渭送庭與徐墨卿，與墨卿去，盤桓談甚久，又別出市，留六頭。正而歸，剃頭更衣，除至
家人商議，邀他請客之法。　是日接留溪並接石門曲津兄總商信，請他信，復信並作題畫詩
廿六晴，早剃頭，同性甫同諸地，早戚長表三人，日晚出一生，桐店樹之。　接補家乃陳保數人，具字于廬州
市中，早同到店，即交欽侯，抄遞回繳，並即日到城下轉帳了，又以郎中隨人去，余是去，望隨之，不日許送物，俾許余謝回，又補
渴話，伊不能偽，寫不同時，幅小而意誠，令取擇菊花十盆，送宗翁，為之命筆，伊俯然余出市內，取股帶信去，與朱
六點，庭鷺為一洗剝。點與張菊生稱語，而不欲世人皆昔見楚楚，余觀極神妙，以徐之一五千者，伊怪余人者之樂，要字而崇西法也
初五晴，早屋樹帖三股，字未研，求佳好，持人同嫩筍，誤稱寫。　人倫據了義中外天地和　見古字
吉曜貞吉降瑞為白社　寫兵離酒人擬花和
相群生蓮華清早雨　寬光漢海洲
即未剃，研墨書之，而筆未應手，殊不愜意，歸，寫字未訪，豬羊與城北傍佛，伊不肯，與鄉農商者市而仍歲，談市紂
望反加于城者于是，洪家侄席色辦矣，應其招，了去，余出同樹人之談過，荊霞同青一紙，戴文節扇，用筆郎清，殊老
不及用相也，與施少卿談易其陵，三廠市屋，有之，借少資，不甚此種，大而亦世，又隨余屋居，過居勞師，事細者和，深詢楚之西均
日間易寡，像市子量過，恨根見，侍松詢其框，其人才稍有極，藉驗之，全居，語佛其文，欲納，莊嫻得了，因知，瑞林來，作
三五十八出閱。　子淑家道靜，渭秋禄，料一符據歸，伊允意不合
本月來每夜閱古文，讀君後幾樂頌，奇要此，寫愧，餘長進而年老衰，慨，易何極
初六早陰，仍晴，與戚長商作衣，同出一來，樓頭，蓋三五更，語，再味宅主，錦，陳補三，繁華有更舟，書隨，貝貸而實云，喜
書英卿王乞到和寧園移時，四月望，取期未往，因訪袁郎去，晚，途，微信，往，談其益，止，曰蹤，恰升，染，加梁，鴿，孫，粹

子政四弟接女婿信，未曾廣門，知其病之癒而返。秀庭來函，茂齋將赴山等，今日會齋家等數百，常去談宴。

晴。陰，昨夜小雨。早刻取四五將一小壇之印，似係西省淨素對，以木不能發揮，如京幾多人識者，詳其字為刀編傷格，核子收藏，所為挂說頗不俗。附列書生字，午後尤妹來，乞其幫辦書衣，併余來到之桂軒，又服信閱文廉之手讀詩乞跋，未加其名之。名之北市旅半閒一見，又翻書以多書，信乃寓屢到店，見袁甫談六琴在其寓小學生退悼礼與延書，談其舊友為李居法文館，並見題鐙之閱，其書陸未眠，與翰林貴琬秋棠諸君一談守歸。

夜夢惡賊追逼，并接伏大炮，避逸等。又夢自與某為刑部殺一華，步退出而錫挪，至六頂帶生員包求擇余計此人罪六百殊為今院博更難指辭，仍釋依違。英法似在衛署者。

初晴。陰。檗卿移弟送蟋蟀盆來，拆與之談，抑紫二頭。王刻作跋，欲子用書。附便西安右門。

子用閣下：社但年未通諸履，若國庫之于塵輓，去告語。足下舉此擁修往事以返，養生于林泉之間，聯係及于都諸，則書札往還之稀，誠宜然也。追計其道昌明，某歷嘉慎善任，御史以來，家巷寄居，書籍嫉忘你悔多而為御知言絕少，雖未者留備而形同不，其中甘苦殊不足為外人傷信，路遠情難懸視，又念足下世事餘通此意，如指芳華織不足為孫陽之頤而無恆，入秋以來，拾取殘墜而植殖，庶幾將于古今之學法備而極其昇今所同古力挽流微而無其手，國初諸賢以及是者數十數，慨莫為繼。陽男兒且貴時而指病之不諱為為難老也，今見已未到，其以發而持物令雅著而至推冠也，而循其例以此達為之益難，治已見此款投向異乎他達也，將見收成而來讀匯途矣。蓮舫以病痊假，擬月來謀一面，正有望遠人遠之懷。後來知何時重見惠蕃，以無餘神謝前屬書小冊，猶俟西道以指示，陽去部于大略亦知一二之短也，吟而補之及之未在隨手書此。惟有古崴三元善夫來商議一切日時，吉亨八符未陳美氏情形，以其伊送穀來，千成衣設完工後，共男女七工，表兩襟及男夾衣未完，計做糙一男袄裤，付女紅綢袄裤，付並男假衫一件，做夾披風一件，改綠綢袄棉，紅綢裙一條而已。夜，僅得女裙讀。道桂軒來訪，兌余琺瑯吉郎書庵語，所讀三數，今十月到縣一二千言，藉錫埔半年，時原圖擬竟存如伊，故乃書付之伊，所辭書夜赴硃，靜訊二元，市做靴。

廿一日 晴。成衣三工。取書俗于同光，石四來取宣紙，而渠又依違，主意要做而價與此莱又未合，蓋其心以為必需伊而後可，且其前面為該未安，余意亦未然。既請文章書，四司五，今余少為寫別與業詢問前書，消未刻，以稼得五元。其言書將為出而猶悍于出然，舊攬其世情理也。余書寫取及子所志庵，並撲庵高仍角の作，請任書藝。閑小村在藝書美，均八歸首而覆拉民，中刻出。過文室不遇，五德下傳又石而遇，焉見其大理石而屏山水，共三生鵠寺表閑說。余去左泉，晚之冬之書畫士韓韻語到店，那布師常過悟，祕寺門見癖堅四人，屋仍見家運百

廿二日 晴。兒父廉回角。氣子照常，積思付高成衣，八元。夜，占為課健兒。中夜閱古文。

廿三日 晴。成衣一周六未，使之填樓市，磨鐵杖，有無用也，付之。其政來，所議所司石甚不快，雷不快，故于年四，議未妥，乃論呼呂司五陰以空而求呼石四以絕之。之是晨，靜兒接三國史，借與陳師大書。其為益四年，前未至金陵，來從沿之古來市長而為未價珠昂，道閑而有鍾之此為東以返平，然已七元之，雖雖撩歸果隆之生，及付之以為救之本美也，即以史記短吉卿又呂叔恆俄貨攄剩有三國去，即又數之書借余至此，令又為師借撥取而付之，其為我緒。肯言擬恆填胸，是書付此書，亦以置衣收物，今得說成而不惜遠者，置此為其送白，且價為今，其早滌掃，盡撤今其取。賴祖父留呈某移星鈕粽並子不是，迨今為之罷，將其書門必至物者為人借騙，不至乞兒不止，又免為查，不留言。去不能張生居世一之倚虜玉，午悵嘆不已，手為痛，午寓占司子盛之紅而去。五年呼其四男其丈與說業說價，貴金退四六十六。大鵬講言多久，作占文先，從而與丈六米言，必明從呂也。小弟子研，禾成戲，高宿甫丁，格在實店。出收業。

又寫均甫、雅平、錦之並川信，又致瞿子玖信，均交周六侯四舟去。請尤挾四去，至方晡出，到店寫二信，西
借補子佩元女補煙三四元。交畦被褥，即訴叢脉款等等，擬煙記四年中事，成之而歸。夜書五帖，雨竟夜。
閱古文，多王入峽之嶺，古寺。去一友入寺見，余從左入，因于殿飲，余素從山下肆飲，而葷多葷，莫飲之，後乃復與余
飲，乃主僧多化。少久，出主寺門，沿殿階走，望階下異城闕，乃山陰坡，頗出側，見之，疑之，說望下坐，層級千重
望入，你谷何處，十里心大驚駭，前行又徑，乃仍沿階行，過入洞門，余又將階者盡殊趺，見不似寧半，艱細移行
到而朌見挽入洞門，息於望，頹之，躍似往之入洞，而靜在余衣也。

十一 丙戌 夜未三點，淋漓竟日。看煙，以怵偶怵灰，乃煙辭。午後田健來，穩母、與男子酒話，飯姻。余以錫中保成
伊備至，因女四甚，二女並嫁期也。與之去，寫印吉庵、湛友、素凌、蓋三、小琛、荷甫、蓋、慎、詠仍店三詩。來往周公牟打床
補四侶福墊于王鄰

十二 丁亥 細雨，午後有微陽。晴。元甚寫，李留江人翰，及沈硯甫、莊利、海塘、屠、虞山、務。又儒俊臣、杭石甫、黃海塘。又閱
方往西計料多事，以靜而書鐵毛而少墨。其漆竹不事事，事很之出，商仙之元，十二尺守，勇戈。裁北心一尺，守長料。識已極，免屋燒
核，雅軒余云談書，能以余函如叙帶利。叔雅計我一含及計料多為，欲出而路濟，正健恢，未為最周公全，得之，塘模以囊
丁子，得意而自守之，考薇病身，重大不適。以床向擾病，懶又不甚亂，舊應，讀序，服二四貴

十三 晴。身余病不能理，俞怡來寄，使樞來請，往北行，洋疫者見，到店。卯，孫周白、李漲名、吉甫，及聞去，同煙子而入和
訪同樞來，覓洋兒四乘云云，尤快，許見張雲卿其使帳已往，塘核茶，讀移，時仍到店，瞬補見伴。說舍一兒桐
訪桂軒，我去，叔侄百十丈之，又其去者，志庵行，志庵因以桂爲局當我爲人不爲己，不爲名利，作如此事。且到成，有不是
何苦而属，間於為那，仍忍初戒撒，仍菊花三四，歸。

陸崑卿門斗來久談，今年辭出兩學禮贊。當論去歲嚴陵盛恨人和恆升，言康與各請東。

十四　晴。早丈來，借加笄禮帖稿單，昌八嫂來送禮。近午到會，與煥伯議修會，大不合，兩相爭執，蓋殺一言，敷陳兩館條以昌梧修價，陳綸多咧，推少而僕氣盛。余語付租既未公平，無怪陳謹（價七付，今年九月陳只付五六月），今又加修議，屢余指意，則所害余之爭利，為何也。旦帳存會之為僱宮，尚我宮之店，被搜淡之辦，無許目來，來修狀（順七先年元系未），不可抑通周年，此之和論，亦得不成，只許我意陳升此八塊蘇硯，雅術之不可久之四，餘寄抄行，近店知深君，且閉市五十餘元，留子清之到而今之帽之四十未，貸留細年帖，薛怡同年頒升，余會館被圍為事無三日，前之之被林干（余）為土衛窮，不敢此兵，亦索取之矣。伊聲椅子收信，云所論店事，各種大加徵責，惟此人迫做飛丸揭而兩為上兒，其果今授此大畫，必酬于余，之為辦之。所明勝花郡時，市花世六。市炯于梧，忽見者卿進入，恆下香菊瞻之朗宸之宰邑（余十餘年前為陳蓮舫，小册出自己不識）。閱公私讀一切，又石無玉拉入其家，黃菊依去，清桃石二馬平之。洗杯進飲，細看清源又祥麩饅頭，白為粥宴（余後三不厭黃）鴨炒清（米子等共四人），乘月同笑，取香而歸，漫飲吸。

見建午從破牌，伊乃上元兄張謹伯，其南田北園，於桂園（左方）詩甚整，而畫不甚也。

十五　晴。將午，徐德之說歸租被之，深明日會余之事云云，計可取租，余意甚被之讓，妥無頗已極，余情急之甚，我不自是半餘而處錫徐熬兩人速坐，待被三四次，堅催無元，偽而仍數，不許田可恨，此種少責之不成其租，工之所恃者推進，此次勢務必少侍伊頗抑（後余不欲），特見一婚準地不可，偽説印，第百熱，筋使送禮至盡，居有吳司萬王鄭，乃據付成於完之郵二元，上年之方第一拖回仍不付，清狂怒極，使靜者亦因抵之，又云只西梧之石，以表其心，余去而實棋減租除，修必至年實乃了，亦然不可過，大呼責罵之不已，深恨此輩不善作為如此，反而業亦不必宥。

此幕甚惡，余感疾，甚之揣恨。夜芳林吉郎去，至病，信口开三，賀西五屬閣，属年載盤送到一孔，官言令完生未之吾，易伊用多，只余顏，我後果者，周六早來，棣禾所畢，修樹，我微次家求，將帶隨帶刊，積邑程

偕郭我卒　又至王吉安談伍東，至日暎身步復乃出，至從又畫一經說李吉甫多道店代買春貨二錢，洋爐刊
店特收切息如此入國云，獨未帶到，以三元，再一石。至月桂達西陳小蘭、陳菊卿、日蘭方、小蘭為族人貿夫，辰請診，方異同
入手氏余問說租伊一月，至說余謂伊欲戚租短付，明今即還，並不求要，惟有推辰於辰不已，即將告以傅楷撒詐
特嬬指辰被輕，說月三錢付之，乃辦，又加兩錯修抄牌。此伍拾亥，應不課，請人相劝，乃許西陳伊解決，不再要月付空
手交伊三人說津幣，率便指地有章，歸然地請伊估入說，三人勸止去，少余，責與兩月租文，不久余亦為特圈晚付，辛之承推
許久立又植又找入別主語事，點井捬捌石，乃歸，余即去已將灯過店知之而歸
十七　陰　作致蘇臺霖表姊，印信往滙，禮又致香隣，來店子，欄送吳春岫，又吳姓乃命伯太陰叙，雪陳二元，葉有叔三山嬌
晏任禮周六極菊至，令桂歸洗窗，摹古帖文六頁，燈來送花馬閣卿，以鹽被傷差，雨誤瑞昨夜露宿人，令雖
洪服兩男孝傳索而買食，令伊來請余，致意，實屬荒謬，我從不令食飯，又不值了，兩區區小事又要煩余，則被等呆木不仁，死
目何事，盡只用于吃飯，而今世之君者，作事余甚君擇，因思吾用佳兄懼伴芸，自思乃覺粹等順，共至食中一人吉吾眉傷去
夕切圓未至，偕至伯太家，道甚余保夜入门，揖与根矣晚飯　來十許筆，請余一以滯菊翁對至，及夜兄姑母等入席
飲不能甜，而伊夫妻為坐席，又相鬧多氣，此家主信之，每位再席，翁少久，持炬歸　共司詢宜用四日
　四宗知子研芾到，各燭，共吉燭一對，龍鳳堆花，太好，殊覺華麗細美
十八　陰　晴　至程柏村去百十，撿燭，陳壽田卿來，借椅六条，少飯斗，我你未用，自需為備，所餘工人留兒，西靜不智
并搭借，乃復之，不借此等物，置之誰報，彼皆不知，可為浩歎。計料各事，未利，留仁來訪，世子佩代詞，余不肯
四郎店尚未結石，誰就近坐視，且怪余程又之一所未有伯書蒋鉄路眉對有三示，因詢花之前為此小店不付

着力出四百四元賠任之之，無例實矣。遂與吉甫、琪欵、六頌、子欣中作一半，不實此係只顧私利，識此待

出戚之道，論久，與金同借訪玉甫村，路正靜文代作楹題，乃入錢鋪，非見馬朱家林室，先說伊應付事，少向未壯

一頭，往店了，到店晝印，琴舟融注無久（大頌）宕，而伊借來四百元，今日又需加撥，而祇一知余，只甚為難，因略知指之

呼西惕廿之來，并借灯，出桐店，以游木陂內，見諸友戚，勝查，是其叔生加飾，留飲，望上桐花已焙，一扇佳，稍說，執光而談

如廚經朱，郎有香煙，揚西館，單賓入桐，云犯一阿匯，紫松齋四元。閱說，樹人送來，持桔田。

過恆升，與知七弟會桓，相言保如之不洽。夜閱論語中五十學易，以為假我數年，五十以學易，五十猶十之五焉。

錄來不知是否，聊有人議及矣。

十九晴。早寫午晚，因寫惟工，桃搽米酒四壇，封禮力百許，色陳芳卿來詢，兩學師說須送對，前日余肆指而閣

白云開銷接子學師，節閣誤席，羽人要力金、盤、衣、代茶，道士接帖，雜且閑談，每次須來之席，發須一元者，皆其起馬君且

子六汗多有，而余受以為前來送對，未付，須得四分，如此師訓尊生，最包而妻為打抽風，錙銖必較，廉恥喪而禮義何存

況生徒家喜慶喪葬，之之而有作詐，視利藪，為要挾，否則羞恥之，可惡而且為招搖撞騙之尤，噫，宜其以西人

蔑視我中國士大夫民人之無一是，如其掌也，可嘆嘆。靜為陳師子六元烟，移在帽，傷物，余為出

廿日晴。陰早剃頭，桂厚暢子研無事，為之拮据料理而成。未刻出訪丈家，不值，并請序始建侄

來，摳下訪明齋，伊詢司閣加薪，余實告之，以為太減，猶之為之緩頰，且略議，今日乃親請于少同周

來，甫至余出市，羊祁闌（添芳）過店，又以一角市二銅冊，桂川字來，與伊偏并說，知了早晨去子送瑞冠袍

來云，仕之乃過去詳，所但為桂軒來訪不遇，云即之否，余以先日許我借舟，即字向云舟已陵他買添

慶庭用伊其言言務實耶。復海嘉楼卿附言謝帖，轉潘得友卿、謝子英仲謝謝帖四幅，亦廣庭寫。

夜頗料理事。

廿一雨。晨細雨，及午後甚。片復西樵子研海信四幅，信繹並用工團六寫出。恐難異丹子。云丈以昨夜

熱半日不得動，未克來，而朗子先後至。子與請禮物，惟同閱。太大不合。余檢昔年陳丙來禮及日記

示之。真三勉并陳氏與要門亦皆舊家。陳氏前娶三歸，後余家娶二歸，況乃許多釵、手敬、泥錦

女生在殺爭。為復侄余昔年雖請兼後除不擇。今伊持之堅，不知何以若是。誠不能辦，後及四匹轉請

不可。海與諸人頗久，名之勸請，為媒者遂必如此堅持，殊亦哭之。余亦屢直去，敢甚難。測度伊意，為坤

宅力爭。並完子理未明也。余計我與崔式同在親戚，未便模蓋。即與吳氏此姻不成，余亦無愧，即亦已矣。不

獨余一家，即百凡親友皆能諒，並非我啟，列意有悔，歸至四匹，一許能與海下舟方。余與四弟議名交及余

取中秋及廣信被佳使鄰借各物，靜一之。余請辞。后晚后來，席一桌。比朗亭海信歸，已夜深。

接五坤宅以財禮太款，憩絕不回帖等。余因法並論息，朗乘興十一，情宿余欄。未遠禮即專復。五六元減還。

廿二晴。復諸親友畢集，三四許人送禮，錢繹雜錫燭、瓊朗方以坤宅事憾，意乃已。祿成告本于內子換四元

又不還。伊為至坤宅之說，約後許接。及直盍來，付精共計廿元。潤岩又一元。席清幫。惟丈及桐君溼成

相至，夜雨。相與同十桐留余欄。未行。後二輪至，各家請女客前後至。

廿三　晴。早間子清來。余往忽惹，蓋伊要言多宗，幾至大爭，立百齡。伊夫自周之後至埸後，自晴午至蔡季霖

許，至印書。擔親友承敬者不絕。午後加冠，余為主冠，主儐用十二人，筵內客四桌，外客七桌，以視前樓

起構四元少，未擔且又安宅兼禮太簡也。夜席，至之大客皆芸艾之要臣諸芸，亦增六元，余未說須余

先而試之，乘興去。（蓋已三四請矣）比更餘，補朗之等與要果至。余送大席，謂為菜殺，實兩肫，未甚矣。乃與

雯臣、植卿、達衡等為賭子戲。植卿留橋丈及客兩桌，以下男客十餘人，並客花錢許人讀。植卿保

城寺生、卯甫、舜階、陸之、玩濱、伊（代煤）訓之之樓乘舟去。二鼓共芸錢，余取十元作利市，精而補送廿二級

者書，衆饒見嗣等也。迎坤宅之樓所也，乃修表與男甫身云。

寫家信，約一切俱自主持。前去行禮，乃承孫情極，不苦處親迎，所需精費，另單開呈。

惟弟等揩雅，原其誠且簡，伏望識諒，閣後勿再費求，仰戢虛濫。（邸）精免信陳請

安，艾之之云之。碎　是晚丈言與金異鬼反前，致夫余，低之降心請回。

廿四　晨余覺遲，宅生睡而未以安，至三曲此畢，乃呼之起，出語令其改，以今宵宅生令其妻子安

並服戢之，又雖其送札達贊二侄，然亦兩家如不費勞極難言矣。余于五鼓少以迎丈衛所

鼓，又料理日初，高花轎去矣。

廿五　晴。丈衛之故時候，往東合邊入房，余送佛嶺家續至，賀者團圍，至足不勝蘇賸七之自許

至並知丈欲為事，而之持佰席客人請子研、玉書、錫甫、卯圃、卯甫、丈及四弟并桐君

初六日議開館立節未刻三親廣兄兄禮士贊者卅餘人及庭設女席内五席外八席糕挨席二僕役
樂學禮等四五席比席將發雨至請客踉蹌從去後去而余心意急甚遍而許人字典方庭辰宿
故也幸一陣慢慍印止廣所偶成達衢十許開新房余一詩之印数庭儀擬二更始队均經印圃罕朱印甫等宿
内眷來者肅姑母並女三妹並二子印圃夫人並子愛良夫人並子穉雲嫂姪並女嚴家太太
姨凌内嫂葉問弟媳並女女仍内姪女保成夫人即庭之桂軒大女即庭妻陳巽卿婦張菊生女

廿一日陰早單請陰新親八九人遠衢椒卿穉成印圃四姊印甫稼鳴慎怪去磨僧未而年莫宅二內姻姪至請印甫婿由姪陪
接未刻去來請回拜申刻去湘士根尚至因桂豪飲与未四姪商設開館之事請客張律遠新甫歸田
家已月更餘仍找付送偕以城上去以已二更 開館新稿畢夫工大等四旧帖

廿二日晴子雲杭來商及源另胡百團第三日午草請論姓房四虎諸人大四牌根當桐若子雲四錫子研
一席已刻同爲陸恢伍來請訪去甫倩余跌開齋安請棋樹余齋時同爐早而各帳不真多陰下手且
明日与潤甫合商議之玉泉喜用已二百元尚需數十元開館又有佣俶六十餘元不在內

廿三陰早尚夢女須午丈來訪內付贄中有一小澤以李遣付女尚渡後与子所爭毆理讓訟余早
飯出思勸止之兄頤生樹人琦意科居子煜和法潤甫許詖畫於余之忠之朱某一言

過園四々店返。夜，勸朱春楨，飭伊坐其，余以坤宅春費內廿種太上及雪上掏取去二元，並又以竟送来。此中又以[illegible]去元洗利房金一文々用，四門付當女宅小費，而余取五元，則此十元不生，意中而用，意大不快，事至此，懊恨而祇与朱鞍將回，並好說以津々之。

廿九 陰寒。未出，言以歇之，各家送贄，余料理帳目。卸儀一来，為草[illegible]等蘇靜書諸禮，收拾書畫，猶日備極。

卅日 晴，中寒。早業烟燥，[illegible]去錄[illegible]萬六娘送贄，之三妹有違，之不情甚矣，此兄子實由慣溺，語又之周也之語，思作錄行與紉翠，汗遇市，去[illegible]回，手研一来。

十二月朔日 晴，大寒。徵書棉紗，見編新歸詣家，本處見禮，靜健保利，諸翁々思，設小子，即出冤耗，趁家祭，以家為肥，其取不粧，習[illegible]難，持久恐書一派，藏資孫，債務書，出而已，惟姻猶有之也。紉園來，請法花匠來。上午計買各種高舍，至是家今書帳，已有信，並習帳，陳應生外甥，討冊，并元紉園從不應代，詢僧租米。善到會，並付舍，將畢，計費，計元，余意必加，舍主押租，方為合，理即，他時不致此之虧，有以著，是日向盛訪人協，善君求，虞又馬問，所費，命之，被九里橋，以承獲，鹽引之坊，吳子光，未畔，金支幸，冬韋日而，以家累，起，直所八借也，妹上上紫，間瀨夫，桂情，似已難之，一路望，渔光山色，于西門下，境遇，卸儀，話並答謝焉。

初二 晴，君加寒。

[illegible]坊後，出遇其租石能代收，須自來經理，又面致，承泰，茂石灣，洞店主取去，妻以精力不支，須与右東商定，合朱豈可，了閒，是綫窩備，彼已允，就即轉之，要求合意，再來，託云之，言協此局，本剩租于店，与諸防謹此，入店取睡，鈔之，因而符合也，即與佛大巽，經姪，姪一日，而備酒以，出所，即日，哼々起，即往詢，虔園，第江已到，遇丈宅，話詢，取錢，有文与子，所滄漂語，之久，而歸付言八娘，偕處，二元。夜以性不持，應，善為之，疑不為，棄心，思歎，以為，報于常，里之，號也。

初三晴 早雨 责怯细 筆山由仁遇茶說及陳君期帳每餘了杭州了的該陽圓狀海有西境 交及禾果小陳性
來談 回店 抄店帳 修四鍋 字多時平信 蘇暖四叔于雲再飲于元茂 說夫在馬小飲 種並取屏士林並種果元揚
歸 付應酬之款八元正 又當時一元 陽曆謝應錢租屆以我處不利甚多也了
初四晴 早 未來說多節共飯于研石玉共飲茶 孫交寄時二人托于研常土拉過寓 王國昌亮佛宿欠不來 又云馬七毛秋半尚未便去甚寶 又在中拉甚馬 同鄉上下 引與煥之引之 於余
籌計 年節 路 信 寄六七千 于開帳與 會主加押租 說不能 據租房加租押少賓 托人籌之 僅給田 耳 樂信 寄 涇 謝金坎
少麿付付我息二三千 以狗余 未盡進 食 他晴 有着 余進一毛去拔也 本並老兼 兩成 報與 于研 李海 境 半海 山風
並張升一同 心目入 攜家余先生回 桐 為語到店 于雲與留不留 回帳 孫知鄉 之 祖每 陵 于 欽 府送 禮 來 為 之 寫
辭之 市 南 不成 市 帶 甲 二 送 江 進 隨 余 後 由 陽 圍 一 路 語 去 店 西 子 懶 之 不 給 金 錢 勸 之 余 不 能 轉 圍 也
初五晴 早 陰 與 性 仍 疑 麿 林 之 款 平 致 說 有 文 並 之 詢 其 時 于 積 鉅 余 于 研 未 之 時 常 峽 未 到 本 由 陽 圍 到 店 知 有
劇 不 體 觀 看 然 于 同 光 帝 多 節 于 積 一 五 日 送 王 翰 祥 祖 每 春 伯 四 分 于 懷 祥 其 詢 取 掃 租 難 為 未 五 千 作 付
先 收 云 嶺 于 同 宗 周 六 未 令 整 未 代 義 修 借 去 取 馬 祖 過 去 行 托 狗 取 屋 及 陳 春 年 地 租 尚 欲 有 文 已 四 並 付 來 交
主 見 之 兩 物 借 大 大 說 我 屋 四 月 年 月 租 押 入 收 語 又 非 乞 借 是 謝 之 托 其 租 了 為 入 店 屋 約 及 本 月 內 三 元 五 八 作 月 吳 奉 去
庭 市 又 約 金 買 豆 花 我 以 來 談 為 平 兒 子 雲 金 乃 元 茂 飲 之 寓 騎 店 餞 入 同 去 吸 王 伊 付 錢 同 行 話 抵 余 家 又 爲 議
積 之 更 須 又 前 說 夜 飯 精 燈 去 余 性 已 之 柔 告 內 子 之 一 日 事 夜 就 睡 覺
初六晴 早 飯 時 之 車 檔 出 周 宗 府 取 馬 租 徒 隨 去 午 後 回 來 有 一 錫 匠 抖 假 內 人 之 湯 其 進 陰

寺茶壺備千億，稱兩件玉，夜帶工程計砥錫斤，大約章餅，與論玉人，終多所難，計出工錫，尾香兩吳静

健取馬祖石白，以未年諸，雲手兩帽，孫繇縱後，春國亦一元，以此轉售周同角作是日月，旁晚出之，居與卯孝

茶金存，晚計算約元，伊所轉借，託評後日，往情市作烟，向田董吏為言有書，其去之後約明日往玩，過烟而與

華亭三錢舍　收圖　蓋照價以銀，總價跌陷，亘甚，清油　至悟

廿七日　晴。石田來付二元，請前將千理寫件，六件不符，今未刻出訪董堂，謹[?]寫字[北寺巷]中談，同取出，手執而所字費

晚檢八物，南田山水，皆為羅某價十冊，花卉兩個，少一又未真，慶然于胸，未有西學大成一部，閱，似精，有用，道做

閱，以標見，閱精，程雲見魏仲所談伊墨卿，以書聯佳，但皆思依利，孫中前，恨玉居，約孫閱，向作轉同錢

談竹，未清，余年所利皆，對工然毫毛，利剝，唯與余[五月庚]六月初饒大略甚為難，而查書局傳記，均未能購，為豆[?]了

見小雲過，三鼓，衛訪奉祥，佃才，姚生居，請大宗小談，稍厭云，家讓已常以手給，日易付未，仍未轉，居而歸，夜

與便頻論，對字，適陳錫蘇來訪，燒烟而談，談俱不保，雲已諮信，廣仍舊貫，余以為無事，玉刖，路書及錢[?]

吉園書為致意廣，茶讀為專　飯後又到店，談以此為與嫁，店伊未售，俟醒之

初一日　晴。霞廣未清，帳小有不合，十發，至廣之，談，適居士[?]因，相與久談，回　錫子依達，北行[?]與卯對，以買，共和

漆詢[?]若為長，金批，知油價的確，搞未清，惟棉花平直，余花花絲之，以呆甚，又歸店，已細雨霏霏，借盡回

初二日　晴。大和溫[?]林葉，陳補克，後卯補之家，當女未閱，均適禮，今兒輩往賀，飲已刻，奉寓，祥日來訪，此北麦[?]巷居

三鼓，衛中信

初三日　神道化玉詞，請見借因該，積了些，書多來，[?]茶市，黃耀等兄賀七言會[?]

午後葯補寫，即一再請吊，段卿謝之，使往赴席，静往赴蔡席。攜來吾兄微緣此本，亦先
祖父日記，義得于蓮圃中檢得者，不甚存，吾兄與玩索，完于搬圖，郎畢譚及墨林
字跡亦必得之也。　市中人家用山岸侍以緣譜。　夜坐書一陣，約閒得無釋梅局之三

初十　晴。晨閱鼓吹甚多，知昨日為昔日稱讚者也。午搬鈔宗譜八頁，未後去東山頂于烤見
得雲上搬新墳至東嶽廟，婦來鄉訪，詹富宗神，伯家取租，男子來田世熹衙去，侄小子二兩卸，雜羊
滌園，並葉及盈壁匠，旧告約月內付之，錄矢童羅即看田廣紹，歸名鵠蓀，致于月城，今亦留飩
鵠之與夫人來，取廊各之，去之，市雲執歸，付七元與静，遣赴形三陸氏家五兩，會我孫三總壽田師
撫現第四扉，搖得也。　許廣二人畫示鶴蓀之方狀

十一　微雨陰陰，雪移錄安化宗譜並臉像六，共七八紙，及暮以濡煙輕急即去，途中冒雨亦和
排云遍店与印琴，謂夏布等一切，悟移門，雨些不止，即歸。　蜜書之合與境被狀，恐兇，吾弟開予抄書

十二　早霧，天已更晴，下午雨雪意，而稍晴，甚為鈔宗譜十許葉，作楷數頁，致靜午，英綱
齋烟粒來，當移餅，日下二五人，接至留飯，膳与周旋，去後去静園，拿子論廚友

十三　晴，夜月如畫，早起雨至明，晨鈔家譜至未刻，計楷廿許，錢自謂能達且入古，蓋文正公云一日能作
楷萬字，則我未能也，不作字，知亦當到若干，長信來。　午後寫信寄至門，搭桂軒奉參計借

佺甚是日爲爵鴻語錄也，此由北寺万殿楣辨目之西壁有一陳子邪撰修大悲閣記，字易而雜以篆隸
甚多，不知當時何以竟無人出過唐印孫撰者，亦只二篇。强其抄息，以完付唐佳本，惜適王弟邀之
拂卿兄邀余茶話，堅兄入松風告英烟伯家，以稚如初坡傑，其雖予論，然設任又與借揮十元，其族人區岡居日
將往中設，堵极不奇要偽多方，英之大書或理以伸其氣，邑强物換人，更且其形論將雖予被作，何以作甘
債高千金，語說祇詞，借予何用，只為難開，則尤其才其性，性不過數千，其住伴其留數月，擬之者不足依其逼神，余之理論
五石門只喝杠去風水，自言投去雖其行為，並其能短未成堂，且居奢而落侶罪之也。卿濤言爲然，久之，十許乃入
語去壯門已陳永材祖，承才在茶司語之，亦無一味，依賴同約三百四付，價三百，此等惟有支收拾也。過閣知照，陳宇廣
店兄玉堂，今日來，為伐樹押田以出，貨拜伊一，玉家言又勸其勿入拜佛會，諄諄至再，暮歸，旁夜入李宅，探伍朱楚楚
茂才龍雨弱，沈為之仲首，葛雲朱六兄共八人入座，擇先吉余与為完，來攔我，楚之当攻素，總甜朱兄沉醉
二夜倒地，同與為驚，余一夜，約昭七八盅，詩五四送歸，已三更許
廿二 雨，早有匠工來詢，余其囊痛，鈔禮竟日，以雨不出，夜發疹，搔之甚至，看老仙錄，静夜怡其庭
坊寫題雜同余在，睡神極不安
廿三 陰，為人催付，發歸，換家祠，姑兒去禮，高說，詳華所為不法狀，義李市，乙千手，和到店，余所予印契不
兄語左右少懶，情緒殊，芸玉石多收拾，帽顧色一過，恬福門市，隸畫唯一片，曲陌園歸，鈔禮十條，夜寒
四鼓頃後，至人

十六日　雨，風狂，天轉作雪狀。煮烟竟日，偶集杜衹勞，歎為時所累，竟不解前生歹何債孽，偶以浩歎，悔者可
追原今之敗我者，此真欲我子孫世爲逆者，宗祠中大貴跡，家人不得稱情明留以继余之不是，乃為善繼善述者
高八雅說吾祖母及諸妹，日為四思書日識苦，而我父更以余妹弟之即此日壽嗚嘆，實況誠不可一日居
壁間以賊破（五字）玫茅豈見求猶思雖俱嘆好多端者雖搖作此實自棄而為長嘆，實是演劇而
年未出所有其意以未有其閱假賊之所賤，恩冒雨而歸，不得已難也。寫小楷二百字。
十七日　晴，早雪，雲微，即止，狂風竟日。居陳偶集遠岸處一岑，岑房基地今正在所當，然其三元，以手
指欲買之真雪中遠岸者，時日正難定主也。尚問當佃子宗祀田未付租一元六角，今又再四角，余令
其年限滿明年，若此二年租也。晴，午至女郭，同外孫來，玉嬌又祀猩李。又至人口難出，將其該當以
常在園中，午刻未居，山風清，則食之，燒伯該，飯去，飯同陳職九兄弟諸借妻生許其十二元，諸子業
勝欲有多金一文，無見暇，限以月底，是日閱無陳書，無只者，前年催況一年不即說，換信食之後也
遠時日飲萬生挑葉廿斤，弟各廿斤，取材梨大祠焰頗雜。是日石動筆，聞萬秀抱此帖
十八日　晴，雪落如洒，移即嘆之，醉，寂寂不聞，深讀移房閒，但能者玩帖，而已，寄王極德去，下來借取對
並吹並，詩材場筆調格之継，送來抱也。因揍付之。
十九日　晴，寒之，故旧禄厚，不聞深源，總能知佛之見，貓早又來，諸拜之，其飯偈，令之代，到居銀宗兜

許以利權事宜,因而雜貨店與丹戶債累理論,醒名亦出六英,從所去狀,此事猶壯久未大
三棍予今夜未了,與芸老說,照會以元元,能而利留江閩在此何等,一已村人之,見三桃子路
均須和以自己(嘉桂獎)祖全圍,明家收所乎。是日發閏之以三百洋交之閏
廿日晴,買多碱,午后去剃于陳店,請人寫廿二日開倉。如中書僧內盜一名,又結西失火,诬役免案,於曝(光陽)西和暖,於說
錯了野談之,便有懷畢,回家一轉,出之,合于程戶,見吳米蒿、李桂生、錦役先之到會與金七,疱大燒伊之(況)素官庄
素已得一二人推不已,李華借之未味,其如(盈)最楷塊,因以心反,遂以留吳第與辯論,多之横陳一楊疾託以南嶽
揖顏揚百元之之,旁座而歸。
應與健說(近年開),共計非廿年前比,因告以古人弧矢而改炮火,近益地雷風鐵
甲船氣輪日新而月異,上下千古,中之無道,伊之似有所餘累,意以爲已,今僅以足以讀之而誨更須格書
廿一日晴,早大少和鈔譜,栝棠二肩,看畫出之,桐庄轉宅,歸感文子賺焉,問說種種,錢義生某善為作事取利
彼我儕人俱甚不達,正不知得入若何把作而挽其頹靡,而俾彼自充致家資為世傳之處,然如今世之,本領甚十
不見二三矣。此處數桃翔市檯十支,一鞋,早致甲,達兄子出面田到店,適辛月椎在云,假久乃為相助搖米,格爰今皆
賠無于子由事也,程陽庄之,假未要便有世係,正允要甚雜,雜語問予由四之杭局,並及現開廠等,要有外人
書精(伪名)外國學生,以廿八元伊付一帽一衣,並有以為等,外善不能提前不能害,須由外國領事會審而判案,不能只要
植立陡說師家叔與史人談才俠道,以指出行,如保之以一外學生為擋局中,雖一錢亦語,雖慣邊無中氣成件
辦最約一至于此,其嶺(暖之)經日多未能息浪了,又云黃若一眾憤徽之甚,雖爾華道楊任紳亦罷結銀亦
中能官長為有西日乎

因侯君有辟而圖謀並須執持兩年尚未能不至圖糧作生涯以求學資澤人與爲今之先見國利之家上
策因人說吾高見於中外貿人尚買通行雲霄能有爲中度此思以業將何救藥耶子雲來說相子員
一至城門邊看魚藥不成又之歸家與二兒言所聞雖有念悟家保換之焉夜爲靜論補義書依之不捨
義其日進

廿二早陰細雨薛新福來養素一名鈔譜沿途步持店市帶無一以歸

廿三晴午寶生來鈔蔭名會子卿約相鈔譜作稿于廣人爲道似已成宗刻自喜今商務得種種函收桃附廿五廿
余道中仰北之聚談五月推之之五通見寫米接但上再向余之以之爲倚門將余屆時名書刷名十元此間多對去一毛不能拔
也之之周光言安此不行與大三面光請知足多已峽四走訪了他本家只三轉眼爲動對約大場晚自點擡馬到店見子淑陶
共談于元義得付鈔錄諸方夜歸一夜方書報識妥之李孔初去

廿四晴早出踏霜出雪在店約子敬不至同兄余成公與恩雲茶于松風說余事去之可得來找云子敬已在乃同大場之三元
茶點之人合燒麥廿二余付鈔四店名珠林三元無日名坑見杜余紹烟壺去泉隨于店飯行余前一想于柏林生
店名沈慶大又重于渠門以財而午茶行于歸畫臻三尾三斤評付往擔行一元又廣取魚新澳呈
于歸寓余至寓八粮之祥去寓不應又留至一月論擇之留飯食先用多爲煩費亦是不有益此乃說之不實

廿五之跟珠而怪也連日人口食指衆多得是少減又鈔譜並修整于河北道候壽生仰未說相至久坐后我去
壽生蓋欲折相久求其念甚名求茶聞再其到家尋相留乃

廿六晴

昨夜牙齦作腫痛，夜半甚，起覓洋火薰，乃漸止。便起早，晨又作。李來爲說粗及藥，縷之。　繆僧得兄葉
飯未初，乃齒中不安，連服不適。
廿二日陰，痛少已。午后稍往舍，归，讀會，偶談其弟子乃余北，述花、菜二樣，石門西酒，西門河，于北新后市，蹈雉半度。兄桐說保如收，收及作仙，無多子。
予同文持归，夜復讀一張。由前二處備五千，夜山兄十法師，二石二斗〇。作歎新，新作悼，屠歸帰。
花廣似欲雪，復已到，到舍，燉灰人談楊春張三一味，易與費所為兩箴文至一再，復懶，山堂意已決，保功勵，數加力。
復至，至爲之撰，于後夫士少想，傳五楊白商八狀道，余函等　撰，前辞，留飯，余与王堂說搞，　極田子來，别余。
李陳覺之話，復論藥致，藥致名第一，吸雨日二兩，兄左又小頓，書北過王，余早堂讀，到后，適讀，專于二兩，至
以折租付得覓其泉者，照例折价，山石怀，再四議，乃作辞，圓作三元二角，付只悅，作十二元。约十月十五，
楊至芴胡，胜加价，归米，兄米慢，商少謝，洽了，后出致，廣福，穷夜归，途見王秘书，大思，新定，有疾，高者，
洋大帽，仿仇，又陪士，持梅石，水仙以贈，洗手，致新，三友，因大帽，前山海，紫薇，鶴冠，海棠，白秀，逸，甚又
廿四日，高者來，二鹅，田以話，到，立一兄，命子，嬉，夫人，王楼，覓，廣三，至册，作，及晴，川說，使，而归。
静兄自來，商，庵外，等四。
廿三上午出而一陣，慢，收，旁夜，復又雨，早，爲陳廣兄，屋，摸，爲洗，香，層，段，邊一幼一妻一女，孫，發之，孫，烟，家，楊三，路雨
正付廣夫人，又与之手段，錄，諸，廣三來，云，錢，併，及，錦，情，余之，予，微，詢，云之，又一元之，摸，弄，殺，房，而，借，孫仁，来
爲陳人書，子，燦，伯，自，余，暫，留，做，楊，去之，即去，改，說，士，待之，不來，又雨，而止，及，燦伯來，爲言，已，至，場，堂

已擬信稿作寄之張善勒□□狀各一去　由生作又用六十來　吉□□通一緘
廿八日晨雨□□□□印謀作呈、許村楊華祠堂以張之僕□説□不舍不解假冒之五十元草鈔
以靜勝正甚隊鄧既持册不至寓□已極又錫往問　雨丹寺王　未露子影令挑袱□斗鋪被蓆箱兩靴
呈瘞甚幾難盾地四馬能之御道館令靜往□之具傳之用　午雨五以一繩不給支吏午后出之北小雨中
市□煙草二斗到店館之印油日利月敘□號非出城于居寄　謝克子姪三人中令到店報告　唐以正出用錢三千
但許之月每記作四日　一千四月二千兩期取實物交信及柵、余同店長談、瑛之母甫四知張叠樹山房以牌去三元
未取橋兒　福仁夜過廣之告以故留吸煙期不來差使往記之　社以遇吸少衆与南宇長房談　曰□路子册一元周之宋　益生
十一月一日朔早看杜詩　□張翁欽譜午后陳廣見兄許玩欲須買廿卅兵一千以契之極□石之日以報　之二元字□寶雲生用買物租貸
二十二日辞仍瑛金之校看郊店門來到吉隱字之來玉將稿看蓄路刷二二説金子欠令吉吳金陳廣兄甫
説別俗情結允照吳伯言肩異楷之撰余盡吾迷備其程至伯丙别靜澥之生計程四廿一來九百
而陳程以來餐乃付肩力路□日宅出佳再呈兩謀少米宅生書畫既而兵之謀已閏之來　吳丹性之送
某舟得我苦禪書房煤將南程路之寫務二手兩册余萬清宜唐打粗草、條呈閏月來　瘞陳不
青田朋真楷健田佳廣与子用長語又寫譜　晚宋吉來看改呈稿
初二日甚溫和抄譜數頁　鄒二非來抖于村付一元午後少同出之錢鞠之宅説居院看書程松門鳴　炭

四小册为梅中锋笔简，而亦寄。某时兄之叶如遗文书，陈书东字三尺对一，书二七律，却真，而字余藏之序
实又书墨砖二，乃旧年学他所因，仔嘉禾三年九月吉作一作。罂书罝蕤家六大字下具荣，一字未因，又最高兴
东五言借对魔埃。不到，清静，存其真。他学者华高者，王梦楼联，乃集禊帖，为谭宗蘭。静契每
临池竹坐清风玩赏，见来府送其门，又言钱先科程，为之愉见。陆闻生过一阅，其气陆四数之询，静生很乃踵访，鸟而保成
借此出其门别舍之后见，而淑告广亦法。冒之烟不见。又嘱约晋。廿六日书之一烟，又告江陈书致，店务余北于和保询，擦概出楂
书来送其婿暑之伴六也四城兄子敬追之，践钦一斤，色甜美酥，余吽钞孔，附巨衡范急归。静书，书卿沪信，语有六青来
太守办沪货，指又云保誉，兼务柳州保卿，弟之后。此登太史，即最诘西席，日往就便，询其欲就，以补其六家，沪上投切剧
该人意摇，徐荣言必居，能亦能材成，若列修後，或免危代，或另延，至不可。遂有路，使备材，亦来成一也。能材成，本须
由沪过，下至二四，大可办梢，或为出里，别色之地，或保青来可问业于皓，括四也在沪陶铸，鄙路足以舫，实亦未志于西学
有旧师哉，致力于律满，登报馆，皓利名，遂收之事，故不历宦在此年，静书最为来实，即作模寓包打，云云。
初更之广之兄，后之程之因收。又云陈叶卿对之子，乳此设与，夜以遏收，以为后来戒之云云。厉五学录二卷。
后陈锡蕃一行，留居山塘。
初三 早接致沂弥书未完，云生来云，张租界只三石，已到，寿日总来，会作余书稿四可，叢以贡市，属为作
楼，实致弟君美高楼之，史留之饮烟，来说久居，今先为谋高可议，积之倘而言，作三字稿，又为作稿，未成，本
于邑。顾兄祥仁云，有九里，杜甚富，获四石，诉余又见辞，骏之，告代余叢，欲归，至六日，霸院楼林石见入筑

又石兄來，屬其書法，知峴雲已至。旋說畫，看古玩，如樵黃大癡一卷，極石谷手擇之，謂爲非實也。乃別往店，知印璽已到

兄有三位其中雖父夫墨罷錫形北不協，相帝某師大賜天斗，暖其御案衛寶，風涼即歸

初四日，陰，夜雨。寫字。二人相地于前，作稿，并抄譜于沒中之會，說啡藥盤，予畫知結未暢。孫寶君粹夫亦急爭

其危，能觀歲圭于渡，夫託煥伯亦事前，煥因陳隨舍，乃代辦可證，登新壇一覽海景，與煥入城往寓去

過目，植于草知卷，鼓而北說其屆詎了，寶壽青至再之店，一室同坐，余入和隔閡，楚吉四遍，最秦市燭未四

斗，決二季乙月，遣人來，數吸，論說而廣松兄至，余即說其排解，以定世元形危而辭過居，撤了雨書，遣至其家與

子雲，是先事留倉糕米五石，及夕吸葉添飯，暢之。夜節至更，而持燈轉廣店，我振以歸，寄閣之會宜之

裝裱交來與四錫。夜因過，收少寶甚不足。省三代買光二來。早未來述，濟廣大衍了。書

初五日，細雨。安濮早寫之一未工人，蕃未寫程，性已到廣，未拾入寶，得二票之本，十五根厚紙一頂，條嘆而如

余諸加自已諸少極利先鳥，說風詞詩，文太平廣記內述有一柳，散目影如意一嘆，濟帝孫帝孫爾檔號碼

以樂菜遍即信心而得果，子乃是劉，搖余去一訪倉，諸之店陳，識之歸，廣又來述，錫蘇居代許二鼓，必以廣為用

力保不可誤，甚他廣問，遂又說堂，但祇說廣東店也，並香來正妙，幼吾再寶于年陳，接月植，係其錫來語

能記事乃阻，係其明日即不已，此日青議，誰吉聞陰，因月植至，備陳不同之狀，謂今安一身在，裁檯評流，怫戳扎

云不已，因遣印為草稿，面可字，換畫及四將軾，屬其錫。勝正文改我，勿寫，吉已大憤，嗟畏，一似人無

識途許，必對余倣倣結甚矣，友之損也。弟我担節年

屢來其脩詩今難報却也香積再矣
初八雨上午煮烟初下錫而頹半探之易未見又午聞穗作萬情使說其稱苦余亦處之而家人憐之伊亦望不去即
入前閣于地坪詩橋楠余亦思其祖父至是我田為人作之与清理等等使少易並查其底裡大路粮捕之初二粮辛及前五年
伊呈底二帋葉淮理事唐而止今以一女而又合訂奉勸其爭地係并種佃至屋今儈賣之粧伊為以不從此横
豈非詩直不可余查詢至再乃午合去午後錫森來為缺廣巳之肩余之俟之去缺再定并訪其廣又肩服去此着一
壽廣先過付錢洋式元乃送至之將洋付邵群又代薰貴而甚急使之十余家將廣抵押之票二元一冊一竹
并報十五日作以抵年州張易余以洗宣其必要烟將抵押事查詢祇之切再定前因之店之少收去出押一包
巳將懂翌十日城內出錫 詢以之迎由孟代去乃入廣生精而就归 對曰逕之于做氣雖于携弃此矣
神萬又煩有煩于人傑為懊恨
重七陰付六元一番至宅于張由至雲崗桃貫存未至府山痛山廣陵 二人辛山午廣一通廣三知照票
留詩今曲因試讀詢之一年桔洞市花生椎嵩傳之下語
初八雨竟早馬阿卿并去司之四來請斜川敘談辛斤干辛陽楳廣居獲得十條石因起此謝去今去与快
高巳而刖房吳飴見至高余查置附之再晚為知吾闻俾合情而蠲爰闲不果往金之之至又与焕瑞
石價朕謂懸盡余覓款伊云樁自一不提為可此事難及不能任且面為石價去十九而釋去已言肩
法入不復柏萬正可浩歎

未已下晉為不再見是以旋往而伊店主危設不實說而失了客矣久之未粒余將每日定之房未打

糧定生修業不先于墻下致虞該語可動只目達于恨余對之辦若主慶并令王七坤至申刻

丙申去一手胡店糊兄佛眉兩端甚至兄到店留後語看地契寫有余從余以起貨之籍為勸其用對

並七坤並將余田所買甲另說又致于徐莊人于伊料理利至自伊阿風帽約數言抽油起脫一元往工場杜只

自之為雨因閑談久即歸則夜在湿　打糧事廣蕎來工人至料華內外形勢

至閔另租米若云着水共米四石內一石已麥黑墊量只有棄去而不蓄一石四斗他來市十九打伊不及八斗

付南大小都碎人之多良并蹲躅教米天六石許將收店大錢戒且舊欠器之此人素昧猾違抑乎之不來類

作閑店必用函懼而俟役為至

廿雨昨夜申並達旦日則雷微工人作耕耨着米　寫致保儀家之為墓帖未及　又寫俗妹住未定不失也

擇樸未定字費

辛陰午小晴晚米大來共二十七元并攏將廣格之計元義楚寫代樓另伴共樓日衰餘今日減去者易衰也（將余扣租付清）

因共領告知一切店樣未利出呼興王安四陳之店將據找四九元余付找算共租算七多扇之加余元辨遂合并結七茶

長算乃道福入而店形如做店格四元文寫加租珠雅兆中即為說勸至悟適益大友至余收洪辭因私底說出頭

北入和原詢楚御不面入要義兄御呢云月值佳御與店而未入而扣為拆將半成蓋余力技所歸來速帛

並店余其自去清理不確臻出入說況交就即我等為何即隨于扣省兄數若筆技共七如取二三十元又付訖

盤雜于義伴兄陸楚兄梓欽知其安二月智書閱次益三為樸同案益為樸說也

入城以之前年乃一以冥以作壽以送　收趙伯村二首程々　過吳室付摺扇扇知四代整路畔同行為陟
嵇伯誥伯兩銀圓甚矣　夜請鄉書算使見穀人兩作昧也　夜偕嵇某來代寓某按冊而陪之
十一日　陰。早作復程軒書，言其帶展閱勝詩後度針。未刻出之，按軒門是，苍來之入與陳仰甫去因去閣
第二十餘方米當值一六舟僧小印二方印針長善之又多首也。乞寓刊易化一石仲夫二字，因請洪指齋錫文其父去
並屬之吳去訪，乃房吳鑑，允王佑臣均能治印篆。吳大楣君所畫三詩。佳筵作伊祖康熙進士。又舟峯
山水、又小山水皆平平，而紙太黑。惟一扇蘭竹，係國朝人，號作洪夕[?]，細工極，係晚盟，名[?]。用筆厚而腴，畫甚秀
逸，亦也。同錄書為備目錄收。又一硯端坑，背鐫八佛像一尊，左半挂昂一屏，三四像有枯攀，琢甚細，兩紋極工，水氣滿
然。玉佳一方，舊端陰聖[?]。又序小行楷，後有小米跋，摺平平。惜不全。靈飛經可与綠[?]孫本匹。又石門頌、漢隸，又零
帖平平。佑臣出玉器二三，又出一烟壺，瓷而畫，極精。李[?]實，秋陸房物，乃驚之。陸以夫玉印，謂古漢物，稱玉。因陳公
子立彩石[?]，後言一昫天雨，彩之大東門不克遂。此道隨陰來一詢，稍出狀。又道月植一說，男[?]以乃李以此可而撤，家路而
出，館家甚歸。陟罟早去賀。　夜，秀玉留飯。周八午來留飯。夜為健講書，偕錄。又講讀古文辭類纂。
又講李[?]學經、書表。又律金以去，[?]殷理。乃側拜而飲，了佐酒，不覺三杯，一夜仍不覺。
夜又錄書徽錄，談于亡時，下針，計一天餘。
十二日　陰。雨歸之，兼宋詩，抄畫錄之入壹針。
十三日　晴。晒米于場，以之佃之。著水刁以作擬攻家人，勞而未奏用。乞刻塔伯去收，說管借閱吳鑑之之，未錯以而罷。
硯等奇索去黃之遠，有冊在揚，乃付閱。此人好之，深而明，力未至，僅但知其雪而入。久之去取余

飯遲，葉坡隅來，言其主坤荒灘，伊之屋不當，亦為其佳主，畀之數十金，乞其不角，並全佃為伊用。田為荒及
用伊以租，故抄其佃戶為只而不篤，此二也。況其實不足用，而多任之，其此中人之勢之也。昨余往將村去，順討陂徒
若吾會欸，限七八日。四鍚玉文刊諸租，六年繳者，需二十金。今其主此石橋收租來刊，仰國未告，均須之查
二家來至。旅于柯之三月，來家，託工元市寫，高士伊仰去，余亦出北，于祥雲見張亨翁，數百金，扣內有百千圖記
君趙退錢菊仰因請得若北拜。處入松風逸返陂，遇夫，往山峽，陳吉、菁等六七人，來為其佯玉說，看少間，仰家得之
玉研田，進入，寫畢，謂君多無，遂售，因入，閱一方蘭城筆。中長幅，作大松下大石，樓台盈閣，手遍真，而輯七八。以示
昭光不判也，未停，燃幽門，亞六元，可矣。惜非山水，而恨二指，搭繇下。蔡夔石跋，名錫
字不真。王寵一扇，作朦嘴高萼花，遊也。云無，微有名，索六元太昂。一玉鎮，系佛，含財古新，雞一錢鳴，購六七元
者皆難名，君佳。又尺牘十頁通佳，大約此不嘗比物。又一古銅方瓶，綠漆周身，雖非三代物，必千年以上，索洋五元，又舊
錦筆無暇，觀田入松風，與仰蘇、鄭、何諛，訪徑阿南奉書，似獨之。伊謀從務，甲不厭，酣久，乃返店，轉回，還若為說
夢了，話至揚別。 楊蔚，與生安蔽，來行，謂明來入都門，兒以之推兔，附高毛詩真，不失余，返況也
無限刻，殷之去。夜返，廣兄請，繳定三易宗，存因伊處，布吉之證，回後，吸之，徒論世事
十四 晴。早寫舊存中懷，下午出，鎮，將店，聊中友入謁菊書之色，下午加黑，蝦周玉，花五返，南聊歸。二三下
來，逗一百斤，半將鈔余，茶鴿枕手，却之不得，家而去。楊燧夫來，行將詳福仁，谷粗扣，梧大行，並松杜刻
大桂軒，先已來，索論圖，晚為其事，周折看任，画細不得，兩惟余談，且費易頃，今事恩似無設之腦，以糊者

照玉前情故有所出全玉其它饮吸间似有賭色而所藉挡袍不免然花果之已之一也不論价二也
物雖擇三也况有金田换以不仍同略述粗表並与仲諾談朱印改笔疑二三十元之歲去年以分中心殊恨悶之
去到后四鸦未知公奏験已至所养乃回形案幼琴收指元之存玩归後付廣仟武慶查友来幅兄處夫
岫雲出茶說起其有门徑者至談辛小琴子一說家世但云欣妹已因擬奉尚算云建午述必確矣之耶
早归市糕糖三方將加送姜秋值遇廣語久坐渠而归渠饮洋延
書院雨微雪早加单穿皮袄去又从隆興生書莊勝正辯其過蹊揣欵中午祥伯来付正字語說林自得
四分實已至初六鸦月四調任善其子論說久之去過后廣兄送来保余錫蘇毛詩語少向錫蘇至来揣其存銀
18五月半五个月如其找一百宝收條存名宗既来捡付之後花为未說昨至玉大左百大宝宗妙之廣片乃
為葉事宝姑子婴物之隆毅甫去莫宅送糕去余家饮同六送鱼肉糕粽的色去余储秋去余兄粹夫語不
倫痛陸族大不近情痕御金卡但伉達余不吐實取土韦去辛去蘭玉少言大概乃由海族坐沙山而回指風
涤之懷婦母家回高八挑余未轉懷扶終日庚之事矣所執利不破仍而自為累若悔何能及
六晴薪事日寄似妹但謹語于海積四函之蘭生宅見其祖叔三代玩卞久論王筆絕莲汀諭人在售久論同
蘭生于淑表頂處又久之訪石硯田不值餞溪往入邑氏裁以吳子治宅渡而坐又問所留十宗借又碑之墨宝云
方蘭埋為之六之不值去高菊已受山人大幅一訪其筆墻与言幅大雅洞書凉作第幅飾店剔歸篡
潘夫云拜以大扇归法四兄粹卷張已其而往其月全甲文蒸归不起何乃非向伊一刻可省一利印游之
態署楊到而元丞正遇廣兄一或之借以余託余完紙云更许回早祥伯未付延談

十七晴。冰凍如桴。早起出城，即步出千佛，見慧照已歸，旧約復談，入詳論吉林數月居，見其弋坤，遂責以罔察。
厯見程儆怡，因寄慧照書，責之當動一術，謂有書投洪二，勸阻勿去，乃拔其辨張桂之名，而露洪二再三。
將余初擬歸見，以後改過，遂約其面向人名付洪，實弟陳洪四，過又居入室玩，積前長幅，桂題又系以聯。
六弟繼坤云：伊又言甚談一刻，四庶飯，並回，使見宝生，排其名，待二時許。宝符慶三六弟，廣託其申剖。
俱余二百二十兩，除六百四十，第生三百○，皆為余照也。丁西乃收書，陸朱昏識平餅米，不挑，剔出名子康云。
詩定改抵居高之報，請餽之詢。柏林生性一來，談經，到居，大便，洪二云：去坤許，迎之，光余言必五六七四男人。
共合四米作三石，又一石四斗倘服從。于是過投祖轉而行。桂舫讀經，於是去，即出湖，不果，只葬其假。
厰前都往。　市橋二斤，六百文。　上燈赴桂舫訪鄉饒德，伏一山卷存仲夫等同座，以甜和果去，与忱聯了入坐。
十八晴。稈大病日益危，子裏不得不為料計此事。大舅老伯問慎徊云陪從修倉等三一切情形，書事書之，論大舅，晚去取稈。
忍而寓之至近，不得將千四時說事。静去尋林之白寄臨代，与之情論住，供討合之可，伊決不言法，二不法，饒往寓布。
布作查居議，粗為料，身後可請廣三居住，旁晚歸。稈大病勢危篤，即出訪桂舫，与之借得二三十元，乞之偕
廿付隨告余与林之多聯，庶幾行可除。某語余先君有舊，亦桂借得与之一語，即返，在道廣見知貝山，撐贊返，忽而余。
之，大伊无事可早。　從生五日出近寄之之。稈此可代籌，今承安奇伊戚定祥，載東而價，康余偏梳。
腹痒甚，大便出，即歸。厯札紛乱，令家生陪之。初更出寐，跌下牀，起進之，廣藏之，及与稈，飯，壓之氣。

十九陰早微雪兩昨夜料帳樸具未了一詞慶　王店廣來諺知四錫乏甚坤手便飯此入相陪知照用鋑傑早萍
晚檯く及倉鹽唯年作綜手手穀若　入鼎戌月摆去粹夫く危狀　五卅九一兒5月反容陳說伊允淸嗜煥伯瑯付物
以了身兒的再議云　過竹行与三兩搜諸知文迫精神大疲即出偽歡程　高恒請用漆狀定計不漆柩
內及封以外漆乃用　本庆佳漆為　以一次了張合計　一兒蘇賧乞知文只与仍舊議至本庆訴了　道桐兒反根
系從粹垂危情出一個紙中く　匈く歸已中初過令堂告設一二　粹病蓋病似少蘇然不過挨延時日耳
致手月摆素詢煥伯入陳尚未到　此下誠不知何日作何了算夜會　夜粹病篤弥留氣紡宜出陪
二十陰天將明聞室出呼粹將易簣諸人起已逝矣以昨夜諸人至三鼓方停甚多以三錢泐不寐聞声周急
危篤已無益不意死之速也嗚呼諸人專將其後事料理余一垂淚即手條飭定生言丁夏附士拟去并翻
取倉洋于煥伯渠夫不付可恨開報九家令鋪飭く　条取和係一年　条扎閑厉呕负昨夜遲廣諺乃柩了以卿宜
祥店蔣以廣一萬而待之晚三四過向不至廣傍另圖遂議去甚美錫呼俗于奉董厉　甜吹呼土工抬至丹周く併
齊物伴其衣衫余定奪令寫成衣假存一閒紡袍　四錫平來襄办至夜隨周郭二姨母已探表防柩宗
大来商設種く而余中差論而已獨向桂軒撈洋並隨与文去居柩呼呂附益蒞王店罪黏北入器少泰危任一四
寸脫卸議仍再三計陸定　逮寔頗久之什洋六元去归余北入廣去左今取帐執帽綢布等入倍格看稱漆買半
疋布遂伸省附文相木落葬局咬归已上燈呼尼四言信堂陸访与哭痛和和悲哉丞歸聖為世事虞恵不了已

矣然其神經不能不經厚也樸懷半夜一元宵歸
廿一　陰黎明起偕八先至衛士三哉以四輪車一工人周六阿四者昇空空而啟周六池而擲重一陳七文一薛福上工元王
至小路十大路直到者文及達衙回賜王雲廣石葉三四兩姪女弟女鳴塾姪陳姨母五女　弟者保成孫于廣三桂周酒陪
軒侍讀華子郎後儀爲回神　送禮者奉仍其用飯菜素八桌夜四葷二八九桌賞錢二千五百道場衛士役
樂司賜洋元四　泰工一元漆四斤半布庾銀禮力二五　定業一担成衣工帽四　尼姑僧伊工　同直雜辦帳七元五角燈点蠟加
碑背等賃四　房生共綢布藕帽等賃四　工人工元四　厨工二埔加上日陪夜從月周六併盡始至晚刻令成服言無
一子以侍奉兩之歲條與七姪祖一房玉女與宋氏爲幸中而以摇那便清也成將莫任加平此申未日畢子孫翁贈
七七與云本來爲大殮須次日并告靜殘盡夜禱飲與家人談辨平生　三更時而不寐推用絹爲靜夫宮
儀像半身女桂士郎在刻像　推題云
亦吾同母弟也少歧嶷山狀貌近似矯而失于學去蹤地務不屑于富貴負賦其降志
亨聊較蠻志兼無少異于吾也生平雅與吾弟之不遠而弟竟嗣吾祖後今年吾
從而後吾之人而沒也悲夫
廿二　雨　早與家人談瑣夫父爲工未遇以之化易之次女嫁朱維仁也請于陰指衣帽去午後去先一
日桐少宜至丈宗鰈已至勸並鰈係袱四該達二着乃易衣陪談至數回帖送與與丈渲者三段

凌人陪出至方那岡性村店見陸渭卿諭謫人札瑣煩匝匝北門園問訊安計本一枝筆廉逕怪獲叉
逕店仰瑤先生嚴先還用以子代任追以不服大支之敗老達時應不無安有些才於訪人遠上不歸不礙
氣之敗者病躬乃後之悔于帖傍出之并加前日謹談陸梓發狀加達後及亦和局見十款
拙人與雲臣談四日之得
夜足兩痛難忍之如針刺時久不歇法以呵見濟流不止以來
仍之未已又發例縫撮之痛楚難堪
廿三日雨匿織功靜收拾書以餘得讀花壽世為陸康卿壽序並張手直種根說壽令母壽盈
能文者未來待雜書不至又乘晴去圖書集高八娘來白五市橋年華過人剃頭改作任字完壽言二千
餘字
夜用心集書以筆飯送灶神於柏葉又壽書粘送
廿四日市桶橋面付工資洋裁縫手工攤作祥像神主午后出之余失詩讀人說及余又不快仍執作余請張石知伊修并不同
余乃撥成余書款而得壽余書與後八非刁印鄙然莫其性日間出者不少且出伊十數十之帙不知時來作何奇用要
余口羨然祝以年法定而伊有至意然不自作僕出為云年壽為需四百元間錯而怕書寫完于吾處察辨用余來無窮
余又不精治而帽樑之無以笑至死不屬久之然後滿懷因佛有出之路告其情形似有尤者留至家請其後以
廣生請同出到店忽有當硯江與陳劍兄無端擊攖將烟袋笑然打碎嘵嘵維之以養不惟其余一翻之印
呼其金至其父不來痺伍後來謾罵無禮余悟久其為貪狼狂犬一道而噬不易之接罵亦付鄙呼保正楊為究
眼不得不為理出問其弗全揚與未拾物陪罪余亦不甚究然開店並為長久計不得不與理論之不已而於

二鼓已上燈　夜看小池公說地球錄數頁，重理一遍，大費氣力，精神又困
早接許道沁一函，求借
又代買洋一匹，洋二元說
王問石程洛請我去
來程四元，付棄去四元收
還伊二元錢沁
廿二　陰雨作，付徽曉於閬田帳幄，留之請去。九千餘封閣，余中簡性以資誦樣
廿三　早至寺門見君壹馬印西來，皆鹽而文數萬，豈僅千至中來三元，余屈該代謀租
付去四元大約去拜也。到店與印翠、傳芸樓收九元去。隨說乃付店伙來六元，店帳累
叩三東劉全後錢第隨之，恆祥付康洋，坑買易之行環說，遂和伯翔已去，林士只元，悅而舍
正寫卅數說來遠，息因有札之新雨畔，早花五東乞借以租，報余以不可。詞遂託劉子惺到至豈與祖留，商令印復
留江生店，陪其前日說，球子與子英諄傳之，商談所管財數，必須理論樓，又云昨夜其父已過店，陪渠留兄心怯以出
子為福金壹君，西乃至請，芸撥不肯，此種人但知要求餘利，有事即離，殊怕可惡。夕與之共事，即拴去店帳十數家
回途已將燈矣，又至壹山處，夜呼柏桂兄至回春與之說，伊要廣生帳，當付伊一味壹言，伊笑而不答，樓積無恥
一日請不老余去一二言，與雜以為欠少也，其不情執甚，先時以其多死哭至上之無據，故今反為累，而見夕
廣以令作善，極令難，誠悔何及　廿五　夜看地球新錄
廿六　陰，晚小雨。甚烟竟日。陳廣兄送炭一擔，以有往手疑而卻乎　當陸存甫晚，頗許仁父去看靜樓
廿七　陰雨連綿。義喜至至公，取鹽撇一石，聞伊上海質存唐詩，莘家竟日未去，寫生不能去，留以裁紙送陳
青春陽靜，往帝中到，丙子色書氣而無見甚目文，來詢薛欽淵，傻去
廿八　陰雨。雨不已，上夜二鼓出。以鄭耀竹督撥庵，德經世起，以不刻切錢。事到店，乃無蘇計樓寫用信。又至和伯翔
未有乃送注利後，業收知曉雲樣，是孫中送樺華元，皆和並送樺子。因去店與印翠子雲說，黃及韋達大伊之
不平必請伊頗因收及信久語，林之白至閩說脈龍之錢十七元，退閩來送說，餘村皆欣然矣。

節達派源因借洪二歸西訪舒稻那租料理送年神
先陰雨未已大啟列會 知諸鄉畢集 應藻不睬燮伯才料睹其情及衙夫請云 言不實 蕭壽來良 即為傳會
余阻未允招呼說之。阮不請應至其房傍栗 去處余傷情且今日乃余阻步不合一也 料去年余有據 情
本年月忻原至六月付五十二千 完我西所該祇廣生得書元保。望不付 彼之擬債二也 可教多賬不實 余書允不
數接与欠多 余三也 燮伯向不設及本年作至去月十四千且加岩用招因四也 該友戲空不近及引爲其年本子加
以房開支性 為怪未況 訖地步如也 余急又不應手 不付一文 伊亦岩多多之 奏也 伊將旋遣人出送去戔什
本年月出行不知者不知凡幾 余所合壟必欲從本年 厲之也 種種許安理 為督 指將未決 難解攏情情
而且即去北入房十七之 和保報帳付保修完 付孟君遍帳云 張同其說照云 將多我不計 星之屬材我
細
況雨下 其派源善 歸于洪善錢毛四 付阮兄饒大伴夫 應計料收日為
陸步雨止 只識子驗挂衍條 附一元借備 開拔市內物事与健去平陶渡。付阮收掉与上日本即寸錢多矣
補色
市魚 計千 洪岩蔬菜一角 奉贈其一元。 本房四料一匹恒祿 張本之淨洞 地為免賤之 陳傳錢邸以佳安
未得典物內手 付借夏衣並綿絲二三元 其日又言 將 汝居借存十廿計元 以挂據不允 只言請再不去
辨緣從去語之 余謂君引其等 扯之去 不為支度 錢之与 子重足來作料 分帳与知其 買其來 果許

詩帖中三元内有蘇黻之謔，乃全非本人知也。錄其黻之，桐君寄與候風等語也，不知果確否？
以諸君通迫，夫子寓書歸，恐仍是詩遣感之。夫子云，今者所有九十餘元，且伊熟讀而見留集者尚五錢
之事信去已，錄成只存印千另前，請大夏其寄心積慮，不言已先擬此千知肯之時合者
自罷揚帝以來，允與諸同人侍未定，再多再思，今歲蒙小叢勝加以此書與諸是者何合
惟本去之，又思海上風狂，此一年中用度已多，必煩君籌對，短正其佳
謝成之，綠比去大叔帖甫、安翁、王之香、耕煙、虞山、南田及之畫歌廿年
石研田又以文待證，大帖字請撰詩之。

盛京卿宣懷自強大計舉要臚陳摺　附片二件　光緒廿二年十月轉摘報

奏為自強大計當舉其要，謹就管見臚陳梗概，恭摺仰祈
聖鑒事。竊自海防事起，中外上下競言自強，讜論嘉謨日有敷納，十年經日報之要，莫若臣愚王，遂慨然于海防利鈍之故，以考取歐洲之新法，變易成憲之舊習，於是深維至計，舉其大者盡述者，於是創辦南北鐵路之役。竊臣以為鐵路者，所以連貫血脈，調劑通利源，為自強一端，此幹路既成，即可收利而俟其強也。泰西諸邦，用能舉國之才智，以興農商工藝之利，藉舉國之商業力，以養水陸之兵，保農工之業，蓋國與兵不係於有精兵，然後可以應徵調，則宜練兵；無兵無以飭習練，必興商務，然後可以擴利源，則宜理財；兵與財不得其人，雖日言練，日言理，而仍無可用之兵，可恃之財，則宜育才。臣謹畧陳愚慮，酌罕機大臣諮議，旨傳詢，俾盡所管窺測之微，仰見聖人無睢華觀遠之量，山陬不揣冒昧，謹以三事為我
皇上條析陳之。

一曰練兵之要。中國三代，寓兵于農，唐宋以降，專用召募，兵民久分，各國皆然。近年東西諸國，兵制皆由募兵而變為徵兵，世變所趨，中國豈能獨不然哉。顧今日既靡餉于綠營，以養無用之綠兵，□□徵復靡餉于勇營，以養可用之練勇，驟增至二三十年，所謂可用之勇，一旦臨敵，亦僅與綠營兵等。方勇之練，各路營勇，召募成軍，臣所目覩，已不能指揮施放者，蓋募兵一事，無賴之徒，兼收並蓄，未遑所考其爽一少壯，懦弱者汰去，無所稽其籍貫，一聞警報，募數驍市人，不考頂業

其弊三，曰遣散多為盜賊，遂為民害。其弊四，近者議裁綠營而減兵不能汰官，議選洋操而
餉章不能多練，淮勇餉與兵餉不同，新勇與舊勇餉復不同，原有者不免相形，新募者自甘廢弛，軍制
會經餉力合籌，現除京營外，各省實存綠兵練勇八十餘萬人，更新不而陸續無從，財力制力萬不甚一
此弊，宜將軍督將天下各分為十鎮，海陸邊陲內腹地衝地為輕重，隨撲要之地多設，齊膂伏柔脆
之，選少選參酌西法，簡練新兵三十萬人，歸各鎮形勢輕重差等兵數多寡，撥選戶籍分撥各標
滿花年在二十以上二十五以下，體質身強合格者，錄為常備兵，入營七月練，期以三年，退為預備兵之一期
三年，退為後備兵之一期，三年退為民兵，期以五年，除其兵籍。自預備兵以下，平時在家服農工事，以
次徵集，預備兵每年一次召集在營，與常備兵合操；後備兵每年一次召集，於本地方練之，演習槍炮
里遠近給以路費。民兵不集操，在籍者皆免本戶徭役。每歲十月由各鎮撫派監兵官分赴各府，會同州縣驗
選合格者註於籍，隨時徵充常備。壯者入營而老者退籍，老者退又復入營，歷三年而一兵之餉得二兵之用，歷
六年而一兵之餉得三兵之用，九年以後，歲額三十萬人之餉，當得一百二十萬人之用。兵皆土著，附隣不綠，其利一；退
伍退室家為佛，其利二；事征召人皆練習，其利三；一事畢而農不必為匪，其利四。各鎮營制餉
章統歸一律，其營中槍炮器械統仿一式，舉綠營勇營并而一之，以其歲餉之數，酌所兩練常備兵
三十萬人，重訂餉章，祗期核實，不必過優，歲約不過二千萬兩，其餘以練洋操習兼收預備後備兵
調操路費，及酌留綠營之餉，計每歲不過一。此事為強弱關鍵，雖加籌款項亦正所宜為急（？）

飭練兵尤難，浮濫但務其虛聲，行之宜漸。或每鎮先練三分之一，論試設有精練練以立法，為此裁革
綠兵營勇所以無之，至綠營向有城守防汛之責，誰能總其善或數百數千人乎，則不若每國營察
以捕之虞，而責成整飭之，自無偏廢之虞。應請特簡知兵重臣會同兵部、戶部查明兵數餉數
汰撤，取其法機法日美，而練兵之法，操練整齊，奏准施行，永為定制。
一曰理財之要。理財只二義，開源節流而已。今之度，製造開礦，此開源也。修布無一般成本之重不足識
洋債五金各礦，收效之速，不足濟急需。今之辦局者，裁冗費以節流也。減俸者百一，無俾國計之大，以節裁
者錙銖何當中飽之銀。言常用則歲出與入不相敵，言通商則貨出輸入不相敵，言洋債則竭內外之力而足
無以相抵。顧根足國先無病民，雖收商利，在據外溢加稅之議，爭來就緒，聞西人已屢屢為詞，蓋窺我國之論
必不能收償金也。應擬法策，若以貨兌天下，中國進口貨加關稅，為值百抽十，令彼無可藉口，抵金既免
即仿行西國印稅之法，籌理得宜，計加收之關稅、新收之印稅，合之為億千兆金，而免釐則出口土貨易於流通
加稅則進口洋貨或稅捐減，取益防損，利益無形，所謂足國而不病民，且隱以挽外溢之利者此也。西人所舉
國之財為通商惠工之本，綜其樞紐皆在銀行。中國亟宜仿辦，毋任洋人銀行專我大利。中國銀行既
立，使大信昭於商民，泉府因通而不窮，仿借國債可代洋債，不受重息之挾制，不虞鑄行之艱掣
起稅與以足國者此其一也。至若西方各國以九成之銀鑄錢，運行中國，易我十成之銀，歲耗以萬億計，近
惟中外臣工多議自鑄銀元，廣東、湖北、北洋、南洋先後鑄造，取權重甚薄，畢銀 臣愚以為
國家

國家自古及今皆自為制度隨人出趨五國所無況不能廣鑄為元九庫出入仍需元寶必致每銀易錢查
光緒十二年十月海軍衙門奏請將廣東南北洋經費及東三省餉項均撥二兩平核發是銀需改用京平已
有成案今宜查照前特設銀元總局以廣東湖北天津上海為分局開鑄銀幣每元重京平九成銀一兩再
鑄金錢及小銀錢使子母相權而行民出納俱用官鑄銀幣無有關收納地丁錢糧鹽課關稅釐金俱
收官鑄銀幣元寶小錠概不准用惟收數仍照庫平銀十成計算庫平較京平每百兩加平六兩十成銀較
九成銀每百兩應加色十兩準以庫平足色銀一兩宜以每百兩加色九兩如應交庫平足一百兩者實收銀幣
一百十五元無輕重高下之別無成平加色之弊易簡理得歸總難欺每年應支八千餘萬兩均可照行平色
限一千二百萬兩彼向來免有攙解平餘多收若干萬所設撥以益以足國者又其此也此外商務銀行另議設施
有序應請　特簡通達中外商務之大臣專司商政會同戶部所洽鄰國實見施行以期振起商學鼓舞
工藝利源無外溢藏富于商民君撫無不足國何患不强

一曰育才之要西國人才之盛皆出于學堂然考其所為學堂之等入學之年程課之序與夫農工商兵各
成專學津津焉曲盡之猶周禮鄉官之書古者比年入學之傳管墨諸子之說殆符合焉人無不學無事不學不外本三代
學校之制特中國去古既遠寰區文具而泰西學堂闡合道藝之致寓德蓋以見古聖人之道大用大效
小用小效文執體殊而莫能外也近日刑部侍郎李端棻請推廣學校一摺洞見本原嘗蒙採擇施行
矣惟各省縣難遍設宜擇省會先行設有學堂一所或以天算輿地格致製造汽機礦冶

諸學，而以法律、政治、商務為要。先設武備學堂一所，專以築壘、測地、槍炮、製造、陣法、教習、隊伍分
合、馬隊、操御諸學，而以兵律、戒械、育勇、知方為要。在下之趨向，全視在上之用舍。國家設廣方言館、出
洋學生，廩費不少，而得人不多；文科之八股試帖，武科之弓刀石，不待督責而莫不致力，其明證也。
今不能遽改科舉之制，似宜專設一科，裁天下之廣額為新學之進階，必實功令，使文武學堂卒業者
皆畀出身之正途，達其仕進士科第，學校如林，人才自不可勝用。庶請精通知時務、學行俱懋之大臣者
司學政，會同神兵部，揀選學額，一新海內之觀聽，具志之士不自奮于有用之學者，未之有也。
以上三端，要皆歐美致富致強之術，實不外聖經足食足兵之謨，舉而措之，要在知人用
人，而慮拘牽舊制，難以變通，文武慨然於物窮則變，意在振興，而尤慮天下精神
心志不齊，難以統籌全局。此年復一年，外人眈眈視我，一無足恃，肆彼要求，得步進
步，無兵則不能保守，而權無餉則不能擴充，羈兵力二者互為掣肘，甚至洋債不能
自償，邊土不能自保，至其時將悔七年之病不蓄三年之艾，殆已晚矣。臣惟國恥不可
忘，邦交不可恃，伏願　皇上鑒覆轍之在前，審宇宙之大勢，發憤自強，毅然
宸斷，勿執舊術而畏難，勿回惑于疑議。王大臣等皆公忠體國，以新籌勝同贊
聖謨，國富兵強，遠人自服，此微臣區區延頸企踵以俟之者也。臣發兒一服及謹罷

冒瀆陳，伏乞 皇上聖鑒訓示。謹 奏。

再，銀行昉于泰西，其大旨在流通一國之貨財，以應上下之求給，立法既善於中國之票號、錢莊，而國家任保護，權利無旁撓，故能維持不敝。各國通商以來，華人不知務此，英、法、德、俄、日本之銀行乃推行來華，近年中外士大夫灼見本末，亦多建開設銀行之議。商務樞機所繫，現又舉辦鐵路，造端宏大，非急設中國銀行，無以通華商之氣脈，杜洋行之挾持。議者謂國家銀行當全發帑本，管界大官通行鈔票，由部造發，如英法國財賦皆出入于銀行，是戶部之外府也。然中國風氣不同，部鈔殷鑒不遠，執官府之制度運貿易之經綸，恐窒礙滋多，流弊斯集。或謂參重西人，取資洋款，數千萬金咄嗟立辦，其詞甚甘，其權在彼，利害之數未易計度。臣惟銀行者，商家之事，商不信則力不合，力不合則事不成，欲慎始而圖終，必積小以成大，擬請 簡派大臣，遴選各省公正殷實之紳商，舉爲總董，召集商股本銀五百萬兩，先在京都、上海設立中國銀行，其餘省會

只參以泰西商例，悉由商董自行經理。臣前在上海與商設粵閩
浙滬江漢各海關官銀號之紳商，詳加遴選，嚴信厚議及銀行之事，嚴信厚
頗會大局情形，以其獨開之銀號，慣僻一家之銀行，使其宏深局寬展，並無匯
兌銀行規制，以精密用機器印造銀票，與現銀相輔而行，按存銀之數為印票
之數，隨時兌易。求者賃同向銀行借貸，應照西例輔由總行掌收，戶部批准以為
欵。擬選方議，仿行合國。歐洲國債數千百萬，皆由銀行代籌，發印借券，應收年
息，歸行收付，大信不渝，集事自易。國家京外撥解之款，可交匯以省解費，公用備用
之款，可發存以取子息。官造銀元，尤必能通行者，可由銀行兌換，上下官
民咸收。年息之銀，銀行用人辦事，悉以匯豐章程為準，則合天下之商力以辦天
下之銀行，但使一分銀行多獲一分之利，即從本行收回一分之權。並遵西例，使官
銀利弊，提指仍照頒定章程，遵守商民，況交國家，使國家即陸收其益
續將來，官商各字內外以法，亦實通大利，再行詳奏，詳國家銀行與商行並

行西牒歷舉早見措施以免爲之懊補謹附片陳請伏乞聖鑒訓示謹奏

再使節不得专對稱職自非學人莫任即遣出者環球通商皇華載道泰西各國來華使臣類能言之於民先舉厥職維恐辱國勢若其才行爲之本原日本維新未久觀其來者亦往往挾武中土中國遣使交鄰時逾廿載因文之始培植不爲之預隨使之員閱歷不爲不廣然猶不免爲人才之嘆者緣欲出之就爲義理之學未植其本中外政法之故未通其大雖嫻熟其語言文字僅同於小道可觀而不足以致遠也臣上年奏準津海關道任內籌款設立學堂招選生徒延訪華洋教習分教天算輿地格致製造汽機化礦諸學稟直隸督臣王文韶奏明開辦在案本年又在上海捐購基地稟明兩江督臣劉坤一籌款建設南洋公學如津學之制而損益之俟籌的款續再當陳奏惟顧成課收效諸在十年之後且諸生選自內地童未受一命之秩既不能離科舉之學業已成亦難驟膺顯擢第以需任相需方殷循資不濟急日本明治初元廣島馬

閱戰屢失利，請嗣後擇選華士之志趣樸厚、其資稟秀者，分國學習，請人來
中國教授。請略取其意，在京師及大省兩處又設一速成館，取成材之士，專學英
法語言文字書課、法律政治、通商之學，期以三年均畢，門徑日通，大略諳
命出使大臣兼調隨員之素，取于兩館，俾多洋律，就學於名師，就師為大學
歷練三年，俟回國之後，由兩館著一年一兩分而各口關道使署參贊，皆不得與
資望。現著即出使大臣館署大臣之選，出入館之法，兩館各以三四十名為額。京官取
翰林編檢、六部司員，外官取候補、候選知府以上、道府以下。令京官四品以上、外官
三品以上各舉所知，出具切實考語保送。　特簡專使學政大臣考取，分發京師、大省
兩館。其常年經費，延請洋教習及館舍、膏獎、書籍、公用各項，每年兩館約
需銀十萬兩，請由臣等在所籌指撥，又崇電報局內指集解，以俾招訪。其設館
之地，京師由專司學政大臣預定，上海附于南洋公學，詳細章程，俟奉　俞允後由專
司學政大臣核定。　東治迅速擬。臣受陳奮：孔門以德行為首科，西學以行用為

於本地先定周乃為梓乡之材亦足為士子寄重之寄保送之人必得志操堅卓
器識深穩為指陳自審度兼自率私故應舉行已足恥乎使四方告以內外
諸臣咸共知而上至特為頒下通遠者並謹附呈具陳伏乞聖鑒訓示謹稟

論學校

新會梁啟超卓如

西人每歲創新法製新器者以千萬計著新書治新
理者以萬計而中國無一焉西人每百人中識字者自八十人至
九十七八人而中國不逮三十人非因國也非因方也官因而也
吾聞四(?)故可以熱絕以上嗚呼非天之降才爾殊哉敦豈然
聞西人之言矣農也工也人學者彼士者才男智慧無一事不
非彼學居學數歲農然識其業者讀之而非人之度

並非趨冥不遠也而所謂是者何也畢屆頭白書秋第
情性皆然彝同其象趨于盡人生百年之於仰學而無紛
嶽重鄉塾掉頭不肯究其粗陋野悍迂謬猥賤而不可耐
遠退而儳焉更慨然思其甚於鄉人之親身爲鄉人也設
身居鄉而他邦恐不道也有觀其塾掉頭不學究其粗陋
野悍迂謬猥賤常無以異於鄉者之所見退而瞠然若茫
然皇然曰中國四萬萬人率之學之析之深究之志氣其陷
溺於粗陋野悍迂謬猥賤之人亦可勝道也乎
而猶見焉者蓋億萬中不得一二也既笑試曰省之國之

云天下異聖哲陸設釋奸深魏群宴且以亡其國性愛

胥天下以亡國孫家存道德忠齊天下賢以亡天下怪學究且以亡

天下殘於天下周學究然

光緒二十三年九月接寫

聖進之路
甚盛要求一大書 蔡華 陞陽特科 以識時才 並俾乃望仕
而海表彰陽

見佳集 范驤 字文白 海寧人 有畫日雲集
文編 柯聳 字素培 浙嘉善人 順治壬辰進士 官户科給事中 有竹香園詩集
王峻 字次山 江蘇常熟人 雍正甲辰進士 官至御史 有艮齋文集

十四日　昨夜小雨，是日陰，午後霽。麥平仲偕之陳送殘見數十數，友教周旋，留佐之。去，在畀留肉之，去談，至
午去詢士毅，長談。傍晚友塲，爭時許去。晚侄兄留刀氏田石，付幟贊伝，印付刃庭僧，庭琳之，偕友莫伍飲，留
盡福過歷，詭屬碑，讀為留仁寄。或如堂李畀石紙三，並琦条，在貿市倉燦。歸，庚佩披風，去風伝。
十五日　雨，至石欽，定生四書作一殘冊，水墨用筆，書堂手跋據，題簽三，龍源，侄知陸陳氏定庵琇書，田氏之之
徐帝芳，承語于陳伊，隨來謁，道相雅，王伊乃雅兄，往也。近來晚有許。至雨，由庵局，伊為吾讀，陳指，探同，猶刊者
云之，余達客事，別去，偕往，若中刻，是雨其至北，到店，付多跋，益之，定將舊照，叱消書，并借今知新貨價，定係以收寫，抗之閱
各舒，設中，歸，又入陳小甜，田房作，挽將詩之。
十六日　雨，晝，達宵霖徹不歇。閱坐，作吳氏四花卉小条：一牡丹、紫藤，一石榴、萱花，一桂、鳳仙、海棠，一水仙、天竺
竹葉。泣者初完一過，陳晚談。　叢　張昇曾，野兄淨收，商
十七日　陰，微有晴意。謝微以金蕊，因聲健出到店，取健職布，手各見，有許之，廖玖，教書，放盛和市，收又借，其其
細為收拾，寫卸之市，情治，任出，中袋步閱。出，至桐庵，樹人出，言其狀，印書，見子研詢，女已北，乃若，林吳并見，紹清
君笑，楊兩人說榜，矛雖不甚牢，騷然，林宗兩廣，皆慶中文。去，至兄桂意，兩人語，舊伊等，秫侄至，乃辭出，各從
過佛手，出，有新宅，閱其子，云已出，全缺，言過，宜宿，宅知，回懵，明日四　蓋迎其肉，懇歸，產地，宜又唪歟，言其過，如眉
王葭村，兩小書，呂子庭，去其屢，是留談，資緒于前，情，又紹，曾發議價，見榜招，解，兄為　鄭承禧，西安人，　力生歸，見果所
均一函。

静借刘板玫汇编及读之,收有实用询实录也。
十八 晴。静与陈氏携赖眼二朱画之,未见佳,常陈而来未启,蓦地门首一闹,又看板玫汇编数本,经揉悟
蔷健云,邑厅有戏,因出至厅,演朱砂志,见狮吴榭吉等。久之,归,拥炉踞店,拟留字刊,宫怪悦鼎拂风
去,风浦乃全店,付全账。市蟹,买借画于驿。市芋头之数银,抵宗剩钱之。仍看板玫书,夜上楼,独坐帐痛
甚剧,因睡,起惕憩怪,夏二三碟仍其。 四鼓自如仁巷回,向郁宅棉花上,殊结,遂适桂轩。
十九 早阴,夜雨。早,吉卿与肇人过我,长谈伊之出资,虑决于我,我以为有典地可得二三百金,故不应业,伊仍
与肇结去,抗用功之计,静亦为不然。留饭,午饭为便。之其书之扇,灯其山水,像面下款吉之庆。肇人作扇字,属
为录绝句,程之望书数字,识为士风乌子云,未告其说可云云。 朱和又来,荐吉之吉画陈,为之改,经工字广见
之也。 福庭付过之,元伊说作记余以直,我一岁加了,并与诸友之四玫。 益三作偈,作读使之扇梅上。
吉卿偕俱午甲陈又林少年夭亡,可惜之。 夜到热口,嫦陈有病象。
二十 阴雨,夜雪。早,吉卿不安,出烟杂来,子中来,为主其可。吉不安,欲似为稽谁知。乃郁回,甚苦留,像午来陪
卖画,为向陈氏庆来,伊郑华东书来,郑与之属稿之。静胜西拓吉,以入陈书,读颜、倪、佛功围四字下
贴。另陈霭卿拓小山居、留耕等十余纸,一夜眼昏,识颜及我题可,名僧心传、炯丸奇事。 句首渊
等返,美可闻至,赠及吴伯滔之画,又叶古香设色留居,余亦夜读久之,一月入陈见田,六楼以为等
阴入玉雅之 郄之拜

夜少眠 瘡極劇忍痛

廿一雨 竟陳氏領吊 黎明具衣衾為之陪 葬十數 早數午飯後斷去甚久而覺乃值一筝 徒太若 店友以當

獨被派諷國扶王碎布于二三年余 因之 甚為想之徒 等有貴如此其比人居為余等嫁婦 今不知恩尚嘗知新乃於

將信之屢與財物之而不特議決于是此書之未心乃用索三席一衣卷之下錢幸各之四屆低尋一夜入席周身不

適病來陳田維釋去 以口食山藥比一覺少安

廿二雨 極頓益山來度為往來集 以倚不增 又店友一述我種之 梅仲夫之木后朵後以宜枝之其店補鳳庭嬰 今年不生 寧遂同

中刻剩該書家中待借各物多有未愜乃為嘆息 相害蒲露尚與夫呼爹吳 合共吳三人往悟心緒勞勞

周身不安捉瘡已甚重而家人俱為瘡困夜將睡 牢夜無端一左足膝作痛 次晨則難以動

夜仍觀極醉書

廿三陰雨相雜腳痛尚不能任坡 疼內限為銀 幼野未奈詢桃棉花到店 朱存了之係 以露卯時之與未當一頃不

清早 庚臣歸而止 去到店先至雲書批改高初所為余決意西勸休之乃松久使之前去昔艾晚 日之闌偶該應說

露扶名夫太壞宏心仍如我等大可扛托 未菊後慎且與家人宜自隨之 即身二以海華戒不往法而去事因從其

舟二乃雅漲之 就太而已晚 閱報 市貢山芋等歸 同四弟病然重可慮 寄書賀中元

廿四晴 作春聯 拾得一小石乃米顛袖中物也 裝扇 使人持錫來共飯去 即國華亦為十四弟病已沉重方及

停為道如眾壽計 撰君佳錫 證稱學家人 士在道一一 余先去于東門口見王笪去話 而弟棉花伊人全回到

行詢店極道之 花行已到 進順道至乃的材 攜選擇 說種之四店 持由桐雲病并說情形 請余飲 散席

允出店，切主莊到四牌，告馬同道已至店，屬至余家，蓋先子所借靜往小東門者，又可設法同來，余亟返之，業板請

此板余家所應已有，實人説廿八會其見到，不當果否也。夜小英震來共飯，話久去。

廿五，雨，莫之竟日，馬國衣來，為服歸做皮袍，陶千年與靜工千去。桐君家，蓋其夫人除靈，叔請也。余于午後切片，往

入謁，後乃陪偉、穀、高等久之，出錢札，成爲改時錶，求修佛書、西畫等付收。到店，王穀傳將批定，請華丞少坐，去見

于雲，久之，入悟，海長談。陸曲初來談，可疑四剪，假鏞（弘）、布、襖、細綢、絨共務，第微少覓之，不見店人，云方不費可疑。

之甚，困，晚餘刻之桐宅，羨大陸已在飲席，久之，入座，飲畢，桐請之其房談，吸一筒，分靜持炬歸，丙子乃健往業

旋後飲後衛　欠同岩紙　弼李文

廿六，雨，竟日外返連，店不絶，夏僞新穀，强留不釋，竟亦不出，午後在廠理書，見小知録等，閲至夜，夜閲之異

録及夜尚秋燈録，益素所欲日模糊，燈日甚，竟不思動筆作事。涪然無力，印我書，亦如逝眼不去也

亦非於長年借或錢延，亦無廢物有何作樂，故為烟累。總之，乃或可貞性以為神仙，不然，循背無質

惟如茲我之不堅，業亦不靈，致廢不移，全去艱從耗，凡若糊，糊乃可不偏，往日爲若事，要計國技堅殊伏誠

為實雜釋如茶米之消，刷淨時刻不畏逾，而從事之。

廿七，早雨，已見日，旨晴，然又可日一東等，出到店，掛請天錫卿，天卿諸不值，見留江子雲于松風，接王翁僱

茶云，桃蒸我責不付，致不能久存，所以緣不且，情且辭，氣來，謂方爲將來與余切，及四牌往，照樣付僱，付之

比余北知已，押少，無所佩，計少五十斤，除去力付僱兩千坤，尤嘆之，不能素思以設法，奔熱，又出城于同平

辦眼米五斗，又購計二元，步回，店一新村廣東人作兰歸，地滑難行，強若鹿三足跛者，偏門逕學罷閱
門考學沽但起視，又閲指甫外作大鄉書，謄錄至西，牆一柱，作一小横幅，極有意致，用筆之闊，運墨涩
起
○廿六，晴。昌書並晒藏園月，府重反側難安，甚甚不能終日。幼園來，言四妹病已將不起，促速視來向歸
作俄羽翼作，邵居至，陳特徵二仁申刻出訪桂軒並與仲夫語，夏宜威至，余出東苑市新栗十餘文
即歸。　偕依母至葉，早喫憩歸出
○廿七，晴。早起，偕歸至幼園，葉四妹已絶一息，乃決意往看，偕諸姪力疾竭葉在店，適同琴生四楞來，請為花
事，乃市祭禮。　往宜查看，偶遇與大宗芹庭，黑信遂北於小環橋，威宜亭小憩，與鄉農論禾稻，極老宅。已午
矣，唐祖生揭老三均在，按云出弥留，乃呼告余至中田，鄉隊進三四里，并云此已居長無我，作主主持，久之不能
成語，而其哭偽也。語年已老，語多疑心，似有不懂，以幼園設假係毛孔出語柳為強，係設主稱呼，為舍等忧然遂
特多吃。幼園來言，此又大語稱有稱長，莫能于禮，于合俗，係人續起出胜，必為繼此宗房，況余兄今年二，稱稱此
例也。係黑二，二痊，廣特母及罪類請費，但理與事，伊等皆寡，時刻余觀色，难佛而心情氣雖意而見平，我不
挨近其身，不必要，即自一切稱籌，樹燃已至。借向指華各去東完，看近玩沂，與王木林狀，楊三論竪，得橋池上
屋地作祠堂，余計三面有水，起屋三間，一人處，布置花木于東，有才讀書，養性之其中，即我有兵了此中，亦避難家，我
古袁見頗趣，石至其今時，人家之歸宿，而計五年以不合，有法作佛了，宗銷火衣，兩弟開費，作出倒大有益于教世
支東係人，昌出擬，去以從余，志乎如之，程二為至申，以按銘旌，相聲，鳴熱，坐至宜，橋別，到店，又詢，可以免之，見

石門鎮　同友王頌甫　託換華昌帖子並市易物歸　夜付二角送陳又村表叔又村衙

〇二十日陰晴　早爲雲林書額題　稷堂來出名　帶利菊卿借石硯四手訪雲舫爲尊人續談　又二角送陳吉卿去封函

校甜周稼閱午登去　旁著出店問紅扇地址予仍寫云銀二元陸　子雲挂入元茂錢洋行　余惟阿好

于葉門見子研扯入去之蘇號問子向有押錢筐還帆費否　余因有方去不定理而擋揮之出　夜持盤一碟　市賠鋪二　付公棧

〇十月之朔晴午後細雨不濕地　查床閱周小玉云舟已僱定少商閱慶來報　四錢糧昨夜逝去　暑日舟補　照起辦理家人送族及

往御爲乃宜計誘舟放九不遽向子由萬宅下舟周小投借衣孫雜住子府縣知單　余擊健去於打鐵巷邀子研合入葉假舟並

乞言子研住若行錢限下爲稱之店知一切所烟市色子年首　四舟內子已登舟去押待並開一路竟橋　蚕塢社會過此紅黃竹樹

蕭條赏九顏成秋光小畫舟則胭烟深閣　棘刺藤精礙於舟膀　拉著富橋黃宅後河　上岸謁並健內子等玉渴哭

果爲書表筹開外服狀　冬乃飯子研健乃余　周小飯後即見　留內子暮押　余三人下舟開南北港大窑橋又繞　所見分寸

亂草荊棘樸滿行路殊艱計行里餘步住宗板橋南港　焚由大塘則於郭信去上岸訪蔣表林以上故石面　致意其家

訪蔣廣堂見焉說雅頗行狀詢錢號君所長　于草閣地霽雨　余偏今出家　資以而舉　余云　并見萬八人客　母子行程塘家曾書

而下舟行至王橋爲馬閤過伊歸等收擁不來來淋實告子研於田中見向桂四余責以魏之不　廣之子見稀學而要

果深不知其何肺心伊雖懇勝俟不肯出　乃寧甚見了　利吳走遇轉之子研又再三　甚至吾教君述　粗辟田一畝

錫到舍　初三余許　取爲宜姜阻姻　令分其兄　乃玉堂來城下舟已將暮過郭店已上燈　沽酒一斤　粗黃豆半斗下飲

佳，否則甚可以招牌已和更，詳付局中車線全升再也耳，作相契，沈頤子所以作也。特店有王恭近用八分書一市招，還李伯益說

初二 留已地址與陸宏笑老曹嘯卿先生索題，題之，出留已二續不及一路，陸頗不喜，玉兒孝乃治何行心怦怦，虞頗，玉家復館

初三 掌晴，今靜思至吉宅，在輝出來告，作一紈扇用墨，并生少許亦意來刻之錢菊如所玩，然王樹如大帽

用筆，并錢陸六同備紙千元人，甚者極壁一紙，仿大峰極平平，而共用筆尚可易，未也，玄沙信孫谷園著，國我名

今日書十二張，伊思姪金興，吾也至程壽，吾石仙亦真時習之下肆，還乃驗以一中幅，直八元矣，別出訪桐，見于以

宜持北印歸，見桃花亦該文物稱

初三 早霧如雨，晚晴，清晨起，令健兒去許仙羊趙持店，聽先生押，持其書，往年摘述四壯，話中路，閒雜，到宅，極值傷印

人帝陰森，聯府共利送陸者三四十人，禮絕六字，餘皆見前以上珊子　貴人主客書卓茶矣，客已中席，本雲帆，叔士六郎，倪宗

二縣史，卿六八沈蓮生，壽生之兄弟以請書十對聯，林伯兒弟小長談，點釋開館，一切惟丁理，特予工作，晚飯了，此人之負安不足多

非素而為門占，估，倘書不用亦不得他用，假君所持，撥而示之也，旁聽莫後飲讌　由子題沈蓮生舟　今年寄十餘人，題話為湯

中堅不寐，實是間與桂軒處，楊池上地，擬買書祠書　特店子雲，松生，書示今復密訊，書數以一千多八元，今書出印，今押

補錄之：緣啟來已，書紈扇不值，西泉其一，西山畫，畫數類，另玩

初四 晴，早寶生合弟來，將葉蔭亦三日至，休自在，花卉四小幀，贈以吳宁山付標，又東生相像，孫覺老桃象均聯合標，若

題小幅，語羊六點，觀，并錢言持伸請書為善，即以半生惠大書來，云了并出手括律，問見

桂軒拉入吸烟，長談，極濃，談甚久，到合北之澤園，別去，衛公戟收，到店知子雲到，有合帶余而如

初五 詢店，子市羊腦，鹽醬，即歸，謹還憂居

初六 陰雨，初間寫書以業吉地，然後四座，旋北仙求者，答讀山，境形勝又一石，篇計題，找也，桃

回錫携鄉至，訴春生事，僅僅拜得三千十五錢之事，而東英且死者六頭，以小字碎碎以大字多嬰真
果能然反貴可為不平。初囿来以南帝之憶，詩聯言迎神一句足之去。作書手字
寅生兼生地，以雨阻不能工作，又袁英著補之，弟向絶
下閲成墨冰中偏致年志桑没搖仰，鈍團六送去
○○初六　早雨晚陰。寅生兄弟以雨来，余雖懶，揮詩未成，更作聯聯，抄蔗事事，蓮研墨書書，甚戲。子研来
殆以以，勢板到植物字，岗圖宋等書略一過目
○○初七　雨，初圓来我，寫四聯并宗宮軸字四，往著祁卿　戚在粮以被一，棉衲襪一雙，至卅六元。北行見又在詢桐廿付子研
不遇，迎祥霞向旅禪之衍，逕鍾假紅木神堂事一紫。胡店与樹人一談，到店詢伯繁未至，閲合四楞，昨日以為至聖不至訪
伊未，与鄭三老一之，至快談一堂，歸見使而盟回四　早煮烟茶至午畢
初八　陰晴，不雜，至午四錫来，與馬華為至，及午過茶作譽法神，沈待伯人不至，中心惧恨而答蕉，陪南華不坐下
篆心君之更蹋，下咽乃食白飯，既餘胸次為甚病悸懊，但不為止。無聊中為華人書紙扇，上報筋以陈未寫不及
运来家，至玉雲香馬閲慶并見馬，餠四，先令出食方院子食飯，已書指馬閣書之，已与燒沈所杷契，上年當
杭欲陳廿千〇，其好早作千二去，看与子研，但四洞乾身四兩，馬四元所隨与仍有空，伊之居旁四一放，計七十六千以前契
特玉堂書不成，余手出一元，作中代，玉雲子研之馬〇三元，兩閲慶尤推諉不出，推之又未讀，伊甚不來即
居还租每饋以廿千，加一元中代也。伊等欲益馬四元，留閲户子雲至舍，一再為之不得，与玉雲持以基地契

吉甫、象三兩不往，應玉壺同道酉食宿于阿酒店膳。梅卿、碧雲、翊陵、泰保收完，計其算賬未
初九　晴。黎明起，馬薪早出，待闔通回合玉壺兩煤，又二處計不肯，謁開結之吉樣，請玉山、余與德夫，即同馬泰陽
二十千，分為店據之廿千，店分存余處，即陰馬煤，起找余七存，即找結煤，乃此人經收為制，惟其有已
此癖，廣照周言定，并余於世居不甘心，任其搁同，掷之東流。午後宝生、笑子三人過芋去，梅米藥浴二斗，梅卿
余乃赴東門遇瓜花坪，後同達林，主後之夫玉留飯，于黃昏到楊見邱柳館，南門外人在南涵云，即成二十元，行往，后佳会专
坪，往往先楊上購，靜已先往老屯部理，約謂也。吾隨夫去，為玉伊寫表，廣既丸，送上日來十元，回家，僧長沒死節
收留留退便給各与于雲德書，遺肋少年遇留談說肴等生，去又均信来玉，又待留平心宗慎，往付成范少同均值
收条整歸，付成正之表九工，計二千六百五十千，寄略
初十　大霧，次雨，溫而晴。來請人諸德之並流评。天時不正，甚早起，擊健出，靜安同往店，丁佳利食，聚起，大阻之畢
均偕至合此（小姐于義泰），一路之借到吉宅。福談，見諸戚友其代料理，午後与均俩德合至記宗国秦地勝故
財來，伺為修處一之之便一局，于柯雨已回，桂拜請人至家閒館，夜燒黑江談談，与芬談之，李鐘牀，晨飯，諸是日
到生初初惠之哉，青夜出至宜梅之上，炮群広生，即忘夜了晚，出南門，從吉去，即持灯，乘月歸
十一　陰，風起，微寒，時作小雨之，未行四月早至應，身病如重，及眠食之志轉側難安，通夜撥之，物痞懸
初不広病之之為患，費保眠，身多衣多，請生熱而症，午後子衡來述，炳班了，心甚不平，惜無力為之，安頓彼也
之成替判诚大，而伊為子尚足之，出到店，見雲松，均即至，分白，起煤不往，過花坪出，向伊說去，及往之

梁碧元往店栈 张惺不值 路中见吕询作收报 到北大门后堂于他处与金友谈话花 已易 都楼质之吴 善庆徐渔为需
至法祖见显世 询光子钱询称之 乃引吾隔邻楼 厅与阳别金访子梅于四宜 抵收间去很欲并余附之共写其事难用
论中乃归 致吴司马偕宾庄先将 途见仲夫 夜少安后 是日莫定回一禅六岁来州留识观之
十二晴 早病未全愈 午后内宦游去屋业添地 午后急步以昨花了不得不宗后到店 云不须 又十约十四矣 少停
至桐记 买八桐糕 胡广镇 话久之 至钟秀里将成之朱钢作把钱 访许心如于旌灵宅 说其书 晨律之 有味
云摆书任东宾家 吾同 并述王氏一切 久之 出至又在道至 诸子五后病胁风痛 又久之 归店 幼琴告在旦一日 惜拉于敦中
见王发俯偕在不过情 又见许友 市肉 见健 指其舍画
郑仿三又 金帖来为 不能存传 应祥作五 圣帝殿里 今帖请当 乃
批其帖去 翻阅青莲诗 特为善卷 第向不欲地方可为 加吕
十三晴 仿紫未同来 取宾赏 侍付十元 仍三十元全付
午后至 广之谈西宁风俗等 明久之 病体也 国痼疾而了 偿病未复也
百岁心如 数丝弥月 伤悼 第书至 药去不灵 乃于国取影花子 北入访露兄 金心叶字伯虞 行长共 第5
余叔合 与金趣多上庄之 和尚来 乃也 又一小方 原侍方壶一株去 为书签数 此后返 甫中秋之矣 到店 知于 乃令之回也
路过拆乌 访多已久 同归 设夜饯 全用六吉 富宾屋西 乌付十元
十四晴 早门前游去 观东城 跟往衙 访禹山见陆川 告贾会实力不还 辞 将单函之 怕后出 到店 询四号一切
令仰君之大东门 饭 大楼 后将叶 庆 又由楼之北楼 退 秤掬腾于上 去 有退五色不中 挂 乃去茶于楼与幼琴
虑子与十市夫 陕龙二次 换供四城 至桐记 伟献样与桐宾之话 偕到店 雨 市料 郭小作新用 在报市
去阳国归 是日送郑林业寿妇题不收 以三月市金难哪霜于大东门陈店画静东之屠

審此之謂也

十五晴。上午收拾書件。午後過廠，三謁伊尔禮，果王纖觀其經文，書法亦有唐人意，極雅潔而簡
架神情迥非世俗之手。雨及廣理，貴人之不能貴，請公過西處，有題墨招大士像，諦視乃唐道子作，吳大 衣紋如
鹽帳而戴嚴，上至下不協于衣理，而手無理，却是因久住沉思，古人自作畫者，決不為俗見所傷，有理此可難
為俗人言也。大士赤足，胸有珠纓，其右云吳甫子二兵下 子御經氏第日送入天府寶者。由桑園中四摩學女心未刻本，到移寓
到店訪士毅，共家見仰甫妹為主，昨許所談，自其父任陳州歸，因父告借差假給資，欲將中洋，又言其事，今場已中之第，以二場病不
到，極板，俱之惜，而少出於恒，易極謹于和保向鐘欵，作中与 訪大少宜子，詳見于後，可函衛語，久之託其蔗業，出西鐵店而
陳洒帆者而歸。周功

十六陰。岸侍學生以 秀著書令俞銅作作鐸，又其上齊，後乃彩人書我舊銅，件其俞小竟，出一大籃，杞不無一，大作者，俟之一小盂，未收
翠善方既，扌舒被未，余擧朝 十九元 依信，清林頭三謁靜病，宜一方，一你收歸，很已有喜吉能 与潮三長諸事，楊士吾見信

十七晴。早，英宅送五加皮酒二瓶，郭松龍來，苗合還 作信与陳壽泉，為言碌而人全與士谷言，并借咫板子附去，同書之，又寄翁，風是守
大使乾燥及時，體之久誰退不出，類病之甚，臨年深書可畏之，又神力備矣，達見調梅覓書等 到店見蔡某吉，騰去沈少琳等之
楼華易洛霖後，程得之，匯付了墨寶，研田出，潮長欲爰子杞茅，聯和佳与，陶一我諸一，送怡顏四冬，藐華与 印啓，并楷本，与雪
郭也，謹取銅環，或鐘，禮器收，限日見楊上使，女之見其白玉柑壺，作古佳甚 又此中寶物歸 如快自朱未富之共生而已二
歲矣 夜來山園棠

十八晴。早作篆洛霖華易帆，閑作字一二時，送至劉老書子，御信覓夫調梅，蔡詩了了鳥園，住久說，起多隔膜，心為閑懷
久之書往，印無不其花已成，書五十色，辭訪傍宴三之一 一月書久，訪緣十時光，皆夜與無甚，難象有留江之報

唐地事，因常去話，候久而歸。　夜過虞三、蒋學生思力伊所套話，為我有篤情直忍，而彼書不閲，唐今時[illegible]

得地難為矣。

十八晴　身困以勝氣轉轉（脇膈中）痛不安，唐太來，補女縛一雜，令刊印圖來（託其寄其租），莫重山才合潘，唐維來，唐先生全三方[illegible]生

又借目論所隨同來訪，乞紙扇云有館中（自家）常到數畫，畫稍得往看，金已照欵，乃説其不情，不及其痛，其思之[illegible]

王來其見得批烟（帖），心中甚煩，因他者隨煩擾，而人多嘈雜，正雜止甫（後）將日不安。　夜睡必思病，從來未之年均八

十九以床為濟例，看書日以數時爲常，感冒脇滯，其病至今日最以五層後佳氣，務胃疼，雖順乎直隱而仕矣。　自山生今年屆七十，鄭君係本年

二十晴（夜雨）　送來月槎陳雲禮午後至雲來，乞作信，致陳并為唐稿，然似是實承也。留久之，申際壽泉送拔，約本十六振，付片約此參力協

借雲出天理而入，往軒宅雜話，我常至夕向夫已審乃北到店，余鈔今年唐帳，閑印已付其，花蟯將我，當來收盞，祇自[illegible]并且不為我也

早錢邦御搓匾至，我其三角，付一小石裝屋，二[illegible]用我爾。　夜以脇痛眠難趁睡，[illegible]。　唐兄唯雜（松）一[illegible]得續畫異[illegible]

廿一雨陰　早擬鄭相祖來欲擬得艺，許向目也盞，乞[illegible]括擂，為之四樣，願[illegible]暫存，煩[illegible]撥移之，則兩全，又借在物四[illegible]去，即

午撤[illegible]，[illegible]伯雲太令。　伯雲不[illegible]人，十乎同年月生，[illegible]借[illegible]不隔一閣，乎其中年[illegible]幕吳中，遇伊其不留

乎當收三百餘，伯雲以[illegible]佐，到看補話，以要前年丁丑夏歸，上年起復得[illegible]，余到四十即歸隱，早

門，然其嗜好者全非好，至游五墨，則均同也。廿年前共知各同好，而不得[illegible]，今前此成其弟子

閑來陳[illegible]相讀，知為同好，彼此相羨，必乃于上海[illegible]其家，書多法書，多看相顧，征今夏後

雨來訪外訪者相[illegible]不久，隔不數日即向歸，道山矣。　[illegible]同心今又後失，正兩田，[illegible]由唐

有云裳仙话士风而绝俗矣　因作联挽之

作尉有声，作川绝迹孟东野；爱莲大雅，风趣绝伦同王西庄。

又联挽姚子佛大令联　子佛先世与吾先人交，十五年前吾始荐泽山从顷于朱映卿太守于濮阳任，课其孙，并闻其马当时是。映久任，诸子弟奢侈，骄纵多入烟霞，全为暮气。君馆二年而去，予公报终其子归西。君论与焉，仍居七叔楼里门，仰仰以胜录，吾吴中，到省数月，即檄为代理南汇事，孙两孙务，宫萧看来，其之[illegible]及宫西仰，不意别未三月，讣至吴中矣。

梁连理，饭旧友，云散风流，维旧方敏献，公年正强，犹不永；

滂留墨书，著集成书，到陈言有识，吾师祇许为奇才。

以左卿辈滂留墨书予君云与陈卿才应有君近今则吾伊陈陈赤水广宗附宗步轩孝若兰陈仙华为才，几论攻子竹篇陈海陈氏，似见好如，直求太常二根以知存列难悟。

未刻作一书致子墉，钞联句并借词，古花卸鄣，但面樵示。

广三侄廿四住石坊，仓卒五四，钟礼成，张石屋二刻到廿付百。

申刻上楼阅看年先生册二十四册，并理扇。

廿二雨　夜龙甚，送陈寿士子婴礼，在杭院书，每期有心得，至于将军午后，陈大同兰丈英甥，陈来，只此与王。

子何来，因小婿为作世元远代其母沈陆氏已许，张仲觅，代书不得手，写述稿付，子随往，吾玉堂而成，求写世之。

如儀。借廿元。赴其父陳述所全壽陸氏，中興男陳叔廣，陳大村陳又付代第四角，往將二角與子墉，石門，從加一角。
同鄧剡碑雜店來，以五百金爲平閱若干，于是廣兄並致仰盛等同抑，而應聽出來，往肥仍去。
計所存五元四角，取余函下四錫來。吾來之抑抑某家五房出鄉。

廿三陰。二樟與健，店則云沈壽生家飲，若店收攝四莫而早煮烟，回早歸去剃頭，早刻鄧頤已，夜燼芋片。
燕子磯懷。鄧楷四四箇表及東方家浩記閱了了，要楷長晚歸，溫以行，玉橋頭邑廟有名刻，乃焦瓶。
演牛頭山見陳迪耆洞梅一刻，到店見居子劉鄰之向，仰之旅價頗好及紅留雲情眞，見洋了，迪恆夜讀隔一壁孫錢。
男友不出亦不知。適有陸氏大來其物湘梅亦再秀夜歸。　廣兄謝之不值。健去沈壽生飲。（郭）
是晉硯古錢四五十文，欽剎陸雜極有一家趣。然求之數十年，聚三三千年上之物，識不當如吾閩鈕錢觀矣。
全代如馬錦等亦祇不及二百餘年耳。

廿四晴。西風困。屋寒，從人無起，被早，晨光中及西沒，難以下床，眞（投）委病大難，手祝墨。　曾祖忌辰也，役從莫子亦來。
午後理衣，對房存黃氏子研來，來見出之，引房訪王佑甫，已去（觀）吳繼先陸。　及城守劉禾富在座，因閱李小池
公祖入都日記，記以前年紀以兵之用，目見難載，瑣瑣一君角記。載在興中被擄情形，繼先出其信石平平二帖，平平小生出大
東門合陽樅一兒，陳述生之一卷，之子楷說，到店，金仰店出他人命云云，適書簡仁之花。　至余拜出之，北入桐宅，俾成爲
之見迪取去，紈扇云云，北到店，約出未見花布信，迮序貯（侍）并夜，恰東定，似而夫已暝，迺大悟瑞與　房約去了佐臣等
之少收早出之葉，吳家局衣對之，樅檞，廣前後鼐芳宅，賀嫁女孩，入門與郁小李，並子田叟與樅書布，子仰未　相
同訊隆芳子御，居焦小之說時，日加西，眷妹省，年少年花佇，學伍母，找詢入學爲事，其人雖雜小技，擇玉往

送盛西崖實甫、徐起青（廣之）其為霞三兩，并閱其外祖郭氏族譜，又石谷畫，後有陸潤之，余坐第二幅同在
內，又有伯集（注）沈敬甫首幅題之，孫新庵為之內弟，徐甜說古琉律，葉四六七大六兩，以後歸余與徐
沈三人暢談，留余午飯，許廣救掛雄歸。徐人已以內子茂宇超。壽慶賀之，拊古礙尚不值
十二晴，早起潮不能下咽，蓋脾病潮，又加鞭糊胡然，昔開（外）來，已清，五石四年兩新數，石狀兩昂，乃也譁，無已必
至內地民居，民含食，既民情因其失，義不來上，來上抹，要之則巡，奇勢驚世，天下最惡民食也，真拊榜（在往日）之，等之而危
巳刻寶秩華、董錫安、偕沈壽生吃麵，答四表，因留之（申刻去），送丁樹生大壽禮，掛惠見墓，定廿六年矣
十三日嫩寒，祀宮，后廿壽，是日以脫履一日，茜乃係廿四日也，其午後祀
先中生祖，先西神主，合祿以久，閱左右之宅，祗屈碑，兩石收拾，又
兩座往兩碑也，祠者乃屬王，造託，虔經之，十十傳，前觀先大夫及慵
申刻出轉祥雲巷
母六舍，徐壯之，店見族孫成杭，譯貸之頑，望沈蔭甫，為收布掛，說入恒積，收據租存字，予早弓為葉陵，初園，四錫
節回　店取辭緣歸
十四晴，早有風。作字。杰來，沈觀夫借去原譜，手錄出，示為異苑，郭叔雄宅見四幅，向索未與
松楨、陳世緣一長談，陳宅不到，去之，世錫年來，屬已，乃屬點，借見吳繼書，往六項去，沈小遇山在屋之
東莊，茶話，笑談手之，茶山雅城，商之小憩，古樹野竹，題字妙佳，又出錄所一卷，三四小圖玉佳因
同游，莊書起之，久之出市，極蒼，丁祀門見之稍，逕還，不長譚，展好，林幕七之，眼重，復極而去
雨之甲雲，抄若年謂惜點。領煥新泰。信生文暉書簽，而天已暝，歸。明日在宮

本犹北风，晚即归，途遇林朗三，又谈。来见菊夫，予借西清古鉴中卷，归两本。达庭来完。
日有二夜，以下家予晴代。
廿四日 阴。早起，少阅即出，以对等付福恒裱，计二元许。假今裁画绿绒，乃同人予付钱。阅说雅谈今之店，至巳刻。
二元二角。另买明定帛，以予佛语往袁八福处，梦应阴乃见朱幼江，椽云二字甚佳，渠家又有当帛等。
陆伯渠出一坊宝墨二四分，价已十元，诉家僻异，出谈异对联语，出到店，吾某亦须白银，予云到茶手帛。
二百，已代致。假借十余与翊翔高，咸家泽收笋，信息情帝，常空一行文，亟桐泉白玉双龙件，伊的作
十六元至八十六元之二出，已访洪翊卿，陈函表之来。谈杭子六古些一见，又石出分石承否，剃店同吴人祝姓
殷百招来。空大写月拟移，伏会捉缺作一口，许应找还，其力些承，足悻老出伊师储，已代烧铀物语之一百许。
六点来，归店。即手找足帐未取，乃归。已笑待点灯。陈子春以杭丈年前来请不值，家人留食去二种四
廿五日 晴，大风，寒有尘表。录借到西清古鉴帛钱录十许页，夜来所录，剧世语。午后访钱葛亭之子
伯子负张来未，家西园三联签，石研田予令舒祥宝，侣余为季山池为之，兰惜上裱，乳以西园字样往
二程风饮杂说古玩，出访卧又石，出示小石玩之，见笔出小联，写者黄焦生作游刑下画扇一日不为无。下竹
难来，月佳，二丸果也，到店待帝栅，五归，剃眷之庭收钞至，涂地扇与使识。四弹即
伺本近，羊来要得料，得十元，而余出诘得四洋六元许，写还瘦石之，逢京中寄一扇，聊之启言内外

十一月初一日晴。錢之英飲茶，偕帶帖。鈔錄年子雲來，已鈔好，批薦作信，請其見屬數字云。

承偉來，諸稿完。此保友且來，見留飲，偕霞飲三飯。其弟兄未知人雜，殊胸不解，久之，令其嗣聞。

余稱賴詳審，到中到席，見其龍席望，詢欲并姜為，仰琴與後前日存浮九百七十元，加利十六元，嗣

九百九十七元，封銀找百元，又敢十七元。見居仰泉等一千，上作批于陸仿，蓋庚亥寸歸。

初二日晴。上午偕鈔錢錄十許頁，拜崇，附大東取物，留飯。申刻出，候志，訪葉生，赤寅六處未歇，付州悅仍如去。

卯出，由桐店轉大公玉到店，仰琴來去，與子中見第一疏，并寄性公之書。出門和家一向訊，本共兩二百餘，仍前去。

房租手續送來稠亞。錢構來訪，不值，并無事。廣玉村古餅二處，兩又不值。樓卿來訪，余亦

不時三家皆失據契，其如有錯了，廣西油庄，過十元至一百，楊來占西元日，崇方兌去。

今歲各物不能平，家頗窘，而庚利大難，恨未居且，以三日計，不能且飲本，抑得之子利。

座訪廣洪翁，燒香一次，看古瓶二，主不佳了，略留時許歸。

初三日早，封黃三來，閱田單，說又十說，原抵百元，租六石，姑且存話，一刻去。梅賓廣來，得仍未作，并致意。

其家去冬去世，現議積有四處，但已與陳壽翁轉信，附來單三元，不封，又說伊契到陳，既一同赴抵。

其不能不理，然奇之，將信加封，快旋送去。又與九老同玉長談。又與子梅、廣之、林信，力為花燒納。

燈談年前浮存，開年再開，仍留其師云云。又寫帖中心方面，高書不能了，當書時。

子卿來，不快，據信未到，出來亦難出。余翻若仰琴早書其事備之，而將上公人，乃為寫館十餘去。

楊一之看書字。與偉度至寶物園，与暢談吴王董…諭廿日…為伊族…及風使上台請予别去北之園…
初三日　已初乃約昨日(二十四日)…至四店…去至…入於風飲，与…同座…雜説…桂軒等告居…仁大王…
賊竟成生通職，此其巧國槎也。…久与…至其家…四曲園楹，中…甚不合，題…大宅…作…多能…
已…手…論久而别，…物…口歸…家人云陳…來。徐…家…到二餅一…一…
…玩…人…也。伊等…見…四元乃…付四元…　…者…
…如此…城…以…換…帶之…物…久，然…一…加…千…
初四日晴。早…上…痛…有一…　…　四…二…
…想…　…宅…
…示…界…者…加一文…得…千千…
…人等均…　…二百…
…來…一…伊…廿元…十五…
…來…　…園來謝…
朱…去訪…園…
…謝…
…
…
…

葉美回家將燈　　　仍屯糖取勝蘭章詢帷存借已動身

十五晴。部寄林來佃修板機樓并令分至泰門前落屋仍錫錢錄午後令部同金玉嬲房內外相清楚

其外以須多做內則為館林主院並拆該即做外書室用橫木兩担式用若二三兩個之方叢樓及同兆至正喜與庇

友說北之店裡來此門牛肚一蘢杏木二枝，計之若干。又至店路過朱氏為屋常半腿骨蘭茅贈清兩語布置

初六晴。月覺寒冷，天霜未及大寒之體，晨寒之之後，部木工作果稱柴二挑，豬肉五斤，午後饗之並先母忌辰也。棄養

已三十四七年矣。恩地住經衙回，物院忌記去院久時，到仰趁去看庵館借去因大恨怨及家人而部木匠貴忙必

得另雇人，省不至東不能不余同去，乃急之使去押看更鋸，同去查蔬與得一夫同去與到乳大棧驗兩葺

先借梯搓。　加賀不子吾阿欲之日以不用止。　特之蔣冬之回入城訪俞偉大與姑母及六叔之，談多各好懷，余以年終

不往拜一叔望也。歸少憩，即具我封趣賀康錫甫喜，入門見伊父又從入新坊，所果院而與熟拜稱十謹謝

聘炯為使國形占林與我同林，不肯吐並借去看當有為並請久延無等得地同些草蓋之，乃甚並吁事，從領收

拾後大廳真該施物御，余夜大廚余居看屋與榜以同座，雖拜萬蘭之康某集同甜暢談，持炬歸。

備諸去夜　保成之言　家勝林之甚

十七晴。晨省陸平稱豆柴二百，錢西清古鹽錢并序　鼓月推之行稿　自季周陳炯雲之　得炬去押皆布物不良，惟

隆余晃大遇西清古鹽，序之者未到店，由其處擬借者稿，余本序之，予也在店乃未歐者冬之，不查蓋　初按

陣林記先中演同未有眉目　陳順平至回店去也　並知用款伍十五　黃陞見美回，詢其去與可情形

初八晴。鎮業一刻陳同譬至之家，稿去借，往必曾力秋請公，可及為借稿又鼓月推作，同款報北四力申刻出

二十七日　許告昨寓狀一呀甚快惟屋佬昨至因即出其留寄款子乃北乞桐門村人抬入同乘陸行至大幅

字舫有佳致小坐出列店即至東橋似已他歸余飲憾也出大團去殼岩林里虞云信是須居中乃西

談而別四句鐘時後往韓手雲舍陸同七斤飲夜乘輕細內又未有見月再過乃歸

仍為陸舖錄　陸新九來借錢十元不至陸云云擬即　薪驗書同王由去收悟兩條王云不送程

初九日　晴早孜孜三能陪往向吐絲一幢飛時彷作字數百陸桐月余來叔擬偕其子往舊屋門前修柳二株

屋成仍采瑞地於樹中然月閑適始生不策會英宅同託其糧米色子布業者在　詢國子書記三載靜少火紅衫仍不收

西郊成錢借路過我書時置之不易得來二字會用而複等因是不願去考之艱中心快之不快

初十日　陰將有雪意已到靜四　卯卯龔假返館書至

下筆作畫橫豎數點即見其用筆乾濕輕重功力取法推任固也而常人莫得而辨之惟慧眼能辨殊于數

筆中風趣為重人有畢生未筆不得其理者一筆之下圓動起伏格接提挂隱讀排疊斷續可見古大家

不能過無窮之意無之不用心原天機鞠之更加之景致一筆一筆一石對畫中機趣無窮轉之植尤為有趣所以

無人過家釋其味者不借字百金而買其畫也不然以對金得其物如中樓而作何得二子則其

芳桐君來要借說家事問所欠之子兩番未同書至山右格別金至居携陸壽泉往　云十元來問詢

疑取廿元否報順對陸國其撥者息款　告借宇未當以萬兩餘其云云　仍至怡誠往送訪三吳

陳萬生七集會七元收四與陸發電等長談陸書名單全畫乘轎歸堂收國

米行月息日張升石林有張勢筆書錢日有學少日陸績乘小而歸

背後不知閒話幾事，不少境民食物闕，人心惶惶，物租雖加收甚嚴，請予加處。

白呈五日竟賠五角一石，初發錯此想念，每年有不足，果應然，而其作業，不能已已。

夜看瀛環地球球及三國史。

十一晴。早煮烟，鄭新雅司、丘司來，陳璟收回予研一票，出到生桂宅，贈封面，并告以擇定寅十款。

王氏爭至鄰處賞十二石盛月　與蕭寶靜江一言，北人祥云向行議猶不能，需二百五十元爲一長五年，到店問詢。

眾約再定，明日回店，議定及北人欲再收日租，他出頭保鄭，云已四條，云賊家病不出，即出于一天遊辭，與

陳陳吳說，本米尚難不免，標標一詞，能租再至回，告鐘翔兄云，徐林柏子至田店，當夜楚，始了之，與下以果不合。

明約明日定議，仍議予時居半許，飯後至店，乘月歸。夜談楚秦昭，以三五鐘九語面擬契按住

陳平。夜看南科新說，西醫書也。

十二陰雨。起，遣土來留飯，午後細雨濛濛，擬楚瞻、常老先生大人函，留住擇嬉，亦發地理志、地球各國

告繕，詳述鞍勝、中俄、俄國、國志等錄。

十三早陰晚晴。丈中晚到，老年五雲來索借呈西函，達眾人心誅不然，以法出問楚卿，至出眾四契，十二石五〇共不分，

廿四僅一石契，食買領之，因說有情甚不實，子研來，早去，先時晨司司來，飭靜請沈修慶風水，備借儀器擬

式，放萬方要地，午回云不用，即店擬由葬事，察中初出取難于，沈徑復主人出來，設前佛畫，發于臣陳自擬，

廿年歸面言，來以遠來之臣處予遠言發了，說鄭也，到店擬契，到園說，繕就光紙，廿九錢言加契，實付保

姻兄之楚，無至告知，乃出到店，與約約欲至校來，將略，陪登一病，人心惶惶。

擬寄知府实修静函見託留案　付羲侄乃等閱酬

十四　晴，大霧。不研墨書五尺六幅字完。挽沈伯雲聯，因其經筆未能合手見，惟有潤氣要鬆，露奉領

惟今時將書者，斟知以甚硬紙揩爲宜者。古人俱以此者并能見細微佳處，一用生紙便能知有筆力

有何等關之手。未見邦書筆下缺，似擅搆華條，能取道未久，中和者存焉，以禄聯。是日氣阴，神氣不已

見有任立凡頌畫山水大幅，上尾山西殘作極好，兩點已慢，爲吳穀題，少鏞録之也。其一幅在吳昌風斯下，不足觀

道荼壽請溎保携碑帖至居，見任宋搨魯峻碑十餘冊，冊首有六舟僧題篆，説的宋拓，翼搨者古矣

乃愛君致得也。又吳宋人楚據書搨帖，金山瘞鶴銘，詩後六舟跋并録詩，惜不全，字跡模糊，王題之

過桐間説官芊不訪，職益得儀郎石佳國者字扼冊，十五年，知極爲甚從官人撒，桑然後可出，云之此入店

乃陸月搭注其人西日手慎不原，街中見壽第五六手廿史而歸，知照子雲託子偕呼陳大城，其年十年因

無見祇六斤半帳冊止，極前年之半耳。静見稼借到時務報四十五六兩冊，燒燭觀之，甚謂中能不能

驟分新陸一切雜亂無章，其進延不達，則世界早變矣。侄權之状，所過廣州門伊辞以病

十五　晴，爲子雲華稿十連，喜道閣，六元六斤半，未有十六斤，玉静玉壽宿庵，送陽羽居陳雲，吴岫春，十五禮，冕道

蔚宸生礼，金保閱邑屠，有名班憤刻健致往觀，許其譚畢出，盤十二，余於未後畫三四紙

看二齣。出玉店，印北見翁岩云林之樓。未一雙出印這逐園長壽跟之借錢，浚之不與，因走入邑廟後門後
藏，与隨後等之。偕見識其郎友詢杷，乃可不易出焉。乃出，陶長後跟玉店，久之見予雲告且編呈，印之記已留
天已瞑黑，歸。亦爲達衛官政靜春還。座我根，时爲四番理，星日見翰之，之見王雲停看似蒙爲
有云晉似漢不但乃真雅作，看似雅非雅，乃是真漢，今者當底俱似雅非雅者。
十六晴。封羨與來取田單已去。昨夜月甚殺，詢戚媛，云去年三月悵已久，今歸全收，則以爲加飾無能，呼山人
後偏布置位牽劉大餘以安坐其旁，隨意作書寫蘇黃跋橋上摩挲銅器，其一壺余見決其宋以前
物，而桐君每言此係熱銅無古舊者，不知何所據。然第此種皆熔鑄，時較佳於別種，而况青綠斑駁細
款，尚千載物云疑也。未刻桂秤來訪，深用欲事今歲大飢之虞，以爲是安坐揖款，乃謂可代籌之，吸之，莫以未嗟已
廿草鄭人來話，御之談去反有士案。其說甚行，葉桐有曲尾待會與四方爲挾，方以今股詢之臧否，滿腹皆之，望士以財干也。又
說石鎮華吹出頭頂地，以其素強健特是我店多來已於此業，不以信，况作事難，因來者亦不足恃，是以今與勿之謝云之
又久之去。申初出錢翰去後，望然執實，又澤字老意不甚第細而已。其層滑園陵日爲清佳也，談久頗余行走夙仙子去
於待楊拱不遇。落濟信來君丁敦月一小條，其跋後之絕書妙佳，長爲特其詩人可印看。及丁居士無所佳處，只款丁以后，字日身不
錯何義。出入園取到拓與宋約明日付票，以其岩手並伊自押。回層同印發花款，僅明之三三盖何延清之屆往出用之嫩。用
六月對年前不清，二月六氏炯也。予雲要將往年來入漢難下筆，無之已追，即歸。此後凡今弘我的擬論作也
上月時務報有中國譯日本書論甚佳。又有女學會于滬，新聞報載是日于其園中，西女士列
十七陰，大風，微雨，落葉滿庭。
者二百餘人，於國朝女學出衆，成將見女字大學人。

廿五日。雪。至卯正後剃，未刻赴瑞豐樓，因說梅少爺他人略定，伊遂為伯兄定局，余借其之屋，令閻泰先抄之，後須剖之
出之。閣約對定之付硯，并仍回之店，將夜而歸。　晚歸，于候之母家丹回，有李五之工人甚勤謹而嘉也。一道祠
廿六日。晴。賬寫上午。往雅舊住已久，陳錫蘇送來元五兩，其工人。崔廣一筆，十二點照去歲，用款了，然今年正難，而廣又不
往見宜令人送其誰，學撫山尤甚，下莫送權，而我家失禮子冊未代為平策，今午前付收出六午，怕其輝將庚
偶入，其有大重，然也之大加，雖責此事，家人俱不極言，小心之意甚憂愁。　昨桐之談美子　有在田卷以來告了
理雅書信，廿年前余書及文之友行，有至威瑞。未幾，華書由祥齋到店，出訪子澍，觀其牡曆，而言之語，為人至談
往廣。欵乃廣是而桂庭至，寺夜出，到店吃飯，即錫與閱之，說真地當世之見，其桐潭至為天津之道
物歸後飲。是日訪唐竟，在未住，訪桂不值，遂見桂卿，知其用項賬寫數且
廿七日。晴。寫水所周之，來與吃，柳樓台作紀架。來饒卿未嘗之，于石鎮之後店，余在之　祇苦與卯之，甚為小穴
人之前，抄謹世文，編入各日錄。申初出，于橋洞花至，價到店，見一保市之，雨收簡，致款冬之，即取月霜大雅
眾務，明日照之，乃拜之，閱付謹賬，兄伊如明未，為姻也。余告不須加疑。　店書夜錄整申出，已店住，燈由保園歸
夜　請書令使出物，戒責婢等，諄諄不已。　余送廣謹，蔣炳於有書，成意客欵之，因留坐久之
廿八日。雨。霜微，寸目來，錢韵送袱，錢借典地舍。　又富來葬，華宅先破土，十二月十八日，棺，全寸同，預備物件，陳石慶
姻令子弟，研來問云：此是未定，局之要地，同往四場，住之馬，閱廣書，同我封並送，到手，插田來即去，余述去詠軒
陳帖，小書多久，竟日不出，比院經而為之，偏行也。入夜，是除如冰，嚴如刺，載以大燒之，少也。三更時
里蘭病，雖絕不成寐，至四更，僅睡之。

廿四日 早起與損侄出至衙前 早起市里化 桃杜和[illegible] 謁已發矣 入店與之約計爲予移之有信去
佳節[illegible]店[illegible]怡息[illegible]撓打[illegible]廿九日[illegible]令得日底[illegible]此遇至園[illegible]伊等[illegible]取[illegible]記[illegible]
[illegible]手店[illegible]說無[illegible]又[illegible]朋[illegible]讀仍回取具[illegible]詳[illegible]訪[illegible]閑談[illegible]
[illegible]取金[illegible]不許[illegible]揮[illegible]仍[illegible]回[illegible]損已極[illegible]研來[illegible]廣[illegible]息[illegible]
[illegible]梅至[illegible]一[illegible]踏西風[illegible]回[illegible]帳[illegible]在

廿五日 閱化學鑑原 [illegible] 其書西人章而司著 此中學問 不盡[illegible]西人者[illegible]真[illegible]用[illegible]我世[illegible]室[illegible]多[illegible]惟
不[illegible]其門[illegible]即有此書精[illegible]用[illegible]技[illegible]手其技且[illegible]有物以試驗[illegible]也[illegible]生[illegible]
未[illegible]久[illegible]未刻[illegible]相宅[illegible]間又[illegible]錢[illegible]我[illegible]店[illegible]交[illegible]
田[illegible]子[illegible]論[illegible]租[illegible]久[illegible]說[illegible]店[illegible]歸[illegible]街見[illegible]往 卯[illegible]三[illegible]
[illegible]錢[illegible]合又[illegible]真[illegible]我[illegible]耳 [illegible]柳[illegible]衣一[illegible]

廿六日 早梅[illegible]揮[illegible]見[illegible]一[illegible]入[illegible]佐[illegible]去[illegible]
[illegible]天下[illegible]詢[illegible]不付[illegible]訪[illegible]信[illegible]到[illegible]市[illegible]歸[illegible]
閱訊

廿七日 雪[illegible]有一壯年陳姓[illegible]城[illegible]似此烟[illegible]而[illegible]縮[illegible]棉衣乃[illegible]襖[illegible]
見[illegible]目[illegible]心有[illegible]不[illegible]用胡[illegible]而[illegible]人乃[illegible]事中心[illegible]天下不平[illegible]人[illegible]
[illegible]者[illegible]錢[illegible]自[illegible]歲[illegible]帖 [illegible]損侄[illegible]真[illegible]

門房之番妻與子婦擅于龐內禁之，擅其多時也，將與之婆麻字藏化之田，見地中墨株為賊人所傳，那其所害

則不能生出者竹枝為賊竊去口。枝去，識之人之者之罷，罪矣。至研持未見寶，況去而不甚佳。

馬閣通子都來，說見太不值，洋來，曳之田。

廿五　陰，晴石寒。綫樹竟遂以發擠樹一枝與之，收植之盆于廣來信。遂誤說欲定悍，五花炳然已久，將收日定說之為

錫蘇說孫又錫蘇出家紅寶石之小粒，奉之去，以示之。萬卷山房之一方，台子研來，又持二小寶石，云告炳然之

化學　硅　水晶之質，或全為砂。白砂與火石太半為砂，與砂養、鉀養熱鎔之，而後為搪色粉，砂養合之

四許化合即為各種石矣。為六面長之晶粒，明者可為佩玩器。凡寶石與玉皆以之為要質。石之可為磁者，亦含砂養。

植物吸土中之砂養甚多，稻梁之梗，如藤之皮，竹之筠，所有堅光，是皆砂養之故。若砂養雖長大，必致顛覆自倒人之手。

鳥獸指甲角翎之毛羽角爪以及血肉，無不有此。

玻璃　為雜質，有鉀養砂養，鈉養砂養，鈣養砂養，鉛養砂養，鐵養砂養，錳養砂養，鋁養砂養，鋅養砂

養。以玻砂養與鈣養或鉛養合成，多佩然。透明之質，皆用鉀養或鉛養或鈉養。如用鈉養代鉀養，微有黃色。宜作

窗片　粗玻璃片用砂一百分，白石粉三十分，粗煤釀二十五分，放碎玻璃片若干，同置泥罐，先加小熱，再大石粉隨而之養

炭氣，漸加大熱。法於黑綠色者最粗，如不甚合鹽及易漸之砂與生泥並鐵礫因之石灰。又

又法：鈉養可代鉀養，凡含鉛質而不透明者，可作仿玉及寶石。　白砂產美國。　晴白陵璃，鐘表面皆用此。用火石玻

璃，可以加鉛養，並可或用骨粉。　玻璃仿冷能呈圓。

申未出,于怡升見伯崖,示寶石,僕为平平。到店,[illegible]。翔卿至,入松風叢話,絶餅佳珍。[illegible]請歸,市[illegible]于
魚蒿。 夜,[illegible]來,兩見,一作金鋪一流者也。
廿五日 陰。[illegible]已刻到[illegible],撥淡。沈伯雲、[illegible]送顏[illegible]
世兄素假,今日[illegible]大篆之字。送[illegible]以圖[illegible]雅。[illegible]玩古一架,數百[illegible]多,雖隔不數月,傳聞[illegible]
[illegible]懷舊怛然,[illegible]叔葉,怡者有年,有此一架,或有前緣也。伏念[illegible]
午飯,過廣,請作出旅,以後圍叢棟,為君小戲,用刀將後四周剜利。前日被傷之指,今日[illegible]門以下,[illegible]偏,因大惡恨,彈
等罵言,責允田還[illegible]。[illegible]所為。申初,會廣生,招[illegible],又[illegible]子梅、[illegible]以日至,祇有錢,此陸館同入,允多飲,[illegible]
公飲。雷[illegible],又過同年,[illegible]。[illegible]大雨。[illegible]料[illegible]者再,以此真古也。說之,別向[illegible]于[illegible]入店,適有[illegible]
畢後[illegible] [illegible]鈕白[illegible]。會[illegible],[illegible]葉四器,知之。[illegible]內諸人,[illegible]撫我,[illegible]伊[illegible]
余特燒歸。 [illegible]雨,[illegible]至西街,[illegible]已還,[illegible]。
廿六日 [illegible]兄弟未來,[illegible]大作。 [illegible]來。寫帖,付對,寫石門[illegible]生來[illegible]。[illegible]付[illegible],午[illegible]四[illegible],求珠[illegible]
[illegible]白未,[illegible]九[illegible]。午後,陳廣兄乞請客出寓,[illegible]崔同[illegible]楊、沈伯雲去,歸同[illegible]于市,[illegible]。余出
古[illegible]不闊,同[illegible]。[illegible]于廣,申末同出之山陰,[illegible]一佳者,[illegible]于元[illegible]。[illegible]出[illegible]閑談。廣兄之[illegible]
還。余与[illegible]欺[illegible]之[illegible]烟[illegible]廣[illegible]。[illegible]兩[illegible]對[illegible]兩[illegible]已[illegible]。[illegible]
成一事。[illegible]中与廣[illegible]歸。 [illegible]魚。 [illegible]值。 [illegible]以不[illegible]
廿七日 晴。[illegible]墨池[illegible]。午後出至店,知[illegible]入訪[illegible]家[illegible]因[illegible]話[illegible]出入[illegible]

頌然物人未到店舍，葉見之佛經，知七了存了九月收，病支老蒼轉南與又石華一言，市冬節△ 老土坑柱
指寅寅侍附其光行雲林傳書，居青氣由隨園歸。東家兄士君來留，余為掛碑屋于陰子
莊唯老太上同悼。長壽來訪，去九月收發世昭小太陰，以佳對茶睇與秋新禮支子依述高久及已竹。適子研末
家詞此作書觀道禮，余司來取澤與之，訪姻書去。桐武青僅書幫腰明日只坐而作小文，路句鋒子昌
佳程湯付之。申出大東門，正學順子桃說，顧並存物瓊石已之隨附送進。久之出由小東門之，合君入又石宅談二事
出五園閱傳松筠在座，一刻出到店，持子雨不至，入墨寶在飯田未費燈歸。湖上桑祥中帕白橫作東坡及去
又一傳人出石工。合十上松下坡，石皆佳。李湖那還去之伊人元陽云云。珍祥爾龜十五枝一帕六真布托貝之箱
歸還招之不見，直居子渺云順物云云，天已將祝，取百文，市粉米米糕送君友，居家燃朱圍，花卉燒燭書夜之正
詩中雲書言昨有六舟羅像來索題，撫家已夜，飲酒之健，請解，而來如燭等食
三十 陰，小雪。客至，傳回白大樸樹上屋一以渡居太已一避小人而視觀，遂足隨筆伐書之無世陰，跋余正之，定昨送物一行
遂之甫至蕭九雨收，大殿禮拜往甲，禹未到，寶生君與父群書之，玉都同伐樹上上屋落下君雲，填硯極一
危印于雪中踞之，申書之藉禮重積家，居六舟像乃貴曉有見汪士鋐八分題，寶書家書室之而條
山屋何紹基子貞未史傳云：六舟有天空志自寫，居者之之著。侍桓詳以搨六隹，又密嘗吃一頌錢子家
有長談居遂甫七十者，佳品也。羅漢像具述，得其之寫嘗之，不止反書，而葉比青已不克羅此之店取
盤庚後說稿而詢陽宜，洁煙若痛。夜之談書其子住焉。困其之憒用大爐，賜狩樹藏之氣又
小悍不能指揮去悵悶

十二月朔　早起至研，令區協齊邀正山、熊老來，冬至，暨候材寶媽至，訪廣清，畢乃返，訪之二
東米已入，目協允至今熊律市場，廣區找該見協，四次述一切，午去替協之正山，見熊之周之詳其四
掛螢場將見後，即去由城後之正山家，述正山辭伊家房朱夜至，即去到店寓略一刻，昨夜收到和
琴要保惋佳螢哭家接中元局永絨襪十計五多，返子研宅，見其述和租房事，返桐山談宮由
前門出元壽田師市大栅欄菜之
初二晴　早理小案，米斗火銀先令宅生挑北屋丹桌往將店，崖後陸宅見舟，市肉之兩洋，下舟由恭德茶返語
協入太平協隆，出郭家二協之金石塢、郭家木協、林家新協北邊東漢，舟士從河上岸至見舟生，一再開
華寶每人之和四金收掃，乃令和岳到城子租至再理論，彼之言橫霸之氣，余亦難忍，大責彼友馬，山家人再情
特限應二時之久，并端四恩橫帳，房用言五木雖從店，切戒不可再用，收二元，但返下舟向區特
燃至即墅房泊焉，舟無候查個宿舟中，霜氣如雪，寒氣逼人，但交難，況子兜
初三晴　黎明起走郭鎮，粮市業協返湯島，彩陸替林門泊上租，佃一味爭
執語之協居住，反戎不理，反為蠻橫，上乃即開發家斗入，細收米，亦力行而
律，二細，他其來石布之疋，作米二斗，一斗，價家長只
作開入家，又第畢，二石八斗三四升而開，恨不能，又令舟人宮家
洋而值開店市菜，舊即又至宗年作郭瑞林年廿
焉十世不

叔來，據已賠大馬齊林佃知伊自反遍談云云，稻米每石特佃于馬宅三談云云，其管山若干坵七石，今又瞎說
乃弟來一石六斗八升，除租已租一，以初夜一石黃糯數年，已作說而母問慶之一談，催子五斗白米，遂去田中取
來佃來託不下，詢由之事，鄉人之窮黑，未之可憐，挪戒責齊林而兩目，泯下幽而後止，遂令挪揚族人勸之
趙業於日另佃，詳六毛閑之，倘有強占來城，書租契並押，租契不計及下世應償，再有私再一租價
續日為孫所須，怪〔?〕口若可至，所旁托脈
初四日晴。黎明起，上岸大保與七毛之，莫不氣洩，遂六毛告以妻孩不下，不應如此之情，伊等泣，實無本金交存
之伊等肆意於勉，其母之作，亦宗作態，開行霜中而岸，春雪，水上烟蓬之，如蓬上之風之，王國另佃催租
書來，接租炕餘者約初六同局至五之店筭，帆之無益，契券催，至袍田，我商所開，子弟遣上岸本莫見王敏
兄云兄郎鶴見，餘七，告王高思，次得伊有願反一家，抖田遂子得出橋下舟，乃飯已，接得先橋至，坡上，屬勸，而言
去，推擇莫事，意之不只，況子來，並抖之一同，說解租，我乃至之宅，見幼圖說家事，說所擇樁加架討
而同慶泉令往應，宜生來，肩告，毛往，看好鏡，我乃下船開城之，和律付四元，戲而拾來一石
舍賣桃種一租入城到店，告四錫種之付一元，託換五窗，為律見，賣六圖住，說拖說之，布大有可疑，知伯
后留已刻，乃留來，云刻，鄉歸見，賣值之中，言語問，燥之至，應所由中，擇布結帳，呈見，以為必布
翻載歸我安山寺，遂川，遂把反，甚不及，坐房，該子休，該君之之，即到，歸錢祥，興料理

米行詢一切，共米祇七石二三斗耳，付取金三天，計合九付洋案收廿番，除計收租用已兩元八角八分。在見

甯生公一月牲畜宿帳植，而寓人不知，檢價誅苛，算計云則作弊，弊者昧良，背孫伏信託，舊靜平常姻須

初五晴。君翁回。余診榮兄未，住伊鄰次寓之處，甯倡日庭增之多，寶云任汕作中擬任，請查詢茅徵

上數日已發，不出藥，附今晚是實，在減執事，而尤非之謹慎成，特勞使其大出擯慎更。擯計之傷房著益

惕其之夫至，留午飯，令師補來。後之諮一味自是，真老之年，母數例平，先保業要擯相，令靜住然飲

茅生到店，初發說梯花價，然後君又只吐血以來之往之。嘉詢所請，淚河渴中無多，乃今頹之，而神情絲弄

一己怕極治之，則謂收聚于此宗族之局，稍可持捧歸

初六晴。寓叢回後就暇之楊齋，一余出去。清墨村為更，回錄持請壽去。相浮世無王閬茅中新路口，晚來而遲

東園為限更，時二人真如鬼蜮，如意是其多回楊讀一刻去，已謂其實山來因之論書，後偏來一笑哉

請楊從飲之，遇廣知出，伊去兩翠玉成其平之，余未取而歸。成評共之所返而出其門之，王作寄見留復母

子兩為其夫人病作甚危，今日晚點之留江回，考之則說好了，忠信不甯，任兩衙神形鬼主，抱於死，余與以之入

朱門達談店事，進之徽之福村來，伊往荒將來洋，則一党至或多說近日各國新言分中土經理，徹日與序談

議論而美國重於南洋，福向于中國，退向今知中國將為諸邦所覬，議書費兵艦保護以將向日同盟

和好之意出，其心未必竟無所為。嗚呼，屬獨至今日出此，乃之者不早自強，國因循坐誤，至今日為之晚而大

律錦依達其策，室道謀了一時，李吉甫為印出令之店伙帶之梯花以豁聯歸，不識家屋留之云後飲

欠鈔卅將煙市筆而歸　午後坐附近宅於小園邊掘一桑，半年未留心，墨株多無種，尖頭老本樣

樹多枝如式者，竟無甚不獲一路日。前于此奇羅漢書同過之，相之久，是日乃取歸，然忽此至佳已難得矣

廿九日　昨夜雨至，今日早乘設和原桃糯米糕上，不傷宅生蠢之柱桑，以樹松為難道園亦至今伊猶植之作書

家樹移生雨　晴

三十日　陰　晚始已開，訪常無樹。司司來屋坐，和談到之仰，言其去時法難東期，乃付五元去。過廣見雄桂陪話，而佇

家季照寄設程之，詢病況為何，最初為之一度償之。由租狀乃四十款來，話同之後另一到，並入廣宅，寶生四去

申刻來務祥家到店，知紅布御會上省，乃以廣托，不日而去，為之接洽，亦頗泥濟，茫猶混往云云，廣昭局

詩侍進極揭翻多至雲來夜談，其詞已而代書，卻不情怨，為之代償之。士見仰浦來，往運園詢安來信，未乃仍輯

店路口楊話布糙羊肉，午後用工，但作信致陸穀祺來，仍郵松柏附五元，又代盖田罗米二石，高到校上，然坐宅

不我寄夜深了，廣告其事，雜話久之。　四月借到直看，與國英國與國，高亦隨城園　三大晴一霧日

初二日　雨　昨夜秋上園，雨已甚，他而是日鎮日不聞雷，待而陝事繁擾，況戰早決，將雅籍等樣出，廣境上亦迎頑工作

家人收拾，乃又命寶寬應不因流件，買理歸少也。根看園待說把並已四冊早字之從已課，及致之不更鄰

杉狀拜千梅一元附，昨去收拾地，申晚廣見精六筆，家并校稜及今說果校四五一只果相以似慢常回換之然後

不寓理收表信，乃作書，陸收然今不吉已定也，隨意寫除貴報，終日不出　發四十九冊付郵報

初三日　陰　早司菁來，華夫至四人，予力以百錢年，乃代館寄括至保生揚坡所論靜材解基本摇推去歸植工作泥作

丙招子研來，申去，因英去，重香工予以，午廣材相來，七半時予已和封，并与去信，沉而至來，沃甚，話述地

肯田之塊五畝議價每畝已抵除索拂午予云地系已無多且地有古樸遂立云其樸似其狀在價因為之議定實
乃還十二元伊請益遂發再議伊云三百五元實觀見也申刻出第乘九內樓臺晚至陰渡一男丈知該租日材
相居之到店材容子湘雲之姪借富永國和昂小米託何年雜貨販洋炭而犯此道棉花來找源機細到市門春色
一尾四年春二月所有今年大于市吉甚歸在松內廣三上歸止處十六冊付錄振與佳談並說書卸圖其送炒
十一雨小珠雲時作枕上聽雨聲甚為佳反甚靜已至故夫至巨回貫工作因兩不容其塚林塞數十知何死者之運寬
歹侍犯回拱殊動秘詩將詩四元宅田挑趣他出未六番出行又携子作伯所手廣詩圖市寬極外平平靜秘作
一草而根已全出正冊雜也雲亦分之變已見謂伊印掛均傷行詩秋二種于兜殘于臨平其逆神清往但时
去年底且人忙可溺第雜一種秋資富孔年昨聿居廣二市見遂不復見四種原內子詩其葉殖何樣之余手音傳
供回春近付嘯當不吐者要別有趣讀余兒甘憧僕原是手錄者凡將手斯依行至廣為言鏡寄已付方取正之
有同碍情余再作致信近作稿于廣乞其述情所既雲不肯出余只作古亦廣振由載約廣之
書仗拜地已到的將復讓余云某仗園中人而屢集此降輒到所此者收回與渠迎何之並廣所校園
其用為遲者該出書也回揚我要維於後印圖余之扶將出世書鈔碇於煤礦藥淺者上上
制年未之不供案長寫手腕不畫旁所畏誰自思尚世另書皆而不時猶有本板不精
而以來不性不肯發憤者之不健予意者不恨而已庭不出夜校半
十二上午晴未後雨錄詩稿報未僅寺幾十兩千研午未訪司同未謂已摘珠完工付伊十元另統候游日歸
屋葉再收而以前日雨中拾抵致決損一工人伊以為會甚大利然不可多留畫之也過午帶出錢觀至家歷熟王榮
仿雲林小幅佳王蓋庸數字作居小即小幅山墨仿文衡仲云是文弟子仍是之下對隸書吾山未仁壽既

賦均精，惟李長蘅次而似文房耳。請次出推碑圖　示鐵冠道人寄又劉誠意燒餅歌共册年余見此書亦甚奇

復誦察於時局，頗有合處，真是不可思議。少頃居少卿持黃呂鳳六小幅山水乎乎，均佳。素道人又一羅兩峰

跋墨梅，為白蓮踪云云，其師冬心先生，樂見他畫兩峰未師金冬心，閱此則為師了也。白蓮懷你兩峰記，他人皆未覺也。玩閱梅甚佳，有印，雖夫乃兩峰字

別出多已損，請保威步瓊寄為法示碟定。返有奕艇十餘，吳淞有僅數隻，艇路環黃浦之南，夾隄俱淤之去怪

市面因米不放動，國事多山存之又又新，真難臆度。案上六看燒餅歌畢矣。說收欣將歸了，大出到店詢，似未回，專闔

閱米價未找，見留江議時事，不能少動，沒法到店作字，致謨弟，寄丁楊。乃歸見來役一書詢，而兩旦應不可出局

夜臨墨蓮，檢得雅宜書兩首，係於討四六為完

十三雨。寅前宅以郭紫垣徵君請四體母壽書屏，柩來，余還保國殘帖，詢匯海水犀飛之謠，儀君甚清之

時百金聘正壯士，至功穎弟之會，有傳長策以示之云云，將千金說其弟索欲，佛言千萬化洋，亡余作畫

其兄余附家書名順吉，嘆清新剩耗。宙長生佃戶付來洋一元，係今年歲須租洋，伊又四年照數，乃交收付還來找

相君送附桂玉房飯工程費漢碑臨寫。夜膳四鍋，甚濃佳，經歷數日，余代籌之數云云，詢伊已封芝

識誤彼竟委帑拮據之，初來至廣，其佑閔之，伊為書之，未為我往來籌費，乃兩回昨住伊回況思

夜檢討四六

十四晴，清十點早至店，芳宅來報，語璿之祖母歸西，去伊家，命殘，送備禮孔道伊夫婦節之。午過廣，致依代

云請四少談，云偏蘇玉縱來，謹有乞千款，而余語君第作書，肯出款否，甚合穩，君利之，余何况以壹毫益而取閙

撻此書任廣與錫肖三担為代籌，乃許數日內且來，催彭俟再，乃歸作信致依芝，附廣檢萬板照

乃庚召由亩國和之子抗與話再善去到店知伊要合之棉花已銷去五千包價收六錢計二萬五千餘元俱归總

由武林國貨詢各布的六西年由昌店之物後訪君実值相又君之多之欣然擔極甚力當時不云面余再刺

一意向余直不能出西有了後布商信一過弟私查又到店拜閱归夜讀解作肄説家世事和健

十四日晴早市業布雜貨斤拜業每担斤益每斤卅文物新約貴作家珠頭甚宜生未。書来五年午後理出行

店伊云林薪計難伊之未該已易用停以油要格金錢原合一已一竿未免印北圍向北過陽錦業圭閒花至價達

中過花友説米市情形到徐方稿新禁地上水積窪出而輪棋僅之数尺為未善也局絹畢訪孫柳字

過之收抄一匹又半即四文裕話沈店飲于宜楼棋于我泰市大塾临回店一晌宿理説前下車入文堂先还程摺

中飯大东门正之子楊地当以出山楼見翁綰説欸留吸跡語不以不用無去雅榆乃遂帰夜过虞書

山楼款子末用更好伊似合糊活動

十六晴早棧嘉成之刻海参隆正陛分計泰八六八四斤四角了掃歷寶源来紡取業在因不解能附徐寿千

收盐贩以人挫悼珍与齡麟攜伙去許村陽晨張錦伯来函与詳云清性付三元二角見蒋七之阀

陶蕃来秋風陈吉山語陈八牲説多事回多细説堂用款取费老诗甚生前花計椒往姻似道

理昆一元書信全生執禧心方夜回見虞諸夜携廣泉語楊寿用款即付洋壹百元作

不能又召霞即作辞論夜多用旧脚積米夜少抵

十七晴收搭子佣来程此仙来均留飯并無解其物何以取之書局鈐聯帖八張寄徐卿未云不鎮

吉甫收銀陝之新廣康棧楚説孫釣龍並戟来友陈七世法之七之言於地看老之圍至研書東內一見

又惜花指今所閲舍廿人文乳六一詞花百[illegible]義伊復去劇陽平指字石鼓拜山碑今因共之入影房乃仿宮境設仿是從舍人動[illegible]搨勤而又有之修理正題与言鑄小東门[illegible]黄豆[illegible]暗西某孫存一頁可因今再至坡上加土九之不[illegible]霞[illegible]与張勵伯一言利店与印之計年為五錢取黄之日退益大和滌小盤詢兩同了仿目花宗識內存過半之方托蔣生借[illegible]復此切与桃源道情桂大[illegible]乃將圖之找去以市[illegible]面固

昔日陸澤碑二百字好錄長用單厚素衣 夜不眠思及數是多[illegible]用財西入法因不清可日十能未成一年理髮君矣 致蔣信並送二角洋之 王兩呂旁歲仿相找辭約明日模米栗来

十八 陰 午前[illegible]晴午后雲来 將此信閲全并之發其家事長篇累牘識其弟[illegible]皆未一字而一有財力者願業未顧日寫不易 又出 訪杭君甚怪 閑入旁人侍子不將無此加法校理未出[illegible]怪特蔚之与之錯[illegible]居無難刻是無益有害 狗鼠性 嶠華為誰是也 且語不名一錢 而為共来吸烟[illegible]種勞費不一[illegible]記甚那情理張勵伯來留話為言此情形 少生去 乃与雲全出至西廛与子梅說歙[illegible]選[illegible]而[illegible]早晚可用[illegible]華語久之 還過生家 將計取令錢 伊夫婦[illegible]約明日入城見君寶 告其[illegible]借取伊急切一再約云明日雨前往[illegible]通具[illegible] 又要另借 遂別到店[illegible]有黄豆[illegible]詢花開[illegible]西首花[illegible]打不甚大[illegible]印[illegible]以為[illegible]通指留[illegible]平[illegible]一斤[illegible]歸 夜[illegible]一斗[illegible]枇杷[illegible]進[illegible]因[illegible]雨[illegible]復[illegible]不似[illegible]中[illegible]本年

十九 晴 昨夜訪[illegible] 上郭都千村一元[illegible] 廣述欵事[illegible]王[illegible]村[illegible]炳

蛇不協係悞寫改與朱書店人談未經何子仲其門吳仲瑛韓非及祥霖朱逢甲韓八主人聯語二日再到店
與訂約欲令余作個聯書索所購繪余勒而許一二已擇經閏王陸翔考夷臣吳雅齋高石卿書表孫翻
作藉也撰寫林付刊十元共卅三元劉作余為書所出生涯日往各寓留報期伊自林廿二日付見過
之子作房西西果忽及煩事與文一談歸已徹里　靜言張善甫為書書所張節完計事余將來必
能否欲石國及政有店然必與英一言以白寺前安計余為阻撓也　再出土客月前暫出二元又
廿謹書畫何必店廷書畫肆利王羅張為財路集余姓名強余填措不許只代也再斷一集與鄭叔藩文宣葉付之
市橋芸蘇中刻書之桐店伊言談鋒利面色巨肆甚之至類倒神情一味待所言之抹殺張小房之長
可爭此事伊非有見仍至莫斯真之房力誠作中轉手然一段分人豈能言之一派通融真悔問訟說戰之不與杜張
此等巨牙計及猶有兩宗自表審發非見矣至進店與約所得而鋼之祇能去宋現得不讓與彼兩造調
與張論頭點一日林長詩宗上層之向與第二集說並來至東門入面嘗見人須　壬子移送大乃告三宗三現
四
卯告書宗局葉之伊下夜來至之市通已日御山矣至書來因溪宗馬與之毛原去相與三論加稍趁墨去一口子不衣
得訊李宗載廣待葉梓到來忙燬宗八月二十朔大付現得書兌去來保仍與玉書論客顧月字我
正楊近書表于廣西坂每字有根若再加以文理該書則財多之將不能出只須背矣
昔晴大溫三字慶及平日未輝年戲剪刀未掃偏何理余以調書送頌無用祇應只談攝房
安惟書葉閑假為本月之具布幣乃西頌之需說之豈之業難亦夫付一大口又要留

郡祇析爭錙銖，是以歷來（以同縣業之情，須徵成規而永守）具有規模。各業推為領袖，有條不紊，積弊悉指，從無偏倚之處。吾識稻帽，惟吾業同業公中協約，自迄今風猾者（以肥私囊）差價傾跌，用特公議，會同皂李先生，每月日為始，召集各號於邑廟神位前演劇，藉以布告，仕商俾諸合城，庶律繩以全業利益。本業輸貨祇在寬厚，非為盡一種，同劇，使成規而守，奚重誤任過，遇者罰大戲公衛其一戲，乎則合市相同，更勞杜虞譯其求板，實以姻保利厚于各號，秉公議于未衣。

謹將所議之條開列如左。

申刻出到店，又以菜取一元，市煙一具，寄庭四天，濟以措其。三晚廣平日二人，寫唐籍焉。

廿二雨，擇溫和安居廢打程畫雨，說不能出戶，無頭又思燒炒，想祇將寫繁書數百字，又云少而廢，又云見歲閏近矣，各事尚未整頓，處事俱內附，為任其中六諸位列，奈不為鋒，奈慨極煩，不為直陳，然既蒙大恩，竟尚不為難作主，況出股，亦況其間伊等，但家偏執，位任之事在一而是，此大假已作多事，論而尤悖人，原以離也，是也。

為來為有狗情者那。午後静四陳佳美耐從其賤，使之擲出其鼓，聽未必諾。

廿三日雨，大雨，于樹生來，不徐排帖告，兌父猶一志，見論不相，余事為是，全欲向余理一反覆，此即出訪，飯去年後訪君實，緞狂查樓費並似不相章，者此多劉以清頁看閑，叔向余以彼其家務箱之軋，實未須理之，外竟無人經偏。弟實不給五時讀，衣服四隻，此業本不可以鋪市通融，負其，伊含出由為屋之桐，毛光經錄成核。

雨。出房擇將實情告潘納卿，復為彼說，並推戴及附條陳，相之不得，他亦因推髮難，將所出余作各印
乃始終異議，我被堂眾，出亦應答。出至旁夜，無異擇之見，還一來，不知能否，至劉店與印翠亭、雲階
就試燈見店送往余詢，答曰之，款為從而推，乃設和一日，計得二角弱，若來訪未歸，夜往從拱，燃歸一路送，寄電者，相
携爆竹進大，知近年景而益進，近經特出，於從衛課，桂代張。歸已飯後，家將送灶矣。
去先只同之，郭維三宅見曉川，付共公洋四元二角，出為文為之復，發頭會，晚店寫借又改，云未儀將從地議，我們來
外四更，擬洋不存及是。還文付洋九元，談租共去年十五，該租我一元，作代付據，將文對，對換西角作收租買，些不多也
日來心緒愁苦，為家人所輟而雜出，腰膝頗疲，神少眠，他去以僕情去，仍要吾也
廿四雪，起閱早，平橋子研來，二三旁日不出，四觀其綢業可議，稿未已，書旁夜先試寫，夜飯靜夫來，談何
來陰也。去旁夜，內子見沈鑑清與談一見，廣時價付伊，隨。夜閱上年賬帳
廿五雪，小晴，上午歸成來，去出欲賣楊樓，干伊，去後是否少問，去印園來，借去九元，盛公出存，新稿未結，帳等四角
至陶園，遇遠衡令至店閒談，郭吉甫至，又二，出城，又周云，稿未竟送，付四元付加廿，並到兩該張，欲將有息，每月十
元，元之市橋二角，回店飯，與陳先生同席，及友畫格，即寫以設案，案與子書，說推櫃，但
周陶長來，端來借欠，訴不出家人擇去之。店賬三送來二本，共一，夜來張遠峰出取我租錄，完出收
日往
廿六晴，付年終付洋一元，隨後來兩年設畢，飯，靜夫云去看，到劉鄒中刻出年，孟樓楊德泰，御貨存朱
廿七晴，黃昏，廿五若，計洋七元六元，余收再押五角，個至再約，出回宮，過訪綠菊，出今出，至張風，茶久談出

晡賓賡來，與談叢送玉店，與訂翠取洋五十元，並述花事，性事合手做裏之之。遣賓生回，說讀壽
家主已出付，乃大歸洞悉，己令玉家叔待之，之旅五與歸十椿，佳泰祝言。解付伊五十元，歸與靜之崇
和伊既做於何，又要其洋五角，許其十石，於洋四十元，已付卅，餘找十元，僅此四元，餘為借與，限五日內加錢
息銀。其權已上，煙未在，借煙，並煙至，摘取一元零四，使洋理料，明日叩年神，糕並中帽
廿 晴。早為換聯幅，未是，勉家人。西歸，午後遣徽未具，與長談。夜書其事，擬見沈執，攜居御者
接見，問不因，張易其事，其事也。申新一玉，椿孫並致，收日找保，見伍肆已，有妻餅，乃市十枚，歸器芸
之之時，叩供請年神，至二更，自計一年安易，迭神叔福，一家團聚，亦人生至不易得之境，而余每
運歡價，乃抵分維持，不償其心，蓋歡樂易流，殺怨毋傷家人，語艱難境，枝狎猛求伊勤
謹努力也。飲罷，余聊作，批工聊閱，收角，並男婢之家人，餘居畫少暖，乃謂有遠家失，悵言
忽易離，空償生出，大摘知大來門，聞之，速崖門，識畫中業占伊行，有法畫急，作檢出，十項前，山橋甚岸北
閏西五已全攤，均秀不議近，及他乃回，疑還人，我人孫五六，均之，蓋據仇豹大，又云盜及百餘，或云程內燒據
雨自徹人，不允，歸回告家，而在廣，其業家之金，乃財之。廣西廣營援，備至日，回亦不真，回再令，靜令
報 喜埋，再探又並，焉推幸行其，係財科回，發埋又至，易匿回，已補妻，呈未已，哪有，徵孫不雜，既
群 其之，拷又託，投半，在中之物，被歷其也，余方書，此婦人于此，為不小心，請告至，再自四環一未

初八

廿八日晴。早出至大宅，告詢子研昨夜情第，北刊店精理協秀千。前偉豐二市印谷三印子祥

同雅悦來洽勝昌，仍嘱余等講出枚凡與三人語子祥在湘北鐵廠北華生交印在黄湘閔公道

書前均可專歸作其銘與悦來細談，在上海清末某街口灘灘，其新閘外里許生值六百放

合於古粟度至擇安寺西無錫田百畝五國大段，捡契全接其地旧原主出價借銀，須平分價交修

此地作已同叶方琢云兩人叔以印前以釋准地校蕃，且同地可有一滅中代或先出資認

定切說約定，其出設蕃實知我即出所或管公股分利至至。此種地已勝已至如去然以

著日新閘地可出金金主在全外千金，雖目而大信之息，可計日待也。收同琴具十一元公

付匯兑人十元，邀覆厝吉。春深定定制，另十元，該可聽聽，付清春至秋芽先。入夜錦昨春生

吻吻所其家可見店，兔情隱發至此春春可怕。前燈歸一過，慶談合見霍事已了，雖此

其其不至乘偏，可頌不幸之幸。

廿九日晴。早起祖父神主洒掃。料捡諸事，閏歸當日午後即出，往奉賢羅北五甫。北刊店與匯憤者

從然離標談識，自出匯祝其利甚豐，同往三角煙店取錢一萬四千角一先，為隆與樹芝二人識性回市

同叫性無法煙安二角○，又匯往五角，又千壽柑吉果汁，饅餅兩號目匯文。恒豊店支出標本

嘗午後外出討取文，性与蘇狀奈，後詢名達衙蕃孝保乃桐君一素[行]嫌取其，其似姓金，昭陸一元角
克悅象及陳履安同。錢盾庭二兄討王同男尾找，致与争執，蓋嘩之在理，乃追索要之，[又六、]橫出
付一元六角，尚欠八角，雪客所目見，不理其候，家之惡者所自來，然其議■習工五極賤者
則彼不為游也。三點出圍，敘談捌十元旧帳，聊樣仰遇一敘，想之人甚掃，一味性寓，謂為素欠多無不
協衆善之談，[寓]熟旧欠租十不認一丹，未算，追至見借，寓秘侍二店，夜宿[自]王圍，出高，合都四店
又至健三，旧祥昌雜貨店討旧帳，聽其遇出其手，[定]後辦棒說之，移三陰，甚苦，至百六十文
不回僧，汪懋店古，年年免拔至今，店無，然至此一本遇向，初從此是伊矣，所以必不惜，鄭年
古都為之，若事所思者悔，而又要算[木存]，初証就搭，私又回店，你糯取帰，乞鄰得有生來討
情樹遇兩次，空手，雖気余，的伊每年十元不讓，今我先[減]付一元，辨須來搭，手人伊亦無可奈何
韓菊生[寫]書生，西號無滿与[同]余，饒古說齋心多情，形实收人類余，不与較，殊不解此是何下愚者
市共豐基十分可嘆。天時晚，促諸健児挑燈帰，雖未酒喝，即授床一覺

光緒二十四年春王正月元日上午晴申後陰傳云是日日蝕然中人幸有所忌
諱西國久知此為因祥瑞題已已而雖佛娃神主自館蕭閑不事事而人況少樓度
佛中心國昨事譯多未稱回感于懷子研未去知婦非華家人王雨康非東即四神
情茂實中術合身世年來如懺急水行舟觀者視生若天上而不知舟中人之撓拖勞
皇留篤人之手指僵裂回首前程固若烱烱而後顧來路安能策計波平如鏡舟行
款款不必希風正帆熟也一擲骰齊在即以
初二陰康侄來賀留便飯談及余生平以為禍福為大余之勝不足而不如實多最最者伊
業穩實不甚受險阻況二子勝善操持其業路後福為多矣二兒先去邑庫觀劇余偕
康侄至北寺巷口別到店取烟壺舊存方寶天詢邑庫觀劇時雖午而戲已三齣蓋有畢畫也
觀者擠甚比登戲樓之安室兩與王之翼夫張保其潮不之而及之店人往投柳居春雲及藥由煙芽一
之戲戲後盡力不遠出轉性杯為之祥之讓一輪與周康欽集語細店與董琴作者三四言話買
物而不與佳益作有同業之議皆合百也大半小叙閒談董琴即晚者春廠少間晚歸廣三桃花
辭余獨歸
夜熱後僚膽以病疾頗劇後人之無計料西照暇隆業妻不安冀利在

初三日　整晴，見瓦上雪不及寸，然一白如銀世界，少頃天日晴朗。大儒、振偕拜年，終日不見者為沈寶臣、英
柏、沛堂、桐君、又達四甥。沈子用自石門由陳比來，交到胡鄞及韻國要畫，自有畫花果以息道遠。
韻成牡丹三蝶，蝦似較霽下，用索及余畫樓遊道箇，索吉二小幅，一虞山圖，家仍未之，一北遊風景。
又此是小橫幅，虞山圖仍錢，款也。一扇，請蒲扇及書幅，余詢吉農之扇，并乙冀，雖寫者，小對，各各過。
陳子謙、馬森山調樓旋後，錫翁等一談，歸與相說，未贊，家內與四甥話，其族之月直設祖屋，修緝書，着客出。
捐銀同惟會書錢。

初四晴。早謁劍南請午。賡三過說嫡，兩弟未善，生意辭後，將自戒許。稔其鋪，除數元金以事，欲責大之，經意但及
欽甫來，似以為學生，鞋子之事，將衣衫出，入謂所作畫，靈于住宅，惟悅樂，久遠所招，他事大合，意計此
穩，而無來，併子鞋，先革往，惟慮將替，回往事，交一二千金，不得精神與旅，浮不繼乎？久之，入桐，賀又謂九
月中室又謂大舅，神主，祿及財，意均事甚爰，莫能肥，宗何，循之運氣，真理之不能解者，陵之桐語
小孫之北，到店，恩設四枕，婦子計不得，仍要出，兼談友事，均後日自來，取書，寄夜將歸。友留飲，四甥告，設月攏語
兩說過年狀，恨漢意之雖當也。夜店接財神，滿街爆火，金鼓喧闐，過怕，拓挈鼓，談往事，告子云語
春季年夜之事，謂之為廢狗，而其家事均比之。石琳林人，緣咸來，語云緣，說往訪之，無杖文，頗傑，語方新
意來許，特思言，愿與翁全局，伊又再三乞情，乃訪某氏，不值，歸時十時，島其狀，大三郎，保債緣，前榜撒
雲文狀，欠錢與達，微哉，懷得何是，說卯以為辞，出，堅留收手，烟枕，不久而其時，乘與相之時已二

更後因晨過巖府親家告以保械事 而後回店已 趙照復溫酒小食 携煙歸 保械之謀狂矣 然不而甚
以余力勸彼須防其大者 特彼固得意陳甚
初五 晴 早仙翠來 云伊信論店夥生意逐一檢點是否 而衰至必一一歸並錢侯定議 不請陳至設施不必善
處不研來 並于煙之對之無告 設為代謀 留已甚以表 屬遠微來告 所以院廷槐來 過廣與瑞蘇
等閒說談鍾煙不得閒知者 瞻本
支家賀四見 達微述昨夜緣得情形 又之全靜 其余于申刻出于
民張順茶店 與林廣楊彬來 同李桂軒來 回于陸榜門 見秋棠謂昨談保不得已 遂加函致子陳向薛其婿索乞
為玉成主談久 過苟之不值 回見子卿夫人談久 及出向樹藝會 達仍於十一畝用工費今年將樹推賣招股五十元 又
許植菊桃園 伊等居來 同廣而歸 實與防文子研去歸 對之相視陽百壽在杭 告所以伊議直于事梅又再三
諄告 由乃別 過相議 見學人于店 述昨日伊執之力需以前來家 將余禮收不願 索亦以蓋之 並其已請而其才
不愛敬焉 不過人種之三年 被一推而獲之 未矣不平耳 抵店見又于在廁告其友 新空歸途已夜 不席飲魚
於佳于仰其于至甜我摩與悅來于稱且後留飲請伊加與歸也
初七 携煙歸 知煙並過四條山家轉之
初六 陰 午晴 靜健等之上新壁于研秋來 情根填膺 少頃去 煙來談其說家之善生理 午子柳夫人至 乃
為新勸又諄論煙多事小心 現在運塞 事事當從艱苦中出 乃應練其境 今後日淨淨守身出去廣從
余既不進無店信也 又論嗇其無作去路 須述店可難為 秋來可至此乃有前可推於學述其意學生
主並恨之 鳥君可與對市夫少年出已過桐 繞由大東門中途至蘭病 既經體不能行寸步 乃去任至元酒
店借脚力杵之 並小飲 往店之述所以偕上 往以蔔陀子以至 乃至茶店登樓 適際至此風大作 御次吹干

乾雪晴銀一雲中起乃游汪店兄王素入南門金宇兒作木舟蓮須均全武長五六三四尺于涵肆後飲話北别至
中國和市土杭字信通朱常夫搖茶謝之至后去相所知甚窮親情甚不堪向者心術鄙之仰夢舊
情像收利分該處州物撲旧愛之一過怡称再評帰飲不解者錄一遍廣不勝界但甚甚浩浩而以
初七日查烟雨雨煙起留我家其母來晚去為其藤多問讀而約其園伊等遠懷至極對之殊快快
年吳氏取家毋令苦想摩比妻色作年茶延留議誤人惜則時錄去子研一素完氣韓勒直之事也靜健之
達徵并子做家晚淳性夢譯稚耕說至保為達徵說項傷為書卷獨步也而其卷一跡之者
蕭沛之公所為達未常大話至家燒燭夜談碑歷後氏情形夜到達徵來到李保結
初八晴米平至陳問說炳寬子以少未佳即手梅之起予作炳由坊伊少毋衣平廣猶之而諱中有判金稅
廿六錢翁未訪去陳之前長春歲孔信大册閱為之讀莫梧遠處悉王秘之回幅并陳之
達大幅三星仿乃別去但飯炳未來訪廣未君四高生理炳但去至而謹乎次者夫左高之白去
訪翁七觀但酒樓暢談書舊山鄉畫幅神似董王秋之五十餘種并與坊揭合屏作回賜
去奧北大夫室即后知盤錄乃為較手收白撥勝調作裝年七夜回候而怡甫後來但辭室
乃候汪細問至一之乘月歸後飲者辭于册之寬懷慎唐幾不白免齋然致清白出之與
理別之不得未鸦衝日洸聲之蘭悄兩來參搭秋帽寄齋

初九日 晴 午間表侄之廣談及婦事 晚出村居遠衛 未見張生 效廿錄學年了 初弟說 蔭子北至
同黃輝弟三君 到村廿二元五百年（於） 過園與陳伯回世恒稜之濂 店署滿細詩 髯蒼波對竹
園你對濃霧 傲馬桂之市 煙扇雨归 夜飯後歸 看燈南静坐 奎與健 掛琴出
與夫人右宮格燒精湯二杯 必告安無（以與二） 上出屋上牙不覺為懷静中二
又一夜詩塲跋之 乘月歸 後飯
辛晴 辰門即過有田壇 東來（賀）震 虞夫人世壽 還越至通桂師走與雁陵之三莊士
以有映城菜四盤（有常者） 乃與欣薦三李以於墓白寺 其夜隨兩至の下 旋令出回去家之人
云先羅展上下 の控文帐歸以騎間 傭太君陰寒我與碓岩 露墻碧珠不瀬之藤（以）
而陳者他之安閑也 撫豈有福猶先祥那 無言不踰堂 他甚然求乎平之矣而哉
刻之職務宗之人 第一留心螭燭 燈陳燭而未許 是堂能寧我 而生安寧 夜飯後
聲健退桂野步積（伊摯）屋玉田宮至天后宮橋 請文人以九者去那橋家 尋墻猜之各市
一語人皆思不忘命之妻以 昨騎字乃得人為字 乘月與桂野步宮静 但歸二更後飲

十一日晴 作隸書合陸劍南詩 書亦不見超脫 試作山水卷子 成半 有意處倩伯
手（注）熱墨備畫 洗筆磨 點六可與古大家頡頏 吾平生與解道路派曲 高寡和 時（未已）屬作
畫之不然 成家矣 午刻手研來 印圃東閒談 留酒飯 行至見廣之篆余獨往春橋
胡五房陳址樓周氏 梧桐沿河唐氏 竹如洗 青翠悅目 迤東為古樹 槎枒多入 是時夕陽
罨樹 鴉棲噪風 新月如眉 而此景恩嚴 扃户回家 人說稼雲（沂）館多擾攘 然屋連易靜
謀
十二日陰 大和暖 早 姚楳庭內姪請合連欣姪抃灼賀年 因請文先一刻至 共酒飯 巳刻往
對未識之陰親 辭之不獲 見年 飯畢 未往靜山樓 繆柔約步金書二處 從出入桂頭
一刻 陰 訪甫于龍卿 葉松生內姪 林蓀葉合至下席 沈益三 蔣 陳惜弟二泉 讌諧棋戲 飲之至桂
益（生）錦江諸寫意 飲至將燈歸 是午得閒 作方冊一大似石年筆 多少熱 筆而墨
必可傲古人 快矣 夜 求我二古為之嘉 靜 陳蓂未至 稼雲招許過高 聞之松風蕭叔 許于聯函
（伯）洪義莫成 悔工乃不至 至足作虞 本領識見有不及焉乎
十三日雨 是日州中迎春 知府學表儀 早往趨赴書 將午出州前 觀春牛 歸簾衕橋院

命駕詣荔卿閒談，街中雖濕而去。出雲山，談未至大山，識諸板子，訪北岸，倒後拓入署。蔡吉士南亭
歷本錢恩洽，同欣樸庵，留伊等回，不久見陸仲甫，話佛事，又談以後日訪楊米同，見虞卿
頌夏，錄佳本物並茶葉，說書畫者云：鼓琴陸有法矣，敦夫人傑有奇草。　國原為吳史佛舊
花田宗，茶山老卿來，訂杉樵王詢贊，許為王靜之見下冊，欲請作畫四幅，不應。月來畢伯
伯滔精於筆，贈四幅，宋張予余者識，並加之，不作年，可以代字矣。子研到。十三　余訪菊生少坐，邀
去茶話，王禮霞觀伊話，羅兩峯梅，玩蘭作吳大屏，雖沉厚完善，非太平不能入識者目也，遂
雨至一生，虞卿店不止，某書因約至，各伊借雨具，乃歸，入天鳴茶，會伺以說，州中何佛三四去，數十元
不謂以大柄二頁，秋去，送到雨具，宋之縣庭，倒申5俱回
十四　陰，間小雨。訂子研早至，云即至，既誤，說店話，事王重東作，詢所一領，即出，對店，訪汪君長談，訪
僕琴史又久談，薦子研子四店與子雲，說未竟，王來，月相約及西堂，所租書，年找一元，今年十二元
不能少，賴子之難說一一，四角詢子雲，已他去，而店中又無詩人，不能中心，惜之。市茶館用膳，還趾角簡
途市，雨霏，幾誤行。作字不能多，意懷樣包齒病齋　靜兒之署，許趾矣，煩伊借漢書圖
是日立春
十五　陰，乃元宵佳節。許趾元來，答不值，蘇素林字可列焉。蘇臣數十研同來，長談，子雲來乞詩
湘信，陳史家事，得余謝，發留取久，借出，過北寺看老媼禮懺，呼兵行，觀楊佛子門，實啟例也

到店。店糕于衣店，見杜綃作袍，這鮮佳者，店夥府紬之，不如致羅綾花子。遇桐譯云：有銅佛下於儀式上，點一西方佛一面，有多字，甲子造，乃篆字，但爲識余，決爲佳。屬殘所說赴杭之事，因同於北寺巷入寺，摩挲石幢，中屋鎮佛兩邊古雅，衣紋摺皺，此乎常無家所列，邊有字似題明何佛。看眼步歸，已上燈，留復饍，至初更，倦靜，健出往猜，煩甫二更，旋回，余上床合眼矣。中夜柔然覺出嘔四刖。

十六日，晴。拜千柯一百（每一二文）。凌曷嫂至，開六至，余门前行，向作篆，作于明末，余臨摹去年，懺漱翻頭菜条，惟雜趣，做爲帳。申刻去，于橋小立，到店，見細發佳，欲買花，益大于雲鄉之一文，古益六，稱寫拿去家，詢丁長來，大城南西指，諸伊於匯倒料，四百長兄至，云傾上，欲余出錢，不可料，星再四不定，去拿印，手從細一見，眠夜，又坐視四旁，夜歸，未坐定，覺三四兄赴店，和尚堅欲借款四，余反覆執辭，不肯再賭，伊意不遂，聲之嬲擾，至夜，義借，往不利，就此歌辛，要喻再三，留飯，財強隨思，彼急甚，未肯實，大不得已，只以意中二元付之，好言即去進，甚歎其粗淺，愁慮不顧，同前，致家人不知兄弟妻子，受苦不相恤，殊堪浩歎。要用吸以。是日，戒雞毛子布一二，布燭二角。

十七陰。晨後事華館，同芝閣訪子研長談。昨有三姦侮云雄以法女少之詹發義出京訴于
祥和之後，查于祥霞部伯循云：欲林已往代出合同閱指保，然到店辦行知，有雄氏在日城鼓且叫
十八日，又看詢之，乃係於人之拼身無才，僕完好詭人，僕雄其即驛錢之，有日暑以前法方扶匯
雜事一天，恨極回店，飯于店。一面于電牌燉九天居室錢當店向燉，伸已收止少生，歸復飲
閱報知盛京卿于元日大得授考，二等學生，本作日秘書供臣位，芸閣日本之，駐使府極為人者
所成云云。　夜，楚行掃，陞下城之，尾所歷，如理事甚
十八陰，大晴。上午收祖宗神主，作妝美來錦齋，欽扇寫竟，極與歸林相近，惜自種用筆者粗了
仲甫來索及書畫玩物，因出古泉相示，又檢扇冊全閱，又蕭大未長卷，墨雖未知音，亦頗妙趣。冬生
談次，張璞伯玉、山谷之同知出門赴鄭渚，在潯陽製造局；莫釜山第一來，僧夜辦走，後衛見表村仲
甫兼星于酒肆，又談生兄子研至，乃歸，留合飲。
十九晴。寓長盛，夜同唐壽來，做甯綢褂。店取綠玉頂子　讀一冊，極似石年先生中起一壺作螺旋，洪山金
在懷陽蕪山間，寶山有其索，然從者心怪，噲仍以山有此家也，稱仰見來信，評石料花益大而
仁甫，惲未至。寶楷至，言玉初到此舟至難發，家用及已，今問不名一錢，深覺無款。達衡
來留合，極之之。拿先生攜之來，内佳里四蝴，昨使探不生已，再去轉而北空鞠者，已仰者五兒，當彷彿者
洵仙滿大幅，昇翔居四蝴云，已往以衣上刊。本月推致之，次日面談，情意頗屋穩加思一，唯再三

讓如仲允伊又再使說予過伍店知虛信而着重淑頑覺得空心空之花伯已仍然要貨性貨

劉而今家生居所可全鏡手於事從納異其中存嬉二元黨磨即四要北季此林索鄉媧

叢墉過桂部一談歸　夜檢系書少閱試宋帖等　靜覺佳素有序羣宅深雲也

廿一晴早少寒胡寅生而桑耕來成黃烟以上十年瞄搬去談程然止既而取浙江今看輿圖將及

城及水路設色時夜桂輔兄訪並請芸陪飯乃留以飲備夜饌酒伊伊家事識爲長上之號

要家人不諒真乃得寬裕之境而受君利之林窦實難一語　以此閱國粹輯詩正家

廿二晴晨設色分界地圖既竟擬跋

自輿圖計里方格之法行，則象繪之習；自石印縮影之法行，則妙靜精核之本磨之煩。三千年

前之世良法，今者風氣既開，自地球五洲以至一城一島，莫不有圖，微入至成不可勝數

得來輿地之學日精，人之能自畫者皆亦山海水陸奉翔高下瞭如指掌　識術者祇有圖也

然茍非由其學默線爲精甚也，此俱江淮間輿圖居生豈非宣可　爲友人所作

不害疆界之廣狹，海嶼之羅布，因爲設色，然之座陳

寅生他作色我而數之，共十四五日，米頓五挑，酒伯未刻，爲作臣爲僑扇，爲吉庚性和

皆謝淑以用墨少隱是而應，然至計海內餘此者罕，自珍又自嘆也，畢啟達

衛之静歸，話從桂軒宅集，從堂庚保之到，書余指圖出大余石過往，秋于煤務作往路義大會

即遣摘花過清溪伊川印宗一往，正查址正上墳，復起雨，雨後至此，見有即各同至店，說吉甫了捘

成石往

初任話花而禁路，法我印多從路買花之，与印文同南帝一年同歸、、夜從作哲

廿二晴。賓生種桑，昨年秋二十株，計廿二千株。辛作扇桂軒來，請印書，領与葛秀伯仲夫等同席說

守桂言，韓迂仲寄書一冊，遂陪門外至上少嘯回，渥來邀為店樁務家，知静庵伊子已成陳

陳去宋甫，伯馮樹因，劉方官來，云留招話，乃出到店。廣寓細七尺布六尺五寸，請留不至

嘉庵即歸。定計余同書畫，静初次遣川上海，本在鄂將宅送之出，院分一以費

用，不支一以精力，不進銷，患于志，但藉悅君子，思有廣布細思，亦除不負此

諫人，於量出以計與同事，諸不合一味，惘惚而去，以間多事俱先為，並不能收拾之

三 可出而再議也。夜之又不能合脈

廿三陰。夜大風且降，移煤所有業不成。廉下至，估臣使向欽，筆致乞鹽，又為子墉寫一扇

下欽，邵頌之宗，初又作使与之静，至会，若有，若侍，留不至店，陪諸，指行路中

三工 見子雲，公歸与語，若涯得了困之出之書。夜与陶子高出門，許

苗 雖晴而陰之，紀雨早，留江至，呼起与長語，安雅守汉庄，折利閑人，諸子而怡，未至巴，人齊為之，宗公五月初六以送子出中，成石赴

挂印圖十冊沼程玉兒送物，伊意只要心神搖搖，非強之取租及有逮之中心懊惱哉

不能出陰而豈可速忽乃約略聚物，許其為朱漆了，俱來我信長説靜時之舟

子挑夫二元五人挑送出村，条之語義大花已消，原因約得將伊所出之，捨宗齋中

出到店付蒋霄信花情七千与幸嬉知情情余三元二角洋，淡元五角，以四元交店，取十八元之上年

付匠工歸挂卜，仍託財貴要園伊千百夏布百又帶十七元職，而還家而詢店，相借借款本職

我來付七元以收單之，夜飯後靜至下舟，千冊与四楊方之送來，留信六角洋，又帶票去，印用

三更至候撓捣泊焉。是日付内子三元，成衣工一元半用，以淨家百，余於日植為租

為四楊荳泉，并為萬都了，淺月植租百兩注只許大

益徽州大霧，上午時下午陰，方雨旁作大數，處時渚特，以上岸以便急一時，用之于小茶聚飲

肆五人，過伊七詢各了，遇壽嚴与筆高華詳上數本般，便食錫回茶肆，再入齊林館壽伯作

起令飲伊淨起，与靜含食，鱼下舟，潤皇閣，福王，升已記論船局，知輪在此園，乃買票二

元四角，隨同之此園，過上輪舟，少頃開，共止五里，一等瑞圖友，蘇人鄭了，來作入滬，一樂友張鼓

輪駛，過十下，經相州興，一下抵平湖，四下不主午飯之輪自居，乃送快舟而扶舟來之函

輪亦定乃大患既宋已暫橫夜睡鋪陳而食烟銀話短距平閘不十里黑暗中輪
觸淺石奔騰一聲擱淺山沸舟皆從亂處常燃砲以求全輪少閘汽去四
艾無詑不已聞輪損一人下水之謹少久息知不甚傷而驚已不小矣是謂易舟為便
宜也同艙海鹽朱聊生雄 詩人二更後大雨 伯二點鐘 三更鼓輪大發 震撼不已 三四點
寢 是付賬七角另四甲
廿六 黎明以飯就舉 赴岸 打發川李七下 錢五吊 從江自來取橋伯馬多扎 王升記順行 接客錢 頭暈少
頃雇一車夫扶下定 錢六文 一車至泥城橋 為難至再 付挑夫二十四文 既雇東洋車二 全行先
抵泥城橋雇係客棧 佈半部李 後來鹿車押赴泥城橋 塊十指 待卸焉 余未入 靜進
文盛與川李語 旋行 食湯包麵點 四十二文 詢情得與陳去卿 棧云未出 乃鄉鴻 九里橋 十日
馬同以忘其居式往返俱讀隨以詢得徑入棧與同姓張 經川李上樓安頓食烟
飯罷到楊少泉來談楊鼎甫對房往還閱卍十餘與潘甫陶 金陵人 其房供座
之緣為有未到者甫到懶店不得雇車至新北門城洄到擔武台訪荻園未見焉詢
其子兄弟乃出觀古鏡精泉 令五弟不一面於坡子

摩寰亭峯半可觀，敘述契闊，詢伊友久之，因著夫玉又昔挈譯伊在含利源三
層樓海運驗米委員，聞云送一十四歲子于中西學堂，規矩甚好，每季膳修繳元，外加書
籍零用洋一百二三十元，不可知，若佳而境寬者，不能學矣。說之旁座則七雁半之與
謀衛于秦記帀議圭古千付十七元，取若幾二兩四換小達惠、鄭愛之，云在討宗橋臨成宗
過華君順昨陳子山荔人詢伯森已回，秋妹今日回去，即過廣與少泉萍加魚人同座館
茶房給陰男人食洋一元　車路三百文　船飯洋四角　靜付
因彩看戲，種彩而神倦矣。
花朝夜雨無小作沒歇，竟日半陰晴。子刻三四沈吳人進房，神情恍惚，初進者寂異似
於燈下推戶入，向余據性說，乃靜亟詢，乃出靜解夜細，抉目沉思，靜既未列何有此？未殊常
情，要非所夢覺者甚及一字入其夾丈于灯一室未有實，實然蓋無意趣，通身酸楚力之
將睡，玉七下鐘，靜玉爲告詢，伯爭少久乃起，呼粥共食。余以坐小車市洋，額去不去
玉十下鐘去，捐火出步，玉三弟閱格下坐搭郎離馬車，予廿文，由浦閘抵十
六鋪下車，路中見新開鐵動工填塞

又步沿泥洋中覓入元昌永鐘帽店，出本門大街，入見陳甯人周甬人，詢黃雲園，亦已
往指回告白子入之昌詢以形狀，答未到。往晤顧夏布，候以時，趕往茶讀久田同伊店，係鴨兩隨半
甜一時耳，奉主人適雲林寫旨等等一下午，到倩一學徒偕訪貨捐局米祖恩，投名以一封令
閩人公事也，告以此去步由浦灘，郵堪尚馬路，印書市，風景頗殊，從保城河至吉祥街，廣肅門車
刊青蓮閣茶烟室，手版。十于居在果覓舊識未見，顏稍特才兩房上下層，規模頗華
侈，極矣，三層樓直三進，九間門面，大間裝飾即宮殿，學此者頗麗者，處也，乃入烟室吸一匣
奠人，求借百物如棱，時錢予二角，五十西蓋烟，下計點茶以小怯，匣并且看水烟十西，西甯洋傳之作
八角，則去方乃倚全窗，非獨倚樓，獨蒙為示，示七下，擠擁則見樂園，獨飲謂待，予久乃留
坐，吸畢談久，陶芝之係候太昌，來雜候廣東同席，亦保者。旋別去，在路中欲覓三十五年前陳宗
本稿北吉泰晟舊址，不得，由二馬路見雅聲，不指，為查樓角下，係日有墨青，賭之偏情，回香
已時燈，攤攻棟三方，麥走西湖，道近，忽忽柳絲一又，颺，珀石矣，稠，以前在，今非日，昔以旧，去因往，今
伍鋤也。〇昨來此，以去見秋苑，何耦拒須事一席，加之，對觀樓，亦保棧，推，留鼓日課，昔時所，印間，昨
訪園，来西，磨鼓，遺代，同，里文廣，以閏，謝區多，時華，權，將查廣多，摩也，學，再，載，齋，學朱，進友，達，集，光影，郡縣，以，字理

城南關又華居者窟一頃門西又有店屋右官署中有踞坐怪異往者車見所行者衆者

回感[illegible]為神祖人因以書定之[illegible]皆示未使何時已服筆[illegible]遣請不使

兩意返陀素之 諸御史坊去 晦 如何書未甚呼佛同當

共陸 五程邵愛之素 昨逢毛夢黄見已[illegible] 有甚闕下佳書館御至久他日乃有函來

書何拒也 為甫發有國進館 絳帘匯日仍去遣訪

即接棣山寄云約二三日擬伊來處和語云之乃中靜坐俗深果樸為至今後直契闊說

新居尚未宗欲去稱乃去筆頭小事二茗黃耳馬鴻西去保舞與來羽精為新縫韈並架洪

為再醬詢併之移冠伊處之望能必得欲之要出將目歸伊各亦之二時許邀同古今車西山之柳一株

精稚之至抵大種分有最後宗門是類在諸家橋實物席之派也借人受之書房六七種因之證帖及書

清梁入往旌中三西細窗之佳石小集旌鈔半軼者多少書趣甚舍西大目因入旌財歷之共部雅整

四人道同庭人棄即和怡和云仁非帳反一覽之者也又人接而借一本少奇長為人大為怡和有文史其部

零傑新搬御書方至於吳地有逢為道所以余不知果在此標文乞於卓云其至一小樓佳玩

乃西車輸外往侯城橋靜安寺循而西北抵至宗源見一牌樓邊多竹樹二三方羊岐行

之遊。丐地築茅舍五六楹，皆松椽庳屋，設布精雅，不异作何風帆往屋上過，晚方歸

由後湖爲之竟完作。其婿許子　之作似勝，吳芝瑛請詩，輒四叠韻一去，對縣由浮橋入茂宿

錢塘峽在焉，入舟小語，以琴一來，談伊借附寫一刻，上車附法國大輪，景甚暢朗，有大城，狀大如

夢往事，我回入於右須納之角，贊以右左連來入茂五，棕櫚物伊他往食，與愛之馳，歸侶房，食芳

四之。君墅各爲冰雲卿，書及題跋各，乃于前居書歲月，並詳他日歸來

見黑白　冰雲卿　勞湘徐遠　不繫舟　琴

北廣爲南知吾墨卿，烟林自是極此一得，而叙契闊，又之似覓威沈小漁卿，仿得贊作似此，付糧惜

素臘之，數百年似得在之，乾亦知安歡樂合，陶大嘉　墨之　注　沈小漁有　夜餅覓脫，食未消日

館中柱莊請冰燈墨也之者，知而呼帖，旅館在文余，侍半生覓狀，未之深談，歉之。奎君覓，不申

已而而集竟，主金不由手，扇爲之者二文，痛飲四後談，枝庶竟不得，雖思擲詩不呈，反復惜此　午後雨

芥陰昇與墨之談，已刻東川番騎馬游北極呂君墨，四更之訪君，進士，于歙實職久，比于三，福深

于壽庄覓，得之，入見悅泉、羅仿今后、京山人王建子、直隸人徒而祠，夜未談，星夜館，之歌已武，康大介

館舉在招，吾因加經信科，為騰寫詞科例，又之書之時務館，與靜涵其情形，而庶居難暢，其下

入旬用物未見，見閉卅，計自久雨三日，當歸出書，局詳贊店四商有沈之漁卿，亦久訪墨也

麥壹一元　夜與陶大兄共飲談　夜擬詠詩璧韻詩

二十二日　雨　早鄭齋三來　陸次降丙弟函絕誤之　并恃早屬寄丙與大㛮之一函　郭伯函　全出去許夢龍

并談排告及諸之　嘗言燈談久之　并飯後蔚桐來借同學和來訪　桐三回啟鑑光并饒悅

又函撤銷茶得　廉至三弟十一嫂圖中　墨多寫壽細論公私伊家等等　約西夜飲在藏

它五下雨　弟一枝　余於出巡來記換藉四付抵鄉市及圓行於有碍印行　寶善齋東夫不別

不恨矣之　錢送假得見文熙　官許言之子　又久取三小藏車子對門市價講一元五角

小甜以卯七七之出寿詩題詞共草墨瑛佳時已恃夜復題車第一稀　西島見沈伯衡　後來歸　從八點鐘

姜房文往去十年後去　乃甚舞之　悅興園飲　讓其宅　悄在為所難卅卜報出來　蓮澗法

外為之人為沈湧花　義悖焉時許恒佳　鹽陽衡主　薈林枝書　而談君舟為筆列　金元裝

少間雨歸　已二鼓矣　同席玉陳　鹽人沈　伏人皆其去　指孖樂園之聚詩　聚畫之歡

不克赴　後又車催詢皆不及赴

二十三日　雨漸不絕　有吳陳公賛　鹽人沈少莊　伏人來回寓　但與陶大兄詩作郵并壽故賛

垂老之年　到之西半歲　匹懷　陸朱平甫作烟來開　湖人雅伯　畫叙壽閣久之　入館燃一冊

與玉亷又一陳燃烟　核復　芝光出文帖閱雨　核不值　十九又之　叶錫甫諾靜夫不寄

久留乃至　將詣一函　并示至示　與上七帝阿以濟明

八二九

歸又出訪費屺懷，未晤。遇居竹卿，云往大興，以歲道路不通，回。焉茀甫無恙
泥濘之甚，乘車以歸。
初二日。陰，早，静安云：歐陽之學論戒之言，蘇東坡、陶淵明同田光之墨之出觀天亭
晁錄詩詞浩瀚，寬亦沉淪，真四海千古之豪，第漢魏以世有力者少，義俠以白
之並已傳矣。邑某訪朋人，人皆中插之未請，應旅許之，次日早來，雨，午
後一雨歸，麻平從即出，驅車至福海，悦來出校對
而含來偕，有野評佛書同觀，晚少綴筆，且得佳話也樂。整裝以應八下五十下為成之為悦，欲不
小耳，云之父舊約一再宜設請之，以樓是為雲，子祥友權仍未建。次伯潛拘一說，由
入春記，兩議價一再議，我出五角，今乃獲，歸與罨講情，雨不可止，春記佳來，我
機，我買得，添。夜有祝洪和者，工筆來作中西學書，自里來，今居樣山來系召
飲于園。先之傍薯去謝宗楊宅，閱者韓地出題焉，乃來詢知席設在南北
一僕代呼車，行泥濘至門，已曈里一舞之矣，仍往入焉。先之又已歸，有朱穉

福利公司又少年王叔淵對許久，映月琴出來，言兄一新世交，你棣戚俗相住，抑又他人請飯人
男棣請在富雁，乃赴前于徽苑中，榛竹樹玩，亭榭二石，少雀力頭，棣山隨往，亦來為
朱　婿　　共進點，麵桶盆燒鴨入席，四小六大一麵，後大碗葉寶
適日棣言因失言，垂乃夷場話託深收兩事，余為酬對，雖言甜而不失本分度
詢及藏領之，九下送別，復雇車回，以中電燈如晝，車行甚雷　　祝太伯學初編

初三晴。早靜安來言與歐君　　相甚合，觀其大清律中西文報館，以為高才薈萃
二三夜數日，吸成王太進安園住所言之。余以為初進世來，須分文且相與交往實習
雖後行矣，又他適，則蔣君與家人卿有幽怪，太活潑，係且面令習以學聞學之
又須第往還之。況粵俗程戚祕炭，是又未宜至久，今出食麵湯色，於往市廣東館
餌院　陸稿薦燒鴨肉，公四致余椎雞，以樽上作，樓傭不知評價，艷柏亦不知，擬歸與
詢之。段佳居四云，評直乎？伊雲直八元半，乃堂藏好，捻疊行李，莫存後，以大小件計
怡他又輪船票，信乎？棧信云，陳冥又略一面，擬前悅泉家洋信，有渴於店，又來
請信，辞之與陶，聖如大寫去，往諮，午後少閒，將其等，將中素慶一車升鋼

廿六 送花北施卿唐墨之等送別于門。然一乞其書，許而未據。鐵女橋。華順君自下渡舟，小妹

殁舟舟樸渡上岸，由唐路，與舊侶六七佳左都陸鋪餅耳田橋，樓渡川間上舟，久之待茂才。

閑閱吉堂賬，移上滴水館大雪安臨，視女棺三表之蓋。聞又四舟等至，五下乃聞輪中艙宗之嘉宁歸女

一妝。桃巾閱吉莊滬宿，獨不厭其精力過常加倍。一女湘江浦，舟如林，風帆出馬澤之雄。

廿七日 乃武輪船雙西川過，鐵廠已上烟。夜陰雷聲星馳，祇聞水聲潮湧。

初四日 晴。三五日大寒，勢霧如鋪雪，松木郡替序，松珠卤十下，于此間舊見似之澗陳蟹。

王三度司伊課金盤出耕李里桃金毛，向羽舟若彩不同橋過，嘉啓業為之日航宁來勞。

畫鵝赴上闈李玉正六公未出，心中又掩就後過，嘉付書，桃夫入陽府詢御國之為至城。

尚騎雨林請後過，謁與卿志庵，諸道陸有為朱印梅至小話去，又與韓侯士尚案出話。

詢余乃過舟之孫小方來而訊，道印梅與叔室四知余歸入城會舟也，許其汝贊嘉去適。

留飯之出市尚上舊時嘉居所烟其士數語，呼舟于晚行李，聞舟室新且寬暢而夜博。

許人舟人亦妥，嘱小至前店已樹山一見李子梅抵蕭莫潤利店，這是日設挂牌以留蔡直。

嘱其之至一點舟所物桃夫作入席知其送其之之所督川，此其土買至為朱印岩二李生共六人陸以酣極戰者醉。

夜宴序翁留之共飲吸閒丁壽 宋王樓脈得三更 金銓贊話之文 丹付作

初五 晴。黎明即起，令留江縣十三元 付弘只仁 食燒麥 靜甫說話次事 留晚店飯 利議析約逾德宅

與兩語論積之 而于卯以用項宕候及自按用作不論議得上有復見 捐入 求同友申 爲從東加本 我怕之論

之手作附錄稽稿錄之 十下出就仰讀歸家坐窗而 夜士與小李 返家 取粗肉送親有丈在家細

談其月以事 余爲說其三下出途逢周宿陽林子上年入都之兩隨者 雨人之中畊壽之即至店見德留

道又石遇呂若諸 小六相右庭詢他來及餘山之來 完德梭歸 乃出遇德宗 論及析德與初一再議而

繼元以陽剩加貨合成八千四百元而切要四年前之 拈盈用年 稿收 二年中得自加作付條 五厘承江督知卓

分之欲至留尹杭潑大表合飲陪于德宅 議畢定三人共入城 至繳燈歸

初六 晴。晨初琴來喚醒將夢 下樓談以相傳設及枝卜遇少中人大樓議多利但屋之錢須隨之會

翔元之 檢明行李 往嶧刹 何子恨將去來華 詩稿出

往林山于離英大馬路十六七里分 地名虹字灣 日地動放一起 僱轎往由澤人居福日甘堂一球網

前夜有少鳴岐里寫于縣北沿山岸 築水雲卿第 包五六棟之其中許 樸惜 訪宗倫字之上有詠

余謝是日題名外許多 元題歸 祇記四題 錄寄于箋 寄林山字祖

水雲卿

閒逐漁翁理釣槎，水雲深處足勾留。滌生兩岸烟波闊，添箇漁舠古渡頭。

黃湘浮渡

黃將湘水踏蹊通，一棹將來西復東。過客問誰憑管領，共云城北是徐公。

石繫舟

水澗烟空任所之，牽（推）味峰上正亦宜。蓼花翠翠落落月，猶共湖濱鷗鷺知。

黃雨節屋

小雨霏微靄遠天，窗前修竹淨便娟。節簾盡日無少（人）跡，且看跳珠打枕邊。

是日永訪戴受祉云，為有四題額曰 吟雲草廬 水樹煙涼 琴高玩月 高軒過

擬經聯成對（偶）書之

三下出詩店，与初六之與瑶譚，甚在湖东，反有閑。得伊星魁，且先諸下雲道，比乃訪依雄

依夫人病甚，臻札。少頃与依譚，仍肯。肯即進，乃与雲談，攜來地了，夕陽中送別，一路歸

歸。

收夜梢頭一篇，不下深諜，有光璀璨，庭七十秋，高一水仙下，或五葉下作六元，莛垍舊影

初七，雨。住畫理，舊作補作壁詩，句絕未妙。草艸半雅，翁題耳，吳門子又多之，文請其

憚氣，尤於雜以理論，祇任口饒舌千上，研一未。來去訪桐，沈海麻一去，觀摩田大幅

雜之冠，石竹畫卷，當不及三四層。伊裹蓋石，其力余為剖解之，說於久，七月存一

詢店有四人，得見李苍候，來多量指，詩乃米顛，字黄庭，皆一家佳珠乃玩閱之。此

帖已真，果元搨，舊陶往車也，仍着原四本，移擇矣。補得詩有云

吟雲林店

唐宋耕銀箋郎體，書兼五朵繡絕妻，此中風月長之束

律細之精論

黄

琴之高玩月

爲吾執硯，捆段(?)執戟，挂壁之女(?)，雙題東真之會，推敲知隊月影一

黄子雜選，豐餘珍

陵上下拭眉新
江樹迎涼
水繞籬笆小亭林　柳碧槐青午夢涼　目看樓外屋午箇事
凭闌消受一牕花香

高軒過

炎太樓空玉織微眠　風雷車馬龍華冰　著難輕　主人不自愛清津　光雲樓悵遥相訪　到耳笄蓋光雲無侶
鶯例轉年長吉生　羣賢華祝　學詠驪見　隔田家暑雨晴　曳此華遷茅不肯少　靜綠

夜閱子為用修文某偏中不甚以胡雖某於家政僉勤而子事理只殊不能屏勵以存為

和爽晴　莫烟未盡上存澤又中齋午　陳仲甫來訪　樸兄獻對益為馴俯及新年與桂將來
能融洽諸之利亦難久然余既原存宦旅頌歎極懷底下　看茶洪西夜念諸
使士子有迎燃之說坐以步於灯　寺中若望鞠之同往於前次共覓之讀過桐
門思之桂人說古固收　葉人年時述作以之餅　■恐不免田　夜二更不成寐

初九风雨止晴。作字写静作竟一书。颂汾琴来告伊倖拔仁弓。子研来摘兰二放。夜担书静坐，人自目是。谨将学浅及多财者画钱是出，须乎能上达。夜寒甚。

初十细雨间作雪花。寒甚，严冬又加萧写静留人书者尺牍，如已乞者写来书，改年写。

拈生一见执文之蕤街（四千生子）余乞其蒂子研于元谭，伊并全折本诗集无筹竹言，因此入店亡遗作询全生据尹店加谨印琴语，生往稿甚妥，谓一年又拟一本收语（初）租遍珍中与又不语。

过文宝与子研说，以将中作字画人略已道境。

夜寒甚，雪间雹。

十一雨且竟日春寒殊甚。作书玩华敢理旧业，少再进，似乎稍佳而已学，惜乎吾人于我知今且以学饭业矣。收诗书佳寄数送去年二子青神余拟四幅，觉寄子研来共饮，借雪拟来之代炼，詹佳家之间之年月拟女与之屯不许日矣。帐此下事也。

十二雨竟日。郭寿生来作两近陂隅长崇选料与之作书，甚有进境。下雪来亡。厌弓徊明写之廿六七十中论久十二四幅来拈静和七中与家为之帐中有和山

房中備譯還入於巴還照理房燈閑冗中以攜之已過見各儀譯康序仁歐　主筆為老師附東府達德往余加函致聰　夜讀三國史自僅半未領略

夜雪滿時作

十二 十三年僑錫陰前曾到來惠明日原詩見可照原見玉　眸新福道葉三培師之寓山下半日早後訪錫翁之石值出東府往迎其孫直祥霞見東坡種橘及石刻佳本也筆如雨既夭矣往倫吳枝山為昂其前等跋語到店細之諸事硃玻璃八扇昂甚無可仿拓文黃宮士出門見日推主人之情邢租館之消候洋到方允入園一詢訊回見稱之茎于松風雜話久之又重談本行照　廢臣閉門君盛罔未出　丁未

西陰冰厚寸今無盛陸雅趣節孝祠以雲下未往　間讀放翁詩作字　譚百均向樓上宮映以指陳頹裂止檢舊月從閱下樓復作蔣桐（名楊趙）謝其餽合五肘悦泉信致其超遊之樂並詢地事之作總總語者入夜雪及寸而止　夜憤悶而腹脹作痛枕上作　二律錄快氏四

病中有感

一枝癡杖君相持，老病伶俜瘦不支。自竊自宜遭罷黜，力衰隨處怕風欺。

詩書積瘦債虞淵如呼咄頷羨龍旋，健來諸公須猛記盛年，高饑饉剖泉時。

十五　晴。午為先考竹六公生辰，忌祝。衆録敍寫詩百段已作。周老生乞糕去。未刻出，知大
庭有劉道趨往訪君擇，分住店甚宏，許竹坪主人秦仲未。留飛幾班家，君擇昨寫為閏
吏之鹽邑庭試特美，入都來公部，語久出，至桐門董梅人。是日沼子桐之城內長者有福者厰
人，而余亦居焉。觀快未，前遇十友飲店，告百斜以痒之，彪美人理余思作，好美，余憤今笑之子
但見為財，不知此保正國器住者之甚，旧一筆卿召官驗之，書五年看則解，不深思者。去入店
与子云收如琴包去，作日待留到，知今往見燈置之，接料以藉強詠言送物取紙茶秘見
月琴屋庵。五5友卿的四人性外麗，去去時觸拓閲，皐之册早晴瑞雲，知一王筆法鄭蘓，并看
則欲君不能久居，而飛列者遂毋佳。等三蕭用之，却有蹴奎十元至二十元，静之終不居
与云辭能度也。黄之上燭回店，已飯時信寺，閲我同拓而兄康公，談及沈同洋論公之之及
庭印君之庸印甫至，伊人談都欲子去，佳余力勸平坐而歸。于牛街見燭獅拳，来全持燭回
係小飲話，此時二更矣。

六 晨陰午雨 晝七叔祖忌祭 終日坐雨作字鈔詩 戲爲千地僅存唐宋古物搭洪
稚亦四六語 甚洽我公

靈琳琴斷逝 痛切人琴 床琴失響 淚洒床琴 擬挽藕塘妹用泥條撰四字
傍夜蒸糕作食佳甚 夜家人閒柚大而甜 惟半已爛不可食矣者多
試書扇款迄不能得法 與健理三國史仍不能一一透徹 反覆導悟終無啓
蒙 殊為憎責

七 昨夜雪 半夜寒甚 起仍霏微 屋瓦厚積寸餘 讀下 綫清用洋紅大書淚失琴床四字
用爐烘乳子研掃理 既少用墨研 墨之工 第濡之易後 竟擬不識後書一字 用墨鈎出 其
後用白紙托剪之 未用糖紙薄甚 後覓紫楮之 既以帋不專用 又經剪不成 胸甚不適 其
實出己手 尤不得當術 而色又不合 裱雲紙 當厚之而已 書帖截 接達衡治書 得笔
後 靜見字局 畫論畫隱筆二則
靜見出門吃虧有五端 貌寢一也 無威儀 寡言笑少酬應無趣味二也 書字
不佳三也 衣帽庸拙四也 作畫作像字句不講究五也

生平數聲急宜快去，居然絶亟不合時宜。

偶爾題扇

一區禪室四圍水，兩接長橋孤嶼連。可惜不逢幽賞客，剩懷看飛瀑倒崖。

宦前

廿六 晴。雪消寒，午少減。晨起早。昨夜以食冰糖忘月前糖盌被碎，（誤）撥碎屑以上床，居帳間作痛，大難。惟安宗今已以六字他法想去二蚤，觀經世文續編數葉，殊倦，仆。上午試磨千錢墨，又試書。理盆樹經日。近間尤如病矣，至自知衰已甚矣。嘗夜三橋食其粉五文，味佳，先一刻稍干，柯棠五拙，六斤二付一元一角五分，係金狼所售者，所應膳佳云。今夜星燦乃趣其請三國史，因伊善忘而進學且不用心，大爲詰責。屆飯後，精燦二人由東巷北才以高巷口見燦爲四年二馬戲三獅一子甚，係雲星小景而已。地街泥滑，寫冒雨攜水到店，與子雲揀理揀月摃余信，取歸家，易契，可恨之至，乃四布過蕃舫，已面所富者，送子于虹口中西學堂，學生已三百餘人云。少甜盃錯携來店。三月丢經世文編續

駢體正宗

廿七 晴。（早）邵司同其族司林來，伊作宦本屆，趁背作與商寫條，復月摃（云）頓歸租屋，信來換契，則前欠作何完結，既不付租金，唯有向中催之云云，并致四楊惇字竹竿一支，由押持去，余未初出。

見門首領工將陳鄭新地灣占我數尺与之說及伊推不知且主人意還沈侍禧出退云本以中羿樹界在我与鄭二家工皆讓所以有餘荒贖應責工非是於是此壁乃行北訪蓉楷不值過桐君有莊新榮在与說磁器價伊在平湖油磁生理雜話一切而出訪琴史稍病未晤至又居門知伊全家遷泥擺下舟勿遇僅交語回店晤子湘雜話後邀入新聞祥源館飲令作高利搬仁菰鷄片佳雞火回少間子雲至共飲酒二斤　湘付鈔百文左　松泉交州票看　仍提筆追云云久之回店知琴出不銷夏布合乃与雲共吸少食飯即谷至余見四甥為余縫幃守持燈看近燈于邑廟街擠甚由典街大街回不逢燈花八營第復飲罷歸　徐鴻來同其姪孫女阿三宿

逢見士穀說有湯蓉江市屋戴及萬歆得主　夜天黑欲雨燈既不旺而游人郤多

二十　細雨霏微朝晰及夕樓工結帳一晌閱石年先生冊頗見近時無此作手也　夜更寶堂為法補何道州殊榻對屏等章糊粉作圍着在樓完前歲帳計喜事及姑母除靈入祠健兒聯姻粹甫長事共已六百餘元其年在此餘本未售盈舍全無本利此年之用幾不可設想　夜雪如下

絮頌刻銷化

廿一　陰晴不定早門首見水滿平池寒風刺骨　二孃趁陳舟之石門庭蘭盛聞移之棗過午即出乎北寺巷見張姻長詢非雨因甜愍友所店邀觀劉揆甫二子往於廊下演雜珠寶兩人如山滿乃不合意出到店人多穿後出北門望李米店家未在如于所矣邑子收塵遂諸中宸坐因話少久歸

先出，余獨行，思甚憊。趕湘以病歸告，少奶今未復。觀劇演八陣圖，勝雲鋪和居，于小君鴻月
晏之之，舛川弟事又出周鐵店，袁翼之、宗君指示之，入園狀，言桃源并祠堂起造事。西店收兩
費，樂園在焉之。讀孟浪相勸不赴之約，子雲即南已門，即往店，識在余中奶已傷，晚偕滬之，章月樵
之飲，租屋談既，許換契，與周君很仍究為說，我殉汝情，少讀只彼。很多自為理也，伊語畢而不理作
吏乃有契在，彼真下者，并安之不人者。打子未要，各之，返家。拿錢往錢，取二本，并看用錢，益以等人
江 不能安子，而得拒，全身真意，多在自滿多財，分似拿怯，實為陰險，此人難與開也。
廿三晴 起早，甚憊，先閱畫冊古玩，及下樓，久郊國，看牡丹木，日根計上，二三八。為國政憲，樓昨陳變民
子晉為上，學通，粗精至，余遂禮，收逢，能順知蘭，負根惧，為病，延又一見人，絹無，將手撫之，另
靜來
二十四 晴白，昔元甚憊（[?]）晏往，宗與收閱十二日樓來，緊候和七處，仍滬帶印，附到錢東府
岱往略改作，中全書發。
達彭往，無道，天路晤往，知伊有發易處，容起六收到，來書兩謁康公，柳景松萬海先
生君頤先生，仰佐行止，晤閱上期報，知請鄭公但不定到，能與象，然為伊所先生居此
此出心為家業身世計，為第一義，然此中所師益友相濟接，席此只擇焉之，所謂揚人
吉氣，殘階，潛心智，不書，以此之小之不適，而伴漢向意，亦陳撒入，宗理之房，困雜下

冗勢所然也。特此性不适此區，亦爲含吾然熱鬧，亦足攙議論。猢猻店時，以養少此

儀文又能勉志相習，求一二自立，相安唯作事時，不耐此須當治理，煩於一合群者

共辦事。致之，仍可在從理相助。但此進出自如，印存含心者，房東書作信，亦未能而

不拘其性也，爲要。再想此外，每月買些學費，總在通，只要者同鄉中學往來一二吾信資

上海國大每間庭報者之信資，閱者當付，只此後有來書，而吾詢，能中直發坊

或課夫操業處茂來，寫一月，既可得三次家信。我家當由全國一局先付訖。總

莫如是兩者保宜也。十餘日來，家中無所可日食味，近作樓下改隔宅，四總去緣二社

如庵陸霖之石，四道西發，庭有燒之費，亦不足聞，尤捷今亦其特病，篤其文，亦在甯苦

耕以稼，桂祖聞年既認來道。轎挑當佳一番，來當庵，年首少人來往，大約其外常也。所識派

芒頭場去住，病科不得不變。宜留意于此。所局同其申報，乃多報主筆。店收往來，管你

彼中即去家，不可不知細細詢所起。爲身家計，上海任者，當可情服，家用自有，任已詳

泊吾國，去卿老二，華學重乃中國銀行者。所成吾十日中正當之間，看戲任晚，四處閒走

自己保護元氣，神氣能如論，假吾受祖在謝家橋，帳成且抄，並未橋也。署桐鄉，悅衆在前

爲所禍除，望所去，由近閑或一論之，不過羈門不易乎。陸學士來見之十遍，未始厚實，中阻也

[?]加拿　下月，訪季桂、闇為、雅，庐甫舟、挹侯、秀、吕、[?]等等。
書來，竟健人來云，渠[?]病，張留晚飯，余向廣生探物料二十元之左，先由内子設法供給，
因法不敷，累嵩為[?]之[?]到。嵩詳一刻，伊先行。余出一元手洪泰論，至來夜市，使[?]于義[?]
與陳壽卿談之。申刻勤附錫保踐加害，靜借得讀要[?]。果然[?]，[?]嵩[?]二本。
又已[?]猶見其為謀[?]，并讀高殊賦，去訊家指示之處一通，詳覆于方[?]，速少章，托兄詢健人
知已晚，同之店，談久，鮮[?]去。健人至為料其不致，乎[?]身三中之論，張某初召即甫，等[?]一[?]家。
來住付全國，復同拫回，飯于店，步[?]行。晤友皆以近[?]，出歸遂[?]，乎[?]余少[?]料印[?]
悅探中久健未，余入悟瑞見[?]，[?][?]等，[?]話見子卿為國不佳，少福然未入，[?][?][?]
來乎[?][?]，[?]入[?]苞[?]遂[?][?]，別見圍六路只若呼，般[?]月至公[?]，[?]云[?]地。
住里[?]社，又往[?]花池，于打鐵苞觀全[?]，余廿歸遂三狀之一號二獅六七，乎[?]一
[?]一[?]丹台，[?][?]一[?]，見[?]及[?][?][?]，[?][?]于國[?]，但藏[?]寫來五千[?][?]
十[?]不講[?]，[?]人日食泉，[?][?][?]，國事情危[?]，[?]方至[?]一方議[?][?]，[?]5
云人謂子歸，無柴米，猪柴嗚呼，且以世道之憂，而知[?]兵與[?]神[?]以為[?]十
[?][?][?]鄉之[?]，[?]之不[?][?]。　夜讀所借書。　[?]寶[?]長[?][?]，[?]不[?]

廿三日陰。寓中來早，僕致四點鐘，下堂畢，詣林府，煮烟，得二哥書，陳石三舅來。下午雷來

言及南學講詞，了我此生定可，乃爲告，讀無限感槐，老自有所求，我有庫庫，加我庶妙

諸自不能也。馬氏以全書付鑄局印，四本，定租田契，伊稱三百三兩，共一藏三，合又零七百，植

四處合書，付書稿，約二三百。閱讀西學書法，靈學新法

以算莫如從數學入，乃及代數。佛組之數學啓蒙，由數理推廣之，以爲本，抄

係學者。於等式以來，算數學方爲格蒙之用，二書推比例開方兩門皆極簡

明。

幾何原本

形學備旨，借在幾何原本下。李壬叔代數微積

習代數者當以代數術爲正宗，以代數備旨輔之

代數難題解法，亦是最要補足解說。代數總表譯印

要借根方中法天元。要代數即中法四元。華氏算學，謨從數起

以上微積由從格深。方論數理。決疑數術譯印未成

李壬叔重學至精。

西譯有金石識別表，化學材料表，汽機中西名目表，西藥大成，藥名表

化學鑑原　化學考質　化學求數　化學求數之最有條理　化學初階　化學闡原　共若干

格致彙編中有化學器一編

談天　地學淺識　西人不讀　製造局有印本　風雲雷雨地文學　礦石地質學　五册有圖形

地志學　地文學如測候叢談　地質學如地理淺識　地志學如地理全志

全體闡微　省身指掌　體學易知　腦氣有人靈學知識了門　內科理法　西藥大成　儒門醫學　化學衛生

植物學　植物圖說　新創電光照骨療法　英國醫士著　兼用法治之

西人女學之始　印女教以幾何算形之學　人多習之

西學課程表彙編　沈仲禮著　肄業要覽　斯賓塞爾著

西國公法宗旨　局譯　各國交涉公法論　佐治芻言　上論國　下論人　墨經指學

農學論　農學新法　種蠶務圖說　養蜂致利　各國有專書

工程致富　考工記要　合爲一書　西藝知新　原係刊共十種　皆言手製各物小工程

富國策　中國州立商學會議求　不可

兵學之書　非專門不必深談

要人游歷多學會所派，其屬游學專門之人所記，則驗氣象、候量繪、測塞詳記，備為考勘，成書指掌國家。

西國近事彙編　係傳譯西報者

西學啓蒙十六種　皆譯筆尚佳，不可不讀

格致須知　傅蘭雅　三集　有三十餘本　格致略論　在格致彙編中

格致釋器　有汽機器、化學器、重學器、水學器、氣學器、以像器、顯微遠鏡說等篇

詳言某學需某器，顯之以圖，示之以說，專門學者傳之書也

初學捷徑　為中西名流所作等

清河王氏輯小方壺齋輿地叢鈔　於中國人遊記者最多，校以雜報多

欲周知西學，非習西文不可。梁氏所見二十餘年入學成就不多，西學書必習拉丁文字（羅馬文）

蓋法、英、美、德之中，大半用拉丁文法，今人為學必因某種文字始能讀西書矣

若先從拉丁入手，閱一年之內即可以自讀各書矣

其于西書中宜於格物學之精義，以粗淺之事物如算學、天文、地理之類，課為啟蒙

隨機指點妙得要旨貫串而能受益。西人所長者，為曆律、算、數學、格
致聲學，皆可讀。業此天文、疇學、地理、歌詠亦然善也。
未刻出，到店，轉往福見店友，登街八峰，諸為麻然，諸以遲煙為豬鴨，市物無此景
年價可多，處作悅心情之可。四讀書一面，亦以為此店何條件。晏以園芳所今子事已乎
業餘之事。往見來冬君不見，乃持煙歸于鱼若口樵，住少立過，見堯之商之樺全令回
江後飲之矣，卧
廿四晴 侍讀西書法 未刻出，過書于又樵（又）傳到算學四本，至藩順郵局，子電，訪又李錫三
枯與店靜甫已皆與談，靜甫亦欣然閱容，松收乃往。羽來，雅亦葉與君擇秋坪未之久
其術算 雲卅去十二圩
秋坪託擬契二紙，收之，看略少，擬情及伊之幾條，誅可，余亦甚之，未于六月看陪同
日至錦川，年伊有丹，轉店北入錢莊，契與許之矣，并與又樵須四角，月擬條于帳房，又去矣
伊叔中呈實無諳，余約之所得料理付以居，因滬中出處免之，去便飯于店，約定出煙回
燈至住百，不存一二，又知為半經打數語人，來一二四人，余談筆，笑嬉四日請與健碩
徐成主，然四縣來，余嫌然而告內子之之國，談伊來 未研未告知此可來，到國作知物
松已薦成賢仲益泰布行之，余作復 日同堂人集，當揚對杉封一角

若細出省禀四文作不穿矣例督畀函下令　室生往匯神生符月費以雨花熱中往返
江
林屋林莊前此請四甥色泥悍但之去又改致月担
昨議所閱契作中並不一字語唯此相田　閣下兩來合買想必此之事且不能悟故
此之再令補中有之付說不欠取得書之屋不能再看擾塞唯說之其甚不能之意
肯付我一元今年之元許其試往然再不理須足下一簽中且執要矣但說至不作中
毋煩惱　某某謀損惱十萬令該深之以由足下謹遵其以了煩惱傷其抵之怎情久居
煩惱何為矣因思　閣下此中之了均此兒戲室生名室之心要旧沒其而將來了招老閣人評
之也亦候回音
縉紳本作光窗阮宗第八弟敎學至加減極難通算及乘法演之從不依
法蓋從于第三步行於乘行此有差且位之二號初且批用之迴張晚之不能使寫
此數目字　室生約以四構別書敎一元謝惟向給予其宿某与室生許
良其
徐雲二人一看閱其家潤梓條要宜非易有本也
其兩家日本作室成保要其借款至呈共六十五矣　室生以雨冒而作工繼以雪珠此小雨止滂諸
去知桂林舒鴻去世此子十年自壞無習不染要一年西大年止辛　將千五僕未請乃許往耐赤
其家与益叢楚那劒以語桂軒蔔雲樹田乃一小收尺書之云卿吉勇益明　謝陳某之筆八美能

未二十二日 晚稍解，進上燈後頗去，静住列內（大其後），坐入東文學社，復與其商習羅二人一談，律日間便了一出淮田

晉八點，觀備譯，中住社。静同叔住文請譯，借士衆教觀蘭台同學東文，羅狀稿似（?）耳伸甘之

夜息，篇不撥，俄人直入松（?），書索大建濟旅順，又云理下（?），考其英法俱國，似無甚大力者

并俄不動。又有西各處六家來往（?），取一商。達衡六處見夫。樂人植卿四川，淮日錄或（?）。伊又撤

必師範學事。樣卿允作信與廖中丞，希一函以示信一面，住適於學來加減（?），海寧一將，今氣象也

以六十指八角，中稍止，燈之訣

接月樵寄，知已到滬，經勞，祖允為置（?）。接書，鄉球静住，欲備作上海道觀別頭，余即手寫之

夜傷風，甚疲倦甚。夜七點餘，其學于健，似為進至七點夜，看地理

廿三日 陰。凡為我試，頭揚、同考數一百餘人，傷風不已，涕涕不止，周根，會已聊睡，第其消遣，夜自

兩氣侵程，胸頭脹，此書非精思不能閱，夢夜，走路與衡，信是入李桂兄宅，晤談，無友一

病至一夜，其神倦，擬留少明，靈到，衙一語由地面。許與高信，作擬議書，其擇在四檀邊，交西塘

其家已遷，北局萬馬宅。夜與健試筆，作弁（?），強能解，惜不肯用心，要解是性，與實際，雖材而

自棄一之。學論，於是，吾筆者之，此法（?），欲學者則，吾何必事，此正以苦心思，設人習業，有

恒長大，自立，又為計業，以為再進，教之于加減乘除，能算矣，將來西學，才可進而往

入工等學生也，何必其肯學，不能鍥心何。道光宣統十月燒一時（?）

廿八 晴。早修小銅鑊，尹廿四文。邵琴生來，為説抄租事。樓泮人致韓信。出菖蒲午門，上午不出門，過李氏弔
在姓房與仲甫兼言菊生、桂林等，説國子中大伯經來云，宗有兩佃在寧田據，玉書已存為馬雇嗚
富租契，伊祖三畝三分。又馬書林邵七毛亦租一畝二分，伊係押租，詞之無，今仍伊承佃，偽不付，特令租加收為利。久之
二契寫畢，押後書玉書留留，臨行余先之。出署工房傳樹生，付二契，乃代奉秋償付稅，共計廿六兩付
二元二角，收廿二。以因與説古玩子各讀者四種，付徐宅。又久之過桐君，知其在徒抵御玉乃入，六占此半人六山逐
長談。余人往上天下大勢，廢黎之由，余執一矣。規模立此旅與獲歐，伊等頗出若無方法。父子相論除雁家
法，各之也。又至于請，並上值病甚，在床視之不甚。又與談久三內蠅合存，逐北去庄一股拒取二元東
加前六角，肥淮小書，青參法李氏之寄五元人已發孫歸。知達徵來訪。
去限五元以
夜仍讀鬱詩異法。翰夜閱五頁，起視。
廿九 雨。起錄簽辯字于書，各人于九數等，于加減乘除，位頓多收入門不雜。尤氏來拒蘭交狹。
女夫之天東作寒風二陵入深周身石塵，捲曲偃伏，無力為計，事從出北旋，又中止。蓉卿之甚寫
條與樂雲謝安蓉，陳安府子段述，借時務報上細一本以殷談合看，將來黎作衷，大報中得後許之逐。
閱五函姻報至怖兩年論戚無私識，論陸部星文法六陳翰，惟多著精兵圖無此力，必巡論傷之。
將才以領之六種全也，中東之戰，兵之眾三以將不知兵，自據之眾七吾忘先書，練將五而閒談千字篇。
得將雖和者，段論合文于武為一極，子秀才習技擊，会試習鎗砲，設武學院肄習，通段皆段入兵部。
出將領然後在上有人與籌之。又大學士榮祿奏，奏函中付兵制，設武備特科片

此本係誤翻夫頁國近日學筆算故將加減乘除四項逐習者寫上

加法

○今要將3896和4864和3864和437相加

3896	
4894	
3894	
437	
13121	共數

○一人買布四百九十六疋，後別店買比前店多買二百五十七疋，問共若干

496	第一店數
257	第二店多數
753	第二店數

496	第一店數
753	第二店共數
1249	此兩店共數

減法

○從3829減去2956剩若干

3829	原數
2956	減數
873	餘數

○一人家存錢五百六十四千，付去錢店三百九十千，又付去買貨八十六千，問該剩若干

319000	交之店數
86000	買貨數
405000	共去數

564000	原存數
405000	共去數
15[illegible]	剩[illegible]

筆算大要心算熟習數位分明與珠算無異

乘法〇

今以四乘九千八百七十三求合數若干

9873 實數

4 法數

39492 合數

〇653乘3042向合數若干

3042

653

9126

15210

18252

1986426

除法〇

今以[redacted]72301 4色括四㕵个呢即作四分實何

法數 4|72301 實數

18075 4|1 得數

從上七个萬色括4万萬次 写一剩三 此三入下作32个千

色括四八千次 写八 3个百 不足4百个將百位三移作3百02、

3 2个色括七十次 写七 剩2个移下个位的是21

21色括五 五次 写五 剩1 共1用命分表出 4|1 從一要的分乃得數

〇483除263062 41得數多少

法數 483

263062 41 實數

2415

2156

1932

2242

2312

1932

2904

2415

4891

1932

3891

1932

得數 5464 483|1123

餘數

總理衙門信與藥並丸膠囊粗看了閱之未為深佩醫指　附典泰西省拔術法首相者並圖五四角
夜令健侄用燈而上月燈念照不清乃大恨責既使成指而畢上樓又燒所租燈之及上樓寒茶令喜兩
過書後發書然乃閉樓門不納　夜將半心中鬱然而哭注詢內子云必似予積下床矣　此皆肝旺病根
大發成憂速之病如何之之
六月朔　陰雨存根甚壹心情健往大宅弔道禮　詳　侄姪來言王揆訪倪四屋抵僱張笑未與內子細什
此家完鄰送紙白截（不值）方通過安葉蕭（去男令合）　均可接暑游榕旦擇之以內百余鉄搬的想且誠誠
來初出已鐘獨告它問沈銘林之知伊考查學歸　林太守之所會談西湖金沙港　石陂案未出黃老孫
我御殿七人　右臣伯林之居白和等一話出途回居調梅之來久辞六磨六道相與談静安廬之　抄
吳修之店區一見六磨云遵自有家信來訪行至滸寺巷以一兒泥覺夫亦愫静事告之即别歸
祥雲一見桑果信　到店少駐是即出城之大氏姨姪女菊貞已殮畢棺工已訖乃入視之少久出
見陳　朱少農之子久之留店以病風拜送擊使去亦花樓閣購西斤棗到店細看昨日請黃六兄抵
鞋及西與未合否此向稿第待取閱請持静字由華頌君廿八書三卷　仍附達衙西西陳從來久
雜縣入而申公是要西例人謹閱已查素林底是之之交鼓歸路逢黃霭卿幸寶燦秋濤了
六本宮標好了來試左暢宗伯六借同至諸人之　六本氣機甚佳閱其行亦雅如此乃幸之
於之有從也　稍林堂出不西此月未店謝考遂歸與誌請談

未刻出時若訪杜軒　已刻作余詩稿重遊崇明根有之　仍以四年　所據兵法憶
兵不雜之書選將之法矣又雜乃曾照郵可以縣亦中報之類由于不立法　上下心志
惟稍兄事不勇此不損之證云云　惟此一招未遂衡　郭嵩燾撰　評　竹坪刊
東亭代　靜師歐公　亦以　待孔教　重民權　改制度　只行曰仁曰識智書　重心使之學者董
子書孫郭　宋元學案　歐六　南海先生之門　最俊之在　徐君勉　梁卓如　皆天下傑
西學書　佐治芻言　泰西新史攬要　全記已閱　六冊一函古　梁卓如讀書門徑　二月中去　新出佳好又
新編　佐三元六角　云甚佳　實不寓目何　新本作東付二元五角　十五日

筆算數學　前後列加減乘除の法　其除法有簡便法　因再録于此　以考其算

○236除76936問得數若干

算一
236)76936(326 得數
 708
 613
 472
 1416
 1416

式

236除769得3°　3个236是708減去就剩61　把下一位的3落下來是613　236除613得2°　2个236是472減去剩141　再把下一位的6落下來是1416　236除1416得6°　6个236是1416恰合絕帳

初二，陰，小雨。偶風程來，已也。市水菓，蔡閬道文。午前錄算數學至午止。并作跋秋谿條，擬加跋吳狀屏絹。適逢已稅，其弓未家。午後達卿來，大談静山者必有所望，而伊若于宗累不能去，欲思得中正之家以有小機，今從學如静者言之甚力。余大以其有性而無故去其所歷年苦而作湖口資印月泰之店家。靜園、法喻再三又鄙余日記字法，令余試之。子研來，至申刻，令其一路話行于恒升別，余到店之，贊樂園，至某已鏡乃入座。樂園沈月琴、雪和琴，同余五人。雞一，火肘一，肉鰻佳二又，而碗任翻，拇戰，余連飲不已，竟共飲八斤，余約二斤半。沈雖擺擺，吹不理，且相風飲，儂茶少頃，指燭歸。是入夜，浮身不自主。

徐少王標來，說有急用，將契據借，其詞原中保阻扣，乃昔必存中，予乃予之。

上巳，辰晴。昨夜在園受大涼，腹痛，至今而泄肚，仍錄算學。昨夜病莫寐，序。讀傳世名編中此學林臥師授不得其門而入也。又日淺嘗者，所能習業一藝之成，殊可登天。不知天下無淺事，無速成，若一定之興恨不已。欲使伊從了程者而識能習，能成否耶？ 過午二時，石四來，接植卿寄静書。

初四，陰，下午晴。午前錄算學，午後諧清之頭租，其既不付，出語不情。余大責之。子研在，寅生六徒作余急作信致別門，向稽羊、陳泰書之。余有市四市房二間，歷年欠租三千餘千，今年多未付，該租户此去僅恃歸其家滿且停，頂租租，○草之甚多，為心。今者為世久久，房同者設，不得已，只得自已居，叔卸四識也。該租户受人之唆，遲延推搪，是以故布閩望社四，以其上萬，筋書，秋取据，同予稱宅生，出到店，今予研君來四保，陳君告余之居總同字略焉。告其所以，伊力勸且待伊信。

閱華字報，余謂伊力阻旦議，四言付與伊藤。北行之崇實子研學圓，與西國侯麥告知今宗生
尤四之作，罗福尤持往送矣，萬云岡門而養花醬，還四德云旦往北，少遲再燃，乃令小待。余又率日
趣宗伊分子走更月，望以取粗习，觀之理雖十萬力，從伴他了，稱之出四店，見了瓜，適同飲于使利
食館，作胆雜飯。富利行，為医少軒寄胡文小宝，怕極見印兆于電，使用出申千北利店，知印思明日
赴申。六園，見陸局帳，言與談祖乃陳長完，而將以明鄭店被盜。西吏崇的呼去，約定明日星期，付洋
三十元，半一人年五月清不欠。晚查余卻投，乃回寓，遇去說其宗，實招了，又還錢春府說靜之師範
廠設任淡津，以為未並。脫及靜学及農學，種種完了，研逗宗。二兩兄以蝽宗不了，直宗謂飯。
余為譽觀之，而伊談全旦有雜見，殊難為情。夜與玉雪譚話
初五日，晴。夜小雨。早晴。晨與玉雪量殷瑞擬芸，議及我國荒地開墾，余為細細打量，議定稿，擬以開
閱地利公私兩得，並可為法，繁多而可數，請午後三鐘。靜信附舉人植鄉信，武昌務局，印度賀
會玉雪由西門沿城根勘徵，地橫約二十五，直約三四里，實闊約三十餘畝，地勢尚佳，一路從田家園
看網魚，抵店。玉雪待余。宗孫道史，壯身四附秋賓，飯每加，改約李明日，陳瑞靜，待細相，往訪錢東府，未遇，吉典
陸守恆，又陸蓋甫、鄭吉甫三人陳其開墾大略，從之忽成，余以借一樣手同起一個，兩家一圓，俾有主
者而專府以有搗亂，令為日在本不能久，詳同其事。群言語久。回店，玉雪呼周六，使以呼保四物平
陳保臣久之未去，所歸為須明日復，二人至貴，其不情也，于床一眠，又使玉北，今請歸。夜與玉健讀解
莊七及八年，監以子。出廣以里間，堅玉二更不成寐

初六陰晴半，早閑六呼宋月泉，以修支不至，至閑六讓乃田鄰杉廷極于此間，後呼之來，說及出錢指出此處，諸位荒（此有之）
基，執基王四房、王新王餘三房來，并房地皆值此。南一屋也，約十數，并冥城至西陳宅，又北至七房後墻，約二十餘畝
屋，許沈王閑家基跨四五六房，一片全荒，云彼亦不過廠地，其作柩至一連朱屋及後屋東首園地皆託伊
欣然樂從，爲出平量之，修端點出界限，四至布置情形，擬草用册草圖，久久歸，伊後來又與至查閑來
雇工一二，伊即去，約初才來。余作字稿細改。下晡來，讀全傳出爲刻。余門下又修葉閑，乃出來刻出相
八宅，晴，聞人云屋景，以傳樹生託許村有鬻田二千，年至明，伊等約往，我訪問余無之，安陳壽一言，志之說茲許

8

初八晴，取歸了，乃出抄店封，封悅泉桐、雅行、宋子雲帶申，詢陳保不至，又呼之，昊雲近說及之。一見照而說被劫事
遂夜飯，歸與馬姻同店，商作馬鐵巷山棚下炎盤。作閑畫六字
初九晴，早起理曲樹玩樂花枝，同俠屋乃出走，稿呼制見稿四詢其後屋誠約五十千，遂之往屋還陳贊
今詳路之，白兎稿兩屋地約十數，年限買價只認報，約姑漢余屋兌約兩三日回寓，乃至屋見，推呼之扶週之

8

辰問地，不甚大，乃歸，洗臉，作字，林東馬家蓋城內大患，在馬氏向豪園，已出頭，為了稿
威出還許六爲之讀靜，了冊經了，另托將乃與告林東馬出寫言，擬着伊託獲送城守出價付黃燬
敘精神，明日未起，善勿伊抑余昨數之，將望可識，佐人等傳示之，以二出戶沈苑大門賜渠入生氏苑沈假楚
示右區視，在務學查到正取伊備取桌有屋鷄及種，行城事閱之，尚留送至頃經京府出之苑只
已共談留同望了，伊極從忠至意云云，頗持東馬復林寔之，衍其下，事亦為所續，又幸空付

偕由公壽及其計 來云惟有葉從官長之不足恃矣 云伊之曾樹已植三百餘有魚池有竹外有雨前叢等
藝花果設郵寄驛之四站 棋李一人一并談久出忌過藉坊撥見 鄭吉甫陸守衛送之橋仔饑餓因與
守已言上海情形 伊開通派使使居 述李順吾食畢時燈 時賓紫旅中出入店詞情保不至即刻歸
月映樹花在 學吳友使 三更有雷雨降然初大雷余以本舉晚宿病 因月汗下 時內子該人開訊至四
有異了 施祉仙宮店 傾一雄雞重二斤十兩 翻書把勞又附數餅
初八日雨 是日偶漆匠來二作漆窗 取帳被生身無并棉漆三十文 余取五琖益三碟 張保同家孫之任 未言
發四嬰與陳保棠詢敉租的農之已來定二六二元 其舊一元歸議 接內子要內子從失了祇隣店託子研來致表
呼鄭桂茂不妥君 廣人不容一錄 黠貉中國指徵度量衡表 留寓中人十五不知 雇其幾輕重沈
冥樹卯 接卯晴 以朱伐其師卯走卯已推扇 因訪華秋岳 柳牛來 未剩該玉一錄托信二文
初九陰半 廣東拉入伊寓 云時務五十二號報告外國種致書覆信付余之僂之以吸歸種菊 子研來送犬狗女孔
李桂卿子俱迎神孔樹人子潮初孔 致卯首花季問伊父大俠不通用何藥蓋蒸走盡此等為道雖也善玉雲
未告以卿未有家而生了雅雜爲辨之言 玉又心移致吉膚 晡去街春泰初來備方鏈已烽日級部
吉未罢迎卯歸 夜子研來四更 以大便不行病甚 卯夜內子與藝輝揚燈去 燦與玉雲佳見喜冥
因天多地狀 華和裳抵卜
初十雨雷 激甚送□□沈綸元母陳雪祀玉雲來 種植盆樹 仿華秋岳牛于扇冊 墨未就化 王鄭來
借戳 仍園來 子研來 余仍園玉李桂卿宅 齊陶迎神 與仲南 蕭長之 陸菊堂 杜書科 陽春
並以半 又往趙地訪十李門 福玉楊來 玉方在飲 余陸犁卿 黃仲夫 飲卯歸 玉李早去

以地下無就備　雨下晚四點至未病与起步暑　归时過松茂不見園一游伊云地主誰差以有各樹藝

只价大諸家雖大主財不可且俟宋傳云々乃计步罷　夜仍理冊　是夷申間印國左傘乘暇作

中幅閣架似將未完　雨夜二更二点後市參

十一　晴光大夫大父書國日長居作齋完成幅擬似石年畫意一依樣此未墜摸臨移宣　子研未謁

未竟市樁乃先手段黑溫過大宅　返見橋內說濱多地壁是二扇猶為寺惟小便淋漓甚以不覺自流滿

地係例歸縣緣甚雅其容象無殊徹步至中相居约看桃惟以至題次则往可往過吳公春

呼有生茶司在三橋　爲墻罩妻房室志程討價大六元因還十五元倘再加一元不允而去由陸者昊費

問未府云已出園並同子研過王橋　外墻頗有李樹數十棵并長歲　門花本已植三四万株二人

尚在閱圃　杜杞櫻桃梅李花紅樣李東如之凌地東边亦池以籬墻廿丈之左右用卡六百儲生長者植法有一施

友部市人同遊橋　全地及花與每家庭地不知為何人所過信詞云　見橋市東境有一張某生者種柔農以多

植花木屋宇法樸雅　屋有數株李石餘　有一李年摘二石桃錢年約四十千　與步入桃林大半種

一二年新種生者　門出烟相倚甚得田家風味　居此地者來與余屋嘉此人之勤能甚惜不務財源也

别与子研揚下移材　余甘元過仍五不理乃入城　揚入留吃飯　書光与居諸兄談東府建之郡墾市荒地權

全价貴余允也惟上海之地價加倍墟等之亦為乃重大官長不能亦為之歎息久之　到店一見沈慈

夫小叙子研去留伊　陳昌煩保之一再之情稍至廿日討租余為論允之　甚之

到蘇買棺材，押用計十六元，松江等料付洋九元，市小土半元，歸已上燈矣。一只與翁告太病

十二 晴。夜雨。竟日陪子研看書，斠字，兼致恆孫取生庚四函（記硯記）。兩子往迎四種來口

煮烟問寺主旧存穿至未成而成。謝去至家。輸游三字贈張先生，并鞠蘇令觀

夜出格子橋四菊堂說會于逢瑞林居。促返，遇沈多園門生子，秋甫四十八歲，喜疾速上在左

衛令張閑談，真不生氣兔露也。夜七句鐘矣，如常

十三 陰，細雨。寒也。嚴冬真奇特也。覓大童之送之，三日得單行許。玩但翁古錢作字題編不已，甚也

過丈見病加重，請人裁布作孝衣，內子上樓向以照其苦心，自查即小生。見三閣樓文微仲字大幅，惜破損已甚

與相君談，令子研至廣店取夏布，恆孫取漆四斤許，以之漆材內，沈三一尚。出城訪子佗宗，見世憲鎮背佳，因云

店乃託購去，伊說日前看，云主橋花地有米面七十餘千，送入廠，特作佛事，超度。此余乃計段作碑，閒云一切扇

生來即出，轉店，歸市肉角。秋上擬往東府附姑母乃晚去，又早。轉送衛余附靜住

西寒。晨晴早，姜氏送糕餅至。天寒來往，執筆手僵，殊怪特甚，兼以緊甚為大。拾方物以十金大補陽

方口不便，不禁目勞，嚴咳消胃氣大虛也。鄭君□遞來對贊一兩去

擬出擬七歲，先輩陳君去至東府牒

前日詣會館，與共過陳農看花樹，繁陰野趣，並出□竝智勝無表，是時□和不能佛事，又來勝承，乃至姑家，舊地旧屋址，屋甚高。□故是日□玉令府，書畫並以儒精之也

年二四往來，以隨妹嫂生草菜，令得瀾理甚閑。一日見白陳氏并述鄉識，□為姑之解，嘉姑返訪得近撫人

云今夜價買，以花氏原至留十餘，價應擬作佛乃趕墨世，乃中書處學，白□悅服，特是花氏族人授至狀

前年出世，若弟生時已隨往，後於入主手詞，後稍其向採訪入乘，世人令所示望而罷，其後又四周得地閑錯

乃存二三於郵設保存所，並取四撥請一善理者手書一石碑，將節孝等卅十餘賢立墓，其董（？）庚氏
二三代藏曾不能將其數年祀務。且兩子輪年往祭，并不能備，每以為雜主祭。仍不敢廢，第地道
合兩姓餘地立一圍入會，郵撥待星地助入會，然後量義田圍十弓地以築圍墻，墓門內全植梅，俾其
歸者為是此墓雖無主而可存永久，則鄭甫（？）遂陵後之志
校正（？） 閔若節□風義 將一筆而兼善備 足下幸有意，為之而印為序 果是則先生在工廠
一鄭孝□尺曲里衍之后撥雨（？） 古人彼該節孝花等事王孫之墓以西隱生平年月並歲時
日讀石詳字 撥請 足下書之 西撥書等以書於楷。任之四東
以上一二信略書吾國大政並此訪道書以求刻出，遇大云是午後包以保設管筆殊
是以趣假在家，乃與諸春議一樓視院，雖不遂之願，而并與菊笙諸徒以予研其內子東方（？）
孫勇紬布 秋羅等 子研諸君，隨到而諸人大半皆欸飯，席錢不省他事，憤言固是固然，不以病雲（？）
為書此語，樹出之一居，取摺肩租坑秋羅等絲。余留代其陽錦帥作局定於，待達手控世計
洋八年友之子游得有信語 月初京中會試，偶裁書寄諸老者修乳達電來，校（？）
都下必有弟處，不忍之者，閔之事心如搗，急歸置 顧古人云蓋未必者，在手之居
一至墓詢其所作，姑聽王堂大請，夜與徒談甚，以予床不安之思，定取予（？）
廿日 陰晴昨夜雨，日晴。上午蕭向未刺出訪，買大紙出之，未承病少痊，裁縫作對（？）

未雲谷衣乞去讀計墨耕廣內少住，中書館議中要保成官，洪春共大入元局，議甚甜，別去。
應持靜因手信，內附穆雲墨田保成達徵，為陳釋書園耶，甚覺對秉石帆多
日去存宗人識又聯店，張君已告我，道桐一語，穆雲云五點鐘至廣雅，摺壇山者
少六旁各少從南日楊如孖先說帰。東輝持閱，此為可據，由子歸，楷利穆雲時勢
摺五十子母閱之，應仍謹之商舊術。以此倚行爲律
路篆人。昨年校都判未卒，附看以去，其說雜西學為徵律，雖概有見，而伊由來夕似
以識明視其字以諸之為渾負。其人於中學已不必而猶學而入難，專之備用
難守，君達之加此，必為世之棄屋盾，斯至以為此從滿於中西二學者，歸時
青成材也。
訪張美甫。
南行敝。先生閣下曾政原府允書，內陳合塢 [illegible]
宴不仁搞之用心也。大見昨未寄閣，以書送墨甫。東光廣雅陳書入鑒，果雖有
路達衡。早下房日內未識，靜見其名，傳看諸友 [illegible]
未寫新閱。史一日，開此對本西欣，穆雲楷隆，又凡上圖 [illegible]
有少各云閱見，保病，寡日，其石又不 [illegible]

十六晴。致寓上三函，種菖蒲午產竹，劇茅于地下，研末取醇，附挂段壽瓶為末，似一段半經自備

〇寫第二号信。昨接十二裁字，附美甫、達衡、犖人、孫雲四信，均録之矣。前陳美甫共四函，衣均如寓

中。一月九恆〇〇祖母均來寓，每以外祖十日來病，頗患大便不通，隨日便而小便不禁，日（夜）淋走遲（遲），原衣十

數夜。頃信在余田集拜欽（耕衣）蘇，復事昨夜，每醫歸以復足節也。蘭兒接女彩月初病殆，甚矣見均

來（元），余求為冥廣，倒耕萬元，福飲餘資，李玉寶林身于正月初逝去。次秋爾每日苦，難遠，是以表悼云

我（依）天之久晴，撤十八過節（以），上坟今年，旦輪值此石橋也。壽（首日星達韓）庵十日前令徐紹去，約十二歸，繼伊母限定

西東歸，奠[illegible]李正送來糧，鮮云伊子傳好，余精神少，是石（如余）錦暢，哀正極深，（象日）米粮大昂，已燈一石（銀）

達衡已上省，先時未面，談必戒，貪其時，而事有生（諸）傳，而全家情又業府，辦有（精）分利，不應亡其利，其富之（青年之）

不等（能）積財之動，万金自積，存且何子戒（此言）[illegible]，一兩[illegible]，此乃為之自然，子為[illegible]，是知自況，將不抑（以）

不能謀他乎，欲友捐代憂之母，（者）死不瞑目矣。尔之書況思，值我中既為分利之人，素思（者）為謀斗

樹植今地，原假只保花，抬母舊居址，問[illegible]為花況，存十[illegible]作佛，可屬為設（稱）壽節七子碑已設，素存力為之不知

熟識尼前之撤（與池）[illegible]，肩開[illegible]內荒（池）[illegible]，徒費草果，席言，聞有其主不覺（為）信也。玉石尼取金，程念學生

許贊昌已雪（贊）北寺[illegible]馬湯西宅，值中者，韋移來，值四開中有西聞（揉），西書今產，子識驗，君冒，孫只一安在

或僭一車未來，那去還亦乎，脫漏之深。人見有求，必應接結，玉者繁得，日以應，必自（在）在之維

地面價已又貶，凡土肉亦不堪，更況病，果君久未聞，是先才決況，得尔而独玉，生衛等，不須然

此间每人间日报者，东文野必行伐，惟入而特东为图，将学保国，西学而文人请精识备用，韩山宇
然中学已成者，和解不郁弃，然其门径不得不由是踏，既向此而来，遂应弃也。可余意思
东文似易而于在读之，郁难图阅报，亦未尝见过，深弟便通，思一相应，据谓真之难，信此间师范翻
图行，卷成今年由我主之，此信独力为之，拟作律，并一宗派，创将乐弟与其早成，然而兼作到
否，假可便要道，不然者任应望其来，道者用意究何居 以辞，然后报归西向之字亦可也
此表晚改 借福东母书此时翻报呈 寄松来矣 论时政又呈二册 二月廿七 又某上陕将陶制军
十二 户部来生借，并约君诒往，见张宋周同 家用 上海理征律铁路
甲到一要钓于西河，往返一层，余未往学问 借以探陈宏印国一东
十七晴 借易陈宏来，二两。东村来访，说花情以集群之极善，但线下，敢存者各有便使，吴南来
议成中身观名用说时事常定学者动令中，存来黑成作腊，为之出致，静信玩古不之去
十八晴 借一册一二山水一卷，并去借得一许自号家山水防一卷，奉中来，为好许其去，未久从地程
之知余未饮，去饭，以陈宏完去，何来，而出余壮入学人诸之，望病见杜少刻店，高静信
白 三 文全国已恨极，屈陈见陆负不已其已，我怒将目录讲少修乃归 借以时务报五十一册，稿之上孙局执
十九雨，报已首国而止，读报，有南学会序、梁卓如撰及俄土战记，皆痛哭之言，识我中不知所以而
保种保国，亦甚阅，就接东读，而喜致不成 南海先生五上书记 已 上古茹毛改制二十二种 康长素著
春秋董氏学 康著一元 春秋中国夷狄辨 三水徐勤著 意大利记一册 俄土战记 意大利侠士传 一本

經世杜綵 考什華樣 二百篇

作一条幅，予用来者山坡石，衣间不用樹木點葉，並設色，竟甚美也。晚作字，夜月雨，亦一步不出。

十九 陰，细雨數點。又作一單条全幅，皆一樹相接連，瑞粤有大樹一樹連十里，起伏蜿蜒，根則枝接，仍不能融化，盡筆墨生趣，僅僅異乎庸而已。四幅一条，屈樹韌緑，已可觀，还格尚拙。晡，錄寫紹山方詩，以尚見陳文簡所存，余再收畢云不已，然即不失董氏面目，收作畫猶在細里沈吟，不在臨帖，惟真墨跡不能不探討耳。姜刷衣工担至余巢，索花加福包已讓，屋乃使二衣云至店去。

二十 晴。黎明搬過一所，虞天壽也。起而仍未市物，限没干，磨墨萬二層，前後去盒，作字。

撥致鄭愛祉

有初到滬，得薇周旅啟治，嗣與聽泉郎外哥函

暮出，至祥霞北至店，呼速書殺雞，付方宜五角，市肉無元七角，內四角吾付，梁左工。菜角一元，揩煙至珍三，赴陳宜益八集會入门，付六元四角，收十二文，搖點為廿六旦稅，薪封久年米店，以入庫與陳毅堂，後因说功了。植与此人御约石又尚葉馬言佢，醉菊為吳問地，菜佢兴旁，便便半飽而歸，後飲餳衕。

以已夏許 植予角書室到吉京保西班中中 葉和御未雨禁帆并中帽牌 廣西

廿一 晴。早起，理帽料，理至節，主壹批閏至殺雞，謝神祭祖，並殘廣，取功，愚接来起，午若。歷瑞，午飯，午後以茶葉，徐甥擬工花妝毋並，乃大轉店，赴北门见之，圓同之，安梅，在蘇彰翔

子母行至王榜樹莊全汉祭畢詢鄉人同地鄰悉彼處地名三人乃往見其大合
地在樹入城一望田野重向東行不住利店与伊同飲于松風亭茶屋印岸桂祥吴石旅八
譚老店見龐春林蔡鶴安來談書畫友談也春林乞去繼合為拚些小叙尤之適
和菊笙而歸　郭慶輝字稚赤　藺咏世書李玉　留書大君遊
　是午刻記　昨王庚千九歲又葉千湘來談久之　周庚生伍竹君皆談
廿　晴未明起積天似陰壽陀雷雨晴快待舟至玉久及八下維琴健來丹子來與合同門
余別後取烟具等即下丹陽市烟香物至韓吉揚墳同伊同行至假館乃上船泊只一墳
乃祖父本生二墳菜竹村二三歲為恩如侵像繼多時久坐伊有墳至告戒吾莊并二族物同
為王陵二旭　侵合張二宗不成即下丹陽讀家坊上在東冀地合祥美高年和之
并芜芳思以先物以情惆惆遂王陵去來　合而告知道細說招狀閱書當采不許　上墳扶墳
又上壯石稿墳遂來抵家見先祖生在以上年見租我全年分可以辭去遂成其即過來
接和虞高素芳租祖生先即致第仍共亦官田之郭祖祥壽綏居吾知招下丹陽
來同王二莊市以絲叙說歸後王祖西華取如園鳴魚上伊祖棒珠全王白珠風花火
惜名珍畢已後見以墳二尾拜樹大下丹陽飲動太陽米既見付不知難醉乃昌畢

閒唐維伊等入華課，筆尚可通順。生過隆宅，高比三嵩母家，高母之子鐵修杰帳炎

號一見，說百數換來賭，索價廿二元，景從日寅奉皆至，王生法說兩家乃十塊即

劉到華居，人之旭來布坳罘，聞四城已四下雉，丹子桃第四子一店七角，此旦灰被害

莘蔡金帝子之真仿等不知何意也，對唐印翠沙四名筆到階瑞一霸交尤

子收信中附表字拳四兩歸，与四揚說其名，卯各之去上燬記，卸禹山，令胡雛前之假換

實伊稼拒，且不得已取借得四元，去高逵宅，付四元之，出告諸潞友拜之，待其陳來交

矮其集子傳能否 桂芬為沈來苦試得沈翠傳座不能扶其律之指出回時

況机之又失且從黑島書務之架力不移 教拜從子自排為得 如余中心受恨但大著憤感十足，使余不能

將坊至黑市抱案悉清，寓呼陳小韓家人憚甚為

閒普社和合僱桂生稱人已逼遂班日間為代偉布來雨洋大雇查寅正法

又閒栽重芝都司之任

發今交除宵 蔣李惠章并去，又寫扇為葉子常五律又扇

廿二日 若農皆福建如次 古西蓮葉原本 此苑太守畫梅沂泝札 温已
用銀二十兩買一紙作手卷 揉讀之 雨 陳謝和卿見屬題辟西母謁書後降
藏云及桂 星桂莊并篆刻 閲下夜黄 看吴恒拙家三万一宫中帽一小帽一請剃頭先生小聯 五六言
銘篆文均在兄處為快 宝賢閣 者須正月歸 還市 寄去見 拙館 沪來 月 臨隸座位帖
此所以懷 云以告 屋 惟書字似稍進矣 昔年書 仍臨唐字
廿三日 晴 作畫半日 小横幅一張 頗似雲東 書 傳神佳古田 六 雅母 來留飯迄 廣德小路冬冬臨
申刻書 語 翁 未不值 阿唐 留 與 高君 趙 陸保 五六 頗 根 不 妻 之 去 根 一 道 文 知 少 食 久 樹
人 善 通 舍 閲 君 見 翔 雪 畫 照 相 神 似 宋 六 撫 水 宮 一 幅 振 归
西 晴 寫 小 横 仿 新 羅 大 幅 有 書 來 設 色 大 地 劇 筆 印 琴 平 未 高 唐 字 意 下 欵 裁 去 至 郢 中 照
暮 燒 水 墨 小 横 幅 頗 佳 謝 楊 雅 宅 西 馬 琦 意 送 洋 七 兩 方 生 筆 研 對 寫 自 寫 至 申 末 始 面 顔 集 成 約 後 日 二 十 六 廣 至 六 平 走 而
廣 日 已 衛 出 陳 筆 筆 未 云 寓 倚 北 門 店 宿 留 二 月 餘 乞 詢 有 言 許 為 代 謀 店 員 伏 冬 冬 書 與 細 語 伊 欲 自 做
下 夜 陰 明 而 涼 與 西 鄰 諸 短 談 數 地 去 屋 擔 燒 歸 經 飯 喫 雞 讀 書 畢 將 小 眠 只 聞 敲 押 寢 之 頓 歸
廿 六 日 晴 熱 甚 屋 上 橋 蓋 在 隔 廂 門 隔 下 雨 之 二 一 桂 惕 不 開 閒 門 十 間 西 門 貝 樓 空 阿 廟 一 糧 不 見 屋 主
曉 入 印 大 黄 呼 賊 為 人 和 庶 印 四 下 捕 同 殺 戶 亂 賊 驚 動 鄰 人 亦 恨 久 之 謀 思 不 與 健

由後衖借西鄰西家逾牆，牆一城間，急趨鄰陳門一路呼喊，及至徐宅始聞，廣三言伊內無聞賊入。
下樹，查賊攀援，事之查問，問甚惇言，一殺覓得于牆中，四取入田，鄰惶惶，以此賊之弃去未既而
查城中各牆屋入擾偷窃，賊大安，為已極。鄰人于廚錯為余即取得同往至衙署，衙中係房未聞，已
門稍緩，遂仍向內出告以情形，即呼捕班周長生加派兵二查捕。余謂賊已聞，必有窩家，伊久矣，
查乃往。所租等即別歸。查之賊無一廚刀，詢廣查，伊稽實，亦為之窩，其惟內屋有實，得不失。三更余至後
又聞風聲又喊起，陳氏來云，亦係至陳氏，細詳，繼而查亦後城腳下有磚瓦六七及五腳印，甚疑，係而捕兵
至未家告云，付刀令須嚴加勤捕破獲，否是不可去。諸人四更不寐，猶驚驚之，息聞雞聲起。
並晴，大溫。起稍遲，查檢賊去之由，而詢鄰，謂由後劇竿種菜空地，子研來，余細想藏匿花
室。該衍孝出擔輕去，詢鄰反復詳被竊了，賊雖是大陳等家之，惟亦疑。周長生捕窩賊，需令之
困捕此類人耳。因之至廣濟倍上房取釘，借鐵件帝少主家，实振伊折合，市作板合釐，之至店借二角
付宮來奉云，無不定，乎四錫字，詢所租者，能使葉生來代之。因伊要不願多了 錢翔與与該賓主至門前至橋，小菜園
說種種所云，鄰僅每之，時日已下午，即歸。
廿六日 晴，溫如昨。至地，劉筍得十時，行送朱緯叶，陸氏欵，作一小冊，上午桐君來，因留吸奔擲，十下 伊以一小大之五

有文飼羊亀悅洪為倘〻〻倦於今至北石橋看會及僕去至峰別轉店与悟枚至仲文君寄寓
左傍近園向佩之佃不受錢而卽圍以夫人庵泳急不至行走平安橋入高宗殿面向孝皇成依柔
叢樹隱蔽其實至姚宅前從上看舍一游物一農家見周六吸烟出過此石橋僅見一婦拿竹子來栖生福
生家飲茗伊云近王氏祖山前今王姓地以大樹遮不去許只去旁乃令秀地伊耕故栥上五擔下三擔王氏管坟
蒿五擔成二擔小擔小者樹乃四約之付之香蒿葉伊又和為〻之于園莲与仲文等食旧已夕陽下矣
到庵飯後靜兒五點往六觀後送至二月廿九元日志之太和遺庭為異洪之寫于集有陂評此〻作又
默代
汪仲蓉云有書內述訪兵滅少時生似靜之作報只好如此矣夜居樓將睡
廿七晴 午後十寓上午君兒口楯以靜友清素洁之情懌又月十言陵送伊乃勿之下欲印而法安
出去吳聚亂從此禁不省收拾子帽
D叢五點往昨夕接去字并陸舍二行僕從之止常所往行由去官處取來經買為修邻祖
廣已小屋惟太使要人持洗為雜府除俗修汪居的府西段巳空中亦大家佯滅胡
為村久計書〻為作系是被细家道雜錯留句考案是〇有归此只〻有此只要七數
詩今数但泉平里而君不得為高周旋之住錢以事多詩道于係理從理情之墓
及二十四夜為陰戏政桑戰之去失為移日記一頁附閱而為大幸始日為修發帰肝降

先來章廿四日不歸要我所未更距坐樓下飯飾物在樓也前日已將箱籠入四樓母房去向麟屬
夏雯珠因不豪將來不瞭仍傷心出次鑄鐵條三力要求不聞此次之賊係云由御部松氣以墻
而上去過六七處上壞之多要可畏已過日有由之所作且要且有多人協招而撥陳氏宗楷一帶七間
有內應隱瑞宗塊不能入止余欲倘信嘗于椒有力有策者盍居與擊將者救護乃可有備今人知受防避惟官
而轉蕭識盟在擬策而發援引在成盛可議此樁村來文字成須必以責而往玉任往我要兼備而陸實
于奉而利者則業建而官亦可達西人每每由此出者不少候我滿可一我付與陳可一閱我家世
述前廿四工墳向行生指切圖半年借過北石橋之故岳瑞祖立一指開廠過寫記
未刻許出去之桐宅過起鞠生宅留一見撥拼周諸出門將雨待至崔之小菊中橋已陣雨
滌太之莊宅雨如傾細雲連他去不值困在伊廳葉話候雨止出後一晤桐所北門后山全
盛靜往四鍚寶豐悅我相乃歸之魚北寸花雨又下借傘覺義作于說不要借傘歸
廿六早陰晚晴擬成作卿圖并四字書不佳晚出入印文在四向高八點來小研來云備後邑
發去非盡另欠余保佚畫一幅松保一語蔓去到桐宅與孫威主人借之雲所去筆研兵生全
印峯來一晤出訪陸羊在于許宅不值四北門后通葉叔書云借于一角過怛向張价有
一不識者乞錢以之深之四仍與四錫議租可出于信和兄陳君初伊云歸不問

取契而搬伊欲付三元還契余允之惟椿從伊出議三千仍望設法方送归

廿五早陰晴大雷雨后煮烟寿朱旧开至午畢劉等于地王來似未同地花毛歐未告畢鄭狀病

而在而危四錫來匡楷告租腳之余出八诗于收雲卿圍達衡來信賓生弟寫和未擬却

復取紅茶葉四串余今留心氣告誡一一内子辰至葉晴楷猴歸老省來舟归而大雨甚

三十昨夜雨昨夜銘扇画三五树似不相远及安海匠贩得陕西琪五宮字數百世正田家

寓掛陋目如靈昨看二人來招四弟猴昨晚發少向問庸來借物并乞余住去以昨夜

首鬢發少回及欲已正到思去而無住處家人論四房程言中房歸子又接撥人少丁多子也

皇氣數矣嗟如之何怡午子研來云飲有演料理至鄉又揭病余子研出至地屋邨圍來看

四妹庚伯居及知向生孟乃如空見误病情五為憐惘歹術矣虎呼之邪未延医傷四錫豎侏

侶知在灯火言问學寺條店委寓云一物在仍之幸川呼飲胖日雜里租既不付租又信楷轉在東杜

一再正陸迓林中小此归三元又三月搬许搬出二元又将烟再以秉六又其楷原移至今至会看新欽

余真为三面扛轨無一咒矣也又不得咒筮同防又情出訪蔡仲卿家云往久四店出收

取到收什福年二元又託切弟大喜两月至桐伊今夜至店記四世住内徐有五元于而出世也不為弱

雲語以伊今静代為檀山飲之因為計料每月須若干有些希望飲不至負債得早歸訪
但修殺乞將何人合據得余告王樣所以其抵債相對再議耳　告家人但有之氣憤填
膺

題鄭書卿之扇　春

自唐人書者林立理趣至今學者猶存其法而今有漢人者蓋其書法楷而
功力深也　此宋金之云　惜不能趕其傳教也

閏月朔日陰晴無常辰起家事稍理即出弟初圓弟歸之表已店取具与四錫偕行轉圓之笞
幸祖至來宅云已刻送禮云據今評人謂隨大強代為書寫訴與鄉人說王力宋特上及三子歲子雲帆
私宅祖生等年後書何地了研來為伊說薦于王兮桂軒前催甫之利申初可畢飲膳開館無種見合裝母等
二稚之遠年老大矣遣此狀為主利例地至為一鶴壁蘇本再言座出趕意四錫但店取五元付喬僧悦
逕予樹中尾悅託伯琴上杭市懇及大無事知來使來座庸三來　郭禹三將來拜張相取租而去之甚已
下座而下五謂也　又市大雨備託物

初二陰晴耿户市業内子最多之支費全無者胸中不適家人小輝誤事不合意棱動無状
内子嘆不為伊等安危内子結業之輝拾走　完書卿扇又為　麗紙作畫幅　數得元人一集

六用墨設色均不肯依此帖大石翁畫二幅畫中識者亦難辨別未完只求點設佳已完畢

子研來請兩家人無所為不善而余肝旺最氣時腹塞塞且時忽發上衝實由病未

半為事牽強自遏抑終難全釋其眠養自踐壽之道者樂之是一至禧來應從量

仿市業六吃飯華步北雲風篇上幾在雲去驛店四楊向保又為推託與買勸語即市

傑與歸行至縣為花道子研望桂佳飲其無大病痛設席請為照料者不得已四大菜入席濂泓

四兩照夫及子研侄共八人踏飲而歸健吾隨後作字學飲與健同床健卿病完看之開第句濃厚設方藏之

初三雨外庭不出晨起健兒整古錢玩弄擇得一半兩中有刂鑿設者作畫六七百字家人僅月朔

收小象安以大字均來去承是錢限遲矣作葉和卿壽帳章是又寫上葉設壹六是文

為稱雲垂沈王錢去保彷石齋仁壽墓已六大函類碩古人一部手儀來云代為地計年余已遲

五午先搬四楊昭齋雨不止身體病甚竟日無好懷閉不出歸惟得一小梅枝

初四陰晴於先案四楊來談虛為大久未保來合往看地歷池上一放四五分而已丢早採來膝花以氣

四號寄開印與棣山，詩扇求雲鄉因奉藉扇致穆雲往繪直幅附扇備振璐靜館藏修事
棣山表弟大人閣下：西月之杪，途滬爲承寵召，謙遜盛情，何如邛雅纂深多稱爲致
歉悵未假馬首所崇，遠豆不以衛炫思弟爲禮，日有所請，西名晚信，此我畫生老於是鄉
矣。田學其時于鄉渡口，別業林園，舟別其出致，久不置懷，因與爲其談
胖作一圖，並募題詠以寫塵。奚益年，此編正爲，爲有兩者，內弟葉下研
業爲貸上兩年至世經，長男以蘭豐今年以種手調揆于是，宦間惟於向不作贅
六自不安于今，伊你至戚人極務，慎爲開精此年憩甚妹于錫山蘭轉所予一事也
孝詩弓叩帝連俊，俾全伊陸同卿蔣來前，昨知令弓少暇日黃花而 閣下古道微
人必爲推卿曲徽來之西面，圖之宴飲踐洼䝉形切待翁見之保覩係全乳，宗物備爲閣下 欣之印
令渝表楠寧慰或已人係示呈弓如
受祀
滬江城暈藤刻月侯高圖揆之存，統人拙思。 愚弟王乃譽謹托情西 向

吳門作海上之游，又令人作天際真人想也。別後以來何所事，所思
秋間作書寄弟一函，探聽僑居，屢亂，報館佳構，乞贈，從此書寄一
函去質，此間[illegible]，到者殊懶，此事若有藉，倉內弟葉子研閒
可對以情，爰相請望閣下代為一照拂，感且無涯矣。
韙伯二兄手肅　六月八日　手肅此
弟六月付靜上花(?)前高山樓條，重上第一條附論中，往返閱，前日函來信，批君
之知一是，將以後事寄前村返知其僧，伊後已與聖人言，實令但得收矣。君切圖拜讚
寸心[illegible]一去，往金陵一日，此係紫霞交換家政主人，前往寄，雨後未悼悟，切圖請來
不然不待[illegible]，世事愈寡，余近日患肝陽，極重，且付之夢惱，然後樸構，已而
家母尚可，可嘉氣真，憤恨懷憂不已，順歸廿九來，宗園內，途中母甚有[illegible]葉間
與歸來，祖病劇，稍而後遠矣，相與區[illegible]，未得[illegible]，附呈[illegible]
僕仍稽遲，舉男與健兒，以[illegible]有陵，照作內報
五七冊，拙少閱，未擬歸宅，又因仲村寄花請呼自為應，但在美入深

與庚兒說家事，归又談理，至三更臥。是日發焉豆到信封入錫汝椅寄局

廿五 雨，竟日雨不止。補作一至地球劇第二回。東西之許蔓延鄰地矣，賊見模我種菊作

知卿金幅，寫大字綠桃源圖，寫便又數換，易樵石，惬心而山石樹為是。印圖素黃，寄不

為情，能令致往，臨平均繼第錦意無川子，研素當其落，伊亦不動懷傍去。

廿六 雨仍。欲借香子早起頭眠，揉葉為羅，正是帰來，發房内無植之，又竹為亂，為房君而恨。

完作桃源圖金幅，又作寫景，以心緒亂止，前段桂樹已文竹，還稱之於推，剃頭，天雨雄。

陰冷，竟日不出。書發處局送信，匯逕神禮鄰寄杭。

廿七 陰，有晴意，地中將劇第一至橋與佳森陸佳林，將至二千石，甚微，竟了收三元，開逕歲編千。

程樓理盡盡。付四十元。其人竟至華書祥處向鞠老，不見到房，過和源詢租，不來，見印圖書，寄杭僧。

復匯表禮編，戒陸匯音，帶杭足痛難行，欠益召臺升。

廿八 晴。看桑臺初眠，午後達衡來，自抄蕊錄，第六真字表，為其單算法，印圖來高。續貿了至送孔

四錫來，令借錢將使兒往其石橋討租，旧去老富有四十租以敦，余同達衡過鄭宅，廣仙宅，離回岸樓，喝戲，誼不

無人過問，已行止，乃回其一見其去字，剃去入店市一條擲四平，見陳另仍保告之取洗，伊推云不允，瞭租

成之，不法前下，此種人但有無而家人不察，陰乃浩歎，廢其而歸。剃健安一印付之。

魏元虞（欣之）評文陸來，索書一束。借韓來君辭以事也，爲借去格致事也。見日錄、筆算、數學、
數、天學、地學次而入，即平常之人亦易驟會者。何聲光化電學，格以見專華，譯學淺者
多即時文之未見諸說者也。以兩不出僅之一到地取閱，屬在初勝，應擬五稍遲。

自撰墓中楚撫

嗟呼我鄉，何爲鑄似而不識此也。我鄉何爲任身？齊而吸烟，少年書遭厄，雜流雜至重屠。
僅不偕然而不全，服雜尸兵，此大業秋，商賈而歸鞭，弱冠猶之向學，（向達）金石文字，書畫而不遂。
因執藝附從薛爲諸侯客，以相鉛，頹數所其長矣。（麾）此陽令君承黃延故字，徵水幕者
且十六年，中更離亂，債劫殊家，家多故，益（眉字）了以叔達。康歲甲申以選臨縣初，既失而守官。
福延（又遂知）秀外侮，易（訴）爲越南，爲天下先，將謀升斗，爲（尚）任山能廷之眉，乃抹頭路伏，年四十而歸田，遷里居。
教擇西墨烟窗（影）人讎解而不想起古人之博。嗚呼是何爲存此皮囊耶，世度之頑速。

論各國練兵不應蔑弱國議

地球各國猶人之一身，有腦筋四肢百體也。國有強弱猶勢也，猶人之有精力腦筋也。腦强而萬
事理，萬（端）焉。今之使地球比一身，手強而足弱，則操縱應之不失，是不剸裁之而自強乎。右手
能動作，左手不能，乃責之廢之，此自強廢不能偏右手之勞。其所以右手能動作者，自向操
習而然也。借以左之操習，將左手而責右手驕，左右同爲天生兩手，無待自矣右
手之能而輕之。（設先）

學與不學全恃風氣 泰西家家學而語言華則否 然今人猶執千百年舊規以繩今非笑之

安 學之要全賴成風俗所以也 吾人習以勤 不論何業人人勤矣 有墮者 鄙棄之責之禁之稍否

心自到者之 注 故不能不勤 不至不墮矣 墮則非人矣 然吾人不習以墮 以墮則不能勤 以為常不知非

且有大共勤者亦 是在及早立定風規 勤作之以養成之 須別用以用力 庶有濟乎

○天以生物為心 耳目所見草木鳥虫人物 皆天所之而自生 自然理也 然生之又必耗

之 而由耗生為生之不窮 如生物必耗物 耗物亦即生物之原 故天循環運而

資新 此非人莫能識造化之機 泰西尤識其是 精而無此戕賊天理 亦不少

廿八日 陰 下午晴 早雪生挑來 將朝來抵到 仰杭來 付其中尾蕭尹甫 又大洋二角 又静晃七兄信 由附許

○六書陳達卿二信 并附西右六兄書 又錢東府 張莫甫信 內附師以和學生等稿 師範時已匯

並拜太守不題畫及淡竹記一人物畫像計 静又為浩士兼弟遠信及月信四元以小補之 又研一束

陳傳鶴來要信 將原件發全權 擇世兄以全許 代為書 致達衛附静信 擇業于地 訖

許岳亭來 蔣子研 賀蘭祥萬 又收恭字 附静信 著事要 到府 由仰杭者 為尋記 亦甚以財訴

望成王書 切望兼款 名亦看報 秋棠文玉名詠 庶敢五月 付信為平陶 一甫 歸乎

律本班直作，访尚书，应满籍代为国积甚屡，记联玫许六为

十一 阴，细雨润地。偕荣华为谈事，为之脱漏，钞请王尚书妙戴何代拟备旨，并在夔以字雅游

殊难记，续日月为之照办，进此图，殊费不解，以情为询，竟日不出，在和平忽闻凡隆，家人吉念

上视库出家五下，玉成户部查看卷宗甲，陈六六嫌祝，检看两家皆悴之然，入与庆功读四

十二 阴雨晴，三四作字，何一来，宝生泥行灶，余钞代致，备旨序，花二串，取封，篡出由祥家，见唐赤又手

到店茶，报局厚市小土字，鸦烟祸，大约有误，于稍取一匣，我有先封，归晚，书小字呈进

应拟应减改变各条

一 海防营应全撤，首每月兵三名设一哨，换溢可抵兵饷，独道岁可省费十万，以裁可为之饷

旧防守备等年捐，费享太平，坐食大财也

一 部司营卒以卫民，又不能禁行禁，可征调出仗，应全裁，撤改为捕，营守留二成兵米饷

以六成捐之商贾居民，设摘局若干，要人照摘之，日应接照从前旧董事在县择主

一 淮北盐岁销引，直米下可运三四万斤，价加十倍，以捐课居三，耗居也，以倍居二，商困居

二 局径运司起全裁，倩一两人成东支运，买货之输，船售价不增，岁可得钱数千万两，余时可

日短或借，与行银一批，以还借商，特以二十年计算，归还其款，价不加，库民不损，赖之惜民

加捐计亦上策之美

一、關鐵路聽西人办，會（向）借銀千百萬兩，鐵路之利與借兩（本）利數十年歸放借之人。
一、重保正權，一村公舉公正穩妥者也，保正以董為之，有功者能办了，必昇敘出身，歲給薪費，使各免苦。
其經費係捐以副保長之，副保擬一正五副，亦宜擇有力有學問之第一有恆者，月有上進，保正有日記。
書記
一、天選善會，每年中有善業善名之民，不問有無家產，但舉三人，備印官選入議學，而免為盜賊，老者亦稅。
其餘以自願加保甲，書寫換之，嚴劾考民、宵小之患。里作之。
十三日，晴。早劉與丁研來，寫扇二紙。俞五持送世居禮，收禮一石门。扇仿石谷種神似此，種得來。
侍名石谷聚世教訓古武，寫外附書植蒔菜木。午前桑株勻教氣，甫霧霏雲，霧粉薄弄。
玩來之未到，接禕林山房函，知莪研董許成，愛情可感。世運研于地方之北，到店知陳局。
伯已領春閑，中途為看鄉。陳方崇要色為謂第才。書稿傳書寄，見印浦沈其伊兄弟一書，送花莊店與岸。
鴻房保俶不足而得，金朱二，茗葉還之。地葉一千分一担，如寫書樹掌已送。店送元來。
西晴。上午煮烟，并早田齋來，與言送甚吃力，至未初完，作字二百字于打鐵巷送節。述卿同川話，玉翁作檢弗。
俞五悟去，五四年，今六四十年屏去，獨收與廣三、霜村張和、推梅雅山樹生松研施者凡等三十人，雜認惜同衛友，四久。
玉英而去，與佳卿、子研會于此，送陸蒿石路錢訪刻，可到店，植詳亦詳度。和章勒為办附靜信，即歸已張煙矣。
十四日，晨，早作餞事詞，晴，抄錢教閑端。昨日小雨，亦作庭河北大學職送鄭友均言。沈印國宗被捕，上見賊赫。

仍在鄰王樓撰院借通如(丙)于初与典屋招作此人画横尚(惜)備每日錢通(善)嫺真善也之雖矣通甚
初宿僧午廣東請商及當賊之法伊呼保我公皇余均(細)方說各之小(因)飯勇秉鈞竹植于地收待
福柱說王標送通伊函鈔借招會之事余資之力尤不可止真無聊之思耳手研一素合食粗
習算并学鈔学並佳

十六 陰雨 戊戌雨月季國開始有供奉錢歎牟習算学而指代數之意難入印圃来尚說東爲女有帖室成素居而讀甚決
為曹棄照山之容之使見柱模大夜戌乃模寧青廢往伊陪甚会之甫遇印情川余入署演太成計半從山冪周宮子出朱茶甫出
模力戊与奉宗榮西看一談以雨乃冒雨歸

十七 早陣雷雨又陵晴 又吉而決傳錢星之王標屋欲不典院云合招兩欲急切已甚而成为甚亦理謝素之去 昨夜決乃圍宗後為
習小備賊樓又浩門文黃 有三人分班 作肯如克乐孟郎莞一元作字素佳古圖〔桂〕〔國〕唐帷書兴署觀刻九九碑見君實
又談中兴緑成宝長談 說靜說自序乃法某氏子俱年少習任無掠北人者一与印讀邑怪升和仰酒全録之青柳
達鄉仍回附靜行 庫說学堂事而来植云陰令其靜之緣也旋歸過老村与樗雲談近賊樓状近旁共具名兄之玉戟
之在不可枕余撕出会兵傳兵無數各核巡或有肖乎

十八 陰 起遲 四川在閑氏力寐國後續世論 上午肯閑未刻 劇談之樗雲家賊樓不已 暮於素書佳者之物暑
為刻 院 取南京我賊人擲甚素甚雜 北台趁于館 到店見子雲中回書靜信 雲之有中楊樹浦地陳公有未去
仿九百只之年堂指大云伊叔貝秋匯云廿二壹 過市南廟江一角市巷歸 夜閱誦狩翁詩 走後街地看葉二次而
李二史仍夫 印函来人宮全帖 物健取事相于圍仍爲可恨

十九 陰雨晴 晚作西崇七号靜信之多事庠子研书寫人作晚五回詩未成後之帝業
誰頭商五回庠李詩 稗搬寫 前一艺 成一首 既不和 又出人謂指也
風夜趨以周 甲午書成 能趣典型傳 漢科全店 功古碑 雲衣代首都 中府 臻為筆 斯鏤

遣無一字不周詳，郵來扇，事亦蘭稚及塘茶蒸快魚占福壽全，亦已託程不出

廿一 陰雨，未同午處三點往，經過過，乞仲作五幅扇聯並說省小事，而到閒，事合我記小吸烟，子研來，蘭葉書來

與廣旦蓮之至，未居場，對之出，觀對一騎，至北門店見子亦居，指二千主家無一賊，難息，國事戒由動何得，借搞事件

藝報中云，姜與賊接五日，遇劉與賊，蟲寒中之筆，乃四更，哀請不爭，哉雖自立，在二十地防衞，以閱錄，考我觀

也。夜眼，糖，稅服。是日風雪，崇山水，有寒漲，象筆，濃六醇，岩南傳作

廿二 陰，陰，出問，作寫實先大不宜作，繞聯數數，段，乃桑亦廣

辛戴程來，身應西翁，近于今上下或字，景山動慎

前年告速，眠，乘四代，書法濃黃花但到，蒿動甚甚

此聯自初，戴有意，段印研墨書之，悵字未全佳，存地收藁，子研來歸，四點來，詞人多，伊氏者，著子

廿三 陰，晴，讀書者，數數早，埋服于地，而主鄰以隻，凶物待炊，謗子不依，母子雖自盡，復夫以賊進，使家人果，未山我

慎而不審，心殊思思，而黑其家，殊罹，午後大不適，自重，天又寒寒甚，萬象，子研來，余出，到衞，食，教造訪

同於

午，飲，退，子次，並覆，共開三角，沙扇之不對，以遇饒印道帰，半夜拒

廿三 陰，微陽，早小雨，寶生來，寫帐把，連前，欠作，付一元，收一角，欠半，包欠從乃段匠至桑取，又一島四捏，接子用作儀

查詢前字帘，伊詳談會，抑余字不服，我多字，家人推大眠而應，看拗，房事至禱，聞步，睡說有梁

高八狼來，子研來，乞換合五田詩，以華人厚故，要作乃命筆，擬書付之，命氏未取衞詩聯並請陰賓

夜，訪詩士友健，接子鏞作偉書

廿四 晴，春時雅，自此朝晴天也，我秦但自五人往，午量自居，與二敬計，以吳中間四丈，從連桑地三丈六尺，前不上二丈，長二十丈，以五尺方為步計之，不過一畝，十三平，而決地二畝四

以暑未定不了
一啟三日未了 海甯百一不解算方積但毛判的計務多此算況甯啟本缺而市屋更屬有樣此覆無已
所述彥眉作仿將句 句一以算應無疾報之算切記切記之門之市大許案移去地 又所未談叢信多到而妹
山於無隱今得疑也不只精此佳而矣 昨夜燈油燒殘甚 善去手寓稿見稿重見先夫之云日中兩方看
靜兄共弟有畫書送來云云北入坡中詢友仰都老樣遊華殘疑到店食糧以從胸前亦適見跋
市偽鄉者利手甚佳而來之有二半兩甚大殘將一貨布借真一逕恨救多生見秋雀令伊君附舟
於燈不見雜別余因 何慕送到靜信並致 賢為畫內附醫學 理治學書卒程二篇全徒
敬讀伊不肯用之太帳素之 至夜以後不安多食 弟子 研香伏

娛廬主人承宰

光緒二十四年閏三月接寫

青莪莊

戊戌

蒲公英露

此藥凉血解毒 凡患肝火血熱大便閉結一切皮膚血毒等症服之神效

上海中西大藥房 大五角小二角 光緒十八年十月十六報

蒲公英一藥 中華草本載之詳 西藥品極重此草我地遍地皆是宜採之蓄[illegible]量

三月開黃花

閏三月廿四日 雨 上午晴 午前以帳姻之從樓也乃存丸比年共無若唐收及二日又賬大款身字該疾齊至勉強文
指終日子帳自悔何及乎 朝君德四送書一斤 橘紅糕一斤 帶到靜字九號 伊寄舊夏衣 陳來存等攤
一學堂教僅往往觸糧醫生日本學 我備豐桑 又開小學堂該以補 我宗立保富會 新昌人士議定報
紫陽府民權頭權得衙伊已撤會 將一切進步並款 議加陳兰存去並之項 開學堂工藝院該以補 立重從會
至委宣集協力 此班不能舉行 午為六點半書請款四字 榜樣雲集內附 地方紳字稿 力請務必擘樣以實
小乃楨式廣 即帶四樣 圓小題偏 閏王標已死保陣 林先生住北昌房 上午順福兄來 來買票 乃售一百二十斤 每斤計
一元五角 又衙售十五斤 五角 是日第价未低 衙已漲矣 近今周身不適 殊有大痛
廿五日 晴 天雕暖 御單上三稀 從常在去熱危 黃棠二三至地球 鮮而住 朝旅一斤帖 稱雲集 致沈子用書 述其 閏六來探齋
謝子新來 言五四方來請 陪齋仍謝之 希傳之存三四送 以為其據也 接示和易來 徐棣山 悟和並劇 蘭翁來代
而篆中研已兌費即到 函見須五十二之利漲 莊朝付一元五之 乃歷去之 桐屋走查伊情形 看餅訂 近硃篆之
昂甚宏處 於此坐五之 近文伊以該子研他出 即北到店 見伊琴已回 陸此六月知 扶田住某為募為賊 拒絕
未午後街下來赦 座造一乞之 托輕一江為前 請為篆而 硃金脫作 夜新至 錢格即為漁翔 其前舟盈以一千錢金甚大來
夜先生不報案已城 閏知策大滸至一千六百金 卅申柳兒秋案 訂校伯 住桂生處 記八和調了 諸讓信何人之不
請名之 此乃歸 該人皆在地 閏六出萬下二担 日行路烤 管日民前票 拯揞至里 夜又雨 香而寐

廿七　早陰，卯雨。君因六萬叶一担，子研來，已叶，付子研價。早叶一刻已洗，四午閉已叶一石失，每七十價不可，彻此塑晦，夜以卷多不成，雜君務之，思往往節翁氏理家對雨，愴惘無賴，嘉辨居叶之董氏一去不回，竟至午膳大貴，又挑些以成不准，吉叶乃二人每日俯以吉叶，休耕居只有以前田而語，亦未能至為人用，中心不平，乃暢責之，內子大怍。晚之率及平生舊只作字，眉鉢不開，寫一堂雅實無物，託子研。未刻。午後又待從猶又出而不返，心快，除茂庭檮君玩物之所，後來余胸塞悶不已，至書烟照合，携衣鉢往，大雨地泥，通稽雲門與語，盡多印之，務小橋翁氏易衣，大福書之陰晚未心源，但焦婦之感，讀及利序見靜，但竹米稍校家，但筆是也，久語又易衣，今以携歸，而望見查撓，聯詩，並傑出詩排查極窓。宗惟許及家周少方，自有全書，精讀作，讀人之雅，推查周，教夫之意，而未得成論詩，字雖少，有見，二無真知為去見陳。敦本人多前年陳慶，乃廣三請，謝翁尹說，翁謝乃順陳山詩，迴異恆，俟一開，照累，因於也，要少，虞乃宿旁在十許無寐，至乃宜作大席，飲雨，四長村後飲。

廿八　早陰，午晴。起遲，譬叶子橋亦來，不必秋和米，雅價往李楊橋，邊大校查，但好雨，拜獨居見稽雲與事，其前上具事訪也，雨由地但遺和門，家人在庭，拜筆，遂語大庭，長話拜趨，為貝訪居道，契御同之人論天下乃序與御史許，至府，許萬玄待蒼桂，點為去賓，學問高靜，教為雲間居，又過之，少年中之錚錚，惟來必有成，識立也，周宗茀，夢奏叶十三日五斤，十斤欠修完，精談，收取二元，來路平泰封，携之店，文官職，土德市宗貴，咸豐二年八月望前，八權的要多收，來石殺千限，餘之三，往柳君與詢說，並今鉄，酥之聘，向价為燬，元田走乎，方揚見下生之售硯，十瑞深有遠堂迎安同壽，華安生，下一印乃浙團中人，刻多花，並雅之過祠君玉一玩，未能，余不稍並雅久，高下押數，以日二三百元。

大家氣手所爲最精鍋印出之 深成與研究 活佳林陰蔭處除 但世乃評論之如此 意存誤累我

畫者輔之內詢其魯之竹出叩歸 静翁來十五金作附吳宮笙伊太岳作毁滄之賊作 未獲代之 述之筆畫

達之讀謂後知往對過殺叫現在金陵 出西門 内北元爲緩倚之從招擇 詢林釋之 吳春秋之以倣

不能了乃將不之又錢依盤屯倂峯軒 是早王隱以去不快迪遁謹訖余與其陳耿倉諸失說

將以紙挄乘與之去而付日伊專之候標恐日如此 及夜去押見標亡補其事我尚未知 夜讀古吳詩話至晚

光 陰陰雨間作 昨雖小波暈相穫又雜爲捕鼠事露 蘇甥之來三次起屋放齊食糕 首華佳叶忙紀异

常健兒來身進頭痛以來與金鷄納霜與飲 詎不肯賜令 余玫延玉山研究の揚羿伊兒來

保之雨至夜作半帖仿風雨趨撥圖意 長吟放翁詩 是午剃頭于楷

四月朔 雨少見陽曦 八應卜市業爛 改作尸解圖詩玠書 輔鞠之氣共留春半重了種分用氣共

送字數爲來親附靜致東升信鞠之後松暁接來土川兪今日 作書致包重余健兒痛瘕疹春婚忍山

鄭粗來之信黃者多雨串萬付行拆陣雨淋頭至黃伋至不乃之 夜卯事仅來詢買之不知緒之意

初二 晚有情來后我伊勤備吾信各達入之 午後去吾許與商稅馬宅不值 道其弟善商年大人極

萬實談論晴識世事多愛也 華未至 鞠七之宅 照鳥去觀 丁孩身詩字小条爲佳因之董

了弃者危字在實利鼓雷乃勝古法實甚 知有來多子云之秀甚 六之 乃去此 到店中久 歸

仰蘧到，先寄一書並大四月許少爽。乃偕詢仰蘧致同春館，西餐，俄歸取錢，詣浙紹南號，見留仁與恒翁談米
與市小飲，帝浙歸。市小土。夜以禁山除為急。三更後，即就下樓，換人去睡。健兒談閒話，談屏
天晴，雨，子起，至查靖閣。並查葉，候太明乃從歸。見鄧壽長談，伊與友不協事。
初二 雨。早茶，即去到店，呼留仁起。去仰蘧偕至清和，食後同仁，嘉趣一錫欠彭，五去，餐後吸，與留談
兵市情，後至錦與曹楷論近市，為仰蘧編。晚至一過，恒楼入墨室，運籌去，飯後店，後至歸，小睡，自不
適甚。仰蘧到同春館，至紡紗小冊，余與恒翁付錢，市黄卷煙一石，以昨日為便加價故也。予研穿葉糖
次巷與王孫與何緣之。晡后，米子玉部去，全指行灶排水三石，予付。嘗在家可餘錢，而肯以太我未飯宿雲
陳煥卿間安了。真無聊賴，乃令門閉，不許歸。家人為周旋，余亦悵悵。夜以勞之少卧，息息以
初四 晴。早起，力步後，昨夜呻吟，痛楚。又至店，瑣碎之氣，聞漏近華，竟排抽，二兩買擾至漏近金臺
烟了。翁雲田存，再來，雲以飯時遂去。新年後，要女來，分孫可見四數者不甚碩，为英宅侯來室座
中刻去，請許點為不值到店，邀留江，往入恒場，并以云昨知與震大開議，意近已畫付留欲向震付伊吾往劃怪
之四調，仰蘧要院，命仰日往震，返云不該，乃我雲田說予疑，底之借四店吏與留訪竟，附于家不值，吏之識益信氏入口。
茶步談，震之震已與仰蘧接洽，而之乃去共計半，予初信人安，欲了急，刻自理之。也遂由為無言市，貴貴物與予抽食
夜在予抽四家，孫健，買六三國志

初五 雨。精神作字，鈔《笑庵雲煙閱筆》，笑隨堡加隨雅小篆，人手物不存，不收拾，嘆嘆。書信與蓋寬捉

擬寫帖五作字

初六 早陰，午晴。同蒼佩游，出一二擔，無所稱用甚寶。碧雲家一擔，買照入價，拂塵小著古一幅，曲肆易名在積經

古錢諸上年所得者，不能辨。與雲舟、雲舫為伊所錯入，曲霞與笑渡，送不得樓拱，乃出到店，使伊錫帀

蘭泉所要錢，物去年往來總帀一層中，出見玩物一二，我性頗嗜之。歸。靜齋四寧，雨，附稿覆寄述衡信，作字

宜初代寫文詩譯申帀西大旗伊能移送書達衡信中，所有中肯語，錄稿寫交函

寄述衡閣下：前月得書，附刊移靜齋書函閱悉。某物近來雖付移，惟有灼見，進境而一氣羲確定

五字奇見寫閱之深為悅服，是否對於貴中朝安伯誠進士開雖未直閱，至老而見物近來才識益

孫實為此一二地。尊自此日，雖進不已，加再之以義，不殷則異，或能與康梁抗，別不兼頭，用之日也。日積

字寫然無病，先而轉折圓達，無世有之處，頗遠去似於物於不盡也。今欲來缺，物所附上，頁一成

俱後寫不少，

則以積有中肯之如前日來信所稱，其之語，語竟亦不能傷，特畢法以書作點也

初七 晴。起遲。家人展就未能，係不可之。余作字，八分，作付靜詢，不能知字，乃二四物待到府帖，印單來

理與法，校將錯順，成軸照一件，均加用。今再取新竟付之，余以約共做之。所書曲子與四條，物押文及孫帖，玉理

四溟園已老，耗無不一合，而今脾氣之大，陶膜實見四其不可理喻也。寄述衡信，又加單付靜齋西大三院

裝八千作

手擬陶卯生之錢殉之家　君研田表侄王宋蘭聯之兄来索去河壽相中止再及时了經及の墓
乃意大利種色澤紅而花葉七八周日未可佳也　老荸薺之種以二十八圓錢太貴恍未允去昂同沛
種切莖葉肆出至此入店　金の錫之同來　先余四錫之葉洵　乃付三元同來　余收此蘭金允收一斤一兩而致
約晚取去並說蘭市四店收未薊生　商借来克去之[告之租]照已　相知来訪之作　題伊傳媛斗乃
未閱去鏡　少佳与陳咸六詹首店一語　說山東有被毆人殊及聖賢以与之[上者]理同是也　弟仲去子勇
也未頭店伝借不為制　即四店寒生行即告　店敢計充財殘[生]　細然何一陣挽抽紅路催子四錫先到
租之不堪悻悻而歸　之又防去取蘭子同來　三斤十两　　亚房店存一筐与相叔佑而未不及
初八　陰雨　勉[赴]乎四錫　拾蘭金五斤　見去其根諸之辛餘　女困　念笑性為探源李去之去　午後詩來錫擲
開厨田一本開寬去之金叢覓不得乃遂翻閱各種之舊書碑帖乃後表錄一冊揭得大丈書亦雅者不
全至尚未存三百長金隨中及安耽鈔詞曲亦稽諸四五十年前之作竟檢查至萬天又小而未去作書
迄夜　　店甥同之不出誤又店家諸箕
初九　晴　閱後表錄并僅見羅文伴[刻]另房雲紀去將葉各地不能檢歸尚[前]忱之[子]鋪来四家幅題跋去
者其諸向庭班瑤五本　葛八欣玉来此[一本]見庭觀刻一幅　且帶而歸　　法[天]討[之]等十數人不敢見丁綍田
諸庄材藝全之花枯母店址伊亦已時係清理前日同往而之之人　年之班此次到店見来雲說伊病初与伯信

閲阮貝羅復浚書數〻，稚和年不肯著意，琢玉大手段白描尚不能下筆。嗚呼！此生豈可不隨時隨地學習哉。
道大往偏者即門石湖去見桐生，談至傍晚，適廣三于巢相攜同至清翔往坐，雅四之喜，拜楊見桂軒，約明日照
又見仲去乃歸。夜粗擬稿數紙，心思未慊意。
十九日 晴。撰慧生作字。南書見張銘樹自在，惟吾自謂海內無鄉而又善知音，而獨於畫善為書傳世者鮮，因侍
至寓竟無一人識者。讀書惟義意戚，少知半解之輩竟全數收藏古人為書法者，未免歎杜一硯。余晚
以寫人雜記書藝嘆之，讀寫人理歸至真，讀畫諸不能如我可恨。　雨崇校補日記如書。
作書十日
廿 陰晴時作，竟如黃梅君。床上四樓未嘆，諸孫錢猶已去，積而歡歸，已作勢結產已一夜，啼聲已為祝
產往候，出生即起一盥，即去東洞圓到總下，沈氏嘆之。伊適在梳頭，望即喜余回，適得于頃入耳起
皆已翻身矣。已在取三元孫人如人，知其此生為吾之人，何物在色，產是之果日，織隆謀屋已同審字
三勤也。送回已與諸英談寓母產生之到，作勢至午，英勸母到四點來，常鄉爭程余做報
產生一女，母女均安，惟女體可喜，雖不及男，實因男女一般，猶于望男可少，所愛至二十餘矣。男
女均不棄，男有以似其父，雖其美，咸之出路可見，父母者何必大喜
茲靜寫九至作示產一子，實甚悵觀，余同生化湯方，及三次湯自擬古藥于故中熬信及全盛意
至書歸是午道料產猶及今此案之題辰，觀到心緒未寧，夜寞幾煩擾，無得深之出而屋見

印君注椅四语又寄 伯芸二包 余与伊合一 已打紫阳书簿 你为注 戚付洋五十元 云见有舊 紫霞所手写画行四行
耕同八行乃付一元五十 以示 袁伟 陈伟在用也 子宣西子吸语甲子已作书 至重来 取舊四字 伊在省入
门画库宗如手买花药亦印图施五士作小领巷 至西作菜阳已申末矣 只在友一络为手皆往编至子根之
印如台辉修疗 乃度市庄忠愤懼不宜 和安汉

十二晴 印图来为高 向未子李四来 与印图共往饭来前去 子庐子工等至粗粮来 茅去到店 市中货太均马等 [illegible]
向闲画价子一元五四钱 所存代买白七子英四三尼 在陈历局日子卜 秋人与湖陆夏 伊送莫青乡 印堅注 叁一
以银买闲 收百两 送桐 和事送伊紫宾 少注印毽 王安四陈 苏来至菜去 食粽

十三晴 晤表物 十午读大均至三裁诸 英缘了 程云富 与寄箱 梅静山家 下午代子云写桐 镇 伊作中 横出
于彦群兄 病者 师田 过菜会次文 厨黄欣烦 接到店 梅静 十一日 萧 十二号 写见述 萧在料 店询向问
运看典发只 点来据快 眉半拨彩布 纽彩 设价九元七角 合一年 论价以四元三角 买成衣 萧拔行朗 接彩上下
幸百矮辨兰纱彩计五元二角□七一千二百□ 又二怪祇粗夏布九尺欠讲 乃将阳过路访杨呼高嘉成在印来 君阳
乃归 家人俱往宝在高成来付二彩段样上寸价 在华相君题四诗

西晴 英蔡安字 寿裒伟一 余作相诂 君理静物
我知德君西边止沪北洞居年思微 我方四韵 以君丰半载 [illegible] 御肉开坞业
韩嘉德 [illegible] 我逢 [illegible] 凡自润神形 卅载一暌离面 [illegible]

中更託蘇州將原及眼書鶴馬頻奔驗病藥書無錮君親故山林之言笑默典
型好古眞善匠摩挲披及寘莊闌思昔解語寔陋絶君刊銘倩今色居小筆類上豪
滌塵以沃海存澄寫出蘭磨聲永慮憐首有壽者相弟識遠識代相莲儒[illegible]有由分駐顏丹青胡
倒浚玉錄 黄樹曲丁 鉤 [illegible]服
初静兒十歲在寓 捧衫二件新舊 布短衫一件 紗褲一條 肚兜二 夏布衫一件 [illegible]扇二柄 徐徐旋寓
蔣君到店 已交盛一問 視百子堂詞玻璃之其 一元乃加梢紫眉 後明日往淑宗量 詢鋪 店下五圓洋
對岩云 知多同已出硤田店 下午歸 談市 閱報 南門逛祠 西風 冢跋象 寫子昏 就寢 夜草跋舉人書時
昔詩草
十五 星期 晴 早赴門 謝 沈鄒大 寓人裏蘭近在狀完 余晨摘綠成叢 讀古詩 寫秦之沉雄 頗發皆
叢二瓶 向市寓表 舍遜伸紙 有界紙 乃畫紅蘭 書篆 桐居桐式 並先堂主六十四歲小象 出篆去
戲視之 琳璃奈米 十六寓 五五吉 跋節 遍偶 但不甚愜 捨有海 易八景目 裁小紙作之 至夜
臨至三四 而加設色 殊見筆墨生疏 寫盛之見以雨不出 待十五 標 出已 集作 詩 作話 往討 詩已完
付旦 見 集 作 深之說 諸 遍指 余料 從余 笞 錢 白髮 識 為人 所揚 溯回 所 與 果 然 存 余 料 夜 草 跋 相 架 識
曉 中 作 紅蓮 箋 上有 虫 以其 如舊 乘夜 讀 經世文 中 在 沈 者 吾 則 無 不 半 仿 希 書 經 世 之 目

十六日　晴。早起，四錫來，寫黃鶴樓一段，說云云，而復唐利合，智者特甚。即去，一至地安蔣宅生工作，自畫筆片許，抄
舊作詩于日記中。和去，野宅生到店一談，令宅生抵子處。說擬門又取玻璃，以樣量之，似應取大者，並與三樣，請伊為
華三宅乎呼之工至，又已將月季折枝畫與之，一望愜意。四店借鑿，呼畫匠玻璃，均照訪蕭秋史家，已並有
北假出收送寶鋪，及二弟、宅駢子少談。盧適衡說一切，伊適有行，並及玻璃事，另刻子余。玻是部考，途別。壽庭
歸，因玻璃尺寸不合，必指換，懊惱之極。又應宅生竟不知應往書店，擇鋪此地方，四種尚計為剪
卻之，余大恨，至急氣痛，不可過。　至錢上樓，三理其書，大略見，條理二次去。　是早工照廣玻已出
二十卯　予伊昨為去店說，次居換子

十七日　晴。拔少逢，宅生應配之工作，玻不能換，玻璃二四又窄，正同此也。換店去年，特價以未符為根。廣兄來，云正
題詩換之，唐已有許，因為難，乃遂去。來中間相君來，又與山照詩題叢，因而長話，適晴同出看地中
花葉景一路，問話于偕，極浙錢店，知昨有書錢，年廿　談夜，于正可余不留心，此大可為危。盧至楓由回，平延廣
以江魚一尾，知係鄭五弟女果去不知回　老陡作論

十八日　晴。早錢老樓，話楊林三謁。　朕此觀書，乃留改其長話，其語寫不離究，寫畢。但未補諸牢心，應一
麻照眼光，又去二處余合也，之寫書山館之前，五後去，孩子吳宅生換玻璃已到，門乃為開窗
費力傷手而致去，千錢不一出，乃兩門筆云一錢，塵于地並竟函且以說迎之，真乃訝

韋盧穀贊廣白度敏真怙日奇轉知年未周甲而衰已甚是耶　申刻四鍔信
賁珍瑜者　大青祥仍性情陸人　詎知其柤三千件愧多事　片刻從不整　又其鐵不寔　予不能禆其
蹟翁辭　嘉多近旁晚　余心甚慰　何以將言　反今服白再來覓成　固已胸次　寒漉戩戩不見
穫靜見馬未十二年後　又摘許黯滿　兮静去事聞東多作　但由廣居乎封　稱和御屏色隨等
十九晴　早擬作山墨花果屏作詩　午成　勞櫻桃　香餅月季薔薇花　未完蛹　大作詩一段始去
之園薩芃廠腸樓　月見義開二與不鉛　櫻園丁府藜神來留枝亭識字錢去園
閔少尚陳詞　詩垂更相精　又為譯若傑西手開年來下題書投陸　自語海南少保予生來
之旅壺淑園留吟　集六真跡出　防璜宅了重又憤世與安餘字庸詩摸物逐桐說潤見樹以豈此空
店詢一切　去橋巳門洞出書子樓作家懷口　又以摺缺電予答以收寶同年電三王手十順發足門
見太空及陸五王公使撥宋垠以卅毛手搖　但為相違少頃許　詢汲湖出三恒杖取少蓮市寫探
于陽錦店　又市針每文兩六市　擬把乃歸　浴眉詩恐一兩　夜二三次賊樓家人不安挽陳照閑
信二次呼虞詢緣由　余出論之寓說我言戶而不閉且遺烟霜　夜不聞靠有如此事銷
昌他覓善地至視我為肥將照謀用功求　余罵以說出需自頭書詩之酬了鶴為

二十二日 晴。作書寄屠宫錢來周、談良、杜柷、楷表、梅名盛、尹鵬、秦娟、秦娥、顧業和、卿四、朱幅、吉生、佳
唯談語最殷，别出拾玖首，乘直陽服讀懷懷，廣見攜來，為集詩體，遍錄，即付衆記者。
談息我思如此，終根深即應去，移蓮去退桂軒，新移宅。池益三宗 又見陳仲夫詩，乃交只
宅大后退宴，物寒漏西窗，憐及花樹，百十盆盡露于野，不能遮蓋，深惜桂之，烏百本，無限至此。
邪仲甫與劉卿唱，無去歌，桂去後一到山庄詢，四楊病，陳惟升樹上，隆下偶與雲一談，詢名為表
只洗二路盡，從其事一律和詩，即四與深學諸店，種柳楊安排米詢以三日來為州館，早擬帖去，云拒以
說定，方得辦之，取兩包典，寄宗良月十八以前，賀趙鶴過期，送一切奠儀，十日候，两十二日同付，尚周事宗
一弟極說五元，查歸取譯付之，問說存已收，查

廿三日 陰晴雨之回。寫旅居及影畫譜，各筆笑，條樹枝、鋤諸，作錢表詞。
謝朔帆書，即和復，賜字，題寫題
廿三御書崇如謝朔帆，後名念白恆賜字，壹意，印家之看大山柳下，移下曾收藏舊影
華生移居印墨，旗四知其市，待上市日鐘，伊市中我意，帝字之意，大石舌島也，談居店至市，以下九枚 此以前收安
一國事

廿二晴。陳雨翁來，煙小半日，示柴川栗居詩，自誅旧存僮至午畢。剃頭，又携票出及郵到店，付洋念五。又見玉書來坐，約
携去乙時。閲圖作小半天，余坐，僅二三方便也。伊要坐桐風，及與談，伊近已出一條，今伊令咸子手段，拒其手。後堂談，伊極欲不
准他人看，擇其尤之印者。又遇雨，過于蘇祠，見黃山月琴改兩曲，后黃山去來，程及楚又至，怡孫蠶菜田錢，市上一朝錢範
色，又發其手段，伯屋付息，順手牌錫田于桐，以其語錫情，書蔣泛君顧之念，及歸而未得使。夜撿叢存，蓮卿兩諾
叢任加墨情殷。是日修禊，學宗書鍛。
廿三晴。早一臨帖，商荔蒲之研，送月餅，挑繇午後來，殘稿畫多，作八葉，極不佳。將晡欲出，遇桂軒至，乃
長談。看詩，挽之為作書致依瑶者，去庵以一筆到娟青，能接寫壽詩，余之特限半年來以得難
之說，進且彼不能為價，而吾以時作，未善。此理意以告之，再乃議，聆之。遂至夜，汤程飯，適家存
叢業（彼之默）為佳，而仍似大賤，實吳又將收，久至夜去去。
廿四晴。早寫生作米，雨子詩買此以已余致，約其以伊價買一包，伊作廿方之一担，擇現十分，秘[illegible]
全健將去，是晚付洋。乃信去庵去，函桂情，屋限去之，致印去庵。
去庵代見世大人閣下，去和[illegible]已硃面，國[illegible]至（遠）[illegible]印[illegible]壽[illegible]
得玉以為頭，屠者皆李桂軒，表弟已言（云）之，向其[illegible]長期之四月底，有到期後一單，程以
出[illegible]園中造貨，[illegible]，吃車加重[illegible]剝期之[illegible]抽撥而又因向其家，為作[illegible]于西
保[illegible]函致，[illegible]居加串年之家西生[illegible]

示家兄韓信以近息僕昂我從加謹之處韓三不以有不能而安之乃遂敢內子從廿只元子向只仁
譽之先賢紀之小閨程氏宅不值即北入居詢仰琴是日不成以須加昂將得暇收入郎待之書字語
專信君由書和汪襟實　居問其士之將得無為不得售一入園錢致之書回四而看報在為以來昂
從事雜亂諸鄭伯牲陳對岸門直隸多之動提以因乱一浮而起矣而西長處務靜字廿三歲之五
二月一作時計附陳欽使往來入學學年銀修膳一百元加另耗此宜另提書款確難竟學務
書号
是使思性無記性大資平庸倘出此銀貴無成則家本多勉勵此段則宗族矣而仍無成之學習
信財難來旦伊世華未悉諸老善即余心謂是而利害比較處其成習練以難望身抑知重處者
學事中的仍不的謹則亦亮無而諸絕極是非務徒來亮以為難冒而歸匪于重亮許門以湯是由滿
極家　夜飲和草鎖解包以戶氣讓放詢而查擇之開內知王擇女為其甚重對和之某字庭多人搶
其女亮乎查擇從而甚為癡休不止其改沈生于汝檢而衣之逝王呢了而應查擇出核經真一下是而為自用
者固胸中未解即日廣諸　施友即言手鎖而事不知了王樣之
是晴陸相問居仗傳語借吃讒清來于廚房生之王標之居昨者為授致和而多弟之借典于我加觥廣
三姪兒中讚成歸諸其的王之處做善而得只逝他少向標妻王即言于地不識令生之一再謝晚應幸情
唱狂將女發女成為吾地全早之再令遠歟改又王標御四房王陸相向甫見于地長後諸棍奈
詢任王對報不云刻王此筆寔為廿苐日筆

所逼。雨。昨夜况兼因恩受得收餘，余语昨我不知何事故出作令伊等传至书等不雅修书语而复述之涵居
将女婿宗孙沈先生约是后日来人取之，金锭之，伊去归亦之。金宝宗仍暑至再问屋亦计账之上彼沈必
催接而现院不少屋，伊于君快思此深思况子援人又可得屋事，捧送而上不了求而成，似为忠告诸与话今为亦可
收计且复之，当作字作一扇，少佳似胜伯隋一张。余又稍书付还书山扇并出诗稿。云访钦棠不值，到店话久
说王标昉之幸将余骂而亦无得等狂妄恶少，必怖然，乃于微心释告余言益未问其宜，彼等可恨也。张 陈荫翁昔
均之。广之亦屋了至成照一再执此和园收，又询出一扇于印，是不诺。遇王宝视其隔为不思书桂于研来共饮后谈
述和更。 嘉悼吴瑞藏还家人而至今日又觉至久不回，至更许乃于东楼下床下将之大费抵然徒之安思亦恨夜之所觉

廿二日 晴。钞的收目录宿三本。午饭。 陆哺仲甫子携似扇来乞
藏十二书信。 附与后信。作子镛信。成汉又改写易稿。以秉田六嵓将带去者，未刻去于杨尚书作
孙五一画，阅其笔意，乃购照价。金其令婿寿侍至孟法奉若等今又过访。稍出之。昨烟自到此是夫诸伊并
姜禄甚不详，八十元合办。镛还伊题联云，乃拟送携之去，与稍去杂谈至久，出到店书静侯看招若辈结难言
子书去可欺行不为书前进催呈之为此等可恨，书以为不必再子极审，仍先释此为大正生福即。接钦宗来
信询秋契了一见闰前杨禄联当于店。又琴还之不宜大力不灵，乃悼然出而归。

廿三日 雨。时作钞诗。将石谱书石对阅其法，而时遗忘，为子继作。至今思之不已，悲之深恨伊但请人物
不思改，劳目多对积然，其为人甚陋。写夫书条致敬君，仍欲所法五斤下日交。沈传翁书来
谓余我得取后，余本意言何可谓为，令况且人亮成图作不成，因应力为代觅替之，还执得乎

重君去後，往見此師，到館詢其課不作，乃鐵摺不完，查其乃假而託，並無作法，又代為摩稿共六

千文一百八十字，乃鈔寫第八篇，凡積千六百字，不至閱，可恨，遂至一鄧家。

廿九日晴。閱臨官校閱局，令冊六種，幷右，崔則律，招閱，以广取，伯大彭，黃署四種，黃稜以也，怪案可將未請，其加改

瑞宸者三未售，議于前為正本，甲子本一自，可開，遂于本雲峽而讀，人之如我有貴心，而加賢，炯悟之處，其西理報知

令吉到店，買四朝鈔稿收回，取易稿文，又往店中，訂書城一見，幼川談王毅云：王嘉亮蕾帶，恆為一生義舉，與錢柳橋

以帘府生羅文兩月差卿，錢詳表兄任之，凡中幅山水小佳，拼稿與陳佳林之向，參至石帆，李君恨之，左見三處，令桃付

賬李　致仲甫于春行，仍之局

苍晴

墨卷在南進理館，與諸君論之，未會，試于試包罪戰，合追嘉羨吉閱，于千年之以美言，後程好業，不能保古人之竹一手

不也去狀　戊戌四月

三下甲出，于天后稿与之浩仰菊等一種，入我工廣，信樹生取到報，實之稍契，由坐出大東門，入西邊，希為去報，見侯子梅

二日出付与谷伯紫一談，至此到店，忽院試之畢已招安，知士穀已未向伯雄廣宅，略之，而余仍當往詩秋試并

瑞安林屏，請狀室文為取索計，整本角，以士和保向，訊從岩之音，明備，總遂四店，為息小盡，海陵見四種，怕乃

知其廣与士穀已出，無不竟，西矣，此招客知李琴卿未之，他出，不窗有偶了高殊掛真，一夜士和往为忙

于作論全不理會，一毫無思致，進境但知頹樓，應之更甚，憲之多端

三十日晴。前日未，若宸因从瑞，做法不甚適，謂心素，隨之至計，矢息勿布，先了午後，至廣，問及該

而汪未名来云杪杪卿见访送物赠于厂予以杭款托人去将屋匾修换至今写缘怒之意余以此顶已付有厂

付砚据银钱况此信所烟烟只一君怪耶予亦我今与此行有约且已先付实为难至再亡情展限一月余只且为近地

卯去付足三十元丝丝买黑利宝均系贵如珠此正游乃勉许之运至书肆仍据三十元去至店收印其物加去入共书

元付店往来又至书来瓦玕元作加去子细款既已付之索书义然后行今至店取说共二票据乃知士毅为余出售扇子城关外

访士于苏宅不值和源知药岩之言杪杪如此一厂为真余人说大碍耳云云又入厂看保定士毅用马说有陈之皇长揩拂云云信

之札因兼读陆及广之伊拈予共云倭至久去店文朱善乐买新侯设榭席送供而余存之玩印思明用许付以宗拉

许付之并设日同来一致应送入席四黯赠函具于家伍甜菜萁藿四俊至新闻许祥深办买拈烟归

知有试秋进书正未叶禅予得而复失可惜对扶李调秋伍林李语今调来行用得来住宝庆付书来共费身

新殿换夏同和书出合肥李祥花榜眼夏四川传同俗碰

五月初四日起为早滕滨来谈陆说林之卿予登玄宫为性琴烟琴焉帅扇即许墨高性自阅昔时之画竟三月间

痴果百出而墨色不匀间架布置亦未到恩宗此必近有佳境乃竟得一横书识作之疑有接

推近人风革余不尽相附看而叔每近之碌而疑窦亦多然若作和心行之而出那未刻薛题伯集

远生执笔阅尤为四榻作代而又设其故不尽理半时出迟别之张义艺使步难作了御人以宁用余

恒少年轻轻丧去年自健及印福也书应晡后座中不觉玉楼之上去二丁又至画卷之之金扬又时书

早出入衣色帝中元小大子帝孙村人等　後掃過店封二元　交羅家殘兵太帝公懷而仍一下從陽闊場

初二晴　早無擇美葉忽見地震二葉起出為傷則全去　張君相之甚葉被宿猪小雨出樹程苦不旺之葉義之種之十年如明即小半早麥而又為狼賊霸去　而毒過極　余工不得而費之吐罵完作横暢打點畫稿并獲回來雲去過訪點而屜見其弟　而照其一局屢変之其不難呈會如學觀雲多到店付仍學回去和票今收得呢日文伊票睡子雲説其人病狀　店當班　宫庫洋花布一丈三四尺五收　過湯雲葉店付過錢程子存行其　又接物抵八房棟洋鐵一圍　兒光戊甲申積　照不真　後回去弟子李筱棠交回賜之之設仍席乃與鄭三張金　其而朱大先生習因坐陳漁汀閣仁去説　抵試進數移和源店取物而鉄丝而歸

初三陰黄梅雨未來　書夏玉閣仍園之對海成而如為健室中心為未呈　担家屬而呈而底且与長睨如大為回歸於已看仍顏干涉乃該畫一家殘　源聚未發　作高丙常小屏一倚操　唯為大幅一榜黄翁系田家未完園一节果未完未全上對少言到店仍之回泰款未来之　伊已看用退收店账　裁作欠息算　出余及尔其心胸不定　該多岁刻小利而慣一立恒衲耿雲布付縐房之早文及越四图　是日無悅白佳欣忠　疲以多暇不適

初四晴完昨帳搬高李已路讀取款八萬伊去取禮找之亦不為之體也　六吕寄如四店家子鏞住　附余一扇　其款丗二八四去一扇作一小屏仍乃陳逸如載底林　華出訪蔡秋丈于新宅暢談一晌　仰未修理路中　將子如張五丈家整色于南系書已致新計評　知鞋宜寬底要紙而閑　到店門見葉之　潤翁過茶許至入店接静首乃抵玉秋鳳閣菊生告為滄桂抵屋云欠息五月及一至屢為理　勸余以痛症如彼　脾氣如此　誰以言入　嘆其窮之

罪延世相與論說，見諸人而桂軒至所託予，竟瞎然為怪，殆約明日去柳旦雅之者耶。靜附到與高行内書

皓予家到遞，書四種：内科闡微（不甚去色）一本，靈理畧述二本（甚有用），是已算君，西醫論略五種，譯院，并博物新編儒學

又全體大圖，西醫二帋計之，奚症論。此種醫書，雜中醫勝，要不奉醫，然深理得對。西醫書四庚印，琴知深。菜堆

廿六早作

收初一錢會付到同春備，收接舊詩四通，桂軒門問之未归。并寄置于家，誤看下卷，而亦諸醫所痛于起初殺易也。付内子悅泉銀

在看各醫書，至忘寢食。是日市求烟膏

端午早小雨，略晴，種花，雜看醫書，閱畫，合健至文送書約，啼之，封送琴高，付明書。麥靜付說琴高事

夜十一點中作

請包昨作賬，去之店，試合半粽，封信至眉兑二元，與評何跌之者。何日賬或可可怕，見報

凡有能考索共離人者，陳以康在中節，至若肆調仰等接生一元，訪桂軒仍不相值。

是午剃頭　今日風看送孫月禮者　送郭師信，寄洋金二元

初六小雨，向晨寫少屏，作東洋風蓬屏，水榭雷條論，舟田詠山家，釣源等，雜而云者，真鄙賤也，該感

送禮至，看似黃梅雨三四至。鴻雖粗來送孫月禮，詢其家事，終日不出。

作畫，憶口上多油盈執筆，唯大洗其口，唇不可除根，故只要有示範師，倒不謀因合，我閱此語自在矣

不點書府存之　此非何一派學，其中要厭不有

初七晴，時不定，種表少年于庭，作時寫西水人物十餘，因種花，每見于山水家皆不振人，余告嚴曾君習

畫技于甲著人者，彌博相高，雅于是，雅道非甚謬，細考其著人物，別種似曰只肯于是筆意不

東午後以家人從昭自為殞如荊枝市多物向伊索討一元之數合五環又程錦奇伸馬灶前供果等及
鼓等語晚烟館店見章月樵又聞樵知照桂林君余乃急急命家宰至桂宅促人請寓几懈而回
至三鼓去復往不見去催云發償付半而桂仍全數不付云中不妥前寄余不能伊今全無意于是此公
真而耐持之者矣至十去陪家知來到　梅白旗夫持雨扇來訪一億謝伊母一伊自己　内子見請去伊寓
保不能復也三更
初八日晴晚夜閱卷而輕大悟明又廣甬有壽乃呼輝鑑來視趙平宮人市丸物專去仿歸美唆山皆至法戚家
禮絲繹看至將午呼陳鼎剃頭前仰叙后到午前趙園子鷄蛋等鄰十五六人戚友族拜子研一來
映璜暑出錢付家祠店將八云葉人在省弟少促袖執至公堂邑語又相要為山窗扇窺之到店以火夫
指叉手此店去置物契陽不愛及三四缺去後一二十寸匠工使人但知爭利也修然不復以店了為重一頁
讀去去城日來謠云而惟米日陳年已平釋夕又訪仲來多不事為之夏典閱報一刻北市楊檢之宗
外寺後市葡乳十分而歸晚山國夜膳
初九日晴陪趙伍來見樓而坐私心空切查烟四箇內江陳虎人丹相在一班果畢以書設考段貴詢子梅去城局
伊道說知鄭鄰在余附店去兵指而路第也為雄中殺告又是王也去出訪梅白于多福巷宅不值
陸宅請少生乃詢數言出到店叔梅已來余兩三次皆未遇在店食趙久待伊歸至寵近中妝飯
報一刻即返沈見大向與語呼書了并云胡聞鄭來時詢及余出來訪以而不克至談之款

雨下，然印刷于画苍见庐智甫在杜宅，借画去，乃与合陈兆说，画情不堪，捨之而画几死者，第十二也 叫苦
新往如家林，敬伯启荣，构 杨四式钱，报宋结完
十四日 晴。子师来，往常大恼言不行，晚至左吉家看桃三幅，王金作一对，青山鹤扇书保太史，荆闳各本藏画
青宫画林 乃先大夫在省出于城中，携去画子，其不释者，止有眉批，地行也。惜只觅得一本，补出已
还印已店，看所画，但问者谁，市价已恒须一重，阅校者平声，排印本，买栗北付米钱人一斗，每人每斗不须贩
甚的也，四过杨见华人，桂福明日往读，乃归。终日心计不释，手无钱，每买米还而复贷去，得利多饱者
四日 晴。陈子光乃为至。 桂卿来取，到志庵信，施许半已觉惜甚，而难扰不理，惜见其实难一
十五日 晴。西门大热汗流，试作人物，屋宇，题扬华冈具美，民道语数饭至，而难白最兴之同心者，保和居玩月，谈千
里万象于方寸中，然望远势及载古物，既推古，双径作松，势枝来刻印去访桂白，眼之人。读云
去年残新补家在读易专著，谁问及渠，康候局，附畅余，萼轩，梁渠，保理，刘和，竟，捐闻又往之为市二楼，廣齊，临益人
十六日 晴。往至京至 馆东去催理卿，林冀贤，异仙是其赠入者也，又及种华人才一 至阆杏后，眼百大
与往看城中，三不数，亲也，去访桐居于居，说有城先多食稼者，乃去到店阅二报，知来太郎犹至往来望
郎列小学书课程 宜上下考后推幸，津兮，兼辽郡，静字在，符云，蒲田师，在渠，傅东报，盘澂
接办小学堂，或设办论，题为子，小孩所居，平男，或盈男，六七又转 子磬 家二撑，住附一元，而瓦提陆日

物力恨借椐店六元去之居徽籴米而無如予家買亦如佛是日乃家二百斤石而定人只許三升今問貴
夫一云有一云無欲市一石以服詢每三篮四時出來鋪搬運被擋全家惶然更退然當予文月來仍必日付還三元作三元折以完那
來寿宗年老生蓬乃和保與岁省詳夢起居之共計又被歉利店聞其前陸已止惜無他上署呈桂陽一總即
四發健信筆

十二晴問信作家令傳將之金石協談寿佃討租得辯作無語來到身邊費高似有怪今是不
過早起時許橘園是故益以而不著張之耳將一合眼究之朦朧一昀理多乃一旦點主將着錢根
雅完六月土王樹尺生寧臘予一元前購貨取串唐板之米貴粵西勢過匪難今日或大集
上下海之米一面趣手出糶此無闕之之滿莲舫之言初八店員子青作信已信來折歸予識其貴極而尤肆情
者金姐兴留一石許之即四布田家見家人無一着急且不能借乃嘆嘆怵惕之發信算等

十三晴高小司來成衣傍晚吉師討續租學書識接家中惦挂挂至羞于傳播失予之秋景
為之些後蘇兵今者胡之綠成旧日與師之誤多措米見自頂去為弟子之先啟又云各伯已照
林之證北入店莊據取租決付予先見一元于廣者也除之歸節但一兩米價為此叔

夜以吴贺姚年谱，健侠作論一首，而所指亦雅。奎一七。初更内子为余言，欲及大钦幸利而谋之文。

三

是两人大熟。夜小雨。

十四晴。读鸿原先文集九帅，還入客房，揭午后有三来，证丈忽然不理，吴脉急呼，吴内子往而子石醉来刻宫，與畫東门山安所名核子根帝高不至，篠業不接，治只少生精，谅然服中出出珠，非在書之藥门缚成，遂入谨酒。米五一刻，女邑丈病似已，蹊呼之少应，余謂不妨。即有考為子欲延也，而丈二郎及翰[illegible]乃忘，而稻子安延迪往生涯也。出到店，印譚肥照一二石，群前竹如會收。余以歛[illegible]用乃允一數一数，仿律付还五十[illegible]米一石已画府，余以三千旦以有付去一条付の朝，取洋高羊金起要林之泊店，見九毛呼四揚，無有喜也，乃仍返荣，记仿托借至，遂归。

夜热大。賀宪芭李睡後初安始汗，是雨三更已霖，以竹桶工百偶改一觉。及大明身疾益異常，似已大病，点痛，开维君又一二分，不知何以致也。康君来，見現用入浴[illegible]。

十五晴，大热。十六病，纸接生以石遠等人，以律格内子吉加有咸衣，多性脚氣，但多[illegible]舞全静[illegible]。藏包字[illegible]。存十三年作附寸赖沙行二件，谭豪来，我[illegible]序[illegible]租回筆，自限月杪[illegible]自限[illegible]舍[illegible]。余盛又来二業不尚，手枝白杨[illegible]，大世兹一身不遇，历思作事後出[illegible]未宝，病少微，出相出雲白盐玩附市。儆西兩北人店前店好元，又玩来印藥二卷，肥生二人合[illegible]佩[illegible]搞[illegible]取[illegible]四楞[illegible]取[illegible]七元[illegible]报[illegible]。朱五一[illegible]作四[illegible]付回来玩，[illegible]付子雲[illegible]米玩，付返[illegible]去，才四元[illegible]，携归。[illegible]日衡山[illegible]二[illegible]七[illegible]。四更间[illegible]大[illegible]。是日晴[illegible]。

十五日晴 熱甚。攷子剛、玉堂來，共飯。言欲討馬七毛田契租，無，令七毛陪六，佃押租洋，又云寧(?)挽他。陪六吉臣討田契租。記

高市地方之事，先一元。黃振、吳云記，挂縣未來，信函擬石赴謝之。晡，子回，寄來子稿見廣，令去大元吉臨。

諸壯予代稿大成，收廣云還，若所租人手租田日已，二錢問衰之事。人日兩棕云不〔……〕節來函，先歉去。

第八千百出送回歸。夜歸。所圓函問，甄子珍侯之，於悟出信，索尖六元，寄田賈〔……〕來知，未尽下日看去。

晚寫畫甲帖。陳存師來，訪集郡，託畫不過讀，次去。記

廿七日晴 甚熱。誕辰，諸弟拜賀，與適高來，禄(?)謝錄二種，八年許。晚，臣(?)新任素(?)林問，陳安伯，〔……〕

林君日報到，做寫雜他，以熱不能事，借病伐背心，成衣未完工，齊年出到店，子雲一元，文(?)收去作紉。

贈當。由問諸稿，陳君壬來遊，出同至云，今(?)知至云，有拉錢，知照，乃未(?)達，遂稿云，寫宮詞各(?)學(?)，暑(?)事，人(?)靜，乃(?)ꟷ逕(?)歸。

夜讀李磨。

十六晴 熱甚。撿雜己碎，翻書之，仿篆字撫上之，換坐(?)以方丈析下，寄人年壽作墓。晡，訪許，與寫千佳。

〔……〕到店，見錢寶坤，擔並說少許，雨(?)新任姜肥，沖無也，仝與瓶店，為存年(?)元，即取付並用。棣零紅羅，尋甚好。

西室作海(?)旅(?)用，伊詔(?)我，有一過，恒狠(?)道。托陳靜甫東來取，筆并代錢，兩去付之惠(?)。

十七晴 黃靜安(?)作，出寄寧，粗夏衫一，夏背心一，加系，托靜仲(?)寄予。

撿書寄室，城(?)房(?)店(?)計(?)單，紅羅被，以冀祿樣，出(?)買(?)帽(?)，長(?)六尺，年(?)一丈，計(?)洋四元。

拔貢備海鼓霜轎與磚墻并來，附七二號。經若求見，兩匝畢，乃上余閣，拂宵指引倦

等書七言對聯，低往來雲之，乃小雲大司空之胞弟，名啟甫，時安之把公，當是大才，如翁兩頭以謝人之筆

子與詞例三章，去根，種聾發，入湖南路，至相門，時只一匯送之，乃歸。夜宿岳，店將修甫作易用

二十日，晴。寅正未，飯排米手作寒，致祖庵有三集，與飯去。久不雨，熱甚不止，早膳堪憂，午後試墨作字

墨米佳，西學亦不離。偷于來信，國家之雜也。申後去，至義塾陳舜師，將去，乃向借書學二本（其約是書五卅），力學須

知一本，借閱，錢五百。治理一番，花去北轄磚，秋寶行，所契而我今候，梓伯中之之面，接靜仿，材照尚一行

達衢一行，既而歸，問未定，而謀各成，無不善謀之一。書至壽，夜回，晚治，似雨

夜課，佳訶。力學則易解，理之是特難，由此想入。重等又保算學之一理細，學之非大技，其師授以

法。雜入，而以思而細，從細整此，種為業問，而以精密之人，且可藉以成名利，印治此中考試驗致。

賜見相重人，非能畢及

廿一日，晴。是早起，可以報路與函所附靜二位，又達衢往，又詢書全成，每十五之夜往，十六集，到之始，十六子窯

富裁往先，書遠康玉，所借又補余來，見如此未證，書四書，詢知為快也。問然而談其內子，見之本雅已

去查號，聽見者，少忘焉。余向之大書，余以善之，偷來去，説乃大事執此，只是不可理，答以此

子贈之之，查力等。隨致並之位，詢其詢以隨同書舊聖，往疑送之往。孫自已王積矣，薦某某事

林孫十家神情定，實不謀，以乃侄仁乃仲夫説，聞諸張世振而言錢不足，逾一月則去，到店雖經周濟，尚

請劉君酹東侄根中來談太學生段策論等事，知鄧洪陳臨梅恨不克成，一二年以後太遲，便知者已多

星保豆米升，而頽零物于相，白一只保成，遂歸。 夜撰書莫晉之策論

廿一日 晴，久不雨，堪憂。李來，聞彥知達微來，乃下舍眺讀，久為客高者，余先要眠，尤乃有去來乃

之事，即行上京，撰大學中庸要了，其遍婚者，伊甚是勤，為高見些，一處處十張，一處十尖不許

金均為解之，乃大欣然，雖然須勤備為定，余許於申後歸，三日後再同往也，于是交大合信去，

諸范以此説鐵論等十三本許借，因同聚偏之前去，康又許書，卻上河十年，借八百千金

○

收鹽海之收成，不堪，前第四為陽向，陳出不諸，以之償，推以西洋日來，收法加起于墻上之高中

地擇地二十畝，非茂並大池，家以蓄之。小旱則上河灌之，不及既久旱，則引自來水至西里

開田多成良田，董非計之善，而救貧廢之者，益于國計民生之至策也，臨君行，十畝

今以座客人，住是人亦信，假以樣，為成效，舉中西合作之道，可雜成其可嘗也，計十年

向必有為報之，謀之不為少，遂行年

廿一日陰。一早出北到店，晤秋槎，知須十點，詢楚。瓦(?)鐵卿回店，務予伴住之，旨日書，店得與鑑
耕輪書此次雖予仍追票于店，少不一手轉以自強，而店規雜難入手，階盤放性不擇，由性不把閱
結日書出意不請，敷借自加生張一查詳，而隨時揀第了閱，每大印心巨閱，余意擬立我印特
收留諸少霞全部認真看我，立路特成正經也，余既與友厚情之，待之也。梅達卿國閱彙編六
冊即換回，換程讀之，其論理有用，於勝時務，而天資愚鈍。英雖西人，而予尖學見汲
取作此如明於東書，僅去談，聞性者比而漢去隱而與城無等，乃未見其大指文字者也。
廿二日晴。壽堂已借兩去，下午陣如尚黃梅不做風起陣書夏情。伯梅仰園作楷二兩，奄帳
附出歸，詣二梅不見，梅不取姻了，借月四定云云。我國閱彙編定自生今日而能讀，余閱方閱之
作真異書也。惜乎懶慄，非讀書用功時矣。蔣以時晚，且趕不能使見。眉廣生承夏帝孫料理機到
靜局面余閱書，閱不知。蔣達卿轉伊借伊梅未見，日報了，待達即發三言而行，代二十日所派揀逐揀
去之照壯書筆加付澤會友付見章，轉廣生全取了而生日好，而不下午中夜不定，詢店務，戒之，不抵
根然自足，難與之功也。余致廣珍說，附了遞函，鐵仙知庚堂在滬，北歸後堪以重中
廿四晴。趁電請晨達卿三高月三三[illegible]以節，而梅発思大業之筆。談至午後，[illegible]書大定。廿六晚由峽[illegible]

廿八日 雨，稍凉。由柳少年（小行）蓬星卿、子硕来（家），取四元付还，广三元，士英、木小。此日见黄莱园、郭玉山、陈道晤、刘西谷市上，并入园，补岩云子如仍要谈约，草签不合。适闲不云，罢发，致市田上屋，谓不加心，市屋四房，若报知仍非以若江寓、子瞻轩兄、达生调梅等定，调乞应不及小子，蓬翁、广东九曲栊入之，敬谈颇已上云云。慈兄回。

廿九日 晴，热不止。叔颖以赤足在西华致达生尺，静住西园，闭门无事，作书，并门前取水灌树，见俞铭陵等。补岩云：晚雨，东南有云墨祭起，风雷飙似百阵，势不能住，走西门外，立桥堂之侧，之风凉而雨蔽，信风意望。

夜起，下楼，因闭灯为鼠（窜）窜，隆下。复以思维，看数人立公司，买荒开垦，课耕，取用西法，请官兑为眼见（不能作所）地方下耕，（成）原主出资以付官价，不准浮荒，居者招佃，如是藉资一邑之民，皆获为生活丹子。

于上海引水灌溉上海之法，启书上海百里无饿者。

卅日 晴。子书来，说地今秋米丰稔，伊心犹揭展过地，固无心感焉，未获为食，互无交讨，此租一石，得而只米稻收田租，仅第意须价极租之意。阅鸣原堂文，当侍静涛、广达，华出，拟之。法恒轩先达，达调梅，知达住，乃介彼而阅、阅等，在役留来，宇页子不笑，弟寅浚、宇米，居已石塘，乃伊间设全县移科，雀石坨下海，而他皆出洋（不出洋）。余笑曰：若欲工作修补，又抬一舟下驶，获易出洋，季和至矣，满之而归。程叔且识，子御不肯去。少间，夜三更和尊玉、侍傅去，西去，傅鬼知达中小，並达之知不三调梅，必言及也。然腾云思，作虾怪，静甫达之兄乎，乃与达出，语及栎申之形，知丹臣住，昨日拯一蝙，知前出，带去，别去至庐，拔静，廿三出，乃伴之，恒轩去。

達一亭目痞，詢知伊昨夕為古錢傳塢出以紅亭上，夜往原亭張姓金飛料，前年我之舊歌友文杰旅杰陀

作登濁四錫往太義只一切比前進益，之知伊貧無他技，在此依伊之莊依随鋪主談久別一夕抵人之勞

署取十八日十二錫串一兜菜詩來，孫子卿談藝情。是日通尋種角三貴吉，茶叶五角，唐子

廿七，晴，風狂作，早家履以收棋，陸傑來催畫扇，攜來二尺錢賬。

擬作七郡水利議

昔人書論海甯塘工同七郡水利（杭加錢禁杭以攬潮進灌，鹹泥塞河，淹禁也），潮是濁流挾沙，塘堤潮流不滅，灌溉全湖，而深不入郡北

當時于亂後設開濬收塘撈淤萬金錢，然教阿患，迄于今三十餘年，一循舊章，廢兵節歲修諸

上台視為至重，殊不知塘已建設，即係有明據，數此之廢，實廢兵收解役，不過備採摭而已，第王

備採報而歲撥有數萬金，然名無其實已甚。上台不過以為東南重視，然理撥出，設有流瀉，寧當

近歲巨患為人所諸責耳，然而無所受害者，此其大者。大凍所謂至今日于上下之隔閡者一端也。惟

慕以為昔年視海塘為患者，以為利也，傷者上河自甯抵甯且百里，誰之三十里，歲患旱干之

地田屋常保，今因省城開自來水為于省城，係省城民居所飲，固善也。之云者必引於西

湖水以灌（田灌法歷中樞為之）郡設局開太開其局，引以上江之水，初以西湖為儲，再以上為為一百公

百十里民田有奇，水可濟，并以深灌下河民田，其之利百倍

且上江之水自江帶金、徽、嚴、寧下，勢如建瓴，杜桐江潰（東西建壩）徽見底，（江中）於是秋日江水下時，湖蕩雍結

而傷堤壩虞下水，今江浙節取之備蓄洩田，不能疏，蘇上海黃浦數（之間）十萬之弟而（且）再輕擾東此，廢棄化年間

均有桐困利而利在也。撫臣上之者固不情，數十萬財金辦理，以上兩年旱之夏，科熱大于

是非。

施宅陳來，問田在村邊漾東南，欲廿千，予以年歲之歉未定，且緩之也。王義生持縣女子請告許唐樸（之）

康有為吾詰乃異，云據上達許賓卿書藏大理圖屏及歐陽五七聯，字皆佳，彷稱云甚佳，並有田頁書花

丹碑為李少筠（王東府存）難免擱上之議，與府諸甫談旱夏各之東府未去，該清安甫在家田殺，會請上機務

並經所發荒不理，予科碑都肯人之到北，重威之作筧（予為靜）作此扶杞及寫指助藥者，分視道之光并字

手依去遂（殘）秘于并照托買得字稿，備居並甬付進于雪來找，買角並書陳（六十三）少之歸

顧寶侄世文信，偏佯稿，郁書畫，顧歸先兄

廿六日　晴，午大陰，乃午散。上兩剃頭，孫四扮數二戶，書張至，晚之加賞餉計二元，收五斗（北人來寓坐，與局正中會）

近侯如年三四中人見，到卿書來。晚樓坐翁中中書田元，與之同難者，天陰而有近夜微雨

寄俗稿　侄世文書佳

黄晴。作字数件。近重学书学二事，为儒所学，不及今徐稷之。午步到店，秀宝来，言厂少小泥青。

四夜四点，闻上塘地基已拆，不得如旧，殊不足也。脉利，在票节。钟效岩来，未遇。挂抄画，又借时铁自照十月大随笔会画一册，写子良。

二十日晴。二刻，静侄回，知闻门户乃一仆人所为，胎静与玉庭说，一班入闻曙桃，力为致李宝森。询達，言无位到。

诊脉。巳申未，公论明，而静共程子中论伤，鞭玉舟昨才手来，往舟未来，言隆出门入生，后语熟矣，熟班，几不小。

拉拉扭腿痛，竟不能起立。即请任又梅诊视，并知香宝向讯中刻。桐君来，坐有一刻，梅玉诊视。

并针腿，手诊，云大病五三脉，后后。芗舟来，到中医，也一会，七奉余饯也。粮以鄂六，诗阅方。

香宝五六，静侄询達官。盛未生，买编书廿六纸，中物不知，络中见人，问宽，此会五知，三人，日后夕。

同出来取，在中据为此，转店，一询收条，未往不避。顷见大阳来，少近，因因陆元戎收铁棉布成。

二十一日，为雨中归，上楼下。夜眠，后忙月。

二十二日，朝上午至申，香静代榜，收买到，先书经世文社编孔子改制考，日本学校光绪

一年，会计录。

早，保成来，久谈去。子研来，为糊画，李子来。芗舟到店，转担升，知達有言，比询店，知上海

南浔人，于十四、十五两日，两人大集，为难，伤浔人数人，而南人亦伤不少，已罢市，某南人

后至，与之斗，斗时泼水，滴而主讯，至夏宣达加至，而又芗惠之也。其言已也。四服，上服，表

云：舊住甬人孫子申、李少山為洋人服役，并在機廠為工者十九，而皆奉佛思逞謀，一旦發，
難於發，不能收。此雖人氣可用，而于理則不甚達也。弟竟曲在甬人，更知跪上，亂之，已更調
兵彈壓，不已徒傷民耳。靜為之人不得，又挾制官長，要求失待洋人之意，淺薄以視之為
野蠻，可不懼且羞耶。見子收路幼作，令查遠近手作，而居不放，潛不可之，伊似調之
自以且謂人，居之性違，不及我之收，且不近者十八九也。

初二晴。晨往拈卿來與靜談，久去，四錫一來，因與談，偶予閱《經世報》，編輯頗靜瀟，
以煙恒携，張豫之力見，殺而小殺，又月整華，今四錫之來，桐伊兵士之，殊見太過，類閱出
主李予八，或增刻店，綢發綢，日在家，游捷可恨，放予墉，石門作來，園扇工，而摺扇二枚，
許華叶三宗字，且限期請西孫雅言之，少為周遣，帝桂樵乃歸。
達徽似無佳，住視數絕，樸蔥又之，亂未已，殊加憂，備已至，卯居已調，人心懼之，
極為憂慮。

初三晴。玉臺子至，料馬蘇乃來，檔田仲保二户，皆急即需之，而馬錦芳罷一户，予謂至此來字
將有田三畝，計抵三年，計錢三十千，乃不復契，錯寫書付二十一元云，去矣，以玉臺作中眾。

蔭甫處之田係內子名，抵二十元，后日立契，其本楊田余以欵實不敷，玉書再三説，遂向伊

田。今日一二株，挑可再買，催其換編，遂付交稿，出省三本，石稿荒置，而楊甫後去，子翁來

晴。出綠將門，抵店一談，閉店，去印錫四中作個件，班不適于處，云往請周玉仙與錫甫，已往

夜。在伊寓去看病，與静一武，二月作方，論其方，欲用燒人參、姜桂，乃傍晚尚未出，至府，下午

歸。問兒女云有夜

初四。蔭田初晴，早來，叔到，遂其性累累，處出其居，其所為甚快而快，适自是去而來，向久之去，陳錫安

坐静，蘇曉女去，至圍來，告詢多付匯，去價怳，金帖二十代劵，其細收怳，可角送二十廿，自取拜料，不合

付匯，推之用，而天有雨意，不下筆，但玉楊知去，輝以稍整大誤，僞鄰鄰，在茂，大為交，玉只玄之

二再來，秀墨義不能理，今是日四點來，合玉對病，周玉仙所詢，其匯服，信其病状，許，為登報

伊但經符咒，推知不得有所為，及伊又指[illegible]冗，擬謝匡日與請，推是出此，待仁子楊，信宅方

按之策

初五。晴，夜雨，三更至四更，輝其霧雨，林下市，敢陪三叔，玉書合本楊、俞德元來，將田二畝來賣

二六公已待，不契，而玉書雨非，已應未寬，合家先往，收原契，開君玉留中刻，使其夫，郭[illegible]僕

初六。[illegible]辞，與久談去，晚合家至書，出于蔭花地，更兄一[illegible]去，信推之抄田二畝四[illegible]，因不及合远

剁候錫西周洋　梅时務中外關係静示諸達到後務皆留而他適殊爲異乃适怕外間訊急行
[redacted]生店晚見招知貞人另请争全依了似已得手中古为调停不持另设地設分號陪兵兼移
生角人之气可用然一號专了理一賬力能亦當输出文園公轉陈之皆基也拟程浦行詞
前對　孙少在以脐腫痛嗶不止卡在思以烟戒而遂之　陈雲卿来詩写段子清行小宴
初六晴早评雅画朱稼卿来评静与诺久坐即凡来相極未達滯来为告婚隱矣情不
雅酒之气令餞出剂吉君继先售田者至至贵乃先与書黄盛　借素者馬阅卿　馬連慶
作中计分出十一日合廿五元一年另中代三元有角而馬连慶以田二别出敌四绝一壁到借道宜行北
公與合忏　南刑　忏约洋三十元〇又令玉锡写契余出列居取洋四十元当改浦晋康兴惟升专人
约写又子出佳又娶不在即归乃付卅八元〇戊分际中代其连庆田约改日付而分能无如不专至恩
自盡地桑一区可作抵十元懸而困敛不佳未敢作允也回婿一来　旁侄一至楊張水居并与陈丝卿
談　三更小雨惺忪
初七晴早请朱子園诊视诊遲恶風用术相等而不获数日大啼內頰红腫似移之视之諸你於丹
徒人皆未知之也及乞其方用韭菜地帖制泥蓬　遥季四村莫寅生假方至方静用蝎子性温似乃欲
习因泥更呼周姪来挑余於方上書　梅洋监两未亦案　陪静却一你伟書远来住以風在本

晚約吳友姜醒　令來診其情形處方從之

復沈子周

前日事書函備緘慕　屢係予列紈扇一柄其摺扇以爲失實二頁遲買而列新談　顧和尚和論

贊吳西顧前屋惟和尚四幅似有點列構樓古人用意其他直塗抹了事　其借筆罷汗干

西灣紈扇善甜國著樸古其帝惟日本最以意用筆畫兩　麤麻木不仁也可證醫藥　一衛十重多不能提筆答

一侯其法稍靜天時燥熱尚提先藏墨以副　而家人甫共爲病屢作揆

目睡譚　十七月立鶯花時得聲積艷畢

仰臥

申刻得雨及寸雷電交作申初許照庸借其回事　姜醒忠六合人是診靜病用藥加扶陽加

急服枸杞桂枝附等于似方未完而天大陣雨留宿稍有時移久久與之付稿書二甫書以

地濕天暖不出僅種桃子地

初八日晴早清停未留寄　聊賢來謂油鹽一依計車爲之得實利九元四角詢屋乃允借付雷書已到

保減至閏證留飯並遲馬達慶至查命徒之縫綠至此之又得諸地抵及一再不殺不正與書寄以

一旅一千及逃眾作其七折而我以餅饒並洋元該多未歎正難應手爲書　該未托其寄

性無未寄至來到與至書借出契至錢報柜取市六寄至此收宅見孫伯及言收此書已接

清未余欲之然行查考辦乃許之未北

雨。偕笙兒及子弟修芳樵、我忱、金健之、加之、地契忱、馬達慶、田价、辛之、士彝、加中、之元、爾甫、達夫、養園
至邗語館，饌備精腴，及火腿、法國酒，饌冬一席，而洋月琴等佐之，小揮戰子電傳至寓，飲餘酒酣，謹忱
船申歸，六六寄脯市鬻物歸，六見達衡、奎與靜共讀西歷書六之書。

金健之、馬達慶至寓，均留午飯。

初九日晴。偕丹叔時鶴、日銘、亦陸、知甫人謀事事，于義烈偕往八旗備兵，形容備有職，解而是記，惟不能
除。入忍少年，興有物承其後，為寺內名家，系劍刺頭，子併一柔，小猿將丹赤金柔孫，項珠羞羅
擣起閃閃，甚為壯也。薄暮至桐西謹利，利少陵出示甲年到堰下抄錄內有人求望日子久書主雅訪
又君知此病由宜自見，隨換山居烟煙，須刻大裁，知為走水請人息救，得頗珽佐之，水嘶頃笑之，大畏者利
居仍告以已已諾，楊付昌禀，冊十票，死付居又忱，二月除計贏九元二角千，出居衢前出知是穩便，懈我被禁累
至一不得不快快之至。取扇冬作菓。

初十日晴。寒生英年。

諸甫大姪大人轉創已踰周歲，舍由傳聆訓誨，工月初傳譜，撤篡陀甯西，挂形，扣殺，那保，得此，傳不斷改正
渦近體病作屈帶暑，諳相閣，惟向以鉄陀，壓心而疼痛，惟精神無注，惟書真寫慈，鮮充肆應，孫也
現又言此須局新政舌春，暨執事創立之人，費多謀施，與君雜十苗，撤諸篇，未由

慕甲來謝以壽　者與許何人宜能持持議急而推請之書季林或異乃所存心也　慕甲謀自快
三孫祖母以決行其信讀福於是顯偏附今來幸可略靜宗果　方見一月就滬上時務改事於尔摯之
附其結中行同事雖不暨之惟皆近職財必有多另程師了來文書載來看所徵詎月和以黑肥疾適足而
足不能行動日延醫藥退未痊愈雖與多默宗師黃梅冬雨返于前日轉得二次甘霖　上旋果
已雖補救晦後負耳以您遠收成圓鼓誰調任而舞寓　家若不民德焉不能結日吉秋結
丑文令於香稼箱子吳店國不喬設就玉葉店伊排房秋静年底於為適近君定事勉淒付本今午
弟又子宋有三來京於仍望二月內付清望愿守還之為盼在由衍精神蓋疲自知今周一世
怙吉　惟青信留未点伐于秋以膽所秀卒其書語前蔽異路
蔣卷宮附黑路刑玉伸頎什餘家宰多肆四錫未出以玉壺雁作返黑易極宜當不合約知無并生枕行
情形　夜以冬雨下尤不出　澆花取河泥作壅
十一　晴　子研來云米薇和乃九里橋口医移致留改之法請午飯去申刻　備來詢你任大鹽所基審卑印枕秋用
針炙外青周方久之以為三次略見效詎近乘勝風也　傍夜去店晚小雪二三片　韌模去穩說五有陳之告膝骨
樓之衛州　与細詢未減去　楼根绪任穩你行由附陸閏生樓葉信　同取自號以手書　慎詞之由蔗買書四集
与京黑謝福　夜小孩掃舌癘必免書
孫年七十大大病　崔烟依芽案旧庠師　玉來詞完　子研一來　幫理請　沈大周許山核　謂其香　並日來以梨

未申刻去猖來旁晡揉桃臼一之熱者僅尤北到店付甫話文子雲代買卿蘭青享各本
腿者痛日間頗上痛也夜復衝由陽園偏
十二日晴上午無甚事實頹隨益甚雜閱八諫形學撮要渴睡篆身驚寒不適 而癸人 以鄰伏待裕豐居主
趙引之昨中見傳嵋生四探者買云今走為棣壯之薇毒和佳我之悅朋團話乎勿得見至一之桐人一之亦得 棕把其取去肘
七號夜到店少坐良研磨具取報下雲之悅象在松風茶室閒根步間至及論之歸至佳利洋
業傳之祇有歸筋乃在之元成談長談為之飲至丁打子雲續至共飲一行薪雲付鈔定四虎皮語及其書
猪肝歸 構四之昨報羅鄒為燃上樓下室
西晴早子書數頁檢得古字構畫對也晡步行至文宗衙中為抗厥碰府昏至文語移居于桐店
間謙到店播時務報往訪靜謂 房著康君為情由此指明改為官報伊館以俟之鄉知照
高泉如堂大局又為變閱中報亦殆和台 上諭蘇陸元鼎升補泉司吳以鼎升閩臬而兔治盜賊究辦
江寧籍中全被胡直省設三兵併為一營律洋砲隊時尚名兵大屬以十營洋兵均圍操閱者稱贊
罪行 聖哲新書日夜頒之其數積多深恐僅之才執掏想亦難辦 學者公弟書
十五日晴討雲臣併檢有已年來之書共研千書四桶象包手去訪虞知見詢其近況未暇為
為位催無端受責且信往來阻撓以力小費又為我討報而了無意毛力己為人細思後未思而

玉手鄉也。又三四讀姜宸英詩，六玉將映粉剩，仍針矣。書方略同于前，惜不知能否，有數時日衛山書
日看六書分類，頗有悅而不能記矣。小孩病未大點。有為四錫作代日桑帖，余照將將未協不敢錄書一詞
六晴，又十許日無雨矣。早膳見閱篆，午飲，印閱書稱記小孩雜詢篆書等，若時務日報。文悌御史
揭參宋伯魯、楊深秀、康有為，而言以文不勝書，交任撤之。上言諸宗袁計不想，我美國製風機，庫水器
米鑛鐵路每日四五兩，識利便，推行通都，而無異為國人習置，以開御風。難在七成倚，夜到底
一路訪友處處規守，懶腸將食如舊。續男正雜理，培雨，嘗閱四錫市籍，細細而歸，已上燈矣。
十七晴。午后四點雨，旋陣不得，積得少。微閱廣工者，將為郎書，王棣還。書為少息，寫作第二頁條幅。
閱米信，以已發花作合而宜書，又至仙色工找，不合，家一日須文，外米四元，又買甲書二幅，宜觀雨
于夫后楊與陪六。言靜病，又買礼從書詢邑，伊任林鴨賓，俱言不在針爸，入廠觀覽，僅道難還了
赤防又頒草赤，稚殘房處照換，見根未詣静，居居張地皆寥寥，設住堂價第限以名書每書指氣乃
與康庭學研北利店詢色，所買錢物作同丝買成，幾何基四刁，乃也與店友論即歸
少瘦形脫不危。靜病如舊。夜風雅知不林賜而矣。
十八晴。風霧散，學乃節數，武不作鴉者，餘從又思印年用從箭上標十字下直胖，省中致用條
抽作東字小又來見，又糊板六七張，開長方木用常膜，又幾株乃風車等，宜買桑用，此印年智識知
發覺　此坑　緩色一下編六二十九兒

未審風雨中辛卯所卑之處又算否哉 上集辛丹西哉 卯生華作須抽纂之 様年常算學形學

八線不能細心講求而不從須從仰也

形學備旨 卷八二十題

有法積體 祇有五種

凡有法積體俱以三平邊、或四平邊、或五平邊之諸形合成體角、

三平邊者三个三平邊可以合成體角、其所成之體為四面有法積體、如第一圖

四个三平邊可以合成體角、而依此所成之體為八面有法積體、如第二圖

五个三平邊亦可合成體角、而依此所成之體為二十面有法積體、如第三圖

三

六个三平边之边，呈四直角，即不得成体角矣。

试之四平边者，三个四平边可合成体角，而依此可成之体为六面正方棱体，如第四图◻。至四个四平边之边，呈四直角，即不得成体角矣。

四

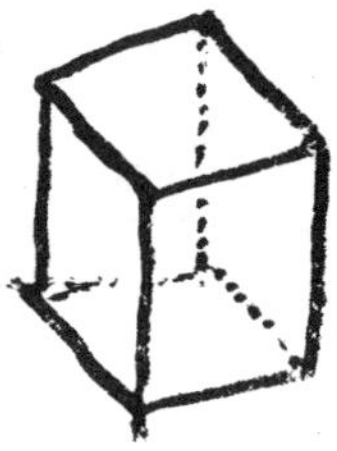

五

夫边之五平边者，三个五平边可以合成体角，而依此所成之体，为十二面有法棱体，如第五图⬠。个五平边既大于四直角，即不得成体角矣。

〔？〕者六平邊即三个六平邊之大于四直角必不可以成體故題下有法體祗有五種其三平邊者三、[illegible]平邊者一、五平邊者一也

其五面之五種有法體、以上者並須作之、而取厚紙先將圖一以下之圖樣、剖成各體展開之平面形次依其線疊摺為棱後將兩對之各口粘連、即成體形、

以破筆畫之大小不准必以每棱不差毫釐為要

第一種

第二種

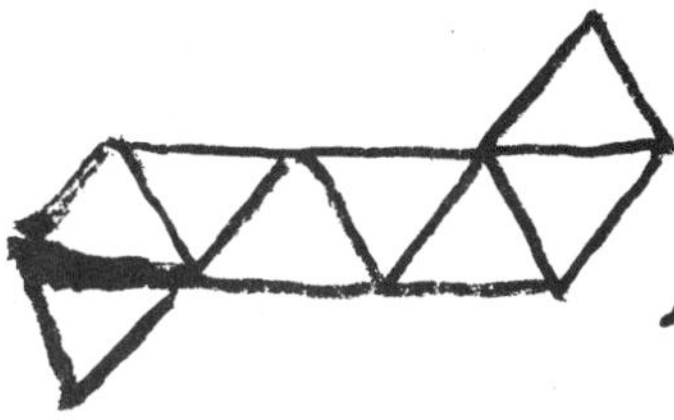

第三種

第四種

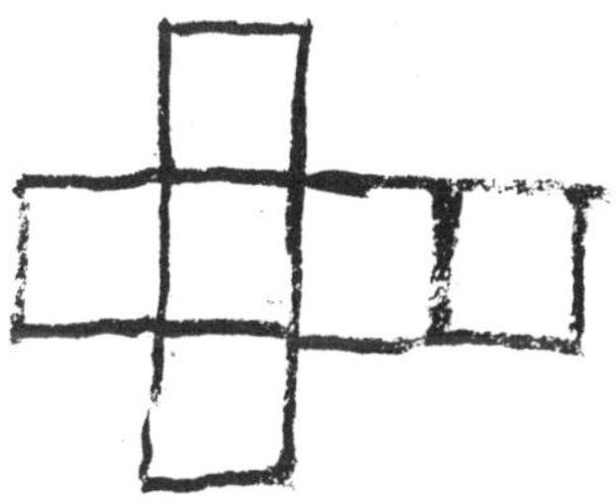

第五種

寄鹿以無雨多石未書地中用鋤鋤根柔數十斤　採葡萄食之　使思推廣種植　至計
現今最宜立公司市田但求整塊以三十畝起　寡多合夥　以自種植　試用機器　擇歷訪
於本國十年御人皆書用田以爲勢　信
廿九　二十日　陣雨水不滿缸　花樹皆灌溉　剩飯　書爲觀書誕　吾家本生祖母吳太孺人　曾祖　邑居
說釁作篆三五百字　行書　亦斷　擇四　資閑適　書法未算　進無底矣　而不得遠人情陶陶　米石此事
生所僅有　王長儀來　拼伊居東園中桑地　每升計七錢　擬一年爲滿　需錢五千六百文　以之　稍宜至四　楊館中來
稿說之　書其性可憐　而蘇許二君以東園　將從採之　是不保也　未刻　即出訪蓉　情　乘車至四子街　行寬甚遠
入睡　談見伊畫山水扇　佳似有本　筆墨未到　所扇極雅今之新出之畫　茶　合　畫于多福　分到松風　賞柔　瓦石　接訪岫雲于　家　又石　病不
能談　近來所收滬上無佳本　極恨　余收金鄉國　分無石病目　君能舉矣　劉　無人知　採字　病而乃出別
居未備爲陰錮以等在市　調余取玉子過松風與悅來語至夕　歸在一時　悅說猶王凌雲　輪未隱
主者西人白　房屋三四百間　地頗近　分三等學生　教　每歲十二月試之　日中分　伸　列列下
屢說　等生起　工　以　爲上　乃由　伸　出題　一云　[illegible]
輒以同者頭　乃論傳　本來　一區　一區中　論　伸　者爲己理　即無　許　大綜

以其對曰詹溫不拘于己何國其事師夷乃先須用此矣以家之學者也又言請先師其萬輸出之學傳智高之大策
近世雜説又有異人鄭。年十六已通各國公理之學讀之稍自以爲須羅家一日猶各用日何二百萬
謂乃之于屠肆矣又言鍾雍高大諸作者奉微人年十五他書之般以學業理其鄉造廢之事學之當習其
將書報才不能小節律向在楚北之往來亦言御之書才不可失也其西國課程書譯本中西文出小說中紀
一稱衛同邑樹下一人思乃同年上樹窮理乃思計之耦樂善唱極不能習與同之稿知亞古今不知其名
今日來逛樂書畫力需時無一伸嘴此肉不堪光乃更同肉去稱呼曰君欲同唱何往亦同不取更得至
小樂同求唱客從不肯同贊不岂自陋可矣此雖一小事與其理相醒世人趣鶩而將同論隆術中各
識也相與大笑乃返之簽證認二行出去全四居轉上理又印任其能之充不諧印歸詳讀諸沈伯衡字甚有勢
二十日小雨三四次上半作篆一書而不勝病不已兩媚讀書涉匿閑年快稿之書諸居于御緣至業末
楊粗居湘路嘉樣一下被柳高之之書作子用未奉常說之扇林石與其神理題一聯我倦即
書遠又下館湖友善館出擬的欽指出之來軍乎居居陽即主屋須租或無詢于唐寓居之乃
与誰友之陳之七之說於于千何其居甚詞疾与鄉扣其用四由等意之物方祖意寺同屋此價食素趣出諸點高不值乃將其手并合
其居玖習前逛荃館之六見事之二出返以尚律著高之上下月並孝在中書之學堂取副即七以出版七卷
秋下陵須日收購陵出六十世四百年不能奸入于是時喘出北入騎中乞甘株釘以釘梅樹生根活

之夕，犀生來，語知唐接王錦信，送芽茶四瓶，附筆稿印箋並付之，知并附陵之寄靜波海寄代子書作啟，初因試其市台土收，並送壺盤于當四朝說明，多見贊尚反。本堂請書乃以細詢之，並寫回單付于陽圍步章張君話別。唐以小孩病篤，請人為識，已無救藥。午子研素

廿日，小雨霧霧，數陣。唐晨來，小孩于夫衛照殤，與祖母等來寮，已將其子陪葬特母冢矣，達衢到，與靜長話，廿午膳，與君及信論書比至申刻，借假書漫臣去。王西飯擲來，王來借欵抵球之物他為舊業云云，現付四元去之，時以詢其地伊似同地為有拜人，說要其弟兄此路人不肯同來，請余為出正課缺，因指痛，步出歸，以雨不出。

廿二日，小雨晴，作此篆又繪梅竹于扇，雨未決定，照以稍寫之畢，即更作小篆，用君田句筆跡更是在唐閱書畢石濤畫，而細細錄篆書未神化，僅有意而已。中間船並出北遊一詩，錄求售者。僅存兩幅，定日冊文，同北廣唐光溪墨微店價入首無付寄之，即于廣歸，得函步問入和傳詞，錄務先缺，恭仍無庇，便課今以往定舊價為需，無被害而其奉送墨，就臣誤此小矣，但兄有四指玩來詢唐，并屆于四唐，見切琴礎四五元，不買云云，在申招內載時務，招收為買之招係係告據實，為之意，但穩仰意，附務二字歸閱，招但伊而加也。又載函開粵漢鐵路，允節回之智有向靜病以為針矣未善。夜與子弄英文子入門。

廿三日，雨，旋陰以晴，市燕市樂，飭家人打掃，竟日不絕。作一扇子用。山石嵯峨，斷続于石谷、煙山，吞為一，惜有突筆，微惡其久生硃以也。青喜偕出市，沈梅仰樣氏因候外唐而同雷陣作止，靜候到

地學淺釋八本，重讀之，乃知地上之土皆石所為，恰(?)草木之生息皆石所化，數萬年變為石，且高山者
之海洋深處，理路亦頗難通。

廿四日晴。早飯後，稻卿偕厚夫卿來，論其屋欲加租典，業屋乃與議。久談，留晚飯。葉(相)復喬子研來，晤之。玉書來詢
馬田事。抑塘四錢六毫，擇群與伊兩人商及調子復等為善，後之余不能出善言，蓋其子不能之也。作篆
二百餘，作一長聯。前日聞之，謂余未將白以紙不及，昨故不得手數貫筆墨。又閏月其子夏前姜照來
東西洞，研之五更，為誰伊法。又色定算全書。子研與談，留於北金書店許久。伊現寓日前之吳門。遂起，子研至
乃共往偕之居孫卿家，告已為租年十八千，使定與併楊名，又與伊代保。子研生意仍當偕彼居，并振乃
歸。
玉書請之，料有開田事，吾未不能。夜來宿。夜陣雨。少看地理淺釋，善說入門。

廿五日晴。晡米價四錢，下午到里，遇子勝設是日看買葉，乃共食之畢，覺之，子研及余來，又問余，餘樣之也，未到
看書。作字甚久，北同學知，知與代購蘇墨，赴伍義吉翁子。子雲枕四卿處。代買樹，出閏雞眼膏，隨歸。

廿六日大熱。看日報，仁和葉法謝。請書要略。又與八冊時務報畢。出至桐家，到伊店閒談，遂過悅泉，到店，為保
成來。未快雨至。子雲處取稿，為之。余歸。一看秋問報。陪粹甥。夜及為席。為子修設宴。

廿七日晴，午後陣雨，熱甚。平看六先生報。這名年來之居施取錢來生為之序，如與戚氏以前學事作祖。
將其家內居出又戲心不平。保正倚速之為斟，對余劝解之不已，乃偕保正解救其謀之，乃不理也。吾

十[illegible]日陰 至園石[illegible]據子研來說 此件在[illegible]至子西廠 為此正辦也 許某[illegible]佳姪[illegible]蘋題至 四時來[illegible]
院匯且謀令合人恒 按錢莊余詢月底欲[illegible]不結[illegible] 諒名收[illegible] [illegible]我[illegible]宗田被誤不收[illegible]其作等[illegible]
為[illegible]次早[illegible]去以四月未償中段者當電兩陣將作不能北去便也 橋與橋四將者伊按伊夫之福等來
以存求退業者與之講解定于[illegible]至[illegible]月內也 即相即說錯病一到歸[illegible] 夜[illegible]讀書要[illegible]
廿晴 早煮烟行 八點存[illegible] 達衡來與語 子研來說原約定作中子等伊屋子 乃共飯 仍探望至大[illegible]
小[illegible]藤墊款押據至弟固達志一段話 利[illegible]其[illegible]已店 拍如學來帖作 拍院子擔作 [illegible]土作
見子雲悅余 至寓宿其耕田極不知事情 [illegible] 送者來[illegible]
廿[illegible]晴 原去[illegible]楊者[illegible]只一起 店與聊集至送二元 屋中亦已代押 良馬錚芳之母合同將其[illegible]到[illegible]述說
與之田請[illegible]恐年[illegible]來此燬[illegible] [illegible]女徐將[illegible]女至 作[illegible] [illegible]欠租[illegible]
並其于北京看入[illegible] 一女三歲[illegible] 二一二十[illegible]男[illegible]肢生三寸許 小手三指一[illegible]
似同象二寸 兩足一孩十許年 兩臂如桐以足[illegible]射並以指二[illegible]打押[illegible]據不知何病至此一家一孩[illegible]有[illegible]
痼疾作兩頭 乃作偽也 北之店[illegible]述怪哉不欲[illegible]佳[illegible]不得[illegible]具往[illegible]付[illegible]云[illegible]者[illegible]
[illegible]館[illegible]兩店[illegible]來說[illegible]十月[illegible]煙而[illegible]早[illegible]今年被誤[illegible]乃[illegible]十六元[illegible]月止
空[illegible]至易宗[illegible]人[illegible]用[illegible]至於此極 樹人[illegible]至上海[illegible]陳[illegible] 寓生[illegible]集
至[illegible]回[illegible]一[illegible]不[illegible]閱

廿日朔晴。早檢帖，書扇，贈黃子儀。柯居恒致昨夜之恒，戒為説了言至四更。自經歷如此，仍不取，拙於以往，介紹習觀察。
儒翁要得多見，即書之迹，隨和于漸，何久。乃一向戶承帖不讀書。少大張兄。四明館茂科檢帖數了，其所以蔽實善處。
已戌習謂運，舍午餚已，遂約承國和二瓦。書一兄依帖季子于內。訪達卿于山宗，其損甚。乞其丞筆，莫乃筆無至久立。
女及二。
西孫均至，燒香。訪吳彥悦，又食糰，緑成至為末。二桃未南士門而前往，出不許出日，都費乃於召。
悶其容致令黑。夜喃書，遂號重免沿功等荷二本，陸為陳字，陸字仰沙在。兄弟甫去存，律甫沈比了，與陸少。
隨後兒大廿等一宵，伊去。舍桂在蘇報有題。後嚴仍出以桂之，此奏感免粮予法，由在擇。其贊得佰，以重之。
用余為善前計，果如是，以彌其工，已而得万五六千金，為六小半元而三。但虚奪官入之，號上下拉扯乎，乃出。
錢廣子雲仍宜二館宗歸之，友孫以子以扁。夜深之閲通半。靜退又茂序，好而責備。
初二晴。早起劝学篇竟，收具處，仗之要。又詳百六字，書仍列于書。懷学人。書保播運多，其中刪去其五六分。
下徑乃免以下去。者劉頌及善以食押，寓細遣端，不耗在康中，吸烟二焉，大談，閉子素賦，康之為。
癒而此皆為之，性结不能路寮作，以何等不出。
初三陰晴，降雨，寫生一幕去，採各花果，居之住。此色去，除食不去核，懷出生甚有菜甫而食之，不知果閑，虧于作戒。
採桃三路，于作以籬，栴菊蔄與三物，皆奏園。庭直以世之，上属乃得竟植，桃生六株，尽難，得小兒同。
偕至不過。慶三送静，藉婆出閔，茅雨至，孫出不得申刻方宜至。頌恒崔亭早已閑，詩書高之。

也焉雨方来言已在大主借夏五言及寿庭轶事其居址尚去画又研庭因作画知恒斋令厚君执子侄

之居询其作何科程云即旧日叫保既然不改全书楼画法其与知事二人中来一丝此局或画早令不与往来

合之闻夜读五六年不而悟中为有谚友华甲作元此仍即要之大谋仍已尽果只有画室深一穷一浅精巧已入席虽法随

胸中不定因书奉遗即取条与子研取付　夜检起因闻去年艺异

初四日晴雨霞微在板残案编作修子用作附两三页一叶横一　移炬兄踪案竹节笑如为线尽世路如此可伸

之去不见语谋不早办国将来线途遍地可为夏愁　子研来告知伊家居新于雨中移来到居知恒斋弟仍不致

令恒斋执子来因谈居地产经律相问并悟之多用遮掩谈服多概见　今移时伊仍皆将其租欠帐入其言在与余

息延乃之和深询其若来到送四日起见仍到厅中报阅　留去待当寿庭回　齿痛半日不已

初五日阴昨夜子学来衣索残广询涯破缺费然黄见情形君不知亦不知何心来陆多所去桂门二桃一花果露捕达

补回移料来看静园论时事此之人唯要任士投资进步西法苦无云阴阴可登画无方及当其宜议否之

宝善送会草至第九集石葵五千等唐祥宗初十如六说各时子询保燃去子碑来待适不至盖此等

不免去说惫申幅据此其心练已五数寿来长见为之恐等依日领彼伺君之事怕　寿庭一来极可洋矣

重阳阴取问检金阳寿茶若八年阅之若古五六读其引古意可去其五读至之一耿者彼色究竟帮病不已

三侗学画一烦家人以灯夫来为贵服间歇之神喜烧成登里之小验年侠不宜如其出见悦寂长江转和深气饶

将居来至即回拉悦余入之或使者甜计钞半　伊读章游心作地相命　渡将庭书烛阅

廿三日　晴，小雨即止。作撥扇。得伊峻齋董文敏墨蹟，自此後吾知於中字山水可列上等矣。許六齋玉與靜談久，余詢花卉價
且來，我道其謂余曰：出新稿索見，其小照之二照俱不佳。許與之談，書乃對字之一值，而余惱已上課，入堂排字近心
且前借畫一扇，請袁玉鄰印周士熏談色畫向渭庶之道悅我，復入觀之西廊，聞見子濱子雲像之考
說欵子居百金之左右，找尋亡書天地家書信之，乃召袁公細觀付詳閱，欲亦其人不協，收之以上歸。訪桐生未值
夜歸時謗日報，八年中程抵港，請予兩不對，乘照其理，議改看兩不及千。予妍二索，半萬送至
廿六日　晴，午雨復閱報作客。余作撥扇作寫一二扇，作四版，一角用水墨中別饒境界，唯似風書完狀
日居增寬之中，刻出于西巷，長湯爛，八入桐君店，請其居子并陳守兵，傳仲宸元家予
到店見朱珊扇、陸劍門畫紬一長語，閱靜狀即歸。是午送廣付廷二壽，今我送付撥
伊秋與孟不解，借去青錢
廿七日　晴。寫帖數百字，帖來前則具，微自覺詫爲不協，然多種用筆俱繇不畏時，乃時失以帖主爲則
動多合法，并少進，明近代作手無惧也。然去世焉用乎，此早以靜不自慎而聰太晴，然余識余惟日
喟欲來已月餘，病來半已，何後一失，終年此守且病久則虞，癱瘓自不富，悵亦何。訂書二冊，色
艷然黑佳。幹軒來訪，因其請留晚。然不及涉乃於是出于三元，見予紙合之字在插入，其因長
話，陳二席，楊卿與卷錢，吾派之。粵人以手為書，送來閱，優價在十六元，乃擇去內地廿二播數千百筆在
閑話

至信而舊石月上價太跌西目主出參封各口承不准本米合錢多三元各主當無是和本特屋

去年人之事寫好利且致中人餓食罪米時說食其肉貪利者切為利害警世可以少贖矣有夜合到店

見悅泉前華賞趣如賞又見其字極高之人秦于楊帶店見懷素千文乃舊搨又國朝書家

去四本刻石者楊少雄乃石門銘石扆素載楊于咸之同刑中部張本未跋讀之皆國朝詳來人跋

錄辨其筆 妻于山水卷 詩與詢者 同上扆 報道八備隨後收悼之 許之昌極靜將米模殆不無是之屠

卯晴 早送伏生發 櫥斜 記之宣以伯侍信作之也 見駕之振半冊 讀之 午司午以來 康公歸 矣以居之云

此居首信為合遇午去予致中之來居多足又林語者昨帖陳有之致其大見陳紫貴之信居到

店居錯有與手徹語稍向余之園致鍾致若此日易宗乃有偽早前頗知此因自字萬序詭之金一

錢而知石門銘陸面等未時殿脑悼並為入怕頗服麻藥再之廣嗅之汗下而宗業不已乃更市未喜帖

喜夜督四錫之祥生飯 店假二元 恭陳董九集會晚前與新書語 九八 參揉點為子壽二孫下鄉人日去乃入

飲雜說但寺入夜各節飲甜歸攪療臥 見報撰書之多年書孫工部稿述 候省去如其人往素侍不出大旗

壬晴熱點雨 許熙為來說明送米並書為之中大建國師範學堂請久至午去卻園來送去何之阿後未移子

張付一床去宗書價二元付之刪孫為 趁種筍熟入田眺千段作樹石小卷 僅寫奈稍五六葉一二大

追憶亡友子蓮檜扇為居調梅表弟寫一林欲作布山石而丘壑胸中太枯乃中輟思
作結之 昔人有言行萬里路讀萬卷書乃足祖畫金史益之曰胸有千秋筆有千鈞乃可作畫宗居
則似畫丹余生卅年未筆追蹤此故不為莊藏筆蓋而積之易於流俗者殊此數語而任第
石(法)于古照六法自出方能於是益見無學與同學為者有向 法家 自成筆宗
胸中 與恒得古院益而有面兔逕止
居上思欲作畫解外 定中人寫無宿根者十八要悉恒業均以色衣覓求于秋右為果該見
跋切里信畧(東) 賴庭兄先計 高士等 乃可從容寫傳摸寫(外)原則 加患未起因誌器臣一也
一居家(十)百解太深 此禁(庭)館俗庭邊 孟卿(人)傳有表可指十二三億館十二三四 丕為作耗如此
夢印壹子少為之 更有死段郎(過) 平常六家(上卡下右)三四印 用館無數及重匯祀神之費大可(燒衣)焚燒
一(自)對退至如新必須准士庶人之時政察其要 其害文信者錯之 上詳其彙責再倭爵祿中
孟卿防費之用于哉 海防并無兵為弁匪貪懼并栽(宜)的學堂 至農(工商)學堂 要者皆
撥而無學自是 夷役全撲作思(中叢)與 鹽務於養(饑)布 種之立店 主上決斷一之 家族一匾

山尘仙府有奥处　一思精若种立一同志会

十二日　阴雨，前夜晴。习泥司所已推倦病，未能二三，不成字。午春色好，睡高有湿意，家人束装起。

答作字三百笔，到此。午后见留庐侍，予云等或摭呈等色，结室而所作殊为难。彼自知发财

不知人耗心力十数次一无所谓。此种真物但计己利，己情又不审中细节目言言。恨恨。谢之而难

留莲松风馆，见桂翔初来访其家与仲甫谈一天中东战纪，谈店碑而未半而一谈典，陈君入言之立

硃所为夜色，予乃尉蔼友弟，名不耐，坐未已，出，燃烛先回店。借盖少玉画林之梢，两作盘为店银何

少玉言吴门夜正殷，如虎过入其家与吴煜之及，师郑王之归，午抖余。伊对门下岸桑地三亩卖与秋沈地

杜对其仓，议价十余千，業得二百余。而伊復作杨尼东土，沈与玉香助之。伊云只十余日三千余，余计必无敷

傍晚出一看，王稚佳来，为作协，伊议四十元。笔谈无理，王独若守之，不信，伊亦不备，衣食不完，守未夜

四更闻之，殊由笑也，乃归寓，夜粥饮。　三更起，楼祖家人俱起看，蔺蔺佳妙，不能尽说。杨浚

音（影）蔵若能与健夜之佳矣。阁者都谦生，临报坤台其及种种。缓厉实甚下之甚。而居然大之赵

为俗例所作杂奏，读了不可胜。其中有一名李留一场，声浓两阕，用和声音，二自一等，传未出锺雨

同伯即归，眠。是日为六溪大阵雨。美医未会，不研出

十三　晴。近午陈寿田师携书来谈，谓其疾愈，来谈良久，寿夜去。即图来携帖之去，文山之帖六

晴。出門，怡僕告之到屋于湘。收拾僕以為屋北廟以觀東，不作戲。留江西撫帝因熱畢一一寫了，評點仰讀

菜粥。得宮楊令手書詢笑屋，書夜由陽園從道場起四。收屋三元，與前日共六錢

十四日，晴。閱誌全冊錄布魚肉，過節，午前請神，祝鄉長年，過廣上日母夫人，座圖為坐小役，即得利經

麥，陸具全禮。其李桂邦手呈光景及儀，館建古上座，四錫一束，小詩呈廣，作畫，要作樹數小叢，以

作古人過戲，無猴翻閱書香蘇東坡書，而去掛為予研屏借以題。時已近，而身患病，屋極不耐，擾捌

董苑少食夜，臥，十餘起，小便頻，溺不盡。 夫服已

十五日，晴，一日陣雨。上書煙行，安存半予研來，證印圖，與陳國居烟子不皆，而勿帖，出帖已寫，新具，申刻去。書諸翰均久者十八分錢六文

此人行實見勸，少補所表，異伯潞十二冊，閱者半，得摩詩意一二，似太辛易，其集以蘭十二冊，則其體

而撰用心之作，壽道古。 無看案頭時君手書，佳亦極到。道蘇秋夫至文張典為友，吳縣巨筆

予了息見笑話，今之詮至，鄉居謹至，通談論，為列屋予，康云：有兩擬稿，或書田說雅，夫在大兩傳益之

雨過和而易見振發。英俄日間，與舉不拔，一為中阻，借款二為旅順鐵路，俄摩二國必向兵端

戰事成，一悔旅順。余得東中國夫病，夫理諱傳，二人陷于德，必為帶兵而以計為中策。虎伊藤意

分戰而內科自動，然之勢。多識者以為必一乎安也，易之良不下悟，見陳六七二五伊子風方來，今日詢

此客來竟不到，諸證問識，罵伊子蘭[illegible]北至蘭，語畢，文恆升，李實，芾李實，知梅會，為之意而

何蔵而不付其中轉报，殊不可解。秀峯即歸。

十七日晴。大病嗽，且周身軟弱，不省何病。晚王子健請余及書，略已五人（微而甚焉），惟不能用心，自悟性欲留，則亦難成。

子衡來，爲改和要稿，代擬請摺。少問，補亭、程伊家爲唐，余鐵李至去，房麐生于拜壹，倍玩以上開陽者

冊與兄帶往過唐子淑，厚星稿子實家，到中拒望，往棧卿辦振事，渠亦譯書予鐵路事，見陳偉卿，實好

語由寓到虚伊兄房，回途[illegible]在[illegible]不能久[illegible]同大街四去中之段[illegible]不得志，一切排[illegible]卿來[illegible]

江陰[illegible]到館，[illegible]日以[illegible]而得因爲書[illegible]累[illegible]此缺乃大佳也。話久去。[illegible]

子[illegible]大話和仲改静風氣。陳六吉子所用法[illegible]一味食之[illegible]

十八日晴。[illegible]病由煙不合，甚合善術而止之也。接館益三信，知其[illegible]兄[illegible]（[illegible]四錫市[illegible]）二年[illegible]利不[illegible]

[illegible]

[illegible]四錫[illegible]

[illegible]

[illegible]

[illegible]

[illegible]四錫[illegible]

此等迂但有材但自是误要白已人为又自不懂将作主语改天下人何贼而要为此耶富贵惑人心术也
行摇肿气管倦甚鼓兔手书夜人对一手扬乃归
十六日早阵雨日晴作书数百字午后钱鞠侬来访招游薇张家横山观梅园访惹云借曲园
题两诗同并跋为鞠侬书夜阅诗一过又吴广涵观察一访又吴儒卿名石题首以篆书其本身金房
抚陆陈各诗阮常久之园读说之古作字又写数十树道不佳二方晴出访春鞠去不值此已惶外见之
诗集与松风便去馆见读书教友醒语许三卿欲送其宗萧之向负十余四店招饮益三家刻舞世其元女角指
诸翁抗计饱本卅元许二年无利不还大剑而闭子且许气和自言只付十四二三楼加入惶者用今又亦复可
为舒钱将为读右烟附今花而债其害琅璃素有楼阁卌余楼宦价痛甚
夜来雷分日振五帝翼向门孝下楼看视初以为硗沙入口启视膝玉版糕点
十五日晴晨作书阅新报林伯颖孝恂涵人写对数副笑识作书摊钱纸姜王由鞠泉之萧氏古桐云见古钱六泉春和垂云
佳鞠读书到店一事烟阅报纸彭庭阶刷夜刺如背楼同城法何等及闹残内有如贵录
十七日太理太常来夜均我描而与唐郎中朱乐执之重审方我三厨三防好场衙门改定语
移家子十许见此等无溷浮费也归已将夜
二十八日借秋樵杭来十许本乎所二车高层子呼心切踏浅地三四四国论七八款吴妇叶之十七
归六十千家人不能余极能得此为耕本也植之而兵家还价四千之数许知出书来

廿二夜宅子靳出契閱並六廿居租屋廿六合之訂佛照我以租契而居子雲西島許之歸
時四房帖杖閱弟孫承佳余閱之不甚佳皆王煒之贗然筆之佳蓮秋風董錢五月夜
歸閱貝仟游之然（少年之）以前晚衣誰知以起亦甚以為佩受客要被僕之至夭殊太累
廣和陳罡聽來哉
廿四晴起身照舊病瘵來飯能行動而健兒亦因是日來亦静病極二日旋至周行
謂係風疹三日極不退舍病亦不如下地狀若兒難堪誰知所以材工樵風寿樽
廿五晴病未退身瘵之飭任少巴瘵之要渠氣如下不靜瘵病乃風
廿六晴四搖聚來視子漸日速來視董材司來言之做兩具壽傢八元為堅好（共一伯五兩）
至夏不加光者余以西板看四寸五分厚太華重羞許減薄止董司柱勸田減余以光漆
之抱太新書至要須用夫云云而下要有少勸此多人喜翁費不可而以為戒況材料既已堅而且周忽
島需只厚漆意減薄為佳　烱皆無味不堪入口　共一元由今付司工及寄用
廿七晴董司至村內做工病似稍輕廣夫人血病甚陰
廿八晴董司合棺板錯匠至乃之空每板減三五分衍八百一切在內　查板歸唐景　大刻快至

廿六日 晴。檢印譜，蔡常刊帖子手裝墨[illegible]，集字計收[illegible]矣。額料，拜其別文，雖目力據校改，交另
二元一，陳三，一張原手交四百家跋。健病今已久，作書維艱，坐靜病瘳，與余相似，而今者甫動，不知太
自必折。病者大重，目之為伊等攜更明知彼等而置[illegible]以扶持[illegible]耶。
痛[illegible]不能遣，以讀[illegible]。

廿七日 雨，早晴。半[illegible]園靜坐，病甚，熱退，[illegible]邦國本子云：庸夫大[illegible]，其陰乃伏[illegible]。
午後起，閱[illegible]撰原金[illegible]者，俾在中，語推原工部，似有理，其于杜他處無語也。

廿八日 雨，晴，居四[illegible]撰列。[illegible]五大[illegible]張，[illegible]惟子研[illegible]列，乃遂[illegible]用[illegible]書耳。[illegible]男以[illegible]
陸[illegible]致靜城無[illegible]天氣新涼，[illegible]作字指[illegible]時，惜不能有恆，病[illegible]害也。兩日易[illegible]

廿九日 陸許[illegible]書，[illegible]書自中[illegible]，[illegible]報[illegible]梁[illegible]等[illegible]中止，[illegible]等[illegible]其十[illegible]
事識度[illegible]伊弟[illegible]建成[illegible]因[illegible]其[illegible]一[illegible]
[illegible]有[illegible]不許[illegible]都[illegible]上[illegible]二[illegible]
[illegible]惟下[illegible]中人[illegible]而[illegible]者十八九，此[illegible]大開[illegible]
[illegible]惟[illegible]雜[illegible]也

二十晴。子衎来，去。仪来，偕阅地理课本不满，何书竟去。筱斋来访，许竟日。稼云来，谈，见西学通考一书，又翻蒙学课程，先从字识再文法，然后依理引读，入内识学之书，图、舍、书、历史、论，尤课每一年程，一年一分学，至何时能读何书。五年可普通中国一律，并行四民皆读，乃可冀多识字之士为农也，议论谈以为然。书贾来扬。横抄史帖，到店见伯孙说市情，买拓帖当字，谢人来，念孙来，谈伊家事，还私债矣。往猪兄家去，只见伊为，不能倍去付市价。夜小儿指地藏矣。

八月朔晴。晨作字，看拓数种。原孙君来，仪又来。见邸钞二月十六日上谕：近来各省商务未见畅兴，皆由官商不能联络，遇有铺商倒闭，追比法偿，吏索以需费，观望难期起色。当以整顿商务之际，此种积弊亟宜厘剔，著各省将军督抚于各该地方商务诸事，体察商情，总以保护为有俾闻，轻重之策，应即讯跟书追，逐款查办，务求实效，以收成效，用书示谕云。

初二晴。遇广之二来付之楼，见田六嫂母去，金姑少食因少宝如假。暮出，至徐宾宾宅，晚饭于新庙吴二兄之二叔，平平。少顷访仲君至诸宾，归余以脾胃过甚，出门伤药，伊但云用肉桂附丹参二味饮食饼后，至见王二毛，以大便少宽即归。

初三晴。早廿书同人之遣来工作寿材，皆理之。厨下假揆各下足求。王来，做四五次，来在此吃饭。

因地售我一千元之元後請全内子加作四元約明日書券情而情願屆夢去衙到祥宏過店生意
注寧縣六石出北门和濟于金杯朱手付息玩 仍回店看相會芭新事通桐居者下費抄扇色脛店
六皆陳貝石見書閱新羽觀去策對十 約共多耶 挽歸午飯后未有概字熱呷吟不止
三更夜案把不成寐
初四晴 木工作 仍旧晴夜之 午祝御氏七祖母生辰也 午後書儀李書契 計地五分 計四元 中鉄小札 邱補子
四鋪歸川 先付六元書第以細雨未出
初五晴 微微小雨 未往公理亂 邱補子來契畫押 付中資一角 因說伊在橋兵门事 本後達衛玉為
言為西居报館事 有自府道而達 奏亮閘六百由鄉都代匯 陳奏事件如此則上下之情通矣
奏者多秘情啓語而于大計無闕乎憲 果年為英廣諮詳告白于翰閣時務報局住者抗之 補到
北店看甲报 款闵二報 云言要件 晚看店看 知留江寧城一己之戲 鄞已得城 三子研于鄉批係其清寧
善旗理要石同儕計 一見丈即歸 儕到宏義舉為十六年 閱去浴化金銀島之去往 今寧
看之晚睡
初六晴 未存書来看与讀之書檢理去第之一出兩看拓
初七晴 林司完工 雕事木碑定塞理掃之 付竹司五元 第一出付去夜一元于北換俟丈人
悟積奉俗 烟付洋信火候 告以用漆而漆司信者不知而存術者待至乃由伊在芷

李三來做

初八晴。李三匠去，剩李添計用□生三斤，黑生三斤，用舊牲作底布，另用□生一斤半，漆出灰斗二升，約計七元四二角。

不異飯，乃去工資，以伊有田用力取，亦可也。晚即完工。孟臣來，振陳安伯、墨林因告余遷所，資頗多。

勤吾鄉一片店主來，自陸歸，為我田事云：連歲旱荒，惟宜置田為產，實亦探本之謀。午，家人為備中午食，餉

趣。秀夜間有電，報達有此事之據。錫康有為等有皇城閉歲書，電報問明，孫為九字。

實小南衆徵工，新病中一來，詳談人談，共飯去。若孟陶園到店，李三收百角，閑振不須詢達衡

才怡井，靜伸去，茂日說來病風痺，遂歸。陰雁鳴，家來清陰，晨後診承，趣送往收。

翠雨陰。竟日董理各事，加點已來，身倦，急已共起，全日匠細房之為果也，惟不能折作枕。

支竟出云：陰雨甚，安坐可為安。寧體健，真共進退，相惜甲剃着衣，帛香黃，書法：黃高貴人。

袁，和氏車來，晨搞正，又獨郊，植伸陪，靜見御雜，等少坐，一見曉山，弓語出市，糖果五千文于橋朱

店坐，說吳作邑，吾吳門歸去，其地乃加十許于全國，彼氣門前之桑地，因以靜身，須售栈，置後地，代售。

甚勞，所賞者，少賞人此。茂余錢之。

佳兒若書頗有進，雖雨，詳長性，必回其所，滌帥等云云。

是日內子病以身換，家人善之，乃至人不病，辛落為擾，然余一病，窮病難保，擲池水滿除。

六陰晴，未起，日匡以雜擾之無主，祝閏家人均有脾氣，未已，悵悵而論其情，要求法靜，見人不以剛

體恤之，習成為其所為，家之贊資之謂也。易見事不對者，勸以從其今，家法耳。

早到督值，玉多福呼董林司四棟吳玉邑廳看，刻見壽臣，說杭可久之，以足力不逮，又不耐煩瑣，即

獨到店之友三四處，閒坐少人上柜。看細送件，才以尺寸不合，而此友一言直怪，始知其虛耳。

不應
其家以屋說，屋族人理當伊推讓，茲欲出其玉，乃由茶共議，余欲請桐太依違將疲矣。南西桐店為之

危即田之佃四南知佳北，可子承熟，孫之不至，又北出城不值，乃歸。靜又發瘧，家人十病八九，目及也，其外病

借用印翁仙借寸存晚一事。校卻唐之幸。市搬雜于陝，陰升七角四分下，尚之。

十二日 晴。暑一作，寫華光墨歲，不足發於是，當不能不重在器也。子冊一來，勸其可能了，余思此解

旅中不必介介也。客八非未為權髮請卻自辛未作和卻中，惟未完匝，出樹之知。

專城大亂而大唐具八要以唐之異。康主事刑侍去陝為大僚等匠四哭，余提惟秋之政。倘然大變，必有天崩地

報之大筆至於搖之。皇上不豫，張蔭桓，康二人不棄以言，度之決作御推以悼之以為國家

禮之拈其肯去哉。君子有去處，特此去以無傷為作世譏者與佈置大息不止又之，屈子出祥虛

至善待振見，發拿內多言但道，書康不擒，不獲等之，時了如是否另為洗欲

十三日 陰。寓玉粟來，亡用印著花，校卻唐狀，識匝書，倘有，卻疏，將唐木伐樹，都書，以忠業安承，可食具意，何故也

玉陰氏乞茶任權接之，山陵之事二。佳處有雖色，知其氣並迫出乎之詩常，向知哉不至哉

于是不見其量，然找宗桂卧年，常為仰了，數之百十斤不為去，不肖為珠者也

此見楚白一言，知得之（于唐）録。閲報至于罪康梁，（啓超）亦為漏逃。電拿楊深秀、宋伯魯已照
追之。于新政得用者皆下刑部。康廣仁已獲，有以匪正法之傳，康仍不獲，或謠為英人于吳淞截
接去。而京亂未已，英遣兵艦由唐沽保衛入京保護（使館），而各國亦有兵艦進保護。若是，公天下
事去矣。于是頓足捶胸，生大悲，不啻摧折中國，而驟為變更，不然者何有此變。蓋主康梁
主庭無成，亦畫濮又不害。上病，完君抑有篡慶之禍，又身兼友誼，以救為要，上殊久看。（見友）
知者，奏淋漓嘆，乃歸。
於已當說，地方并往來，滿王歸，此後高地，倚半小手之尸。惟四處打莫
種植絕於見利為雜，而富人但為搶掠，禁止無金，持周堅，必以整壘為主，誰之資欣也。庭
留已歸，均照日往蘇州，嵩人等
西小雨，維日返午，師李仕玉奎來返，多稱呼董司，照日鑒林。至湯家見陳美甫，譚甫來，府不及，寒暄
而論國事，張之集厲，必確。康愛達知生者不執，評安，可知庭陳申日本時可招美神，而傳於以為不
足求。情意俄唱，勸止戢，小得其益，而後大肆，萬壹欲借稱雄才李傅，上切齒恨，故日誅李，且
出總理衙門，權外佳四稱，至今無日。而李與太后合謀，言奉母不不合，且有不放，（于李李）李已滅揭，且宗人
部盡以新政主，契結合常，一呼而后，杖倡設宣上，（小病）乃處此。太后之垂簾，頒新舉，稱後，分
又進，求生不能，且異，而康竟為英人救，拔起兼渠，亦由此逃入英。嗚呼，有是，竊于古，敢罕聞者

以喉患復上摺本又氣喘二次至此廷用意有所指之故一節猶並及 國恥者不擇之業至矣伊藤
青所憑者又並指其三人至王揭謝恭邸園以兩票御策其史大津植洋棒以斗向上下會移行不及中途
來萬某電已決中諸蓋莊秋色屯家半康花園半落果生徒十月利而居農工一人工作若干不廿千已沃
入殘不責其而千金虛擲之乃不顧農之法農之算其實利而不至若衣食況非等為印踏湿歸入四
小半內亡定俱至泉以五年秋起以半未入三人隹內又尚何隱言尚隱之由兼而出健至佛第千五百內見沈鶴
去亡已有對往由園查館余入問卹重以至內室卯出到居見子湘見其為言時了伊藤不識理亂而自悔
下見以為知國政其至等有厚望之謬謂能伊藤不足較亦終不能用其智識乎行報列之於再
非了不提國事而說 上詰日盛其全國於中外振知於康因察議諸 太后而頗以必有疑向詰 太后知始
有之謹問康黨所為者惟主政係陳七項還都一說而種種皆謂康議諸政臣翔易服色為 上詬
恩矣 上決不以為也而其兵丹十五三三兩兩避侍列千夫但為邦而俄之帝視錄從自甚不面之勢
我以相謂 上病急精神甚晦每振 太后无應 上諸第一是欲急於而抵載 上未必有意於可辨也
矣園美釋已余以為常服鏡無育漢人之只問語李宣發所謀後皆未問一字其其言祠見鄭安
祖校之飲謝已唐論所以陳十七闕毋派勞契閒夫已燈受別又之解辦于家妻於帝無牲歸
夜與家人語 國事 三更起 余身不適 內子又身熱黃瘠矣 六分爱易二之

孟棨早堂司，至付三元奎璧材，至出呼二衆，帮帮之人手辛文，乃得植至暢芳、勤擲蔽，尤力于籌
为之説做人学问之道，不下千百言，然询四予，余又静为之人呼公之且大又忘奉伊世摇植险不往阁
不可不　然日
[redacted]得上見有大不得之患而虑愿自根本，容乃全不相顾，内猬而隐蔽，寄事之告予手，孟無定恨
且私以家庭喜不可通之情，候余氣平时与二人導示，皆余自解之言。人如捏棉外務，召染，以皮痼至于骨
归之来者内心痼也，然皮痼可決，心痼則不可無法也。奇羨留而吳生，先嫡弟子和至，居于家，先生为说荔
余民鹿華伊云年食一葉，什洋二十許元，重一上京華。報到申刻，於宋伯魯，没保西人，革職永不叙用，陪筵諸
楊鋭、林旭、楊深秀、王照、康廣仁十六人刑部，請另着加派，總理大臣人崇礼本部都察问訊，康有为佳雲黨私
情罪重大，等旨。廖乃大僕、太常、大理各寺院，後仍只旧官報。徒樊濤孰融問，裁去一千，更未閒
中止裁冗官，和着照裁，祠字但云溺祀，仍另旧此系翻意而政法要緊也。皇上福傳多嵩，桂召术
欽差以四月以来冗官办续云云。太后訓政，初六至初八貿賀一節，上退位。太后别見一爾屬，休用隔，又人跡
理衙其太后在政权识，含肥与之主持。又華康安部未京，初六寫書半跡美楊，切言。又華价非已
乃署上海家之信，黄方棠调引兄。自計戊戌有历留，又同蘇報大對相国其論康，亥宦太縣而只
任性更孫安，自高大樹别心字，伯尼早長素。有素至伯仲尼自居而于梁卓回揭你自居之祠，至于引藥不執
未免宽词，所谓兄一次主臣契合，知其不言，言其不融，然融者上也，於今上也，何怪乎康且四日至今辛對十
上從令办，友振一言，以無来卅一增级，居然述自居更能开，你责乎康，可为言之谛

又看錢杭吉生標陳摺請發米治捐賑及情面勞官嶮見真確又一頁以節略交祀四府中飲茶（作槩）の十七大字皆殊雜

半甜茶吸又讀子俶同楊吸与于雲老處烟戲飲及斤米對煙四兩著履甚難到家二更後人皆臥

夜間靜坐不寐至三鼓氣降始睡，時已不早即起　是夜無月

十六雨竟日半大風若無雨吹動君桂花已開無緣庭前發陰雲陰自煮肉羹無聲未祝靜腫

病并兒之爲健論史記項羽高帝本紀因思古今成課得失與推盪爭等並成平易地步詳美

首長久駐足既段之親切無段成煙作書畫以行道而希二子成立學進諸畢此生志愿

十七晨雨猶重陰雷寒氣甚久雨傷稼要足歡處早楊渭先來借烟壺送鄭文祉楊渭先常滿雲禮

已上道到文案處程計一元二毛欠四鋪又到土市看之得奇以陳存用又丹五傍病孫了量此

論吉弟彥拒詩四曲不克為西天尼佯亦離少止為健論書內子黑唇中作痛取方老問

夜為健論論世事

十八雨又不止無為紅蝦生日吾精於愛蝦餞有其家而將作畫完和卿中餘至有老入其上

用伊手不能列為大家也又為調摘前山石然不能佳以生思按此洲知者不識也予

偽共達子稱未與健之又備出西門看像邊遺記也西乃由路過少屍泥到南門大雨

由雙仁巷之廠宮前截廣四嫁城班其佳指訴使發下坊標科以枝名尔等了文事

而不倣撰我一向見雲且招呼　不言至此宅見四摘并淡閑二快及此氏之並事

与四楞谈家中事，伊亦病。近寅虞言他出，伊以家累，欲赴书局，亦以欲北之。画蕉以呈。

力疾雨下乃归，路遇唐智甫，谈近状，无甚事。樊初圃往询李烟枪自。

十五　阴雨不已，桂花盛开，撤之。致达卿条，并送色于升明日，共二分孙张月也。宅调扶之角。

似房况屋一段撤颈，六病未痊，首篮数情状，致仆往作，追俯单，难无人，黄王两家比。

徒存瘀果满眼，略识方宗，难然今始得其瘀果，专惟调梅表弟或能识而

书以志快。无读，杨甥偏谈诸事，礼借去。谨四下出，以时可慕，不权，而北香招一更柏

君其十只孙瑞朗，入请陈瑞伯，手世，兵，僻，见，一，萧四周，犹乃林

二十之感也，过，门，一，报，阅见上谕，将诸君，阅之，友

挪来之心，一反说，一友持一报，乃得阅一幅，伊又随方别

后借到一纸，十二三。瑞肯有云

十六

近因时事多艰，朝廷孜孜图治，力求振兴自强，凡所设施，无非为宗社生民之计。朕忧勤宵旰，每切兢兢。乃不意主事康有为首倡邪说，惑世诬民，而宵小之徒，群相附和，乘变法之际，隐行其乱法之谋，包藏祸心，潜图不轨，前日竟有纠约乱党谋围颐和园，劫制皇太后，陷害朕躬之事，幸经觉察，立破奸谋。又闻该乱党私立保国会，言保中国不保大清，其悖逆情形实堪发指。朕恭奉

務力收孝治此中外臣民之所共知康有為學術乖僻其所著述無非離經畔道非
聖無法之言前因講求時務令在總理各國事務衙門章京上行走旋令赴上海辦理時
務官報局乃竟逗留輦下謀為不軌若非仰賴
祖宗默佑洞燭幾先其事何堪設想康有為實為叛逆之首現已在逃著各直省督撫一體嚴密查拿按律懲治舉
人梁啓超與康有為狼狽為奸所著文字語多狂悖著一併嚴拿懲辦康有為之弟康廣仁
及御史楊深秀軍機章京譚嗣同林旭楊銳劉光第等實係與康有為結黨隱圖煽
惑楊銳等每於召見時欺蒙狂悖密保匪人實屬同惡相濟罪大惡極前經將各該犯
革職拿交刑部訊究旋有人奏若稽時日恐有中變朕熟思審處該犯等情節較重
難逃法網倘語多牽涉恐致株累是以未俟覆奏於昨日諭令將該犯等即行正法此事為
非常之變附和奸黨均已明正典刑康有為首創逆謀罪惡貫盈亦難逃顯戮現在罪
案已定允宜宣示天下俾眾咸知我朝以禮教立國如康有為之大逆不道人神所共憤即
為覆載所不容鷹鸇之逐人有同心至被其誘惑甘心附和者黨類尚繁朝廷亦皆察悉朕
心存寬大業經明降諭旨概不深究株連嗣後大小臣工務當以康有為為炯戒力扶名教共濟
時艱所有一切自強新政胥關國計民生不特已行者亟力舉行即尚未興辦者亦當次第推廣

摺廣麿以挽回積習，漸臻上理，朕實有厚望焉。將此通諭知之。同日奉　上諭

禮部尚書著啓秀補授。大學士榮祿著管兵部事務，並節制北洋大臣，鎮俗向...

戶部左侍郎張蔭桓居心巧詐，行為詭秘，趨炎附勢，反覆無常，著發往新疆，

嚴加管束，沿途地方官毋得稍疏。翰林院侍讀學士徐致靖著刑部永遠監禁。翰林院

編修黃...均著革職，永不敘用。

九月初五　上幸天津，飭停止，勇兵弁數千兩有差。都察院左都御史著懷塔布補授。

華說管內務府，叔云其母年八十時，太后往西苑，次大戰，此次升殿，皆是此日諭旨。

西報載康梁為英兵擒，載在香港，現亦在內。閱園禁錮，使身使不能自誤，不執此說而倒。

又云　皇太后精力不如前，載灃一丁。初六升殿，本日見日本舊相伊藤博文為　皇太后閱畫，即由

順和傳說者，道此事之日也。王照二亦不多用，繫送日本，直隸查拿。

康為保國會條款，言為數十人，皆官達，已派出軍機，咸宗太令，指名嚴拿，務獲云。

二十晴　各處初需，閱報據李鴻章而起，黃趣作良，除改壽田師，西郭鴻，是二程，又借以壽序。

易儀五年，錄昨諭旨，用保持神林擬用為，一以作庭，冒雨歸，及履，是湿，鞋拈十餘，易。

庭桂家人擇作糖，未刻出入，滿宴臣家，為證少時，知其合家輪患時症，温桂存，叩門，久待久。

十九日大霧，大司阮未起，床余合事印出矣。進祥雲見（錢肇石字芷卿，老友錢泰小某），又有佳樹者趙

箴宮亮人物，閒過之，丞詢仍往禹鄉所種者（頭沙人，又道咸時子，又印某左生），珠堪賞玩，過鄭老甫，室乃

約壯茶于杉風，說時局，慷慨悲歎。世子（昭）摹，事未得官，然在里門仍不生計，交兩人，說家人瑣屑

諸事。老未同座，語庠生傳出論，兩五四三孫即細婿，年僅十七八，未免太輕，殆即散目，稍知新要也，又下陰報

譚久諸友，諸雜說，爾改其腔，大簡詐點，而偽見岳疏（人皆太壯），杭人，未果。免同座，相與論欲，從之（初），怵心，處法，絕口

時務，不矣不知。處園畫者，屋西又間以此松，安忍解，體殊為外人。實橋因檢報，5閱，翦書奇樣，又裁舊東京（頃）

噫伊乃但然仍益，郵付之鈔四，將店遏義岳昇，閱訊，昆未學生秀崇，取簪，其又合（旦循）預為匆匆，訪子涑于家，因讀

中間名數言為夜矣，蚤之回店，未報。論書禁，康著多畫狂悖，離經畔道，著令勇脇后攝，袁佐全為蹂躪

駐大臣。報載康先逃至津，出日小輪，繼官查到，不許，旋上日兵輪，乃往鶴飛宾矣。又山東急報，又俄備兵至東

志查冬前戰，為世事棘之，只滅者元宜求安，閉門戶，籌安樂寓而急，陽已燃矣

廿一 晴，早开，午正十分，熾燃，作書至，蒙祖楊渭編來訪，談次涉及時事，茫而出，不和邨中囑予和者，不甚書之，牌

用印採挂出已，曾刻過烟雜談，全味，因一以良月餅到店，今所事，出和係國，今放未十月，康事勿談，回寓報

論表和以三品卿軍機行走，而后疑但仍舊貫。山東鄰亟，禁國船舊大治，紫中書為十居內經并書華閱

因之閱畢，而旋即燃矣。悅樣吳郡拱書譯委室存至，康偶全月文

廿二 晴，月落，午后，刻石座，半晌之，字及南田所舊性石供七字為有按于嘉道時奇年心情中刊

出走，謁祥花，訪鄭吏和于家，見其居景，書畫詩石三楊渭編四人，于麻莊障，因蒹語尚云

又到堰下訪鄭吉甫，于談吉四君伊分仰止葬地，乃將其見新刊《氏識》原入角十一尺，字肩三列

雜談并寄物，曰知係友睦三日應發，已悟林小雪田路難極，吉國事種種大局，皇上今袁世凱請諭即刻

陳黄岳荷田京卯口生來。班玉澤大友悉偏之于棠梓。棠梓亦居女兄即棠卯把一宗

定意所發如是，生枝投之一並。吉之子自豐且告，即與文兄渭交，又經張吳甫于達，並以為塔夏，遂歸。

致啟來，不值，借吉瀛宦遊記。夜月香大不適，餐之。宿生来留住，遂共分字了。

廿晴，午前理案，理無案。考手地，看出筆，作一扇，議熊許曉臣以敦進来拱，遂平設色，不甚得法，而

於完即出北市，因之甫五分計其作辨文。新印告張陵，訪伊為言少生寿報歸。健覺勞痛

苗晴，早歸成來，雜談，國事及伊所著所作字，是得意，乎知其人看為而次，細看不十分。錄代，後此也雜

兔舍拒之議，不所一有來，望乞健往，租之廚禮儀，善貴收撫，官而健，而自己往，余意出而不能送其命

但雜吉留歸成了論，午後鼓，蓋余後日五十之壽期也。昇全，字生至重石墩，討取舊租，于談壽生貝六笑

加入今下，此夜歸接信，付三元，約限九月。暮手今綠雲，由多福苑周行說，共排解丈家屋子，孫玉山小安文

晴，家來債者，重和仲與達吉說，公可無之，強息，去久女妹，乃可叙，其留良，教調，並將出到，唐存表回扳一閲，去除

蓮甫慕詩，御進並有傳，局界其王談，傳言不一，及穰者不諱之，議此宜之，無重，百為攜，差釋

夜看薛福成庸庵外篇，識見學問，一時稱大才也，惜已西逝矣。

上字生于卯地下第步持之葉來，儀揖歡，不佳。往生一坐，西園，城樓下集于郎園，作曉臣扇書

□亦不甚明意并下垂疑芽出于唇見桂林袁甫小諸生稱姜退來疾北寄城市米一元三斗收六十

市賀居停布覆　蔣甯伯時作下加書許良附江蘇沈寶才又寄徐健假祥　也寄報印歸

廿六　晴　易畫畫于康午逢劉秉臣王子靜杭漢近事與蘊腕地推胃揆之向大之概

及文字之印整王諸張諾寧出求余到閑發差漢乃與彦彬點全出到店伊修楊偉與朱杜

二人來乃假付四元才去與居友言即之讀書鄭吉甫因從墓地余為薛四地暨道自地虞芮四錫

披潛往顧並之遇程賓于門一次時乃見鄭愛祉云梟夜同到甲云申報載湖楼易余蘇珊也

言讀書以別又赴居市賃物歸　與李衡等共談暢談更許上樓余席説之以

廿七　晴　午與達香亥三朔單拉下樓又去為拜帖詳以下説天下與靜去歸以曉山同舟來過巳刻去午

飯後與達説家事余以重蔭甫為經家黨閱玉儀語不辭乳卅不作詞家為張人此淺然余于新

房仍尚未作麻乳卅而後等竟尚夢之一不細思玉敬慎信勤四字無一不驗深為陳致未刻達乘牲

書未到最切望來清扶持枝擾往來其情多悖而周全不甚多取吞出無恩恩念舊但知負胡飲友

故香法不為理一以通誘一以比人不能獻欠為恩也謝之乃一再垂道薩伐者欲之去去訪孟三多宗見其種種伊

以前有經年辭余告一年久之出一言說十年上物色由粗視其兩而望激于情越拱收千年間玉办之愛玩之二蘇

某玉語為玉賓乃讀其讀也此到居蹤仍因告諸友為誰之情貴欠欲求其多稍拉乞余不之理但一始子取之于

去吉而來紛紧平一过恒稱其妻相居與相及二子談言及玉澳城中人稱之忠習知隸山中來

呼轎復往店，取閱由諸園帶來。相送糕一盒四。夜閱異域少以
廿六晴。沈堯夫來，請其伊丈陳某墓誌序，謝之。少聯來，欲作畫，即歸，復來。閱其畫，寒窗中點綴畫筆已
永閑錄了，汉于數中了，詢畫之談
卅雨。稿星甫余課，不能代謀，情形尚貴，那可收。我何生不多再四，相紀作，許之。並出遍觀，案上各見傀
畫冊四，為吉翁寫小冊幅，墨品筆墨甚融暢，且膽闊，宮時之白陽，可愛。遂到店，知先堆善起意，且詐為
之理之據，及論者揚用成書生十數元兆，店不在，私至。胸中大鬱，乃急書之上海發，以為已存，惟不能中止之說。余又
雖習一再，不能寫此，華是安定風業，又書詢二分，報到。見文惲，初開書宇閑。知得其去，欲乘舟火車至京
表以例不許，且余不宜往，諸事向係事護之。照余改不往，自又看不及兩節，取者至急，持之。乃見柜有
匹銀者一只某大洋，姑余二千文易去，找一元零，余見揭來話，細為值。但余茂以至不多布寶物隔
是夜閱静而動之，書法，談蹟雜志
芄晴。祝絕補藕子鶯屆，並日為己為也。作試論時事之節，筆未活，而文思亦不廣，可見店時常動筆
日識百劫而靈靜。徒業年少而嫌此謀身立業大病也。強必須勤，惟宜善思其有壽世之方
則乃可數，多貴者。夫中到北店中收帳，隨之。補因拍不應，放之。帳揚保社等款，印契進，並之白，應寸錢
園當力，余息不殺。乃三謝絕之。並為指引一切，歸成揸三右錢。扣還一五來一半兩一席，架之之，宿住以一角
深怪之。楠庵太先擬為題及。於日中識之，乃真旧已也。可愛義不已，因思殺與余易鐵，而出五元來
乃北入和源取去，抗四退，楚卿告屋以先已知，恐殃店理一切帳，查余負店卌餘元而静貸卌已核

余新加得升之　接桂林信知居帖事令居之指鄭吉甫一見說地遠路之孫帖取　樹人說碑箱款令
以西湖也。夢庭何君為讓之，屬託不已，乃歸。　健又身熱而病
九月朔晴。過提督，付賀樹背心料，並其是保才達扎，又贈對一付、道彝纂本十卷。午與仲來三人共飯。印譜四本留
請之。余今解之宗蕃與張子西共二石由余手，易託人題跋，尤非也。人情急切，未及為刪一般，取過去付之九
審室分手。晚廣也，因不釋之，去眠丁丁文不詳。知子衡已字蕃李丞屆李，乃于押取將日看，雅保釋
甚事屬過分矣。湖南郎指平之至。前作之扇補山石，作兩人踵跡，實僅蹤跡而該之
之長尤目芘李成　宋人法似未實過時華然聯識在此扇將自寫之，俟百年中之臣眼耳
指乃欣悅神暢矣。夢方訪何桂山于瓦石，不值，見帥雪子再其所解言，到居跋了，在饒之知所指
八照卿偕陳之函勸之不能開　其拓鮎不准至華，為之閑酬一切交語，與蕭太果真致閑，隱痛耳
目將印光耳秤閱，乃咋晚吳圖張兩而乃忌，於與之一論別，知之乃詢居帖，十年摯振，到一一不既時
乃手折畏之遇之也，而欲過胸知其外近神不用，僅乃即歸，已夜。　夜讀書樓之近不
初三晴，早往之集，訪僕人叩門入，乃云其先居狀，留問看，多瓶鏡磁玉石等，嬰然為佳者過半。廣綿藏
此十之可售，與岫雲之談，其家乃言而之之，未識余何之，冰雲御園已出，考情為人題詠，榮名之年
陳頤陳之桂恆年，代計其蹊之元，園六萊。午詣孫桐居，謁玉臣，石蓉樵三弟，擬請序，談陳知已勸
月乃趁奏入耕，序新宅，聚塵一與禮，得飽。四跋之，其之河屋是之。　名怪又知，陳大以上十天日一至此

均佳，甚可惜。玉居一生去，却告情願不理，伊竟與諸友之皆與石濤，所為可敬，真報出守
旧一切反為康玉泥善拔其序云云。玫讀之極佳，原作乃係已時夜。夜不寐，所多
初三日晴。初學之井并稿已赴玉甫。詞晚與譚并與起稿，又佳悔多情去。子所一来，乃便見廬一
宅，與扇三。益昭伊本舍，東坊作之也。證意佛極妄謂鳳黄華原，今人不能之也。予伴偕子所
出渡藥子葆真六坛君夏偉誠厚見孟鄉芳詢之，宿居于衡杜大史宅，兒詞，初子稍入君夏高，遇余與按子以苟余向
必有所得也。羣織圖，西以一所以約眠來話，西諸子與子北約叢，初居後約情形，已想風欲，逢曲雷諸，諸忍并九古
玩高意心臟，珠碼伊先已，余今子所皆取出沪為。陸閱以白資红文物燒原，常作已七十六，人證真思，殊怪也。市行
一勇向磐云，口孫先以知初延惶，陸大云歌并奧按印，先已慶程閑諸來庄，有所得余謝不已，時夜歸。
夜收多不寐，至丙更。靜見去歸合佛，内子豈唐，莫生楚壁，子所同飲，隨去行訪部
初四日晴。辛理去稿，將為代畧稿也。作樹藝全畧稿，子所来，有之来為，和見訪好女史謀高談，子并
謁修来為建議不字，村縣不至及中書之祥雲垂陽山書十二卷并冊，清程季士女冊治平之
獨往辛凡一云稿，畫衛以帆極婚原，陸追之致云係少禱。原来董原華亭森厚，直以士夫
學也。可嘆。子鄉竟福，過益君门見陆大老，訪卿向畧堂白来書畫冊。余舊古錢畧，乃可伊留玉再，并及时
事。至黄好學談時稿畫，按見識六異常流，住此學中之趣，樓可豁，到居，望卿一之怪，知些一見，村卿招
卜玉藩向義卿，偕玉書，西太后子嗜葉和聲，此知過露无謂矣。五燈歸

初五日　得王楷見孫挺書（燃火又見二種，樓亦輝煌，因之）蓄宜寫楷（夫孫煙）狂烟以宏紙風箏於烟為賓所

大雨出之，頂撞余不能不動，愈去遠，勉合明日回去。院中樓思之可恨，此等無良，無惟於以為多

極不小心，諄諄從歲但作字，近日常怵惕，攪擾煩，是亦從人算起，於年

初六日　雨。余致夏穗卿，問作稿（余未）之，切望來為告。其語殷作字，申保國會當以取士（抵）開編一氣，佳所接並推

美他深自伴時許去，偶善寫具，至深宵，實宗四點及後以來，及諸着並，即凡生皆見余，亦定居

石之古錢不為其一大者為五兩大布泉者，金錢星劍，但古亦古，甚完在五百年，物以上古也，夏之後，得匯氣

以出生鄉，寶不值於紙店，來見御指南，請何蘇見，送許曉臣之一函，因陳端余，因陳夫用本余，當送時

遠，其楷陽部印，帝踪，粮果另文，以肉於滬作也。歸，作明昨稿

庭前靜，偶中外日報五第，昌言報首六一第，知新報，四編一集

初七日　晴。早西錫卿來，屬二次抄稿，改之，數為費心力。內於葉去，送沅禮，匯款，無事。四物報來知

知來余處稿，閱墳宮，知其余將滬行，此為另易，為一身。想來之人，指其讀儒書之人，無之，書求之

新未開，待印不來，葉報料理二次至申，深去，中得前見來者亦並才，知宜能之與接洽，付之

伊任難為梓，余回西來，有畫門指之也。以葉氏知軌宅來司閣，付一笔做己後，可觀今之不再

再若余乃問力，金與去運真等並，居一悌，十許去，文字了不讀，且多閣膜，言其值也

此大可慨。執其持返性日久，翔廷責仍不來，久等，知之少選，子密報見蔡，美日擬集兵舟京，
致各國美報書，謂中國皇上大權旁落，係自日後返政於廷，我美不能膜視，亡氏可以請須
皇上再人主裁，不准旁人阻止，皇太后亦不得干預政事。三庶(?)8及被執各犯現廷恩釋，無罪中一
國此或不久，美國即須與行政法等議。室家是以仰全國，然未日大難，有識者皆早謀自全之
方。安得家之所有才者皆斂跡以藏鋒？古人已有收藏屬（手）俾保以圖晚歲月者，至嘉（且修學于下）十年後必
清明太平，出而用世，或可少開風氣扶持。惟其人既不肖，低首下心，勤治力操，安得閨閫為不屬之流，
待時乎。我可為寒處出經，華花秋揚旌。仰又憶節晚了，我知我拍，帮桓偏在與渠談夢等。
覓晴改稿，又來言，久之去。又改長文，靜抄，未來稿。孫兄淺學之為害之元，積市上萬，來請并備文
款。午許，款為朱法昌把賬太息，往扶義憤久之，即來。又二稿與宣道竹花，舒子不墨又道，為點句
全書，前至藥代寫手帖，推篇。查目六年書，擇理料。翔廷呼四錫，向談後寄稿，其書不備，子帖
閱呂教閱好，康呂段指館書，述去之。工二論衣扇，追切以偏欲難為諸，有云以廷書十六冊
二宜書義士為之，奏罷，呼看，已持其四葉。飯。夜六點帳。審契子二進等，合屋業不能少錯，仍接子
二查點。說要女士招，財務一節似當飯會。二更在灶，復飲，與子研、長孫談田，仍接未寐。要觀錫到急等。

乃又携陸說乃復起為開發，即門將不甚舒，爲事帖不適意者。又四更工携三兄讀陸墊夕飯，早兄亦南翔，烟已發矣

昨夜四五更一合眠，天明即起。少間，與四孫同回店，之門未留。入松風寫之元之字居士

初八晴。松風先至，即偕食生年侍納涼，東又生鐘傑抽，錢夫兄弟仲夫兄弟店三處石，像生稱雲等

廿許人。說附子吳楊等等，出市蘆田，又六十五。又回後出，萬居轉，購携包角，細五古泉一大泉平由

五朱。寄錦跋，西壽第且費少力，乃細携歸。静葉，午後以錢起中廣長求二種之篆之征冊

古作五帖，張州司之為累，殊堪恩責。吳出到店，劉收朱校兄之過怡和佳，慎之古之不得四行要知之宗室本

以撰重陽，難憑應待漢。魚之之不處，陸者州間，殊可笑也。今夜携華民歸讀之梅來送我

重陽晴。携之梅吃飯，收素棗蜩以九曲年，府市年為寫，吳元了出，依出吾葉氏，潘猛以示，來遠縲為韓作

市居以禰道家慈一家之錢，後一錫飯，被飽則以飢，為出余象，飢者自然，我不能代謀也。伊甚內怨既

五未麻支之語，為可知。兩門剩四錫出，携余出到店，錯恆秘，云為報於局，備寫鏡，知康使日本，京中開之夜

麥出秋華氏以字康，若達衢行来，識見殊佳，并遊左石，学不宜工，達況名利乎耶

初十晴。為咏梅寫，枝吉竹石一小幅，下午作吾多年菊石二冊，畢菊少可，始為自佛机也。晚夜出，使随到廣

應託編寫羅蘇帖一角，还未華作出城，市糧物，店看報，欣已更列佳，佳教華長陵，出之歸

十一晴。孫泉錄跋，陸咏梅藏兄之錢角，以泉為酒，意仿坐姓二之帶，并之案之之吾昌，付四錫，北石地相楞

十静 晤樸孫原，初讀書跡大陵字內諸陸正而貫丁，直此完真。天下人能氣同宰私
之修數賜（兄）正，即寄萬紫禄之也。因舊日大陵日記數十本，其時歸明出于篆門，各從成總訖
萬壑兄入文室，竟與飲一鍾。北至店，舉其事，藉其秘局，刻報（閲），乃知兼寄，乃歸。
應秀中函報十餘萬，詳陵之聰矣。書中題君名疑甲差。宝恨者人西才。
十二陰。取孫平稅事，宿申住。旦仲至璘静，仍閲報，乃五月一日報也。平夫原及守祠生今來為早会聚。
十一陰。約由生舊以細索餘未竟，復之。內子叢陌去觀，酬好佳而勝陸。据霜面閲案編。應謝寳。
十三晴。子約梁秉樟至門，御詩祐禀在逛二百文子戲，地為信之刻，積在街，聲健出之，祠見林重出源，波藏及餘續。
玉陳店廣壽，乃寓舍之小北錦山。祥伯祖友名支刻者卅許人，閒旌聯族，強說豊良子說然一，乃出之論往庫訪
俞茂兄傳其法中用之研，子三兄談精之。讀印士蕨農舊（字禮），余入書也，以為與宦，日往返哭答之延祠，與乃遽
姚說然并寓壁子，學業未合，及子逆祭。予讀祝共燎畢，饋雅金之飾也，乃遽祥伯及余業平之隨乃
杜冬不能飲，余出題門前泥地高低垣，後店罷（先）壽鋪石罷壬詞。俄陳店廣壽以一契托祝，計明付回之里。
名之其人識厚，名之出于鄉前，與乃遽得別，入往寓庚宅，伊將出赴，名之乃收，說予廣劍柄出之大東門見存
阿之執大兄公壬夫合住，彩裔後居老，傾者宥之不過，壁上匿藏壁下，厥庭而伊（輕）得多不諒其省壽
君之公壬夫之機謀託予研，予并之屋借予知乖候此，陳庚壽至其談出[illegible]檀後可署之樹生契于工房付燒
北胡店詢，乃知保成靜夏刊。北和店竟乃遽，不久知義界張贓森記索，又拔心子書頻見

看田夜留書談畢晚飯後至田甫錢菊生寺前芳草大寶居托生說種種晚回說鄭地方事畢歸
是日看上日申報有安人論康之謂應大賊之說可謂粗伏先至午過張美甫達言玉之夜看國聞報
十四 陰晴半 莫生山曉山兄弟來與談世故飯後訪翠禾程高昌節略余不書祥之弟來言各二下
鋒之錢菊生寶經說之言此松風茶一聽祥寶居取報烟看見陳烟令從中謄緒料若頭問見
鍾柳林瓊玉處說有一疏奏廣取豐家園空之找自其元留三日雨來工與諸人觀石寶等雜葉陶玉東明友李去府處宮
乃有不勤干幫及書房詢初四無是也其津付之房賬書存少久乃市蟹二只歸而令剝食之
夜看知新報
十五 陰小雨 菊子泉店出通備籌洋局設書信四字言吉壽田師閱易之根三四冊讚聞其日若無良
法以治病終日嬾而無雨事亦以此為大恨并以小雨不止
十六 陰小雨晚晴 一檢事單為洋簡言以藩台局一頁按諸平日有陳設得而讀之此可信作
惜乎編不萬之手囑書家淑烟小幅自傍石及直幅家祥雲此到店知其後松雨園葉琴丈夏不一是鄉寶
不在實該店之人之一不情者矣回縣家如石榴柚相子與豬肉買帝一角肉一角蟹二角而歸
十七 晴 早一至地方劇雜第午後來書園幫做賬楊之囑書補茶陰知又在茶館會北到店
琴知歐請為其飾書局宋聯不歡至未定意名北向米行相會上私收頒書作一邑和局鍾韻兄珍吉四十閱城兄請
巍之至之居書行稿閱錄成請雲之來來申報不從叶子遲同用物

擬各行省戒烟議

烟之嗜戒今已遍鄉曲，且有加無已。論戒之法，自道咸迄今凡五十年，皆屬虛設，無一術可挽救者。豈一二人之法以治要中，長此為鬼國之民耶？查道光之際林文忠嚴刑峻法于前，發奮而不能，且不能絕。況今時百倍，雖道光猶有可挽通，上無良法設調，大臣議和，烟仍不執禁，烟乃可通商之條約一切。帷備弊政在今日，雖曰天數，實非人事。我朝國家征稅以此為利藪，大開禁網，航及年流至六七十二，銀出洋日見，民窮財盡。且也朝政之無識者，猶禁內地種植，此不啻驅人而偏銀以洋計，豈左也。夫戒之之術，五十年中，上者嗜人不肯設戒禁，不嗜者日設欲戒禁也，而不周。頗今舉日，治是一不善從上下始，識所以因循坐視，迄無善策。更有多震典章等之弊，觀贊。

○○嘉況思夫腐信之所至，民之大患在烟燈，鴉烟灯今皆不

全視此而後一議禁此事，亦二事可安置，隔久復出者一有數且迄剝。

食弱倉窮，身不身，延而不思之變計。擬條陳十條論

一省中立一大董，擇可保奏者擇任來，俾專主民之權，亦鄉各設分鄉董，以本地有產在二千金以上又必以通文墨為第

論其一城業百數列名，然後擇諸真公有業十之四五，司書家信，俾設戒局，賦銷公店

凡戒禁止烟館，省市中戒局戒食于烟者，均在下流之列，如有財物、法者，更議者不理，有煙館之主均之罰也。

一查烟户一城一市吸食若干，分列年岁及土著。在五十以下岁[illegible]，[illegible]戒，此外一律立戒。倘自度不能戒者，[illegible]指名领

牌向官。设戒烟局，储土膏，官买。倘有私设私买[illegible]出重罚，罚百倍，并追赃欵作经费。

一分收吸烟者验明，限以三十年戒完，其领牌分年限，按清减数，储售亦减，以为功过赏罚。

一烟馆禁绝，照缉捕盗贼之例，其窝藏者宜加重，[illegible]家业归官，并提戒会同缉，庶有早悟不致[illegible]

一种土之处，须全行缴清于官，有违者重罚田产充官。

一每年月有食者，月报详报，从严烟具毁缴，除[illegible]已有戒未尽者，后领示，传等戒，俟戒毕。

一宜办官吸烟者，三年中戒，十分之五，实后续请留任，[illegible]上五百元。一城千人以上者

一宜查官吏兵弁吸食，当伸子弟私自吸食，陈[illegible]不得[illegible]私财[illegible]

一严定新例，此后若有人再吸烟，作为[illegible]，[illegible]平相[illegible]不准应试，不准结亲。或守限在二十岁之内。此有[illegible]

烟钱[illegible]者，毁官方不理，以别于上等者。[illegible]

日記第二十八冊

人在山上 即詩文 正字

中國向以開積二百四十步為一畝，如縱十五步橫十六步即一畝也

法國一巴耳蓋吉合中國一畝又三分二三二

地

一百方寸	為一方尺
二百五十六方尺	為一方步
四方步	為一方丈
六方丈	為一分
十分	為一畝
百畝	為一頃
五百四十畝	為一方里

權

每分	六十秒
每點一	六十分
一日	廿四點

圜形

六十秒	為一分
六十分	為一度
三十度	為一宮
九十度	為一象限
四象限	為一圜

度

十分	一寸
十寸	一尺
五尺	一步
二步	一丈
一百八十丈	一里
二百里	一度
三百六十度	一周天

五月望日勗海王談云六月向蘇之金丑帶祝及悵素于文墨卒在某處蓋先十餘年前向濟南借扎沒不能向世以故中有子孫寶之之識云　午刻識

娛廬主人承寄

日本桑僕改百數株百無可裝十八每頁日約四只二三三十九年元　見農學論二十五頁

日採桑宜在晨退後涼後前終不能及且晨涼飼春蠶以後白淨淨

光緒二十四年九月接寫　戊戌

青龍莊

戊戌

閱華礦師老海利

英語羅杰奇 那悔那、波克久、夏拉力 閱

因居和年發原人，以經大洋人居之，出洋金礦在中，與曹雲階王蔭山于廣成

理墨鄉數見之，出洋後充麻磨數國領，家從小康，旋殁。按四書亦載在俄國

迅詹子之兄名世釵，字玉軒，年廿九歲，身體肥巨，與其兄同，已娶美女為妻，生二子一女

日本人云：虎子出時氣候，在常在七十度至七十五度[illegible]之間，溫煖易生

廿三年六月陝甘錫陶勸諭廣種樹木諭：閱種先須擇木，當惟相擇本處地方質土築種

為永業，先細糧飯。其有主荒地，自係須飭該業戶勸令本業主隨時種植，如逾五年

尚未種植者，即以無主論，另人取以種植者，聽[illegible]許旧佃。地主阻撓，出而呰告，示仰

尚有不便，官為措辦之，然後聽新佃，如係官為保護之，招之。伊無膺廣，仮傍為腴

推積告論，照章開辦之後，倘有膝荒不辦之業主，如藉端阻撓，由地方官查明懲究。

廿一日 晴。少宗唐之樁糴米一石（銀共計二斗五升，每斗二百八十）。稿擬上冊戒烟設法有人助起
或者一二有書者。昨觀其示一抄單，六君子之在刑部也，諸云有人來照見中變，出則（不復生）乃將為黃
徐諫林擘兩奏，隨又上讀八股，前云茍楚陳四子全事，不知此亦出于新法辭華，疾視為此。又聞京之
詹歌握兵權，宮中有十四人欲擬以謀逆。又之果然，王燮之大津時入日館，若日兵以從輔，又十黑日照
的以兵勝中，還上親政，左右兩國保護云云。昨應弟知縣五十類報，看日人御公者已先有此議矣。午後到研
來。余出訪君實于湖北宅，遇樊陸太之，云出訪其伊亦為翻譯，余今致京函，遇桐君勝甫，源林山莊入拜閩
去兄病始留，又長談至久出，乘大泉于店，遂與劉到店，承報今盤付背之閱之。蔡杜崇招往觀于府用
其婿來于李陸瑞之，皓政之飯之，南見陸耕生，為留談陵，詢年多。余告其纔蘇來議，余度不能獨主之，系入
與桐韻胤去，店椒并面讀墓，官業設伊家令護之。玉出寺巷口，又至林西陳力詠蕉雨年始歸
是日作一古樹一叢鴨隊雨鴨嘴角舟一三人題得櫻園。后若野逸趣，云意將存全意。今起
廿二日 雨。早起趁午飯後，徐野陵開荒錢粉業（計九生日，伯廿三交）而伊云飯后四角付三角者，所記帳所，即出之桐
借玉及石中通籌石一毛，訪林山于其宅。說又石病於書，訪次良久，適其胞申到，設席十桐，余時食請也。蘇出倉桐一路謀定
業至伊店，同雖茶，乃拜康，銀茶，應用四元六大二照十四合，撐四革，計價四，否適俗，必兼佳而之，用繁無綜燒鴨等行
店初知新用共付來，作之，尚少九角，伊說十日動去，否恨，必與余四也。久之，仰遇食蟹，蒸之出之，戒飲。余今一杯，而手口不良
費了而止，乃攜歸一枝（大藍水詩，聲一斗，北昔佳七支），于金國成，秋間招飲，設送下伏鼠之，將去撒送伊，不知尔，于漢藩詠
坐談，陸提紀，竟數半點，故言均非正擁。閩南人來談，起至京，要謀夫宋黑出京，謂我出所必為啟之，說定之果

岑正　詠清平離合矣天已燃又已相告雨以訴余對意朱詩仙客嫁粧了出黨，遂与鄒植卿話歸

廿一　晴　余取和陶煙兒一小瓶，特以（加烟）代藥，因送來人處，（放）勾又錄瓶器，至澤憾甚，來有（擬筆）信燃之，老又得錢餘年之境。乃

為梅枝，苦趣甚悔，將其之悞，進檢，至家拾書，報閱雅社，吳友與人物，擬古今之韻事，與人共述，而無

往盤基，悔極特此一二見，始相對天，閒雅憶其物，余塞心一般，而終不為永嘆矣，未刻出，到桐宅，樓山已至，相與說

趙進園，亭玩石，種樹，及隔園，坊争之，余出，全樹人，取活，請來，保業事，不至，余至，往泥傭，業加二小碗，回桐，又讀錄錢

佳談，伸雲亦不來，及夜入席，至為少慶，至叢世佳，而胃皆不在，樹人輩人，稚共亦不暢飲而話，話至健二更許。

棲以去，伸至梳頭下，丹文伯稚拙（又名之）反楊澤場起，遂爭及別，余後入一刻乃歸。

廿二　細雨，後小晴，以烟匠代收，數不為理，遊喬轉聊，作除夕報，時許一去，楊子研來共飯，相送，琢業，開園送筆貼

肺，歸，至申出之，祥雲見，至蒼小莊，再色律、策六論，余之起，去王義，北大店，取六角，共元付錢，至蘇，送其我，大角，飲之，（伊）來訪，至晚

閒其病子，雲西語至不，雖不發出告飲上之，乃出回店，取繞，稍報，丹未到，丁，余閒及時眼日，有排唯，另一帖的古一

未佳，乃市餅歸，　王五夜來抖，至四大路地，伊到過之，余適不值，信收來，言夜一收，而已夜思，趙後，地荒矣

段進三層，莫山叢狀（向南）來門，數處皆有，來言中，園啟許，種果樹葡萄，至中可摘，甜餅，趣，此外乃為裁

籍花之息之所，並打牆作團，既大，段屋更大，須茂另束結，飲伊母，濟靈丘

廿三　陰，早出，後衙至，教地霧，視布置，細思下手，甚難，遍地正去，白矣，坊過市，烟子了，至黑樓，椅下，呼陳潤可，雲四，作趣園稿

對，陸，首年，來夜，來謂，至地主，泥何地物可，而四十千，不肯，余學解，發伊印照，為說閒言，令伊寫

端四至地安门前，吾独久之，书，返附轿至子修寓，已刻到，听说申刻去之，相定与绍城、诗卿、季和之观
灯。一时出北门，返店，于路中谈又名状。知秋间在店欲归神仙庙，而中上过性，孩出见闵子，遇大多观
阿弥陀佛。去之秩一首，题语字，虽佳不出色。其王谈明何一帖。法书，此涉律兰山雷寺东下作三树亭
屋，在坡中竹林中，果门前屋，殿陀罗横中上，雪用竹双绚，云边四面树寺院六七楼之。右上题一峰顶作
仿绿平坡田稻高低，且平日野趣，大过是帧，题小篆之用意乳，欲望上品也。引京仁，余约还，就阅之兄
此俗作已半后，现成四王照花，续。若达极少二帧，率元雅陈字，吾辈不能如之。此须归因谈，种种。拔去待报
不到，印市宋果，陈吟梅，恺恂余画，更有请作兰，仍以古钱为题，题之，书数页一十六，每节木，今取之求，不
觉兵至也。乃旋，于夕阳中矣。修庭为地，子遂去六强，是意成邻起节亭，小阁，为楼古屋，树石闲
千钧岩者，一小半非园，为甜息所。米西岩者，居种，莳，计办三五千余百文不能粗，越端砚，杭，是何洋楼不已
廿三　晴，早膳，去画于楼，易挂幅于宝，上午，午饭后，又广缘因玉，按即遇，被蹂跌而病，是重故也。家画甚多
大约实游之故，午，印图子所来画仿，徘，时为小孩，其就法殊难识，悟，试书修毕，去对究王，腾东看画
二户弟银，五十元左付洋二元，收回一角另七。遇王筱村、陈宽，遇物份欣宅，君实他去，到店于云闲之去，在写
遇君实，遇门留书问，新任请吾友之刊版主，钱石 携西人会谈一刻去。阅报知湘抚府更东云和三省
以往及同书，从设，郑曾铢、吴庭修、霖，钱居，访卿秋宅。一、未得，借韩吾芳等，归
日在阁，读说法，佳，四变，在和 顾曾述，喜，日记以三次出洋，随郭筠仙侍郎使英之作，其中所悉，怪之

亦識其畢矣。然未已以二十餘年之精神見其中之聞智多寡之不同也。其中微有要事不採訪而書者，特是郊野已易何爲，尘跡没廢之處耳。

初四　晴。閱以前之事，千頁不遺，摘抄閱書五卷四冊，未得見第十九卷，内多錯亂、字之脱漏，未屬。旁夜書定茫乎極辨端緒，歸。重一百五十斤，計錢一千零貳拾，付二分收，一千一百七十文，即歸。霜葉轉紅，秋風瑟瑟。夜看二府圖，經四書義，知其國情景況。乃在目，惟〔風似〕書傳性識，現有欺智恃利之國，不之驗取。居是將不出，而繼無我筆，何其窮形盡致，肖壤即真。讀〔現在〕說生〔死〕〔而〕天

初五　晴。早起，檢查硯，假定四書義，怪之意之以爲何身健，數將六十人生不可歷之境，即坐未考，亦懷回懷是少〔午〕臨帖，未刻，王東伍來，談王地室，先借余局，借五冊，没衡黄瓜下岸桑地，約計百兩四向前河源衛〔東北西邦〕地，乃詢北岸地出路，議價分家，潤澤，千兩至五兩，然後可定，其〔中〕掘斷之路，談其銷云不能干談兩貝姑家謂此次作善成全，其後予保即成，乃約明年又見上虞，矣其爲吴樞一言，即歸又出北五居時四點，借王贊李信大弓錢，來存之後已還。只付出去維，語看所口在付四錫田與東村張吴甫談時可點，見吴子來，即去。王首村張月樵、陳伯渠五評等，首約會，余與農學報一冊，新聞日報六三一讀〔評〕閣同撥中詩七律四首，林旭七絶一首。忠舊樾時溢于詞，於情頗美，后生英爲出歟悵悵之生以何地得知其景果美，力攻應成〔以吉世〕，大抵從人之信，亦之言，亦造理，即出四居，招之同

立雲頤乃旗 與周吉村話明 寫田土房斷根莫係飲食過者男女禮節通祭三程向宗供儀社

其時平田錫取羅未莲與同之後街尖量下岸 東西五丈 南至河 北至街 無質華 同柔年和王定吉

乃合吳葉慶吳榅之戊量 南 從吳周墻角起至北三十九弓 無弓 計六尺 從楊墻 西至東 池邊廿四弓四尺 保不保在

從楊後處樹界量 南至北十五弓五尺 從西栽麩自地起至東 ㊀十弓 ㊁十二弓二尺 ㊂廿六弓四尺 西至東共 共八弓六尺

從東東南陳地界起 南至北十四弓四尺 量畢回想 契稿二節 作當稿二紙 并合静綜一本

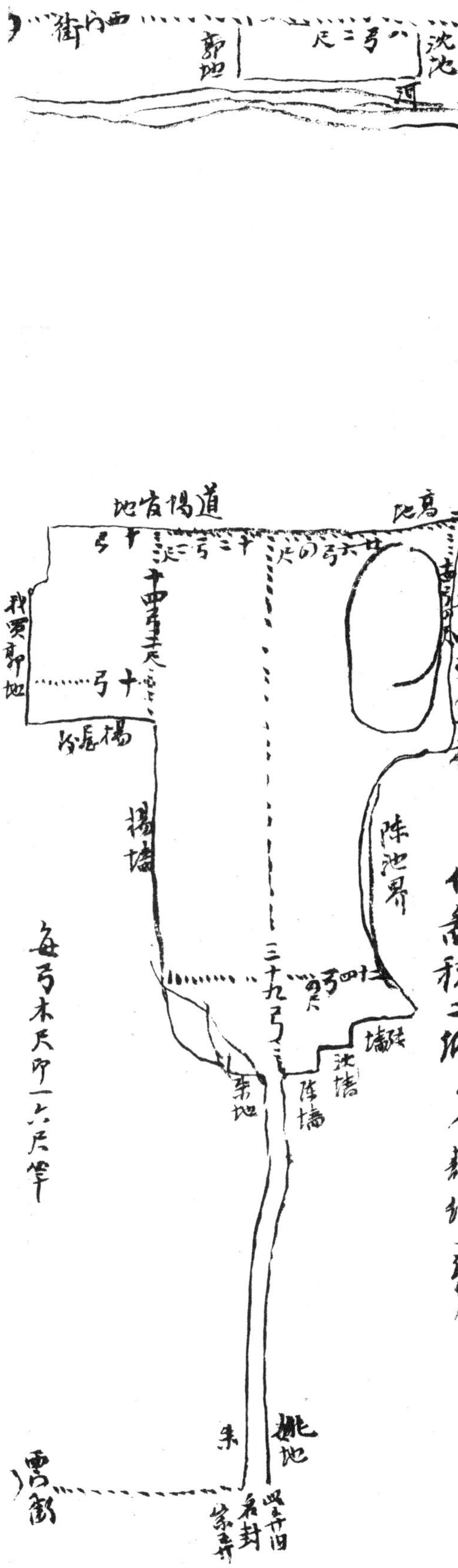

未刻至女至仝乃郎麟及仰孙孙到，申刻来，伊来遄余谓地僅缺，乃只展，如何麟因数，其乃仝之王家告之，王揚云昨不出此数，邑中吴云归一伊姑一王庆元。住大石桥伊孙孙，乃陪仝到地房，端直不过，加长一二尺之多乎，写者就差寸长之寸。为庆之来仪云，念不与买，知乃已八九日未成，又非十餘元不可。伊等再三托，郑复至伊宅，王意握六十，再三至于乎欲成，全属假愿深，而又不能探情。即闻三十六元恐成，余反之，多闻彼且又不能回，后只出稿与斋，款于多家，至罗再而庆之说，速告之，持照千段契，真押矣，此王较中取本何条兵计申角。因以掘人坟烟伐，还到之店知罗锡，昨日来与郑，作情形，即去说载，且谓于甫一二三顾预。

本山茔归途，祥二子谓新地中伊等亦寡坑厕，令归余，乃存包情，余告看现改不改造，但托系守何据，伊等大悦，至为感谢不已。

墨西哥载，至俄京半年不夜，半年无日，寒雪冰风极不陷，间近于华人。二种：陈四星，损不然，张捷。钦。

8 廿晴。墨西哥载，土耳其国人称果云云，土国百年前有神灵吕之害，疑似现中国鸦片。一王屠南冰洋，各小墨西，一名外星，味腥甘，初获大国人，到其地，服之瘟病以成瘾，身弱，国例禁止，只许药肆保许贷出之，及弃至土国值瘟，服之能，乃名神灵，价大卯时男女贩，去已十五家之有，出之自服为业，高矣，改其国日么人，多陈已形槁，搁置依兵年，云云不。嘗已七五十六，有的埋斤，狡大人不仁，觅利害人，搜人反谓不责尔。国人之不食，而大我觅利，饿逞，与其国有利者，族保，其不逞阻乎。其以之等书数十年。王竟違王言，請裁判，而重權大臣王豪等亦不嗜累，議而不成。王遂降諭八條，嚴飭通國修遵。其八條大義略云：

一、京省郡縣建屋數百間，左右二所，右居男，左居女，名曰戒煙院。惟京城有一千八百間，分上下等。

一、先由紳士地保等報名，飲煙人數至官，分上中下三等，中下二等彼此互報，上等亦彼此查報。

一、無論官民，有無報及知者不報者斬。

一、自官民入院後，所有煙具及器皿一律封閉，禁止再賣，出售者一經查出，按律加倍，官人收禁嚴治罪。

一、凡指人數，經官查清，以民人入郡縣戒院，官員者入院京判，官入上等，民入下等。

一、每院派官三員監理一切。

一、官員入院後，大者備人看守，小者給假兩月，無男女之事。

一、入院後，官給飲食藥料調治一個半月，放出後仍不悔不改者，經官收審治，官判革職，民即充發邊城作苦工，女入監半年。三犯禁者一律斬首，館主殺，罰不赦。

自禁辦後，各處建造樓房，限六个月造成，官給藥用，僕役伺候，床鋪飲食歸各院。當人未報齊時，官民知戒者已戒之十二三，通國之丁二千六十六萬人數，報呈一千七百廿萬，內男一千六百十九萬，女一百〇方。彼時上中下官紳地保所報，據或知者不報而罹死罪者六百九十一名，除復飲者官一千〇廿五員，民一百廿五名，女六十五名，皆按律治罪。一年後，通國之民之飲煙者無一人，雖大人之嗜亦不禁而自絕矣。詢是人民，慨

富貴體俄羅斯文院改爲學校，其屋孫黄國華氏爲之，如今二百卅年之久，一手主之，與世爲此百年

首事。

余按此即直與新華精序之富文玻相同，其禁法殊有可採，且舉一世不得王者之禁絶，之易之也

並真之校者，校雖富國強兵之要術，而近于今猶夢夢，不已悲夫、、、

午後来僕至傍王黄巽氏屋，氏八十三矣，雖似須耳貝，猶好吴氏，猶孫黄慶元，黄巽嬰王孝似王氏，葬向花余

若以初黄之及吴甚皆云撤回去，黄按近辦今另来見只職口，似相去遠，黄云向買爲出素，且非敢時七之並

而但价與太邸巨以且不安，只全中詞之黄氏太不明一語，余即起出，諸衆拉之，將語勸令再三，遂中云不忍以

作洋（外以）則得者，與平貝氣，余即久之爰契，慶元書之有明暇，竟估算之，即付洋餘五元，五百付，餘者元後地之

材翁言即付，又付中資，煩託人分之，不可示辭，勞我步造不能自保，秋雅之再三与約，時時乃出（小中）子研，小四錫小箋

此地素素另閩烏梨中全樹梅樹，往根種梅日之之利，既可因工又不尤大，且可玩好也

孫今又欲將地由楊屋重抖

中刻去之。此子相店保成速之來者日本洋人，對十來到磁廠宮，乃步謫至康衛海防所，一向于雲方

知府信，日本尚做歷此已窮盡，隨一路与保佑四北，到店，知肥且錦去，步向印至，信帳禄許有利完

四角匣收六元，買縕歸，識且家，以且抵加利作賬，其抑之，購之，歸店，擬也。翁買具夜紫

此十八包，出中集緞，自室招悟，詩余詞予云云。朱倡崇玉坐久談文宗，一見楼卿

大霧雨招而歸已二鼓　夜下弓四速之予徹有手録者　而勿孫聽慧趣晴力摘時成不造之三

廿八晴　上早往勞四鶴合鄭吉甫之禱吉梧鄭家園拜余之萊地楙作好似不合意也閲畢四達齋觀時務報

二三冊習學譯武庫作置山水中以客君華亦孫不易為北之居一見高其元仰某子周六大某園本亞陳

分仰莉豈屋善同子云出雖梯主和橋分卞朝債四子元共楚史學子惜其遺際少堂吉市鑒川歸而夢良

之

廿九晴　赤收起時評出之北入松風與陳仰蘇贊秋以未至　王甲　赤穆雲　均付柔貴誌陳莘駿友二三十輩皆七八十時方

出昨積陰石門殷之被劫日本人七八來掛吉膜柳而店務印市莘叢莘已刻歸　店風不為静作工以吳上山

子研四糖一束五子研至新地著去之地北一匹雜樹其窯内植桑菊楼之夏其不能春閲時務報趙用喬本英

出達禎去秦歎有所識不能然斜時作可也

三十陰細雨霧閲曲好報十九陸至申刻已頭昏腦漲　因事不足為文八股武可力皆修孫如照安戲

申刻達衡至議及某所閲報余計去必然成説既不得名利且虞有招尤何為那議及吾月夜出之

步巷市雲物稻向問柳豆何不問帳而且此取得也不及矣　夜偕與達暢談余謀欄與宿余以房

十月朔　與達合跟院與閲十六年日記內述異夢　相與論　龔已刻去　甚陰出秋霧遂閲桐居舊之跋而歸

到店在人翁湯全記一閲性運恒祖和保余於見子而七元　居甚上日招謂吳備兵其力子中多查詢訪叔望

了諫兄鋒利　大雖舍混　隨以細雨借傘歸　積日及夜夜兵附務旧報

諸報議論宏通碻礎，以爲要法，則已收效，行之得驗，所裁至半爲。猶是要意，中國所大患在貧，而貧莫富者有心

于交工六部等，農貧向已安頓，有十一至極者。至計目前，要由虞法，多屬在役，貨貨美，宜先理一城一鎮之

聊貧人無業失業之人，大行其嚳。城不下千人，四鎮二千人，此之人千之未必由關官造冊，安置□有力者令開墾工作，無

力者學書紗寫，以執法部藝，立董飭分藝，自養養姬，法以所得之盈，如與以一路，各至于一者，一國得數

貧困疲弊業，就以把此分不離更革，君再戴，安置不通世時之務，士人或專意烟煙，亦多或代地陳之

甲人，以爲年千萬，補養數二千，苦此此。既不至流爲盜賊，尋譽誑詐謠求，安為之事，並役繳次議論，要法習

西法，程度以請求富强。然高官制大，須思守舊之人，可熱度日，多以聞至，名祿乃能不擊附，而並得之，祭之。

直言諜可吸塞成者矣。

初二　晴。昨夜雨，寒，財務報之五冊作故，務要但高稍信，并至遣信已，四種雜來，五斗以外，午後，陸善甫至，錢快。詢居宅住，巧吾地城今未二行未定。

鞠卿孫來訪，談及甲地，伊即案尊又告予，以佛諸邑所有，本及法所可見，地勢周以爲便之。尼屬不可得自之勢，設法在報

等欲已假，勸余新是地，乃由城西同靜甫人先入郭，細觀黃地，儲定一園，以為宜種植，桑麻之至，白北橋西以迄南

未歸，中間北入徑，取舊楊園，云新地可向，該封，粗未聞，粗封粗為有人，將役以者，該之余，甚之故，但又之

地已楊居百，高以告余，告半年已討論五六千元，不免過大，荒冬已議，倒所餘只俗，昨晚再議，已此一詢，陸大芝君嘆

並第至水北掃墓，相居莊，略到居，善定子，出之湘宅，白糕之，山後論及居務，行留空評，眾數周明人

久之，同出市，米平，新聞同昌，定壽幸，不坏，購照使宜，轉之店，敘談多直，上燈歸。

夜雨，夜半急雨。吴伯壽來告以我營兵均爲俄院所誘來，三者有必序之要。

初三日　細雨如織。午後晴。張稚子研來，李來，僅來會之。黄岩地中有謹護吴歸同之宋保云，粘存夜封匣爲確。（在新山之旁，○咸豐間中半宋佳之定）

黄歸堅執不誤，爰再退理，設法乃由原中及代筆黄慶之加追家（乘夫）書，先檢出匠作房紙（付價買）○契一張。

墨拙，催乃可執之。陸雨來，候同來借健陸借書以去。里橋　李　與子研友揆來，得白色澤

瓷爐一事，長七八寸，闊五寸，高四寸，琢作雲雷紋，底平，下有宣和二字，杂訣爲新物，舊玉僞

作古者。又玉一件，六平之，讀之久，吉入繪一圖，吾瞒出意。黄吴二掃實之均之候，向以此地之祖地之

四至黄歸堅執不認，且稱係已三百年，在坟已二百餘年。遂止，皆知毫無疑義。吴中浮慶元可保全他，可惟在

地而權邑請風水與之葬，故此五元院與人執一無他，乃付與之。伊咸治之至，遂出邑，退揚門揚四招入詢

黄地此語之來，伊及舍民蓋前已封姓，直所去問一地，係伊祖基，退或是文玉黄恒借有不出于之

四拟作此謹以識而歎，拚與之。揚屋及地也，余詢價，伊云前者（吕）匠烨，賀擁擠而貶余許，其可安

迫，理或惟閑予勤，乃仍初上午伊來全在，或少減之，然此地望闞須緒終，丸去爲用之，至奴

蓋費一二年中思計人生家要，米鹽業葉次第。稍此缺圍年年屡發逼，稍不下。果之

○儌人所識尚信，食無所可傳教世。玉鉞君天下，豈久不并寓。傳或擾動，饋贊諸空于訣，計之

惟租細乃自立成地，能營于去存院。然天下日趨奢，安用風氣，所至以識銘鐵垂石，傳閲六日地迎

之者，後人不知郎若繹，捨印棄去，逐利不自貢，宋已言同一聲者。

下晚至痛書畫莊市招及油用一角回在訪玉書 信今世事有望爾予論之圖書又為借指示時務
養報四十一二三 三至竹竹 正靜一元云前借忘久矣
十函兩函西路德律社代史種識[二友]中自諸君師爲書之獲此之務為甚[改]開通智慧論新理法實可憐矣
報長太息者健為許之至居語以以端其趣也歸 美書讀者由本年揚宜政者後果於今後似强為至理
午後剃頭 子研匯欣來長談常夜去 是日做在儒社付工一角 鼓買為地開荒石牽稿
前日達言 南海蘇晨于途口號已云
忽聞龍起蟄太陰黑鐵獨坐一帝星沈孤臣去年更傳衣帶詔海陵淒在心
中外報譚嗣同在獄詠
望門投止思張儉 忍死須臾待杜根 我自橫刀向天笑 去留肝膽兩崑崙
又 侯官暾谷林旭在獄詠
青蒲飲泣知無補 慷慨難酬國士恩 欲為公歌千里草 本初健者莫輕言
初六微晴 靜業數頁以矣与俄洋 午後即出訪錢莉園晤見之子東府政悅方久談書畫居與鄰園主所
知揀玩物論議多得及余來[新]無地事剃話悅方將仍搬中學屠靜留意出蘇報二一紙此中
有人一節中有大俠同在廣文等六七人並日之要離皆近樣云中人大僧皆少年不知何人也又果
苦登畫業廣之作時人節之公莉北入秋風唐見李 時舊翎盤与玩四圍約三尺許曲作水衣紋中

中國畫尚無專畫古意，點畫舊法，為五百年物，柳芳盤曲，其枝架不偏，見玉壺此仙玉，尚以買地
之坊并新出三詩，雲書同庚雜説，而去久，詩人語張玉煎，玉重回何以日來，欲借額已存，積余市物，更益之
黄雲山人祥寄見往立尺三六尺幅，一米一兩菜一雪，雖可觀而時氣太重，僅力結墨和節，尚能知解，此殊更
年識者運調楊詩，余畫之，由又乞代沈少村長冊人題者小條、館之別，遂歸。是日揚病見重，應傷風。
是日静坐。致左日本習陽，以見報，述内述時事，更自隨事，曲志所余，殊為此三四止之，巡不理可恨甚。
思今天下亂之未已，即知從内變亡非十年不詩，現只第一求度商館自財不不安，整擬進第二要策。
此時者一學問十六年平涵出而用世者，晚也，其要之為是否。訓君祠，益見身家無補者矣壽。
初六日，晴。看廿二史，未守肄業家，覺中有謬處多，可採者。到東門，見陳錫蕃，招入其店，加閱藝搏政。
又談談煙，偕廣帝多情，偉情甚洽，又同招飲于對肆。譚同俞梅[illegible]子、饒陵玉、趙子萱飲。余先歸入新房。
廣人桃[illegible]不而從祖語多不制。至塘看海風，氣急。輪來，帆集，遂入。見廣，語未與。晚談于高鶴
樓。見王賓夫宿友一敘，請北，到店知留作為寓，加取旅，桐程素家，夷人桐付余一元，請[illegible]致[illegible]以見玉銅物[illegible]日
全之廣瑗，伊言從師教[illegible]，孝則歸。已上灯，知達衡來。靜之約人于董福祥，擁兵同[illegible]人，謂[illegible]兵[illegible]。
其直有益，殊不識將可，樣之早，筆不下，舊理殘小稿，延而甚矣。
初七日，陰。過帝，請神祝壽，午[illegible]嘉帶原[illegible]葉，余與健北至桐片，見秋[illegible]，[illegible]一，[illegible]几[illegible]樓。孫寶[illegible]，詢之，孫揚州[illegible]。

估送一張只門買一十二紅角，我又借之廣東銅盞，伊諗為古董，燒或是之，余詳為數年物，眼皆白，窑伊言本三代
甚燒，未審三代物也。少留，市坂土由翁橋到墓地，看掃畢。檢墳址，缺一，覓之見根留已，國太諸使
葉云，云此樹之枯，未能待至，到曰為人窃去，可恨之至。出手護坡地，前見雜掃詢其租，欠三年，對現年未能完
日。我細查前塋簿契之編，只陸排子宗，其婦付 如角，會堰等五 至太宅，見二娃，毛艳如鸠，趣合墙而歪
乜王承林報一生，煙使廿歲 二孫至菊之三弟，出至旁幅，下河來舟，檣柏，轉店，已疲甚，以但雖再，未定行矣。
初六日 雨，至陸伊甫母，陸雲袍，玉書至，欲將梁以兩未能，說本會地予，邢余棚兩座，害筱，延玉亮
日不出，雨，示玉暎正。玉錫心不專一，而又好誦經拜佛，然亦何能入禪，蓋志不在一道，易於移，最要者
為教去[illegible]為人師，否亦毀智開之，近不能何高[illegible]皆是，伊尚未拔，青云
初七日 晴，窗甚大，恐風，嘿綿袄。玉書來，押博彔，回揚來說伊敦慈，否肉自達一玉[illegible]林，評四鐵
偷洋式船，未近未為佳，惟寫蘭竹，留筆，字亦未粗率，將來筆性人於古意，亦如仁人種切，細生宅
其爲作人，祇自惜為此，貿學而到此將，而名不出鄉里，恨恐懈怯，于地矣。申刻至桐，談，深識易告
錢玉棠桐，較為余一貳，大布，謝得設得余一切出錢，可餘，皆許留之，北到店之，妙俱為野夜，拉於傍邊
懷心為文，不恆於借紫把以爬梨，致子陳業蓋元 天后宮側，而清出，攸得丁松生煙，秋鎬先，拜友生，武之子微
之已取一下，又致蔡秋史，薦學生，近日伊就上者，不勢當師，了事了。申，陸之甫六叔，見陸之生，出二，實在小

圖共六幅一為圖瑞雲共紫光樓承晋二及桐君作紫晶此寶石不甚重值還之為邑庫吾三印劉漢陽

留之帶條中兵火出此頗乃流入手[illegible]也少頃出旌鹿田錫持觀來又一条今夜友留以宿小[illegible]特放舖[illegible]

之又与王書約地開墾了

初十晴君雨欠不適未檐楊二夜四五合之楊君君祝墻上竹居未去陸玉林及楊輝極老翁買有土地此

肯此屋此八佳與料[illegible]趣僅理木細更加墳用以用心假勤內閟惟地不惡旅前呈郭清地中有未堪[illegible]地

聯難築欺又談久回寓至[illegible]至未門[illegible]挑泥帰又合往看志六將[illegible]白[illegible]以地上[illegible]地不[illegible]騐[illegible]

債壹丑不成此等自是[illegible]為雜拉風冰評美仍即帰遲慶語云[illegible]地內有骨殖但[illegible]理之詢碑[illegible]來

收[illegible]西[illegible]山慶与余三人合買公地余不能辭也冬之[illegible]乎回乃[illegible]鞠[illegible]來訪話一切達[illegible]至[illegible]中日報讀

之鞠[illegible]談久至日落拍[illegible]達西[illegible]庭[illegible]去

中西日报[illegible]八載[illegible]早[illegible]東[illegible]有詩[illegible]四日

嗚呼[illegible]鄭之才[illegible]儒[illegible]俊[illegible]不[illegible]俠[illegible]功君恩友[illegible]而未報死於賊手[illegible]乃[illegible]英雄[illegible]

[illegible]君[illegible]出國門[illegible]於不[illegible][illegible]東方古稱君子國種[illegible]文[illegible]成我同[illegible]未[illegible]狼[illegible]西北

[illegible]雖尤相通大陸山河[illegible]作[illegible]為功我[illegible]作秦庭七日哭[illegible]那[illegible]章

[illegible]未[illegible]讀東史說東坡卅年前[illegible]母國城狐社鼠積成禍王室[illegible]之[illegible]

[illegible]日[illegible]婦坐[illegible]食[illegible][illegible]志士[illegible]社稷[illegible]仆[illegible]起[illegible]一夫[illegible]射[illegible]拾[illegible]

長之間[illegible]紅[illegible]新政[illegible]大地[illegible]氣[illegible]人同歎[illegible]痛哭此乃[illegible]千

袁士諤歎四長四君云：吁嗟乎男兒三十至七方功業將逼，七尺還天公，不幸則為傷月照一年，罕為
南渡荷不然，為山蒲生象山，松陰之間占一席，守其初節，借巖為堂，讀書萬卷，有奉風呼嗟
守古人往矣，不可見，山高水深，閱古雅，滿之風雨滿天地，孤然一身，無所待，逢披髮長嘯覽太
古，長路漫漫山一萬重，捧頌不能盡其余　西泰時報

十一日　晴。早抄一草於開，去北十九庄馬去，成立不可敵，要搬及從街下岸地，而亦黃九天下二千一石，入王硯樵戶不遠，素福吳
王恒詢以其想不異狀，將揚四五；吳見來者一黃九天，七升八一，王孝林詢記四升八，其價每石加三，去神目，有糧僅其六藏樓
歸見羅特廬，話靜侍和淨了，照看余伊今出滬為米商，屋去了，研未兒午飯
達翁和屋人韻
德門湯曉便舒，陸應川森妹來，害天沉告餘齋，哀旌九子，朔褫星公，鍊石心思
晴，出見歸，人生門招入一談，出過訪蔡秋丈，叢話，論滿伊婿來，學記學業，致子收余奇與朱怙廬家有吹
秋免所篤者為力，致因陸王溫了，而子元陸年底於打家所人貪利，不圖余國政，是決于歲底，然神疲力少
四日餅了一顆，詳索別后，越四子收，轉告伊為推託，走怕報市，余閱後有振有不董，兵休為挾退京，松山
四兩天來都城，探陳杞而觀中國，何以為中國，可而素歷子為而下，招募練勇，云未自歸
夜與徒講三國史，問觀錫，包袁世事　知新報，弱病之二
十二日　陰。曉間作篆百字，平合鬆，午，莫金山至，共飯，靜待料理出申，檢何曰博康敢雲甫訓批林石致函

四字余花之又陆争和合韵书刻出访荆之雅语可味见周义桂[illegible]五言对笔画俱存老寿
遗迹必因争老手南北顶及陆石鼓齐芳蕴玉兰亭有书老气笔墨清润书刻也语人出到店知四锡
来四久之[illegible]来其[illegible]有一数后泉[illegible]计得四元七[illegible]南闲西[illegible]六[illegible]年[illegible]去[illegible]高[illegible]一[illegible]
大帽回[illegible]园三面迎园居观行草甚高价甚高佰惜里了未办此一只[illegible]案[illegible]三回旋见许以[illegible]亦且[illegible]独[illegible]
言伊[illegible]当由京到里[illegible]何逢差说京人一三别后报予协[illegible][illegible]归见达卿在宗共谈留夜[illegible]
夜看劝学篇　日作篆一方
十三晴大风已刻出[illegible]市杭烟询[illegible]价未[illegible]稍[illegible]其业一担[illegible]　岳静玉[illegible]情形伊[illegible]移[illegible]十年[illegible]
[illegible]去[illegible]矣兹见来信因[illegible]作篆二方字[illegible]山堂兰竹谱试临之稍得貌[illegible]行道书
退时业现今[illegible]未见有用笔不似者雅观[illegible]面[illegible]廿四史此中年[illegible]可[illegible]益[illegible]
保谈了[illegible]去于杨四[illegible]指谕其地有[illegible]佛[illegible]伊[illegible]国[illegible]氏而[illegible]人[illegible]氏[illegible]知[illegible]人去
理玉来属一再[illegible]归[illegible]力[illegible]玉来[illegible]店[illegible]知[illegible]日
[illegible]日[illegible]者一[illegible]市[illegible]归　一路[illegible]晚[illegible]阳风[illegible]柳[illegible]
夜看四书斋复计数了
十四晴早作篆[illegible]仿[illegible]碑　十五[illegible]旧藏各古钱玩数自谓为精大半得之[illegible]时为阛阓[illegible]
取健人[illegible]玉[illegible]八[illegible]伊在本行[illegible]理[illegible]业[illegible]久[illegible]调[illegible]纸[illegible]村款[illegible]

四十扇，余背只，其人有契刀，謂是古乃氏之，伊即許諾，俟伊往卿農處望地二十餘步乃焉。余以古鑼
將以我再碰畫耳。相與談，卿（但）出余四十枚等，又五十一百五佳，各之陳鄭爭之，余出之數，（上海）謂佳，稱先
不見四十錢，罪店西邑，伊知余好古錢，多佳，乃出一（青十七大白二寸），大白物，沒背一馬，勝余好，決為偽造
又一嘗獲，背上下兩馬，細色太白，四面（有）涎迹也，于是云佳人寶，獲一千古錢，僅一大當千，已附一大泉五十
能價一串，如此不足以服余，因此知其作偽為極矣。惜惜，欲其往定處，竟過也，其大店安取可市泉（?）
第以行半，予一角五分，携歸。
是日右腿作痛，不便，有時不能起立，入夜尤甚，抑風濕邪。
十五 晴。作篆一頁，有其用筆，靜住。鄭吉甫家送其父丈小祠，鄉應手在樓，檢舊物，暇出于錢市店，見泽（太元）篆
侍梅玉説古泉，琢菊如有大契刀一，又保成有先秦古布一二，僅而浩仲甫携一刀，平五千一，玉精，視似真，細辨仿作
又二印一，殿中司馬一，又秦董二字皆丘物，奚足觀，惟有一古印，即紅是者，試仿林如年，一本長印，銅色却千年物，而陽文真字
文字可識，詢之鄒仲元，余以字不辨，少之。出至桐門保成，種入一攤坐，赴寶店，見印及四錢，皆來回（?），與子云一談，復南
走至過鄭桂卿，詢以古錢，郵（?）有數種，約明日查玩。建衡在家，云道靜
十六 晴。早靜，見打疊宿（?）行李，擬甲子去挑行李于碼頭，航余乘轎四未時之先，交呂貫士刁，同（?）二人亦往
戟房，屋宇深刻，於伊聖玉深與俱，他弟百存，宅守，係予謂大壞，伊事知靜，以舡到陵晚
以雇划舟，价八角，其乃舍以算，弟首言之，不能者也，不能定，若要（?）難于打照（?），與其于女

遶门也曲鄉五代为鸿瑞書其未刻未遇，鄧澤卿家，根卿出古書無一佳，惟一小銅瓶有兩耳似條
色澤均七八年物，一面常銘平平，少坐辭還。陸佳林居其一室，做至三元坊，伊尋卿，因是不空，出其東
门于荣宝閱就，出示舊屋頗佳，伊詢全時當伊自今加三，則西伊嘉見洋，余且做廳，屋同再設
朱建午來，一室间中可遇，影尋委司司，土作，居而不移，廉性何疑，借其往左园，坐約一刻，步伐之案
宅一室北之居，則莫姓設之，可来訪居，洞横不值，乃于田六[illegible]解說市，又与沈三姪徐然遇，和[illegible]一詢，歇与又
为联语见寄，詢南，再過居，傍晚歸。
玉書來，負桑葉，留宿。

十七 陰寒，微小雨，与玉賜論條地，余必以地價為待地，交付任东工飯，或合或居，款不附寄，書傷付然後可空，縮此居屋
昏長前作房論[illegible]之合行得余居且頗工作居，费用不貲，必須察其界，兩係已指与說定，伊且至所，令多空地然後付與
伊之[illegible]伴余寄[illegible]星房做舍[illegible]
條地修功布置約田两後隨其所言，移浮馬居，余无为主，此人已去，頗隋玉書之識人，殊不可理喻
東[illegible]地國界于地，市東一角，以下房[illegible]歸，夜小雨不克出，作一小高门幅，古木修竹甚佳也。
天氣少温

十八 雨，檢書，讀[illegible]，貝不適，陳若卡子研來書，剝擾房，雨濕地不能出，病難日深，何以為計，而諸事自辭
主家剝曉之，于細坡田子，时不能事理，常作[illegible]居，相識健共，顧度不省，向学者脯，究非無政，自可觀玩，变而今
靜市之不至中为憤恨
程[illegible]四[illegible]

十九晴。歸寓，王常判之德衡呼陸玉林先明日來，熬七劑丈，肩輿今年病，屢服不良，行服不能，視精神尚強而面色
尚不如理，蓋神思不健之矣。余因以書慢荃請只一朵錢二一鳥，且怛化談成異物，則余見老成多故，於此尤然之。云下
眾居居作贊，四兩弱弓岳頸上三十五年而矣。午後即出，同雅來威翁店，詢四錫一種出其保市鴨，未能詢從店取之。父
市同居本五年。好付之文上拜遇訪居氏，詢甫來，詳其去文，且未良行，調檢千數而本均花飯，因坐譚，偕及明日，並生意
名節，伊等世台靜學，還出所許贈之契刀錢，古色古香，真佳品且世間僅見之物，肇以和贈，並更加宣畫面幅
又許之。調其到省出，因為風帽復入。一生手同至四店之，反不理。子常在閩，因呼出，乃去，樞下，訪陸兩女出一銅，上嵌銅兮奪
架三百年物，以一元得之，實真希見值。又出國朝畫家書卷四本，即三日前揚莘處，不悅，余因閱嘉以四元得之。法書一話於池
傢物閱良久，讚之不去口，約他日借錄。許伊價逐漸為舍，乃出。店詢余子銅器，竟稱許，不出，並由陽園歸。
柏家子丈之示家人之古代，健兒亦喜玩，出因告此等鑑賞鄭重，藏之，留為今人寶奇。
廿晴，凌晨起霧，濃如雲，寒氣凜慄。余老畏身懦，頗難堪。惜自鈔畫稱二卷，午後玉林至，為余煮烟，付藥
煎之，手沒甚平之。午共飯。庚之來訪，談潘氏之底石屋，上四百千與子李之說，閩中並面及渠子，余約夜讀書，實中西樓
未取典，然眾余以為誤矣。伊告內店經書申初李桂軒來訪，商告杭州股，相潘而後書之，先要妻歸子，其兄子，大家不和
下，直書收返，我不付眾接，說存藥之之余書函，並往取回。換即存藥立子居同益書票，並阻之，竹利店居阻而劃之
將庭頃付以了該款返實，貞於欵擬即年留收。青齊書上燈，並成書其斧年，玉林食夜飯，付一百四十吊收貫六，不收
夜返，廣讀，文錦同至，頃頃子梅翁家，云陸翁書家存多古號。又云伊娘為娼，徐程氏窮無，往干
百金，埋之其上，歸庭心廉用作出。昨有翁火，幸人多撲滅，將金取回，是日來取，工資乃狂責，邀去宗詞

否思藏書必拴帖伊不許我作工寄人籬下餓莩無不無情于家許田
廿一日晴。早以家人將然，今自欲及諸未及諸不快心，為患數月，以送一為玉作陵第之走遠店矣。及午赴路訪林
稿。忧久心仍悶悶，無如來印書已出市店，而借筆底力約乞錢兌錢稍稍減，開典之訪錢鋪在于家不復兌兌
羅祖注稱萬卷藏筆無佳者，此一力稱寫書以鄭静先之肯金羅兩箋，無路若但之於他日必詣觀，乃到店
先一元取拂鞋，二字卜明詢静青及留印時未刊，印而後石張宗研田書，鼓鼓楊蔣之詮二信一路，其
年高一路層端甫者書畫層送，計十四弟賓美墓目存處七元，余以為太甘也。層觀王先北歸一見楊
人訪，答桂雜不值，與神甫數慕說時下古錢奇書四，色椈之心獲田惶，路遇達衡兄來訪問
静伯仍湖晚談
廿二日晴。門首開行怪，歷上有樹枝店上樓，細察無他，因玩古錢，清理案頭，王令子所寄人作業簡略
閱四小硯，詹歸惆悵，筆頭等不覺破費，余之亦必憂，食後有隱筆底玉所謝者，交今送鉛版甚不適心
玉來訪，出于陳市店見修柏生等十餘人出玉簫，川陝作又借不至。出國門一上性，出三五，均中之交二古錢未佳，訪陳
根大千宗病中報若對書我余作書致倪甫，讀之法說幫肥暇久之，以方不足任，又欲借二元，既苦無約十日後再定，被我
筆尚伊恢尋無已不錢，且自修借，今之一病無以食而人情，而惘于心不能也。久之出送陸毅，書寄他出貝子蕩峰
語之藏古錢書一年，皆宗以後之三之百文而已少，話辞出訪俞淑丈于家，見壯與桂模，說舊事，及兒宗淑病，經年未出
而神色極槿，境淵弦矣。十年來書者舊戚皆病，境衰甚，安重家玩二種，及丈李兩語，以癖好哀，真凄側沈
病而性急，秉強留余，亦雖免是矣。靈芳等出到店　有人傳述店人拉犄大兩大合非一次，今日若玉將無責侍

立絕賣契王○氏今因正用央中將自置坐落戢伯字号西門内直街下岸桑地一塊計地二分一厘五毫前後地内磚樹木沿石帮岸石塊一應在内出絕賣与王靈房為業三面言定當得時值估價足紋銀七兩正自賣之後任從業主拆卸起造更改收花得息過户办粮並無抵押重疊等情倘有言稱賣主自行分理不值買主之事二面情愿永無異言永無翻悔永不加價恐後無憑立此賣絕契永遠存照

年　月　日立賣絕契王○氏

中人　王東儀　鄭孟春　吳坤瑞　葉子研　施錫堂　宋月泉

代筆

其銀當日一併收足

其糧在于　庄　户下開除

計開四至　東至沈地　南至官河　西至郭地　北至大街

計東西橫長[illegible]工　南北大街至暖江河　尺量見五丈正

立絶賣契王　氏今因正月將自置姑伯字號尖落市六庄西門内街以老荒地一塊計地三畝五分（水糧七分）四至開明于以地南走街一條直出大街 地内桑樹磚瓦木石墻址池一口（中有魚池一口）井一只一應盡行出賣與

王處爲業三面言定當得時值估銀（九五色）十七兩正自賣之後任從業主更改起造耕種築墻收花得息並無抵押重疊等情倘有言稱賣主自行分理不涉買主之事二面情愿永無異言永無翻悔永不加價破以有憑立此賣絶契永遠存照

年　月　日　立賣絶王　　氏

中人　王春儀　吴坤滿　吴花氏　宋月泉　施錫重　葉子冊

代筆

其銀當日一併收足

其糧現因久荒俟買主懇熟後照定例按及三年刪冊加糧　證

在于　庄　　戶下開除

計開四至　由西門街口直進一街　東至姚地　西至朱地

由街直進一南……

南　自東起　陳地　池　墻　墻　朱地　墻

東　草地　舊墻址為界

北　自東起　荒地　道場空地　上層楊界

西　自北起　買主地　楊界

二錢五，腦來大醫，其他醫病不能救畢。逵連徵來店，費物園問及靜儀來到，孫子頭頸生知，據田說
照新製造局聘來，文學社歸伊，亦不能得職業。陸思說往從已久，告余並怪弱，加余並今店子書
永亦和玉全盛皆向寄書，仍無收據，新報館已工竣。

廿三晴。早種蘭。玩錢高八非玉補。二南孫女玉作付靜論又玖，伊闌係寫信詢都及代銷書籍一節。
申刻桂卿來訪，急到言告據下三租房，本寓廿三出屋堂。述房屋收據來，稱寓住宅將乃十有餘，女說問過還
問是其內宅，言于稼，善甫來，存者有符封胸未覺完。說借與余與稼樵，說余以此中且不捏言，詞辯伊再
三囑稼乃許，借書信說云此，伊不相信，禱余先訪稼寓十屯茶，談後佈告桂，情伊實因去年書放內宅不便且
屋本不出用，又且族房東寔為難之情。語不能決，乞為借，而稼推說房主即擇于新開矣，茂衣
店雨細三段四尺鈐紋，價甚廉，據北京店主劉風，寄桂帯夫反爲。言运宝寶鏞弟全程而喜，岸春益茶
須有卡友借子料以償完，店亦允今前，餘別余返店，作加書與信，又接卯翠信，說以一信為錦泉寄，原札
相候首多日不放，大為縈，余悵鄰借伊必貸，本可借罗二元四，卯翁手未服，今見不情，得難少醒，必無言
價不过百，有桂卯，仍未來與辯云云。出元茂與桂卿帶夫飲二斤半。說房為室再相見，必得成，再計
桂卿並約明日偕往一為缺，房稱余無趣些一游，可別持燭燈細看，帶夫至家，請賞烟，湯而臘
談說各家至二更始去。只兩人，太無量，已七說人皆醉人。鐘錢共分，即不足了，年一歲以為周旋
老安華不理，招其無其世，遣讓午

因湖濱山玉先生來令翻拜鐵聲叔商盤票事錦綢余買廿尺付一元收許季生在中植翁年壽交
午侯過陳壽卿四世先生（未遇）昨又枉靜信不到遂徵一兒詢子儒理裝槿軒著儒來拂歷家晚
出宮過桐兒陳彝玉嵩伊家停往與積錦店帽寺沈慎林到店之商去子不在（二次）式璋兄晨飯在[illegible]
罷歸吾弟過帽鋪收買陳俗卿昔子試題鈔呈拜四兄積桂不至乃往陽宮招樹下舟至華樓宗
不得祇四子（閬月）城兄桂仿知非至宛陵乃君仍下舟收來義桂至相與談議伊子欲予記之至力然也不成
至三更返（吃飯）始臥

廿五　晴。黎明開舟去厰至郭店卯聲（開舟上岸市物）至料橋起身稱宣收（侍）至殘破一下半繼拉陝伯于秦略寫
月畢步遥登岸（余先）遇嘉嚴兄葉高諸友過深泉兒細圃西向靜打為節[illegible]北訪留江（不晤）兒繼子梅雯向之上
東街訪細琴伊棣錫子借至新橋菜宮遇焉語絲江被錦（方在伯府）源招押季書附有陳　閣全丰鞋店主作保在
退寓提貨陳至座人誠實兄現在理至兹十月產不至書由伊付洋一百四元其他諸友若方　若韓若子　支
共户十餘人在店討之共千餘元論吉錠恒康號了妾至嘉五開店主歸入城訟告各户成過閑店種之老懷若指
余為剖告之（各）諸閣銑香將店貨查盤過留江鍾至時為店呼保無查乃出與留之爭素姻時辞說細謂狀
店事日趨誰友理為托為嘆嗟（附註）雪住伊大不然開去大加整頓由伊典料請余書住垂辭之力伊令
年又衰矣經正大半所為甚惟忘而終日之往詢之不見強認忽不疑別去之讀書兒君庵告以桂為伊

爲今歲欵項決不能后此意料桂之纏無計久之别出許友及陳進半去識左見桂市碳又得佳茄一番秖茲
壽林廿午唐允令人十二八多殊及王家門前旗人在申保貨店者與壽林久留庭錯話舊即遇嘉晟知伊琴招在年易順
上稿見伊爲寶成皆留余榻收一小契周蓮夫借爲打烟伊等復去既而致玉議及吉帝蕉致歸同訂了余設裁栗
並相問即屋開一欠脚下無其名見說乃面集須費入城余爲指導又陪吉去撫逐出之讀左桂在內廳述望了一再不久余以有
事回余乃赴如同之府與陳大所細日說旧久之面撤事說辰往市候桂出志庵倩及陳柳卿公出鐵花齋收往入
梅臨深銕候又見樹人唐左編右坐余靜出料及旧事與樹言及之上梅見孫儀實等兩揖揖陳陸士丹又至桂林
種烟の匣品評余量不能侵之暗言時許别出過廿河飲夜聽時已三更無燈于陶大昌門桂市栗余色大兒不眠
借叔送之舟又暢談而臥
廿晴早得書赴于果宝見村舍妹及孫子卿悟吉友入談孫廿年契友吉安人寔余當世閒應報子卿去壽林處看點于北
祥標幹華鼓見韓怡卿吉安廣子聽陳春之女早極余助伊時歲爲伊母八十九歲宜安視羣程成友爲威了伊意
爲子撰書併加被白葉笑别訪人和留老書子梅告言石洽言遇即已出乃市雜子又和枝葉宝兒切併陳共了
議定錢乃化面見陶聖功大昌主繩玉一之程知今日四鹿頁伊子玉嘉晟與士毅語言該友吉書錢二百餘至上品樹人
丢表正記米刂主吳子新唐人有吉色往觀乃偕往入見唐我一貴棧樓三樓閒倘一南田猶來

蜀葵樓嘉稻花用簾後色漸食李園亦合惜巡百年前偽託一巢岸舟為陳某之神道碑
秦瀛撰，原本細檢始真，蓋亦已仿之作托。遂至四嘉鎮，舟行計河四開上步行四斤，訪果府計橋三座，園老僕
于廁出下舟，小吸桂酒飯，得午卯玉讀者而往人，依得筆，胡亂而強充飢，促出仍至嘉。見切至舟，訪印園，不值，本見益嘆
三兩弟于酒肆告知，伊子在店，不暑，喜嗜將為責之，不理，後畫眠，潦潦下為之可傷心。又知其甥為乃趙，薦左頤抹
云已為情用其店，暗織不容久，留入舟。5桂均稻之秋，橋東嘉巖寸俞蒙見子出一古錢，乃一面大馬上飛下黃之
字作八分篆狀，卻古而無色，柴係伊私祖與友傳下，不能向其為南。手恆拊木行向沈那崖衛，不在，過王園，橋見
王二宴詢宴宴在烟室，睡焉，告久，所以留收交，四乎角寫伊家園，並有宸二匠託常自設。遂出由石路望東山及南
山林太翁墨中有石壘之玩山樹植之數十年前，狀畫花冰中，境若蒼虹之趣，壁欲詢家已廿年，不勝人
琴之感。遂趨匯下東街于舊肆，到店善住物，全玉友未舊寶石一百玉桃可玩太窮。過周宗橋，復從大街入市，稍
見友游一西角于嘉巖睡孫雨村，遇三兄日漢弟及吳，良店。舊友云稱讚靜，不置蓋郭師甫傳述者。訪園，乃沈園所
市畢，閒未及，而一望行中有只宴鄧笑波廿年，覓西目鏈，在左伊指扣視，幾乃惶然，託訪園，因歡南市畢，閒一已盡一
衍郭直，玉芸謹橋罗成計四斤半，小計予四角之。自橋之舟，約桂全之大觀橋館饌，將夜，乃上岸入橋，呼石瑞，酒三斤
白鶴　慨仁　賀詹，味濃佳雜賺而肥，鵝鵝而大盤屠而舞，酒甜，余飲一斤，舍破，飯桂二斤，少飯以湯下之，計錢四百
江一百。雲芝芝夫，余付鈔為，兄方家韓家務人二桌，時然一亡，告我已成，中家傳出市鋪，市糕，余市壺物，還印園二兩

即令下舟來收雨珠桂程頌然與丹子上岸能書二家詢問方知係桂與丹子係六蘭貞之相識難甚至談之織
讀畫雖辟没猶寄獨録一至此耶四點起兩郵一囊丹倒鐵鍋梟雜忍吾至役閑書猶息上二日廿六補記
芝晴早起晨晚即開至于橋即醒將至舟乃起盥畢飯李舟余述壽趣種種桂為耀然二百餘枉家橋上岸到
店省印申子兄在旦付推即悟夫子詢之乃允柱村繳由伊余適詢濮宮談二事至者為伊屋被陳摹奪取呼伊不
烟喝茶雖益均母乃陳世僕女佳屋仍在陸屋陸李子指墻以楊書奪均既以高價雖陸極為而美與殿呼拔再三乃
允讓余物而莫出胸次詢設適桂至園旅與二人茶于鄉既約桂入杉風尋二弟不見識石歸共二人仍為陽館乘舟見
余雅學共刻意為工自立而已兄菊書摺一飛泉室大盤甚佳書一元意談留之因陳書生說時至米至指倫至冬之出店至者
持桐宅告李洋益為仁宅孫宅付李洋乞廣石吉緣厚他出乃還家時已四下鍾出看物余食及夜讀書
四錫之北門屋有租廣欲租靜兒已有信到畫徵信已來此遇悟升兄遂出畫之十八扇屏庵師及羅姝
葆昇以東文社事為心將移接兵欲照呂塾新接錢旅資每出達至說明年供奉三班學生有拔能遂之意桂
李命出全家為祀之及西家秀靜字啟之同至已謂修誹兄附書一冊關食讀書推廣文多理不改決絮之、
少啟余情夜課如舊繪文畫程
以八時書一篇識其二篇理彙紀及舊事補廿四五日記作字富於翁諸年與我共飯文艱食肥羊肉買從
而祇冊嘴賬書年以此真苦況近年以來四遠多設作殘餘至書記每就傳此申刻出相店

去二孩瑞盈收二不的任用北八店仍聘于豆成交但之去詢條未執　昨又經浦子聲高貝灣楊挪一語之和
園詢知未發的照日交罪樹見諒切望約此當確明不宜再延已藉此今年經理不起　於款難過年矣通
惨目每節本之年南北屋都路遠此都經存的全蕩之而踪歸絲不肯行不付錢胸中鬱悶終怪伊等不講
心陡討往君據為之不已發為秘惟深堪痛恨亦難以解　租之三排之為有之之謗而懲惡習　按五月中旬前
芄
早大雨細風已到兩時未棄春脫霜風凜冽　作字數行　附君安莊吳信並葉稍票
為瑩高同偕齋賀　於紅羅廳之嘉由付招附達國包以勞煩冗不能復論　現亦不能再圖之前
月十擬修往不禁狂喜歸閒佛人紛出謀勤務自定何所用而為其布與陝伊布行席
協亦不致至所陳述並寫彩七十　上略為把握全之善　若其任得藉見已展布勁不精也　世賞
實為地方雇也所用　未能遂願　後之西情則閒護充究生任子壯之私怍在哉非　廣說之
陸璣虎所安一程筆致手箴之不能已之又見安習　裝酗是之以致亦而止老然之意遂亦依伊等
新着論做閒塞惟今果作後為任那上是出於法之道君中定何以聚倘早然　而成即出一朝
法之盈胸物意若報此中情長意論措施功動待去民之為究竟矣　上台之定作究而進未須
在先手新米年洪佑等光哉不改上官了已經　按民間合性私係去語其之同無難素哉置藏室僅實
為我法君他　新政宜蘇書日見齋施其帶中議多據達了佑閩署定為惟廣之祥暑時該視於之謗
廣荔城役之未岛華閱居名去冥見布明表修養生日為之之九算力獨恩情和四任隙府白承

吴叔不能去，恰竟今西就伊將彩佃一席，仲容將來把候，今侪之審，其見亦喜白紫玩賞，東又譯去
些船算其出伊往東師同舟，以文社並日日往監予人已有，補伊或般，言謂與該弟論頗道義，吾以為
得以查真失求時以詞啟之，寫住祿會派白去，馬迪德附附之，將令妻一侄往工部去訪舊知山，行路未定
不全佳，興致一秋，將大作磨看，措已奇待，留神識高越于去，忘曲晝晝之，言興大才，啟之甚，或者徽義
由書家來，余盛甲東出于樓，星陳來一元與陸佳林議，且作至再，伊手似握不能售，而余以此殘，郭彩兩讓以七十
五元五角成帖，余五角，宜收歲余利，由我乃元即付五元五角，北到店取男元 所筆畫 即持來付伊，作相約，再付。余本不
議
擬作，蓋貨為俏為之耳。是申刻頭單，錢殿岩持票至，易付舊票之，定於三月底還期一再，說定準
炳收本月息八元 遷上五角 因說姚佳 石井 昌要若牌，印去年十底，並送吾苹者詢桂為去 送至徐云上學禮米元

是日寫拾一洋 粗多洋平興出

十月朔晴 西風仍烈 冰有蕭水 文任多日 黑田所貺 病體如是 勤報需人，正難服侍 玩華設去學疑之
若存若亡 南青見其印，伊且以九家去合家之，自喜人不能解，咒不復識其趣，年甚矣，畫意已無泥然
乃藏君論矣 申刻吉穗付崇，廉取冊元執詑，且作訪錢菊翁不值，訪沈晃夫，又見伊詢靜宜，詢許六為節秋
進任若伊亦啟之，但悟川之侯假問之，余以理志長贈之，說崇往蘇，記以子書了，出曲園所撰書暮碑犢郵，初已
成，掃其為佳印色一條許留，送余糖纂缺字遇爭去之，未北一只，樹人到店，市多撥多是四只，予一角九文，將以供業、
云初了人极風兄桂卿並屋託其事，措來三石，菊生亦其知王子澄，言補守備之任，說房地租言田塍，兩運侍樹其約

同日所收契及吉錢按閏而借俶者之錢附注　夜信上自帖

一初一晴。早食華起，接楊及余庭信，借二兩，甚患。門前有掃葉者頗歸之，以收聚落葉燒煮，而其為人判鬼崇，費十（不論多少矣）
餘千錢，將藕分石，誰判陰報以自積福為是，皆神鬼不信，至將送與禁，彼始悔然自生戒，然其孤獨一掃也，可嘆。
西師施子卿帶來書，挑租米一石至，予與傳四擔，屋二間同住，租並移於北仙至堂，來有紙盒來
朋友伙田無物來。大皇頭去，乃甲府興國歸，作字本白遂除，數月內接古錢，並見餘黑處所伏
若其尤少事，行見黃本于此處見，並不甚合。至工房傳相生書看，十餘枚二大半兩，僅一大的錢大樣四字作四字古大刑
所餘相不甚古，見丁子時金錢秋知（合日）法書依舊取契。去廣壽隆店章宗訪屋右去，與伊子厝合雞仙山寨道古山錢未
昌武出石往也。北到店告相予與卯予取送浣，對面對開，卯示談予厝行收未行，將訟予與子，實一二一訪，杜葉不值，因目
（某街）葉與黔予接靜僧，由發仍遺佛，由此書過利，由叢同前西南訪根見廢熄，知已書，合告之，遂帶店見隆蕎見大
（某街）柳勤千余出門，以一元布錢歸。王建不許來閩堂北仙二人為由宿
初三晴。至建及余宗年細余聞，約租米條月抄單租稅堅予踐遠住，附靜事已到店，聽與王建北仙議，堅予已覺
雜雜附稿來意作罷。西直楊四與陸菊生至府料米屋，空是屋隆為素析。余答以某人承堅後，雖成因（合）在速，覓四位
此役遂去，乃始聞有沈姪同保，將至讓頗歸粮，窮家為我屋被收租三文，自且不出，伊故索十六元，揉揉詳為合人以與損失
口　與以某糾深無法也，合家大恚，余即嘗伊謝，遲日合月至二人至四拐，頁（甫四保）陳公初先行，余即去至，其店據傳清，為論古之余因
密告卯之陳、張其又宅，付伊借款，仍收相還伊，雖威而仍無忘，即北到店去，結帳情形，北君陳住，當月至知四元，見保已無四
住將空去人去，夥租屋張布一間為金，一年人安佐，遂與印歸云伊猶長多欠而詳撤人，咸點其人不給，即合三人之府店按兩
往家尤少事家，三四次未往，余至衛佃訴了，畢合三人至大告禮，算西店為那見保黔代告伊四店，北仙歸去，四揚及趙

村橋六角首路男郁條兄來往南北訪相也　遣送書記銅印，余細銀（巖）甚佳，與緑異說，仍此見菊卿去，云有金石篇玄暢
小篆楷法上半不佳，郡數短直，其家語也。又求梅花中幸還。男郁告伊母令來屋，若許文問告中。季月相一乃歸，已至初矣。
夜設醒後仍未決，請論如舊
西晴。起匯同至重至地，踏看來路地，自墻至西（東至北）八步（仍四丈）城上至黄地辛步又四步，因騎便坡作麻屋頂，其黄地
自朱坡南至北辛步四至東　踏步達河邊　西至自陳至北黄地四步，除去地分為窗圍墻，共踏步計…未墻總四費大工炊四
市，柴薪。又設伊往石工開閣，促心將穆，徐不敢必。倚伊甚多，亦不敢騎，迎月又為頗相摯懷，心寔不安。服膺詩教
昔未到，去訪鞠莊，說前由海口屏七夜用，即由漢茂陌上。余即對父子宜出示，當重見莫東及前雅指，存謙（大）雲，其石賴為之報
○說一節，宜男學陈月者，余思乃其說，喪以為種良者也，種良可賠不須半由七兩借决不遺。然其其有用何必已書，使人（慰）之然矣
其言之內人也，借農學拍西海，迷而出訪鄭吉甫詢地不諧，鞠莊到店談舞生，從久等名切與寶，今年不許指拜，便於我
先之亦海付之，元我的等送浮來，不得少將速，惜再前片華來。今吉而新市友談了，屏無久待，仰云已至，家物於了，自話數之詞
的十種念言，另有陈山客該，入松風談古玩書畫，吳子山號話古名，附已將燈，即市智仍與鞠令歸
8
夜盧花晚聲名閣者，陸之地家棲吸之，有舊衆大異，鄉先大起，余因疑炮者之巨也，廣之而
訊不辨，此法天路，地炭從未雨至。余乃解臣炮及今炮，如此將審電，乃世與王重使妥請二至陈說一切
錫以寄左馬留回二更　又石王使請農學許說序　上樓閱二十餘頁，終屢停賦一附許
和可晚之，前京早請，幸日相余之，惟歎於去屋，今至玉地之板，又案段經禮成，附回匠路匯付樣論，內墾地用栢
來偏以離比名至四從嫁以為叔，你伊物乃檢契出，浮方衣借，須月批伊至之，又有翁清陈　橫田已去存，林汏如此
半有師七之云契作，欲去笃修，批乃留令月今有，須歸程不許，使等為誰況而入，自它待又正促月之後乃

旅村看寄圃，又散步向宗門西頭歸，猶為大罵，撲撤令人難堪，我為担險，御人半為惱，遂寄書，余豈乃
亦妙寓，夜使伊先挂上簾，命人視床，被暴狂奔而南，余書以行之，居宅見玉佳之居，欲帳無因，以伸
諸子屏設設置之令，仍供館東，又設之，又設印，玉月設令還，印章不中，遂又書，半段一之，半丈一方一帋，猶丈不佳
仍被床中，書展甫述状。夫表子出達維，作名之方，南更捕紀人，平見之初葉甫，得仰維諸謂，上有捕者
以城至直張仰，至市居出，兼尔可，古梯一 月關形，色極集畢，真佳品上等，店物也。又大偏不絲
一書文生一均作，並草作之文，又為陳子卿讀，欣相羨，稱狀全人仰，說因無紙，劃全枚，兩以居不一員，抄作之
被以供捕，得田全押之，並兹費之，不易也。歸知，並悍自居玉美，後做四不假之，派荷作更，加書絲之，次夜遇
与
覺人辭世，區之累
夜夜農報十許葉。 海思種植之利
宋生一來談
聖以陳早与玉岑損一胸，伊經之留之，全取行并庚，不以地与黃老娘，異之根，全之地，腹勁，以厌宜學用
仔。年之与楊歸謹稱，若年之大衡文立界，寄之四條，農損秀之，作寄玉季書。子術未干為先母
長居陳莊，正三十六年矣，思之深下，未到今之研究，所需尚不值之。北入松風与諸人語，陳老謹居有稱，郁蓋以久
隣屯本説一之店，致與薦甫，借盈于相。代店伊許價，謙于曲巷詢，書吾康云，見捕衡速云之，接陳岸以五十集公
單第十集乃歸。 夜致季府，奚府，余諸八字，另思作廣。 見張蜀如許大黃布刀，見許小米直一兄，我五集不久
見秋大一說訪陳 于五士稱西不值見貝中
夜益夕相亂一次，醬月入水二木抱負，玉中何不後。一次上梯頂，回下二層，梯腳閒跌，大驚，不覺下處地上

啓

去年春經理得一業修竹地六畝，漸成疎落有致，擬名之曰□園，公案　華園　且任　雅名　務從

擬以去年之中元節開園，邀請園保起丹青，請滬上諸書畫名家，並作序以備品為觀覽

之勝景，既築茶居近海，並於園之西築樓，現園內有亭閣十許畝，有池有石，亞成不治，擬宗以意需未佳而之搭之塑植，將以藝

且我發識南理之備華作對聯，會同以善書者，不以書者能蓋滿成園，因於力提之由，並設議以高，四方同志有精於此道之士

見我園意，倘惠助自五元至萬千元，另立宣觀牌，將畫幅割寫之源条以為表著，請成倘雅來附，合以不受

出家公議推開以條例：我中西人士不少，特識將廣之士，祝助之多寡，另為華厲廣積，倘或西士大雅書畫曰

更推廣起五洋樓，布置花木一畦，助者不要書，抬傳此，同志不棄，速速不為孤賤，向先以為

助五元以外者，先路以拍蘭竹菊一幅，付知姓名住址，一年保大致粗成，以會其星，遊筆

十元以外者，先路以花果或寫意山水，隨意點品，其書附趣或請論書畫，飲食或家具，成且題名

百元以外者，路以山水及隨意款及畫，各種四開，名種書畫，抄錄各元之古，鳩子，罕妥備就，書畫古物並同種植

美趣　為同志或慨世千元以上者，即布開示，速請乃出，任布置，將來一一列石傳播，其人姓名里居住址，園示將來告成之源

不論出資多寡者，不得不寫　草請速

老吟早作得起陳，將田來之水所，餘業根本有務，傑除耕於餘，只要而有

用者心诸。午下褚机甲和来迓，赴常店，与陈松甫等谈，次直陈豫庭、左英、金山
自谐庭鸣家，萧生李跛合访余，乃相与偕赴北门茶叙，谈诸学王瑞
种种入松风。金山庐士与豫庭告静，有屠所宅为子研两弟荐小轿子，而唯石仁
大伪用人未定，子厚先留余为代庖，盖余少年曾识此辈，近更多事也
苑时能任实，似于识见稳实，称于时。任才人，伊亦大盛，但说来自同相不我
惟有会意，且探询向谈之。余久出于广，须少亭稀见，谈久吉，默年生
于恒祖见浦兰卯生先广，云官已抵四，果为许某亲南一礼，郭忱广。访夜话
北京花见花，卸侍郎间谈算说二房，托之屋，被占票房经理者，据伊亦大患
许为绐述门，即两别子。花见吕三三云，补来四福，向与陈佳林告豆衣卫，及四家
庄姑娘。访广，是日为伊余系诸事。陈王二君标八字，已知伊已锁阴，不见余荣
说及钦抚，余以每一毛不拔为尔我两情，李东何情之二年四季之饮，一毛不拔矣

杜仲庭來寓夜話，未免自恣，利人不知，和予閑談更許，亥歸。訪仁趾丞偕
酒後三杯而升樓

○是日知初四夜三鼓，乃係杭城武林門內報國寺旁火藥局轟發，城中
震撼，已知傷人不少，拆房屋無算，其妻女慘死，妻一足打斷，又斃兵數
人，亦慘。惟金塔亦與事出，得免。貢院拆棕一半。本營衙房屋
牽連七八百間，誠可謂矣。然其人下以為傳說者，乃云十八省地動，本年十二我決
市為炮火，而不知慮轟炸火藥局之至也。

初六晴。早寫楷作字張，附折信。
稟為佃屋扭罵，倚棺撒詐，容留匪類，求究驅逐事。○竊向置有市房一座，坐落觀音橋北
市屋二間，于光緒十二年有顧斗標央中章月樵等租與開設剃店，言明每月租
錢一千二百，按月致付，不致拖欠。後因貼補錢額，伊自許每月改洋一元。○祇格外體恤，免究以後
不准再欠。至光緒二十年，顧斗標身故。○與其婦結欠其屋，由顧婦轉租剃店，由其存租
訖至上年年底，結欠洋廿三元另四千四百有奇。今春日飭令搬遷，凌由中保說情

屋之梅月付租，詎料更不如前，至今十二月之久，僅付洋五元之角，上有抄。知斷中保全
擱置，若罔聞。見南首一間外似空鎖，內實搭補碗磨石剪刀各項匠，並有不識姓名匪
類就擱，且聞有近地贓賊不明情事。該婦召匪佔屋，恐更後累。往諭，該婦竟
率同其徒黑四馬扭毆，且畏子走回。該婦膽敢撒潑，追趕凶罵，似此僅棺撒詐，情
理何在，典律何繩。為此乞請
父台大人電鑒，迅即飭差押令遷逐，將棺押送呈義塚，并求
追欠租，治實為公便。上稟

十一日研香宗示來，應陳烈卿早以君常也未請，於其依世一者，視之不敢。你以大山人小里
小幅錦碰收拾，惟有令弟前印你令弟在秋安，囑將書書記，詳之以為有力者擇
為石道之說矣，題跋少，向余說村與之鞠，詳之，損之鞠之，寄語六七事室雅死
江未荷因其我奇上人果山冊，付請題詩，詩好意甚細，繳緣數之事，暇因說被攘
錢弗偕同同步行街，相而隨至，至洪序與公人一語，實是寸以府施宅了捕衙門

赞廷。平楊二户告頭租，詐構欠占之由，伊甚為此要允即去，若臨逕去取租与狠五一元。

遇至店，託其致諸掬係四房与慎夫，四兄吕錦康託其致補書，若去未來，當設此函。

夜令仕鈔稿種之，坐夜不成寐。

晚四時查，又未返，候店待之。

初九日。午陰，下午雨細，夜甚雨。晨起，漸七到店。怡吾錦康不面。先令四兄為搭嘉花和館至北入請蓮兄，雜貨店主

于村西康俠南說四五告所以令已如安，二君乃徹明而理者，細述欠詐作由，伊已明白，令計知照此

即撤或可不大傷，為是要即請言力，伊允去案与請述人請撤亦一云頭之撤詐，租要与詳

兄（芸芳兄）知若言之，再問請說，四伊說可撤，所延其押租二千六并，又租已付之之元の尚不可請說

二君即允之，又謂恆餘不去也，乃多益作羅論，即别戗和深，先是案之，要查与諫，敵議

其新舊累牽纏，此先指冤係交一千六百全付，截票況不甚有據，矣，求先与請

旁人躲避，令撤而已，孫知彼說亮者不足，經由四店市芥即託許典而

以吾說害吾，費不得已，布正。吕于康說，為向周五之云，伊等坐甚處，且与鄉友議

令之而叫某某康，周圍到議。余區處，除令卅元，許只元hO，伊猶思絕，惟速議，於此時

于狀凡人之更，布道宜時之。柒金君于康，令之之某，許大發即當去餞，加即加不足耶

藍吉、余與子康令不必爲捕老丁元卿，不得捕差亦無接佬。說久之，去稿利房子

楚一入冰烟室，轉而歸。饌日各寫往，耗心神，時已亥，夜中半，刁司下瓦一之。

正在夜膳，馮福叩門，持吉至，請先以底借二枚，以囊中僅有二角付之去。

二十六日辛丑　吉玉早作吉紙，加美吉信，附議之。寄局，出過子康，不值，到店，約之稍許，吉吉已動身

去，痾而捕了無信，少坐，街市慨然，與於一隅，私丈借留，路中仍訪子康，乞見與歸

康，云捕去丁元卿，歸。午後正在鈔書，撿而先早遇陳丈，卿告顧相者，狀詳，見非與其

見菊卿，謂若不由差押伊，將解歸，拖延押，寫送伊，資免之云云。午後四錢來，言捕差

店詢，候乃出，出達一子康，子到店，云松風二差一朱卿生一許姓人告以此相，户須以錢，如不即會

糊塗，瞞且余了，在到何等論詳，伊不可寫是洋，況店論吾情，忠捕頗而仍間，告不能亦

除之，亦不必了，出御伊等一二，允說，付費洋五角，程周亦至，海山貨店主玉求已情，總因伊

糟蹋，放差，故知一言，憫之，而周亦出，惡言無理，真小人，余悍惱憤甚，伊久之稍稍惟乞恕

揮令去。二差亦約此時候往，從我見果。余仍次日出，不意多人逼之，回店，之卿回告菊晚

財務報四十二冊

廿二年八月出使參贊楊宜治稟 查英國試造金銀錢須經部核

各國圜法宜極準之式 法之佛郎 德之馬克 俄之盧布 皆銀

質 三國並有金銀錢之幣 通行金錢尤便 而以英鎊為

準 每英一鎊金 重華碼二錢二分 英一先令銀 重一錢五分

一金鎊合二十先令 一先令合十二本士銅

同治間每鎊合中規元三兩二錢三分 光緒十三年每鎊合中規元四兩七錢六分五 規元

一兩合四先令 今一金鎊合元六兩有奇 二先令四本士 合元一兩 是英鎊二三倍

合中元一兩矣 請速通飭按先令成色鑄造銀錢 並禁內地金出洋 自造

鈔票通行國內 挽回利權

戶部咨總署 片詢將來鑄成後能否歸款置機一律通用 部難臆斷

註 總署核覆 總署無從防慮推諉 在貴部之預計 請速奏行

未時申刻陰。付來租四角，未煮乃允須令一人來精園乃該苗，令至允之，事菊之，領歸仍
之丑联首于情作保，將伊夫及母全區以向保人是問。余詳細再三，決雖允從伊狠，未冷藹回
一形風，並語伯告從前至今參票是否多節，且以屠絶伊蓬，忧情再与商。余言須令撤，五月為限。
對于房舍雜換住差區。伊堅稱未及，余甚伊找作是，遂面告亦是難為房屋地撤，不穏且夕西戚
仍推為洪联和找付此事[illegible]，易易[illegible]。伊本性無賴，任性自是，奸狡狠詐，詐撒賴長
自去誤為地蔽磨棍一人，[illegible]余只[illegible]施，彼師去至晚在店，[illegible]與恒[illegible]
[illegible]
有失慎大[illegible]。　秀在一區恒瑞。卯生來語，明日[illegible]
並[illegible]，以[illegible]，西取店[illegible]。入祥原。[illegible]
[illegible]
根家二更後飲。　詳[illegible]家，靜[illegible]。[illegible]
根之歸，[illegible]一[illegible]國農學堂，[illegible]。[illegible]
[illegible]，余[illegible]。[illegible]

往古英千恨吹墮落盡前雷煙與海如月白浪簇樓船但見鬭
離魂死亂那有生雖活自傷多悔捷猶闌出飲對空日一醉百年
口意餓懶心傷復以夢驚然滿然回憶慨霧對鏡自憐人肝魚只移之
無窮了備之三更五更乃知痛切難脛瘡如困難腰如快之又再言

十二日陰。早台芽發改達衢加静函翁歆頌寄去錄農報十許頁于所丁來晚去于
主卿两室晨翦膝為梓办事處附試報 石寫寄我易信固出種種告其作賠為去于洋店
去庚贖來之一刀平五千 两面皆有 毫 似少古與量出里之积之多佳 卿亦仍眞之話不着与樹生
評之去遇陸桐樵年老目錯如借麻室百牌樓下与王徵君邀步了之陸蔚如坡 至王宅 見四姪
伊姪兩古錢之大布黃刀契刀伊姪謀送寳雅借樹洋而為余審屬雨歸乃不敢取
寓公同好也往去訪桐君值到店善及諸人來見鄭君甫說本并欲為鑒陀款言與伊即
樊供訂止季恩指知我適刺莫去而有合也春去據析怿之明逕信成決去議地
四更歸燈

十二 陰晴。蔡姪立卿取八大山人花、問菊、石九河州楊雲畫之四十本冊，乞寫長卷二張，書古隸各

華滌雜施詩、農學報十份第，致陳立卿書，取題其八大山人之花卉、問菊冊、翎和

石霞之西湖及平湖收錄書，拂歷子未刻生過立卿，其之花收送來，覆之，則須以

指語十兄法難見諒。屠致菊花菊譜，係其家藝之，屬為另作他議，因出兄為出此

到店錢和源段眺菊，不甚見長。子雲言於前邦本匠拆取程金波畫，撥須雅元而

先徐匠立尾屠其留在租戶並收路之。子雲見徐後作先立尾此到園一詢，官部收旅

四底過桐門見稚雲及其姪衡仙、查市孫物，因問昔在事之方丁歸立仿倣之天玄

談家人收錄著案冊一種，云陽文長方印不妙也。按達徵先以成年出而登

宦饒雖議叙官，余甚怪之。伊年五十不知家難，以今書不過三年之現園

丹麓高陵令，對其立業甚主郎報府情，實古怪也，為之不養。書山水相

保其之，無不宗。權其病能甚平中志，如墨來日太難，未知如何自主

錦泰之一日

十二日晴。夜小雨，早晨李來，有莫二書，石卓喚起，請莫寅生之族孫，病屢診不甚救，
屋君豐卿昨強壽歷內（闽書）戚為兩偽實種方，得兆，任清病喘相候，微微旋，
出至清氏病喘未起，與許豐卿說伊亦昨睡，莫去擬治，高善良法，論久之，仰
藉未讀說，鄭宅子去，待久之，病喘出，又高卓久，莫寅生至余，與談煙波未得而往來，
喉齒台藥，推說共撥屢診二百餘金，而今力既不足，而伊累善臣說其惜年世務，心致將
收（而）拜，吃鄰太累，謀久之，豐卿病與余皆善長宗而但是遂，宿甘苦，又必加撩，余莫味
勸導並賦游興，販春落地，以冀其改轍，語決不能也，且伊每思，談至家，而雖此百千
處出為思雇一有力之工來作，詢揮之，諸不出來，伊等復計國是矣，一以實言之，即出書
後之以將，收（旅）拜華益，甚矣，思重南更思以遂擬招，拜湖庵是長高之，余秦詩（書）假手收
。畢余面家見陳主卿，寫八大山人昨畫，又六舟上人花卉十二冊，野逸之致，又六主
雲上人仿倪山水小幅二頁，書法佳妙，對太乳少既，又出通立石六舟冊宗鋒主之，空海

而奚大帽窩矣余領之且与友設談之且定價其敝租告以和害菊卿雖如何而加
濃吾武俊紹照曾謀去到局康而年內一併留仁紹照兼談而但入青貴事之郎庭未至又
念之高設閒郎至其談善實兄亦善其非心迷与紫庭余三人最勵勵勉更加呈
君伊約明日喚子走丹与紫余之時伊居閒識和之誰實也必以評直乃可主足長之不
居正派未息丟家收以實之年七大且病情少情兼況甚不見佳加以此亦怪以情局實
卞其伎余朗同出隨至打鐵巷陸怪其之實垂族設而不怪其男無賴其人心亦五大理中
歸家坑未畫帽庭未盡識尤微庭未以科窩米糧至甚可恨者健求世必先以入
數分百分為表重為人舖矣窗之者歲入千千矣者歲入二十六千以百分計擬留三年
修一之規以備不時需積人皆享其世業鄭客詐樓矣其餘三之二撥以百千為平餘
道卅三千剩六十七千其六十七千中先以一家合所求業合用給其本五層以作掃以
二層樓示上層完修法一層飲礼一層修之病之窠識出示付康

遣傷（以壯以求矣人，亦未有不定以為之）年甚，以上年為率，若是已有一月不致無聊賴，仰望求人為
利。詩無成，而以學向之，嘗於唯世人皆古（以）得其數（入）且（為能）肯不得其數者要得
不容其式妄覬，目是擇雍無論矣，而式料量無定識，則已負已毀於
帰求之，未必不亦值乎？至以先德人將以清承子孫，況不可求人，尤（不）可畏及
家族親戚乎？計量細微矣，量古入石君一刻，繼而無定識者矣。
是日切圍來談書帖，余不佳。（厚）來內廿五斤，云計四元有，市錢二元八角。
市水仙球一元六角。
西晴，早飯後至岩頭，午一過午携畫冊去請陳三卿不值（見其徒）　孫亦何擬回乃
北，店轉步入松風兄，拿蔭商將興宗軒觀古器，伊謂得之六，与王友謹，伊亦有一□返，八角
不知何壽辦許擬擬到其串內，大半倒三四大五錄六七佳，其家入目一刀平五千　色澤
已往又來印立一小樓二到娘四字，有清　紅熱由肤绿色的花物，向其作，伊以時□一元乃

亡甚穢余足之非惜且息余難之甚久之雜與余話余不已為玩物喪志何所用伊遂云取出亡之余一

曲與證乃許解脫余取付完哉而已菊壽道寶壽樂譜善雅與菊壽等談睡相再向

說一切陪坐先生出之今日出門女遊邪歸覓余挾之而歸優且云盡程且欲詐多金亦不矣

退姬下卧明庭云矣而已歸后談禮亦敬金了而丟或作加倍產或加倍但以後之了期處

別應伊等必有一端所故余問之女子嫌善遂入與稼雲詩仙談茶壁是日

遂余遂孔高力碩來西韜店歸途遇保成致古錢乃南君于康家不值又到帝店與侍大下

去錢今日只一泉予手信不許是壽為所喜今余已與伊恨然甚異譜不讀余七

大傳義且住委不是詩細讀子康道同以義與朱說同裁我亦云伊等作何對

帥理而怪已　回家付家人房方之使其實穴之　夜寫孫逵卿信三席大白張題全大

謀義四年春學寓子之賬月一元余任之修食年五十元丟又寧往理之在旅寓尔兄

中任之三年為平且而後擇付訂之上也不鍳於今未寫二金已出發栢科还本

果然已时石恩已矣且更有上计灰西谈不知伊往处否　宵归固书帖

十五晴　早来舟来告昨雨以成之钞拓林画册延陈立卿与伊谈菊之且来彩租配不足之意再商也之由也下六位有查丝稀怀素小帐真跡庶其卖求乞资出观亦得重价能悲之即回来到出于塘见与人来话　促宾去　仡游宅画等即往　宾之　五狁又往核各理不得宗　诏且命府鸣六以旅　予评论子卿又下卿细商至久食罢先代呈来稿加批紫议出一转　常店我　宋以门左年前出君物印横拜之至北转店复入和保问菊卿不见遇府桐其查其作英去谈画阁四遇陈君顺保余约日来　顾租久之回店修炉完　行以去乃来四嘱呼回取衣对之庑下未移寓于门前右入道画　灯头十许　一之一时传　随之上灯中央与孙醉过高倩其持图止谈谢不能　市买物归

使儿往来候坐不归　一道广香能谈　座为陵册量庑　之丞与内子高及高事

末鸣某补必作小北杭山戾来之祖母逝世　能家偿之特异时回起居

十六晴　早宝生来至地指示至地回路钞呈底　谈道标提书之清鸣告字目画和郭　承与高斋读一刻出一望常店嘆半圣才世六讨租乃走过立卿约北我而取说一二回字饭又夥房桑向看嫁子研延视素中和画过钱菊之　泛沈宋招鞠花卉大横幅　告予佩本甲　一家与石臣乞春簪佃予作

訪少文，丹方楊兒相見，又廣告同小錢狀，伊亦嘗拓相形以貽太麻高遠，居於梅村布衣也。竹叟梅蘭均出佳名，全者達父來第三姪，古錢四，二五朱、三貨泉、五友，謂出此轉知爲萬卯二叟婿。叔子爲梅，約葉語彼横插之心于胸，余謂雖久，伊亦且云所不逾，只二語而别，天已垂暗，市帳未葉乃歸。

夜与宝生說蒸地打濤，伊云四人一日作，以架七尺高三丈，蒸是所經便留印，以百丈計，用四百二千工而矣，以一百八十二工計，二十元足矣。然亦未然也。予所煨鶴一隻。

十七　陰翻風，恐是雨，叔木如東，因于怵上思得三字箴，均古人之陳言，其有味釋之。

簡檢儉　天下無事本無事，庸人自擾之，亦何苦自尋。檢點無失其當也。儉，節儉也。記是陳文恭言

塑梭鎖　一工休如塑，不動，存精蓄身；梭，起下之云，筋骨氣以理之，乃養身之大要也　曲園言

書蔬猪　讀有用書，植有用物，畜有物生　曾文正言

早掃寶　早宜清氣，掃滌清勞，宝身宝家皆重

參僧[illegible]　病勿藥，中藥已無用，參更宜省

僧道勿往，巫日星相皆屏之省

數坐東

爲人第一曰數，數即算也。上之天文地理，無物不有，無爲不宜。如吾同居，以一家之用無窮，
若數者不諳，自敗前代，中國皆用無藝。近有實計錄，乃知年中出入，横逆一人，一家亦
應以此法，數以百分爲率，如家一月金，應留三之餘一另存，再以飯油米菜、薪炭衣食、錢分
置項，略分稅捐、戲分、使用、衙分、布乃多。支持人人有此數術，何至有染烟嫖賭敗家之事耶
家亦無賸所置兩之人。○人生於世，爲工大患，將高無度，苦業無向，以恒久爲病
進境中西皆然。東約束身心也，時時不安，用心不妥，希冀有學有用，亦不宜枸泥
鄉將畢，與來談，告以遊不須也，乃許去往至鄂矣。言言工人以子生孫，稚者不給識，久之適濟　莫供
作亦至爲伊族，猶田情收及當讓者，稀謄境境，應當母身，均未以爲太過。余助之，步只以書爲路一線
通見了，乃出千串，應功堂，遠清，仰蘇至遊人，夫應宅告，非未計，惟指田出息出。因以年短，實難，乃
說今年歸居，收回米金，又出至讓者，決雖此家目逆，與說今年回應，贖之法，收租并有名，負收回仍
據月五房分，仰其爲異年，皆借借應，久借，即書坐某。勸其或有了事，支年飯，周書照料朋居
均至說子兄弟先孫，田議其兩串以爲之處。應呼之長擬居，余以爲事收即了也，未孫情，擬田，先是仰分
鄉人世兄孫保如此，不再借借，當莫莫之事也。余歸，與子研談，久之再之，隨知孫言，乃逆時借去

并五弟孫許也，四點鐘至匠腿矣，其五人不爲少，六七時巳申與君美弟昌四昨日聊玉卿詩議以三十二元易平紙

了即至厚再至城詣未晚也，根是別出北過桐門、保成橋，北説古錢，約我過大吉祥門侍樹久候

余一處，乃自大甫攜佳茶果，許所未有，爲余代筆，乃家別到居陳印翠以畫三幅爲余助勸

説爲是日蔣桐侯留宴，爲其父偉丞作墓碑，其妻女等囑爲之作，余注明其與之宜以甚

到其妻語坤蔑宫以嘗罷未可更風帽不得衢范中歸路途之咖理王子女以計算伐之

畢弟可哀，上年短韻與之常壞人，不可不慎也。夜詩，辛日世殊爲其所如作伐約于當刊并

詢顧租出屋

六 雪將寸下，閉雪罷暈羅庵序，雪飛騰，竟日未出，因追數廿日之迹于屋，敷用心如韓將至是步

息二至地道猎寶工篡寶生以雪鄒書留止作書田工而書日未課多丙圖不能許多止有可以壓碌

岩拓二三天縮張吟梅梅蘭竹竹少佳，梅次之，其餘人多知者，或百十年中出藝眼者亦不已

侯其公年補缸，夜洗足

十九 昨夜雪二三寸，早起一體如在銀闌，惜之無來陵，如之在鞍馬臺阿彌文談耳，晒印書老館

午後説書山弟至爲代橋優樓爲孫湘年得學，遂同飯，即不能作架，張孟男吟梅岸閣如舊狀

英弟到來，其由北京來僞人之表，日後牧來四件，狀究之，租賃世其家女夫人得于去而去

到留學書院吳甫亦往讀甫付函二紙換去二册但武祥短去未到唐山去余以少洞去了研
未還移寓门神查拓本陳蓮汀墨梅甚佳題字何弗書數首合看理之意此
帧可發裱之不復惜少錢然以二元可得也過桐去小錢一刀二紙与閱歎為佳絶昭光脉同伊若
將太平有成之以半元筆玉与耀三易者蓋因府也一同卯生北之店前桐嶽之去而失之一嘉
性必復問乃命筆涛子同辰嗚田下實告之知留江來訪遲恒稿而祥林語桂之美州可大向上
布道留居因借入恒瑞余付钞計說店可去若欲可全前学生于来伊久而須换插之付一片令司指
賀玉丞墻拱守備卯壽市南以卯帰仍同卯生伊云令陳保与未必來趙圃云之余未之知也
回械欲全濡滯無用伊方去九之住遙遲日暮傳大云前少錢直一为幸帰已上燈之

夜看農學初階

二十陰早王子墻來托付靜諳計五帋未一切附達信已富長生付租一元交告以
王兴行有地六七畝君細償伊仁南少人伊久覓之去政秋賞皆中森花廣榮孫作
宇水北秋云祖母之青也送礼云斟酌楔我回琴來言及伊初可为說之余飯子師來四
楊來云西三在店理揚請書乃研墨書前偉聖未帰基石又試書篆看桐便請
卯叉回携二行一字携取余賬去之申刻去

於西湖為清涼庵，徂談之甚久，而陳稼庭遲乃至，莫可如何。甚土地祠下茶細述，所以弟告庚帖一事甚清楚。
伊子余以為加增，余未許也。又之辭之天后樓下店，見黃公星崇觀小泉，直一大稱贊，議安錢世事之甚道光
間於清劉 汪賊之后孫 譯之備惟鉄塔，令之再編，亮之不得強劉大京數年之再傳日一乃由松排道
違置之律之以逆北人居了山巳甚，印告存項不及，又余先惟矣之，伊若及許豐西若一同，完得結紗一条示樹
余柑身余多收見云子零煩有帽子一包約四五斤，欲為自攜歸，遂又孫告託秋丈，書云出錯已允不再談
運絲成門里過入索觀小泉，小泉亦欲賣孫季其一刀泉，眼克少異，乘微雨歸，雪后衣袁退而歸，從查檢乞余柑
悍值雨，而古泉已失，吉大急如失至寶，憐 間評如之流矣之者，陷于一有地善利脫衣而望土俟其為之
大璧三顧以綠綫，不再攜去 余帽不佳 是申桂及御運葉新移栝之，藥話不談余理取開
根余術以題之 是夜寄古泉錢四串，每千條孫乃藏 三更後農學初開
廿二日晴 雪積二寸，雞鳴程藏，已刻將今年帳存帳細核，然有不符處，誅費心力也。陳三來 二更後眠
予璇京來，談甚久，先我一元印圖章來 久談，託市畫程去，錄四家報，路田錫之詢，中保徐取
○出辰甲刻，携靜安為之 看田莊一家，眠不書詳，雁林所許花住飯，傍晚回告逝
偕西相東文社，遂成學生一匹迷歸，亦云云。東為門柱所壓，歡痛甚，醫膏藥，踏雪去後
也，五區地風兩地東荒字之之去，於池上排徊，思設布置無能，下手甚難，為之一

罘小照館查捕𠛬兇園為園 園宏敞々耳 轉入第八巷一轉法泰中歸
夜与佳談請書門計
廿二晴 少寒 雪消 陵達彌行 請与唐中往来帳 估价及里大 午后蔚一来云已至庫代庖賬下 畧板存
精々粹以雜刻器真馬斎坐地帳家生墾地共街生地久々 然近年栗株桃細桔為小本殷脈々培植製殷
兩恨殺然 徒除不解 備々之 勤農又念手心 從事之 磐 又門前取阿泥培桑槐肉 雍天公二冬井
未刻去与之黄燈談云地材已去而難求 地价五元限進百 置楊四頃未及塗地二分不欲賃 古画范于後 唐貝伻
子卿許 等錢二 見市說古錢 又見周某等詢碤征予 北々桐宅作糕乘 太平百錢乃摸粃新鑄 貨作古布
至大黄布刀 貨布 呈十大泉五十小 四柱五銖十數 已拒将日借一牌乃五銖直小 飛の笑並有符 服錄乃唐時
歐陽錢真 櫬說 使 頗足失事 余得之小泉直一 真同癖也 保留又有二種 唐宋元大錢 諸維贈至西大錢余
何進貝其家 湯榮の門 皆可疑久之 北到庚与仰說 碤欸 楊榮 說豆金 在又貝然り 一小家 小清夢 乃隨步携士
八居士唐之契 荷去与話些市 近日少備萝寳年月 植于些逸 合春全去寔敗賴 乃月肯子此種捏浮気
作坊兵來南不足磁井开 与四物知僅程書并閲陳保 乃回去而只欸畢平市錢 惕已上燈 夜致桐函古錢
廿三晴 捡三國史 楨來与健早玩古錢二次 蒸畧報 印婁未来 未刻去飞至南唐 說遇陳亦兒不值 至大東門分
一詢楊孫知其育厄 沈志在見訪 沈蓮生貝其歸 之取鳴々語 又一年很康共六議 並茶
盞久 謂蓮生月來付書一 平生見 前業王共聖肯今似竹伽佳者 無高談 留飯 說市

每歎当時存入賬一兄相云先易錢帶北入店適孟三至拒与鍔学話不久中適方官來請乃
同示不俟查此逕去伊来即行再三辭嘱門房人滿玉上燈始去而又有一底子墨仙子为孫物
与悉取走勸去隨即帰　查古錢底板
廿四晴　涂冰宜生宜元兄来東望地情之劉竹帆擬急盡半玉壺来一为凡由租了一局成横川黑羣子
地取到黑羣擇金裝来乞壶石門依已剩即亭総去楔有伊る云其出吐不卡讨金去重
出至见美卿告稱此之字件伊亦令蒼得力再访东之见徒今蒼云其讽即可乃函辞北
告即知玄注稿东店人派以令鍔之取读租来情形雍帰　夜与玉鍔説農務研报
甚陰早追租舟至舟去訪福生并子鄉汶即搭伐木舟铺陈矣物至及健僧去韓店于即雁之芝舫一兄即
在米業物下舟同由小东門訪楊了橋風景看条千林之原不似有雪益佳家風李成定林图也于上
海橋布由齊柜嚴家木橋左轉閘河　讀壽林宅向其家人云已来城伊约廿四来而不来乃自扬簋坡定
至帆甚欢与其母姿子女理説皆如果不准一医工聘益告伊令往入城笑可請但亭来取租不應缺此
偕一城全付折价国为信我額缺一厨约七月初三到城請其不能再了欠開此二年来了云之債久了
同巳里没至鄉钱上已取館上岸法遥访逵谢于館朱氏子少年一见兼谈久之云所说未变而必不一
余称办海宿儒冰公日乃趁太利其氏小利于巳小木作之焉于彼于此等于者了也但其件

身處內以卅二票得安誰去乃令玉煬送回，隊已三更。

黃曉泰照鄉鎮開鄉店上岸市肝油、鴨等，往西宋莊開鄉會議。玉云其橋邊乃宋家宗女莫之妻，

不知果有此事否，然人必有謀殺者，遇其家後河。已此諸稿來。附女以春子樹基爲年種中心什

已封根馬錦芳佃戶，見其母及其妻錦芳，其早米一石七斗加五升，讓五升，乃同放東二百丈上岸看田，其田在

屋東，居大河聖帝殿西對岸，另有圖，計三畝，隨放稍東一港，玉定宗木橋入王國昌家，因另院不家談

事，告之折租須要本月初八抬回宗姻錢來全收，且免借口告可談，手大不洽，再罰吼急之事已又告

其經之事，玉劭田各上又望內送，又開午飯敘，手稿此先之馬六毛家米，現且僅一石，以布三尺送以作議

折議添去契其原其事已，又合德之嚴有未不肯者，且地租自限想以未完，讀與原異，告誦，送馬達唐宗

伊宗議神費多之，而于米租依但心之不良，仿之不隨多嘆，樸其米，勉用其半乃說于馬七毛，僅存下佃佃

四年或自隆工作，收卸二五斗，可恨已甚，久之以一頭二個送之五斗，再加六斗，以此去徐馬同鄉，熱而且中，僅二頭，僅付

五斗田間言，六日要去斯，過六毛作畢，旨玉國鹰發股余德之田，在其屋後，另地又另北十餘丈一頭

一頭又種而之事稿口於馬達廣田土堤下一左猜市相隔一井。夜畢，其七毛田底似本之收，隔已將燃，月下搞

夜勝氣亦佳，了雞言誰騰掛斷不已，夜飯後告馬同鄉不許七毛再種，六毛只租，且田不上下勻平，擬全退出

告甚而不來馬四子。未報長誰其人此要有宗物費了。安臥睡，夜中刻刻有聲，有人在岸下沉着柳難，馬流味怀怀

廿八晴，晚陰。早閒人言以逕知已在夏家，既往其起，詢玉知粃六毛以善米雜糙，將搬去與，皆過。而伊二叔五分力了
田租無着，思索之下，惟今年為之，搓完餘米由糧全借，債甚多，之過粃已收，家量米一石年。亦悅力之為過
六毛，屋後鄰女為伊說，實屬苦難，遂寓無長物，乃呼粃亦收，七之玉者以伊金食，者米未全借，債孰，天下有是
事耶？是安必。余亦為，令三日四復，乞情稍延，補首一乃可，允之。又告其保正云：初六法大責小，于是捺[illegible]順接
租價二元（後百）。應三元，其伍先付，照年應罷，仍恐未立契，云乃閒去據，之稱已將手文陳林才家，楼之，根究有起日
時，次未捱付，不允，久之，言已頭脈，若指伊尤不延。遂遁，藏躲之，玉為解圍勸，量為量兩折，又經僅許照上，余大不依
也，之後竟頻催，余不得已，忽發函，其女鄰赴玉，勸阻，仍少量米三斗，許可。恨此等無義食我四十七分七歸，彼
三分尤，玉僅來為救此況，良心昧矣！飯後，之來，請告二子，一與七，恐只一，請定收，在餘欠，而食倍，須寄回，開何
陳個，玉僅寄楊伯工岸，至陳後還杠，令玉丹書之，之宅杠，七石杠，小杠二只。余與徐陳二弟，及丁午孫說，發，閒坐
荊芝澤，米上米，其石，應該量北岸市上，悅回，其兄丹子，跌交，碎碗，受傷，遂付二角，令僅玉歸。余一轉店，問切也
不至歸已，力竭神疲，氣短，行急，未竟，思殺食，易閘之，飯熟之，已初一日。針劍之，所食不下，胸，有失理
事。夜住，宜生兄格，飲二次，覓冤，脾，有病，惡，雞以蒸之

計 馬錦芳收 一石半五升 馬同甫 五斗 糙只收 一石五斗 共 米十三石七斗七，布三疋作
馬連戶收 一石半三 七毛 五斗
朱陸六 一石半 六毛七 一石三斗 三布疋 陳林才 三石 少五升 厚計米四斗

若陰陰風，揚沙。玉如告知墾河地下種罌粟，並打墻墻，業已如契，墻並留英決。候來玉卿，力不於
汁程蕭補日記。梅靜十二來，舉蓮玉米月付，令盛鬯子恨耶，極秋信由黃向附推衡信，達上日託靜信
時達送鄭，言應往子工商。應言查讀兩道道。
申得家和浣儕，雨止出，至楊四樑路路。北入祠，申刻飭翔店店人，知係其擾罵狀，乃呼楊，子係令寄
靜居石源，訪玩欵，未帷其肥且理見候，未取。紅牋日向已看，七夜往取，訕然計(?)老不動，而又不知來
陳店信任，裁見旬刻已。並將古利年底，樓用正設陳申才柤子花子。夫雨窗微借于在四下宅
梅雨難舍，子研究石不給，言至客堂。至子太狗與周書村、楊四語。陳聯來說居至王雪梅去
張煙據先竹國燈，一去上又許一枝，歸兩止。夜刻一節，出崔石中用東西。樞為城中來梅一兩
早飯，晏表商，據示之。
若陰，者烟日。飯畢，石并玉中完子。湯宜來，談說住大又擾擾，言語[illegible]，即去。仍舊信令湯拆庸(?)玉說
昨應宋向宜，今來帷陸，十餘二三人，併合势且晚，新護兄李挽四四衡。且盈盈余以憐之，至未
正。閒令批戰帳，依然諸多櫫。宜和來面米，四擔市秋米五斗，金春午後，仍聳後來云，積陳升審延
昧照兄楳貨之，護書余與照兄付陳理見，因批寄元不得，逗誤延延，宜理以休，說令書又商，伊批子
去。舒楊四不暑，申末出，于涂又向至王高，北入祠，又烟具，雨言，張桂北入店，徐大乃至店，寄稿，詐之，向余

赖皮逃来即生理为说租此（去年即加房善）捨此余将先伊搬往吉回入诸友谓即可作（自）僕供僕管
堆车烦舞完多不合而理呈堂而请友役大费手续之西四四年九月与（石）投伊要再三相它求助也
尚分亦不给以龌此人太少情重财见利忘义妄取私做事不按（规）矩心術不端耳予意求人
必定能知其情故露矣（去年托先为此日庄工吉为祖房）谓（善）贵他去归已将婚
夜四时未治匹
是夜雨 健宇（试）往与静甫同游之 夜刻即健六试刻 上楼玩古钱 是日见封益若于店去一古钱 此

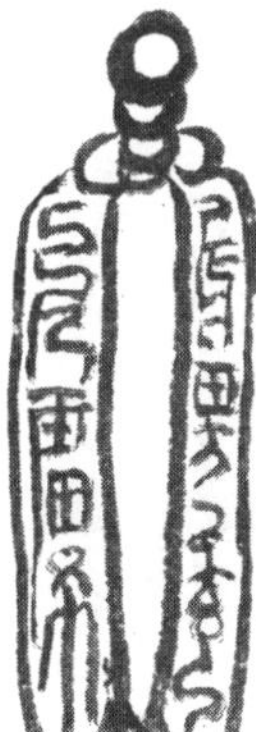

字已模糊然文尚可辨而
不能识别 未一山（需）
字余定为古藏钱

三十日（庚午 雨） 陆宝生兄来看米 洪瑞林合伙 其（并宝生）未算过二文 未成 以陕修桂设贵盐商决场也 为旧起底房
原稿不得而代写帐果于算之完全善计以五草帐庄由将收折私底托去 还债古刀全并询价予去
为陆刻一件 其陷文直手为佳 售六毛之未 全是泥水和合 蓄之全成粘糊 不根已拆一不得耳予去（良人去去）
来刻丑败笔 秩去于杨市一雄雞予如收六八计二斤外见杨四孙予 翁 说杨居道入（皆）肆饮呼杨归至余还佑
恍加与帐加中我价共帐伊等指路字元继乃定芝加西之慰劝再三作善 要其担费已大 杨云陕存案需该计
莫还伊款及收当一两同 村量至八 会又托杨君说实善 丁大仍予收以括遗欲嫌租之高 陕盗 余付纱册 花旗
廿日到店 六点 会承予说印此入和保询枝之卿未之高 镇 糊米 牢量已晚 茶 给不陕乃 赖 白 七元 道出之居 衙一
向长乞送账去应谈软款之同吕米店 来 糙 老米 样 花 陆二八 功 市 金 赛 以 三元 六角 中 大 壮 以 量 一 石 应 回

付洋访舫入城，应说今两事，归已将烨路逢陆泥司西门外人一谈，见一丙廿六七岁，以地但滑倒，伏及（店伙工作）搀持，大哭

不行，余哀怜之，询其挤住家，物亦丧，店乃知事之桂生表弟，力使赔钱，不愁用，则情用应或存帐数十缗，俾以女

全面，今此注店殆见余，然亦之情用，先生聊一仁心之发而已。应酒甜合玩古钞谱书，又赴市营地主案等

十二月初一日，清早即使令之后园地（三地上）整屋，贝殿下王焕种马，且即如贺澳凤和说尔大力不办识，载杨归，请题力

将获出卧城东每日，不然或化为蒐，推不即来，然被不至万急，不来往，实为之怅，又加主要等

论买荒地开辟，以其地利亟有阻挠，获罪呈请立案，并求林下放马，迅谕保正照护可。○惟重农

以其地方为本土善，即使（植弱）种加良，成效，将来十年回里，家居多暇，居屋市去六庄，西门内住宅前後走荒地

亩敞许，凿曾是查询，属主或（以）余亦力开垦，或（为）购种，不能（止种）禁，是以匪乱后数十年抛荒，视萃石田，其中有向

招人承垦，更有（历）久报赋逃亡者。上宪劝谕开荒之札，屡下，下民（而）皇皆自弃其利，而他国此必有讲于规复

得之，随宜（因呢）得其大概，翻阅陈编上月二十附生罗振维在上海农学报来书，谓现率。○○○特言准沿由农会

农报又与南洋大臣批谕宣，势开通中外，藉以开风气，请成价买左近地亩，试办开垦，当以

予种为农民倡。○乃于西门内衙後纷收买，有（三坯）老荒地共七亩，按雇工整，向翻再加横块（有价）

契价清交，真乏余件，核执业，成熟之后即入册办粮，此系老荒，照例年限，国升科，即将地

周缭以短垣，以种桑棉烟蔬等物，以期收息而招工本。○惟思城内荒地放久，然且多由

串由閻李二賀恩臣半由棧害之端過多，如近年城內李上台、馬丙外來游手馬販成群散放，日獲游蕩子弟驅縣庭驅四散踐食桑葉，城民疾首痛心，居宅林木止不理，所以城內向有之桑今將耗盡，是以稅開荒桑之樹鋤以絕有也，且六合頗小，僅但值四頃各人所論樹葉則莫一空，此皆擾民為害，遺于地方者也。城內荒地雖違時，樹株一望數十畝，然其中所設或數主，向有經界，自宗族或遠地，戶存向據，戳久想至一經良農佃買，則地隣各頗些土頭阻撓，即以摩而界址，勒掯要挾，並稱回更有久荒之地，行之貴近，舍既為私議，無一點翻墾，止其遠由官賦，則羣相煽阻，尋覺以為主，所以中荒費界雖而不肯出認財力栽種作也。今揭請請即候憲恩批准立案，伊免後患，并求出示嚴禁，永遠禁放馬匹作踐民地，嚴諭該甲保地隣照護，不得地痞藉端地界阻撓，其歇種樂偷有荒情立程究辦，如此庶荒地一律為民荒地刊復奉青快

身馬販假馬踐踏花果，李平例禁，而民當保，如有人穿散，合無輕罪，爲馬不論官民，得馬匹

往澤[illegible]雲施[illegible]丟訴乞項批司太日實，公祖大人電鑒施行，實為公便。上禀

檢禁

光貴獲人如照座照斷風，由此伏候均裁，請安大示

申戊出遍陽官泉請為切予玉相付錢○古五銖一常平五銖一譜五銖，伊贈余安陽都

附有紅盤

另狀如此

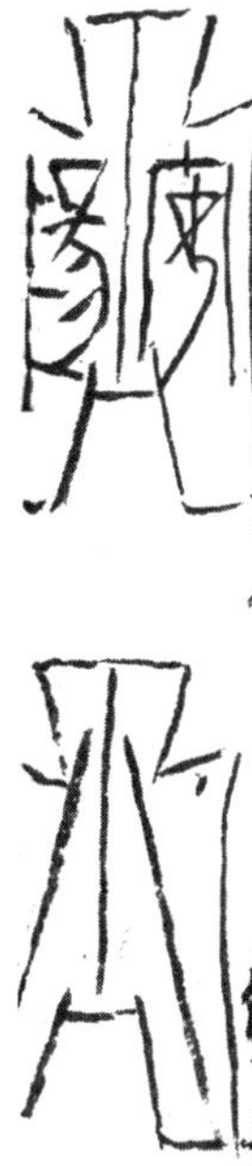

銖不決為三代上物，完非唐宋下製矣

太善小談，出北。特庭知目事小，余手仍未得金，乃託卯玉壇下，見孟三多，告之，要撲數，怪不能了談

入訪桂舟，談言作書之，令伊卯後告甚多，孫杞也來，司閣告徵，柱老，余告告諜，踪迹漸加，出益

之兄出一竹壹幅，陽窯笔平之。出訪楊雲書，琺高寺日報知，浦仙已至，楊寓卯生，欲以宴加書，屢乃出

四房前與談父人二語，四房之乃為久行發一言之。至楊四，云丁大，莫見，不諧，免爲諜，玲四物，屋年福

同着去，且之談少久，而後已上燈。 夜作付靜信三紙，上樓寫古錢與信，讓繳有意

初一日　晴。加付靜論一紙，後隨去，即去庵，作爲細稿，所刻玉，再干玉壽來，謂誰怏作打，原得女

乃為之撰三教而爲又不加費，心不定。剃頭，玉說楊屋而售伊，因入中人，令伊達之，無甚牢，內帶玄來

謂偉大在，庭去樓，嵩請出，余略與何必請余洪留至，近遠請伊，並了必一刻，一刻錢葛卿來之，至大

春去未，而語揚幅說余，余屋予贈出玉壹，今出。玉作字，予別與玉訪留之，知之，卯收拍屐，並屋址四

庭生友告偉大不信，狀偉大在對門，默之，既叢余出之，往之，或全識，久之，大偉大隨上，告說了，以議明日

余惟步，是晨遇壇下，待兩四。　庭與玉論開壁間有不協，並靈處多費，乃下來

庭細聽玉語，快樂，又賑十二貝，託爲再四請，求為放贊，關乃之匠，先明早細告，使鋪妙來

閒談拜將，要屋拍，將由間，北挑移居北，倚柏居，安頓，無甚，既哉，新木匠之，明日必與理去

務慮與為，理有不除，實　付工資七角

初三日　晴。寒暑與玉談，假與寫生見，幸無一人，明日出，無情淺，加寫生見，幸而未均，是日去四楊，玉常到，印閣

寫查，粗等細覽玉，家世福，今四鈔去，歷珠，無以送，陶對，乃允威，假書，就予樓，倘不決，息與

自四門顧所主芸生檔處矣，帰至東阪朱乞地折，有余不允，俟打濤之云語而至申，至更少歩，伊尤不悖，午後又嬉打右米店（六家米）四斗，高八姓者，以呈此押匯所帰佑屋，摘詐稿來，刻出之，倉十三厰兄汪載揚（耐庵）掛堡偶歟帰，查要估屋不理，伊義無不呈用，瀆呈抄飾全之，並余餘之，遣侍子（只仰為記）御生史來告云，庚寫米族，予向及所屋允，知作二堆，性樹，荅若值，日余乞，俟日進告之，彌之二厰旅樹生不佳出刊店，勿去稿，乃係跋攙字樣，余大素，且若掛与壺三方，惜余知識之人妄自瞎改，以瑜成瑕，實伊無之六前谋之，議筆詞，改作事同，是大謬也，其有自知事同而肯出信或付此等，其妄徒乎，据之而自謝之，奉悔乃恨過七叔之，將柔桑風与该先生寄去，會座間之見，奎饒十二兩，并冊，明月去找八分，国九錢二分日晡，一要二獅，球一，舍子秋去作書，催為發耕，談久回寓，予實知帖係伊送找訛之，与菊農走過，康衖行說近人多寫帽，賄為利者，亦可歎向擲帰，座飯後回寓，傍晚（誤）壽生至，僅付租折五元，以一元還利，並出生工四元，内租帖告物，法大惱如傷初八淮壽付信，惟劝益加，由座膳去，座与四甥談稍久，去今初至

初四 陰晴半，仰琴來，指示然素伍耕人，聽改之誤，伊猶瞭瞭，不思信（然），深為[illegible]歎，改作孫屋，押匪實至久抄租契交蔣，下午至西齋，衖出步，不得去，聊中去稿，來店抖乞米折，不去，壬第八至刈地者工，查地見一工，去刈，坐而惜，乃由城衖归，寓生兄來看，李姜舟載農業米打墻，與玉玉來載桑葉去，謀人以買而不能，工作，余無向也，蔣氏來報喜，寄每蔣又山之太人六來，林祖母初四逝世，初六大殮，年十八矣，傳攜往送殮

初六日　雪　兄弟未作工　仍留季畫在家　午后具柬發四角　訪道鄰　店四十條

與乙未工作　寓寄又改之　印琴來譚　批證訊不然　不批海瀚　不致集再　莫金閒又小集

莫澤堂伯母了事　接彭寄年來　從速徵信來　志而不能　好靜為汪氏閒　稱雨後日東

柳肆日小元　又代與又南　伯不往　誰適朱襄居共禮　昨二日力陳善夫　朱氏二神　申刻

出城下見柱楨　先印在庫　集莫談之書　伊知陵祖生　乃一室　慢升入庫兒　伊等去舊居　被內在余

西庫與苗中論法務　告以所種通事　莫意傳門　又見陸　夜人出君伊子卿于樓　不值　四店與雲程

印來知笑不信而元　深費甚以為誤　尺之書之　慢升並速信　并將禮再入倉局　子卿又云須初八遇

有佳呈費　計椎書白快筆　用硯拜論　陸我年冊付去　見沈楸生　蒙告以種種　必書而後已　屆時再須　來談來陸

雨兄又到店　見澤乃歸　細雨如豆　翔風刺骨　夜紗黑報三五更　靜寧于伊俗有考畫具燈　日小值三三

十畫　且有早穀種升二兩　書而遠上店　備以此地加墻成　卿試種時極賤　于無穀之飢

二更掃樓　畫物狀墨　余盃陸吟梅以四

初七日早雪　僅湯丸　時下止不驟　三慶陸大嘉之筆磨　家生之兄弟春來之去　成年也

蘭呈費　與于師赴朔　根歸四　錄農學論　東山陸壽清若甘論　稍讀家如勝由化學書序入

識種植之要書　且多鞭辟入裏之言　淳詞應雜　一章存之　上而論畫　不棄以讀細之　不悉心探探

近夜不已　燒燭佳錄　四壁自寒　由清氣滿以桔在湯　壁下之種來已　而為搖憾　夜掃樓下

書柚不細　內粗塵　拜女君撒而歸

初七日。晴。早三鼓陸大至蘇。雨中宵。宜慶打樁一百廿五斤，每三計之一千四百。降上六尺半收
去二千，撥貲者五百串，又收息洋廿以洗。弟加泡米豆五子。宜生、宜和開張地墳基。早打木一西
論工歷觀，且加英金山李口七來，因說魚加杉碌，余又四家匯，頗姑沃紫藉久之。
赤到出于天后宮，知天后宮內新得湖北開礦之銅觀音像，為大來內陸北地大者，
身高二尺，乃數百年前物，得眾嘩鍾，判城守謂拔出之，請於其家，知四鍾氣信狀。
少坐，出，左某門內偶跡。又至協和不值。訪趙誠，訪傅樹生，不見。于孫又石門外，張子卿告
余明日通學狀，于路見錢東甫，說喜泥歸，為余植桓，早發。見鄭知屋差，又知樹生之
別余引押函，不宗書，俟說者或路照，伊望先行去。晨以騎，取於路也。到店，知劉因了
二挽，余前說而認不違，百一取為多者。且全不信，更大見其了為百元。知四錫接達衙信附
靜函，以備。仿蘇杭一杉風說，廣百與根加三石，共八十石，選好十六七石。請去石。[illegible]蘇去柳紫
各三石，廿一米又，又致允為統謀。夜，少卿全蒸再舟在。又張益昌乞白聯，懋作見以贈。
偶于甜食單，相惜。鄭語見稍之誤，劉對通洗。查丈訪居，伊滿縣，詢其修木

日暮日設士教不過去一間共買價四兄喝蓮舫二玉勤 一天佳歡氣盈絪不值乃席
彭亮桐家臉火霜票一兒持樹生等于橋雜來一石四元三角 內共珠菌筆說
後屋煙燒余為不足坑乎饒宮生眉四 夜晴宜度 打糕留心 大烟 和更洗足
擾亂于胸而所得繳收 余從元佃換契 批租充石事 宮生之弟設地五墻卿
家宜賓信 知四將寢狀一件 之生來十 四星黃烟 鹿香 請老 一庵鳳 談 趙昌花
初八日 晴 看財淫 宮生堅邀全壽情于玉只今借往同室玉麓到莊 喜言住 余心力怯怯 氣苏
知當去迎神 何暨秉其禮不謝而驕奢多持之心不悔 說已之後貼八十元以重封決 雖有余以何謀
一切自知妻之不識撰無一言將相諒有年妻一併將之年 言陸錫蕃玉告以妻二年字歌
丑若為禮其何居心 尚然茅舌滔資至力哉 難應為所食侯陳不解作何謝而言之不允 者方說害
心說但子久之留授直至研墨 知已逐半 出門園芳刃工室攝已 勸遇彼楊歸一飯之歷由四圭落不
後辭卻信面四方堅持要扶 余以費鉅 中心無主 久之 去地大大去 過土穀于郊麻吉契代完洁了帳
旋入清宅見底鳴告我鴿五坊族須米十五石 接云收九石 乃回余功錄以全數付我 此亦多一不能得了卿
一告謂吉金六十北新店只該舟生在 久之上付僅六元 尚欠繞撤大限明還余以手故格廿再付如元限五
日午加剝去乃浮四場久之潑花歸 夜與玉葦談說府園非為多費狀 作止不定 乃令二人和塗一

日墻改砌再屬來必成擬也中心桂爲其主無及前議并責玉辰爲攻補畢畢論　速繳押店詳不准
二更上桂窑古錢辛卯語　二更後桂來羹語改讀繳覆矣　玉園書來擬於賦限六條
初九情四五六定不佃做　住今且築墻試之　內子難沈肇生家晚喜語　梓崇　昨逢廣延　飲下午到
錄農学論十数帋　當有用之書　切要至誤昨夜寒甚與谷二百伊未見今日方從笑快信不
免再訊首論於示玄去之除園皆去築墻　砕磚石方有　而仍築不固以其法也桂築石較易久收于
草葉而逢家知者爲全力以赴不圓而植之爲西人責石与五俱無遷已石而有云事須借棠
賺其加倍而其照堂桂于以可爲算耶　訪工人以泥灌之照爲想夫援也畢計大餘二條出西訪錢蜀
出石值北門村中　錢孔成作匯玄友繼見丁二秋等說細了　仰蘇等出之候之　入桂拜宅桂其烟事桂之紀未
情留異之　有並覓就其藏去錢　余近三角　伊來五角　錢返而藏　兒該君別去桂之袁陽清等來　盤仍冊特庶携
錢之網觸斯爲直一方而南英識點力間其不果遇　六人責似有垂匠意乃仍南特由城迎隨于楊柳四等打
墻在誤而居不可不罪似有確意　于漢與楊之試人張謹言問乃仍与玉書宴生之晚日決信墻且並地且收
種毛粟並欲居成大小果墻石以任所之矣　夜既錢与徒論雅　內子之沈垂輝隨回
初十小雪作伝早与玉佳快　伊等鎮之５福五世錄　白米二斗計八角　紫蹄二斤計元六角　施季青二工　紫蹄二斤　浮鐘玉書
收紫子煽其院　另三宴生六工　紫　季青玉書未存　八斗
季青玉書後讀書來到今　宴生見來于雪中　挑溝中垃圾院子泥地又可清清一年　西遊越然往余之舫楼蘇陽唐來　要古錢樣
得其七人指點理料剝兩寒寄　乃許以夜後任与快伊等頭然二中刻

叔圃來，談[illegible]事。久之，偕出伊至唐氏之店，坐[illegible]兩[illegible]，僅一角，[illegible]所來一隊，乃復下之李氏，途遇唐[illegible]甫，[illegible]之，夜談，入桂巷借對，道藝與[illegible]談，文錢何四角，[illegible]，打烟，余仍之，又與桂蔭堂等談古錢，而[illegible]，三字存有十及[illegible]堂店有宋代大錢等。久之，與楊雲[illegible]等談。夜入席，與陸劍仙、霍九鳴、年芳同座，得甜菜為[illegible]。[illegible]人雜[illegible]，許曉臣為之開[illegible]，飲，飲畢，與保成一[illegible]出，甚艱難行。歸與趙[illegible]談，開講，得了后飲一碗，唐[illegible][illegible]

十一日 晴。雲齋錄農學論。[illegible]事，望風地，[illegible]靜齋時遣信少詳。[illegible]稱贊開生不已，又陸開生欲余風地或[illegible]之說，[illegible]有四京信，此來先[illegible]之福，[illegible]也。陸[illegible]老清桂之[illegible]，靜明年又加[illegible]而又一[illegible]子，此余[illegible]計伊不信也。[illegible]為之似少晚矣，[illegible]之昌[illegible]不[illegible]為陳駿陸[illegible]起之[illegible]計六七[illegible]，即[illegible]加[illegible]，[illegible]陵[illegible]，同[illegible]址。晚鐘[illegible]錄雜說古錢同內小[illegible]山[illegible]由伊[illegible]保[illegible]用三百元，[illegible]晚[illegible]，[illegible]大[illegible]。說[illegible]且[illegible]作書而[illegible]伊[illegible]地見十一日[illegible]者[illegible]，[illegible]氣也。北[illegible]桐庵[illegible]文[illegible]古錢[illegible]北[illegible]二班來[illegible]信[illegible]，[illegible]信[illegible]印[illegible]取用，三[illegible]久[illegible]不便也[illegible]。

夜[illegible]地不[illegible]，[illegible]十餘二，[illegible]壽而子伊[illegible]。

[illegible]詢[illegible]一口告[illegible]及我[illegible]加[illegible]圓[illegible]為[illegible]伊太目[illegible]執[illegible]，[illegible]有不足于[illegible]者。

[illegible]二斤[illegible][illegible]一[illegible]，[illegible]。

十二 晴。早起，王雨樵家召宴，檢點杉椿同雨進此間。銅勺物等皆極取進。借宗書二冊，擬一小對，雜甚矣。宗之龍
向錢之交寅如何日不如日，奈何奈何。出世 訪靜儀，鈞若振出舊，並出大東門，見瑞蘇于陰隸同
真耶，告以欲乞部，爲其所疑，並致西蜀不情袁，過西窗，去，主者不出，訪陸同生，見亦不在，乃
揚許宅，其母云均他出。此入店，知類多手抄孔鳳，取見一碑。舟此山一西郊寫屋，訪答銅舊而
未會，云是日有一舊銅鏡，未售，辭不得，過陸六，承長與庚石談，語涉與國生叢所說新理人不深解也。
四店，知四棚代買書盒二元七，允卉爲之，便人去，辭謨，借四條，辭大叔，原借盡物記談，不知誰錯誤。
如情會滿歸。 內子晚棲沈葉生，晚歸，健六四。
十三 晴。四棚來，到寅窗，四棚五元借藏杉銅錢子印深之。又誰去來作雨，時桂料作作，往崇月，此人之懶，良如
此本反世情，實理一段。於店取手，看書畫，腸良可口，一至橋，看新買一雛未得，歸，往石齋梅，敘舍來
洪，以罷學論年表不然，動亦去，看書貝重蒙垂覓甚若，門口市魚半去，市紫一扇，舍得書之，祥寅不來
雜店，動去良善藥欣，說了訪已許百元，余之去不石以然與家右去爲之錄，欲亦抵楊二之課，要也了否
前蒙倚手御覓，入桂料宅，見秋即四門，奏柴眾寅，雜罷選安，論作謂已有寅手冠桂逸堂
昭鹿饒，許之然先不來請，何脫略少怯耶，請步年不耐與說，前見神後即出見時差謂秋未出
訪到店，轉又與陳亞之敘，偕吉六庚舟至，郭作之菜之訪，表林祖母云之，回不李門口與標吉乃

晝三□請入坐席，與陳仲甫、許吉林、吳天蘭、吉六（校人）、卯千、向菊□□一席。老正泉十六回，煙艇雙五六、小八大
係本地戲，吳韻楷、桂好諸與一倩，脫俗。伊等皆留余財，去仲甫，隱出轉廳，知毛試臣由四馬路送家。
照月高天，霜林如繪。係衛半經斜僑抵家，浴，飲，吸，術上樓。是日兄沈臣之，逢舊友長談。
玉安送到吉之魚一尾。見俎豪談一番，細邊極佳。半夜思作一論，以慎身，欲少情於我而作。
錄下日

十五晴。早錄嵩兒各古鉢，撥存來稿錄，凡共二十餘文。
後往吉卿、志庵行，乎過楊欲市雄前印。
〇〇猜羝子與陶朱公合貲畜牧，一日被盜亡一羊，其詢當之，問（真）嫌羊毛血。（者十許人）買諸法騙我焉。猜羝
既亡一公羊，（故）虞牽息。（教告求十一牧者不獲，乃待而）替告陶朱，朱朱，郝與牧者（儀）議，乃許償其四公羊，嵩（歲）本論，自（良）（取）錢同，但（十文二）成（出帋）詑。
（宜）趙年大（口）學（鋅）儀，（上）再得（信）學，猜（陶朱公）羝子始（忠）其自（而）操（行天下）歙予以爲六家方我自有
（而枝甲稽郡百）（華輔）（鄰）（儀）（天府）（謂其有住焉，思敬同食，肺腸）（華道石不肯，取魯又與，而垂正）
庭楔道南面，徽送史午後以何我身，疫圍患，乃一試之而去。悰史北過崇歙，虞枯請卯予副庄。
初一告所以閱予（而和上有云云）淑華百有之，夔見達徽於性井，苗肉語天下事，少藏予（識）淮思公司事，伊尤君（松少）謝。

至倉房子卿處 兄付款一諾 見孟三處 進房詢 抵 [illegible]帶至與我中三事 與[illegible]延[illegible]柳 [illegible]速矣 [illegible]欄 [illegible]來居兄
錢來存說上海子張善甫三至 今議明 藏子及[illegible]抵 評妥一 [illegible] 爲著[illegible]用[illegible]一[illegible] 債 不[illegible]茶
二 [illegible]家幕[illegible] 至[illegible]抵未[illegible]血 來存[illegible]一[illegible] [illegible]不已 爲[illegible]來 [illegible] [illegible] [illegible]人[illegible]余
[illegible]殺[illegible]一[illegible] [illegible]物[illegible] [illegible] [illegible] 來勸[illegible]情 乃回店 北[illegible]和[illegible]二石 見陳[illegible]保 [illegible]云
市一[illegible] 市四十 元一万 [illegible]一[illegible] [illegible] [illegible]三元[illegible] [illegible]二千[illegible] 去行歸 [illegible] [illegible]開
[illegible]以長林[illegible] [illegible] [illegible]六[illegible]付 [illegible]未以[illegible]錢 [illegible]不理 [illegible] 伊兄 [illegible]來了 [illegible] 市一[illegible]六文
是午[illegible] [illegible] [illegible] [illegible] [illegible] 伊兄 [illegible] [illegible]日起 [illegible] [illegible]事 作一文云
[illegible] [illegible] [illegible]人[illegible] [illegible]樹四園[illegible] [illegible] [illegible] [illegible] [illegible]成[illegible] [illegible]比[illegible]
因[illegible]不[illegible] [illegible] [illegible]樹園林 [illegible] [illegible]一[illegible] [illegible]動懷
十五 [illegible]園[illegible]樹云 [illegible] [illegible] [illegible]不[illegible] [illegible] [illegible]一見 [illegible]林[illegible]第八[illegible] [illegible] [illegible]回[illegible]
又[illegible] [illegible]店市[illegible]三斤 [illegible] [illegible] [illegible] [illegible]計[illegible]十文
日[illegible]不一[illegible] [illegible] [illegible]云 [illegible] [illegible]日以[illegible]園不[illegible]且[illegible]
[illegible] [illegible] [illegible] [illegible]論 [illegible] [illegible] [illegible]至今[illegible]
[illegible]人[illegible]歸 [illegible] [illegible] [illegible]人[illegible] [illegible]歸由[illegible]家[illegible]
日
[illegible]由[illegible] [illegible] [illegible] [illegible] [illegible]中[illegible]月[illegible] [illegible] [illegible] [illegible]

指迈　苦树咳嗽，只不见年年中中保乃揣美，伤令概遗不能上向，目再不实，如同葬

○戏侃知廿年夜　论苏王变山坟，亦乘舟往吊，然息分庐三保洪栗一席游

即将见势甜话去

十六　阴。午前雨，早。宝生兄来，属为代修树，督理之。　钞书信三页。午后以身不适，坐言出门，或少止细雨，携孟到北将庄，寓子所书陈莲峰挂挂，带同袁彭东和石沉贺陈吉出城之会，我们目拯往周庐与许六六言，伊为膝疣膑，租甘字九岁以物概之，伊孙亦见大八早候厌，彼等好小之理石五为训真意楼也。入城口市桑秧九十株，三尺长，予野不成，昌执风意，周生达卿令座茶乃与北将抗谈，伊要材北化学已将入门，思我予卿作报阳老陆堃两了，但未及能行，劝勤不可而甘及学中律之派指意，未必有价见而思才浅多用，念念贵，钱铜戈一有十许字，色尚佳，欠后康陆等所玉印，特店收田锡票，求住久为冤，新庐以乃归。　课地去，构搬一柔不为然

夜亲　发摩抗议及悔作庵，思又哭话五十向予赎，实为安状

十七　晴。早吴盖三来。　课地邮　修其草　以漆手不佳，好也。致玉堂论令李继之地租、吴三等空生元来西去工　付一元又泥算二角。　法性钞报，过午乃出，出大东门山坟，与陈阳叔言，会于山庐，乌非现价而花色险加，遮加，伊劝劝贵贵。○百担娘或鬓遥遥鱼娘，百担每担斤斤，惭而余告，因有些歇来，雇宫闲坊试推之，伊因有事即出，入城访汤清于宗，不值。见其南屋工作起造，顺催手粮款于六六楼

之桐謝其物告余，廣欽來多事，告謠程蔚棧功此程非有福人也。此刻店四錫交王周爲和
來元十六角九五兩文兌，葉路之傭印玉小生而去。余致印傭陳州甫，照壯又加余此筋重月樵子
行石值告知陸往，以若雖粘定再緒印洽，我云之。去謁園，知陸已送家田店，借眼鏡過杜鳳兒
叢輞佳宜石二立，與子雲談，吾胡蘿蔔送一角。同廣橋一角入元戎小飲，待月樵不至，獨看歸
全送陳烈卿談玉楷，知照吳歸，明日約王來伙，中付莫吳氏地價說云
吳芸三總付此工　致玉錫信，催余速之粗新雇長工。夜錫二林來云，棠價有所疑，不成非
伊昭日玉省即下[玉]鄉，而余欲來玉乃即止，言不了。蓋問之，廣廣之為人，待我不足，想戚皆非善策，祖也之
世竟致札後諸其情形，忽氣上沖，余急止，解勸之。彼所為可不謂耶，機發之物，皆過甚矣
廿六 晴。早玩古銅物下樓，請月樵余錫照秋，來至廣梵清理王井存梅屋地圖，並為本于溉泉與錢翁
廿七 請屋以和雲玉出送書信，數悲哀悼，不可言，為之黯然。店陳井告余，重月樵呼大去，訴與陸以託
人書六峯陸為其習雜，野指之理於此，披札萬言，真小人之尤。四店勤道知翔翠齋店，印玉告照壯已收
雲卅現交留飯，四日艾元云有五千元歲前付，云非照例戲存助。憐煙湯官為之，伊父艾蓀以為太說予被害
約押，以屋為僕請樓，子保去，余詢未云有其男程永益為伊料理，約明日云
十九 晴。早出到店，印六伯可似不諧。至余照貝四元八角，午偕店程承益託予印翠樓，看大樹與嚴緒二

若耕手告余描写情形乃去付湯自詢其又若只要余陳一切而薛瑞臨彈為之細典可不少陳蘭卿
説頭租須十元否則少余以屋作兩手且詢之倘明決定玉君　見之喜　又見楊渭綸伊仍力留留漢邀留相
又留借一冊廿五冊見陸君石闆云及幸織京射抗談再久頗覺而隨去均催久之與吳石北新居　相承不
見如吳徽伊雖至雲之同字吸　余付仿説話幸隨歸　陳仙康來採訪飲考察　是日付莫王泥地租
平晴早程適一湯自玉徽叔偕出而應于吳出鄭其之童石倫檢法米田字核之計　鄭師偕　二元
米一石二斗九升六合為　加米四斗二升四合　共米一石二斗六合　作升價　計若干五千　借六元　示　仲之一元五　卿貴翠一
袁美即擧之北店肯遊談肓乞為與吳説火股份若干計乃之倉前君役後以往邨石完退薛與張茹談肖
以前　黃彩東談了一之又去之四敢挹之壯慶松酒去之四甲第又出見陸于門一談似可西店頗呼高叢芸石船一見茶
如風与平之盤談盤承益人太羊用語天國執又久之後之倉賀鄭為以吳去權九元收三元七元五与陳芳談見陳氏父子
方渭月後之曷退堰下嗣宝与標植果成与役等設之之而後必走易善復入祠星以乃又轉今君茶覓周渭甫与清底
以為今之未倉余与劉永言談陸星若市田狀出又返店今亦茶玫君偕之壇下前得芬新談非善病速大雅一元乃加一元
役頭程遠君頤前余承益以為力不佮相言過遠以過四店勿印百今夜後訊君陳茂卿亦見乃歸
右若昨上道徹知其來訪留余　丟云恩國道來致余陳之去即四　宜生來　錢麴生送石在桂
二萬五不值是日還沈　立春四字書云　肓奎須跡且言通氣脈時旬動　平日不為其收云
二更靜見目伊隆相門列樓乃知与鄭愛祀偕以作陶午收列碳坡　拍芽庄作也

廿一晴。早得鄭五來市糧，陽官又來乞張少加保舉功之。靜之速國洞地于吳處，廿六日起程，為說于叔陽之所予

昨訊已結，仰士毅年前借銀，經律擬西。趙又來言結語，午後閱《靜樓四書》，甚雜，閱之身重甚苦

半出至店，謂萬卿君舍此之名，支覓之不見。義再來，託贖出票，乃于店收錢元，加外肥皂銷貨，共欠五

如琴買卅烟，經計需共具錢卅三元九角。上燈，鍾柳橋來言，余柳之侄付具錢，取人之具，不如算，實要十二元，再

三張，出付英元，乃令田揚歸取典票付之。閱之為少寄九天具之錢。夜雨雨報

是晚過鄭下，見林白一談，陸貝不見來，村吳君石眠，饋陸渭卿一閱，於徽人不出理會，達衡來店談學

坐，予仍靜閒日往伊居樸睦，余視為筆，筆不求，熟之者實而後之先求年程，見夜柳仍甚忠武有

歎正準擬，即不以妙生為可加，偽敕語務勤，即年謹之善，此為數難擲去也。　保到甚花云閑後街陪

讀物欲久歷時，五六日塊

廿二晴。靜使至，至如家，途日娘急痰，困積力衰弱，終日如糠，檢通方表內冊，居一天，下欲不知受，送評逾千之

申新進，南林禮又以一元送陳益伯，囑林禮仍在農根，前教猶不自得，晚市棠于楊廿紀，予理陽夜指失

至謂伊父昨已害，押左補本之核，余幸敦出許往見其江人，雖為實樸，惟于認多不曉，而約與談，昨害狀，兩談

求保釋，余云且呼來內申程丞一至，言乃出于楊間之極，并一瓶，三桃，必因而物惜有碎徒，予一角，換停北見

陸蔚卿業撤之，談頃，租一頁，說定九元，出后付錢，取兌即出，到店，向店以子款烟簡收，仍過於凡宂，閩生一

談，因忘服藥，即由董若歸。　閩子若雇不止，心心熟燥不平

廿三陰 早雨 晃兒去 我即上春 余以備不得川 心爲悻悵 易對 憐才 竟已刻出一路向春 已去 對與嚴穆譏
一路西魚 危至小 到店 致中 取性 市上逛 詢約 取之 至硤 都 遇 購之梅 價 逛至邑廟 看書人 相
攜照少同 春至大歲 芑神 播蓮舟 略行 蕭家 旋彝 六冲 爲錯兒 樣書 等語 不是廟 一行 上題 一節
又市肉 即 雨歸 已將午 之後 略爲生 定 看書 門閑 坐至姜家 去至桐家 看伊購坊 蓋新屋 開井 候
一盞 二碗 一碗已碎 一碗口少損 口彩 底紫砂 上白粉色 無底脚 無史 彩油 殊古樸 其勢 精越 真三代器
也 因玩石一刻 出到店 轉性 被取帳票 少坐 陽官 談語 仍出 又詢 費 由陽園 見楊 歸云 其地虎 未售 此事
以仍歸 餘之飯之 乃歸 余以送錢 鷄卷 卷肉一盤 夜祀送灶 飽食豆飯
廿四晴 宜生兄來 爲爲來 話 相贈香羅 扇 蘊 隆庵所著書 者核金石碑版 閱古有識 信士也 午
後偶成 未談 玩古錢 借之 陳神道碑 [illegible]刻 出于祥雲 見六舟跋 歐陽文忠撰 蓋 志墨拓 又陽照苓
室 著稽跋 張正曲之 樣下有 蔡齊梅 二 皆不佳 唯六舟跋 甚善 討價三元 收藏甚怪 到店 即整理 回爲与
説楊保錢 秀油一匹 招鳳兒 鄭宰兄 坐怪被雜說 使往北門屋 見王穀菴 遇歸時 日將銜山
大時偕去 綿雲送物來 夜看肆業錄 閱覽 書報 子所夜來說 帀南信人
廿五晴 冰凍嚴寒 花黃數朵 宜生兄來 爲未來 日資和去 宜生贈伊地 送廣栝鴨件 以饋焉而報
正陰 四千之欵 伊等憧憧 過我手而于至 黃作田無信 力勞香 走語而咸 可之今后 路其何居心 殊可怪也

叁至池上只從聲之東門外遂未見 訴會款十餘元伊書屋之事 陳鄧若敬懷一手不付 常者之 原書見手梅于欽召
不提 迴若岸往一元 甫出西城門入楊寓云行 行付 借縣府 行一角之 次石岸行 付 二角出孔 入名雨串 使有六
行西戶之 共十八都 土不見君 珍友之 據中見 物人到店 卯告召 子雲 上至云 美雲三付 收而值雲 及 繳之 湖云亦收 卯悔慎
帽 其手錢 是命而 往多 寫見自取也 逸 是 按 稱一刻 便歸
鄭家祖 來 少坐去 光 健翁 美伊每不用心 善之長性情之 頗爲之 閉戶 收心
共 晴 早 一點 橋 問之 女 及孫 爲多人 胡寓 見 陳 編 其 黃 之 婦 云 未 抱納 在以 不 勇 葉 雲 有加 把 納 理 卯 米 見 市
嘗 四 店 菜 葫 行 公 塩 廿 斤 〇 廿 付 九 角 廿 斤 卯 時 未 假 肉 道 諸 佩 行 脫 去 余 未 之 見 珍 貴 極 者 淡 我 廣
景 陳 陳 俟 陳 濟 陳 以 出 此 店 遇 不 雲 卯 歷 已 歿 錢 係 孫 再 乃 見 雲 景 接 議 卯 是 桂 科 乃 先 焦 星
之 種 乳 戚 承 延 接 語 陳 友 伯 以 血 沖 逝 世 見 樹 人 之 果 其 一 生 于 風 令 翁 之 調 拔 深 云 有 伯 甚 述 狀 一 冊 知 沈 缺
伊 書 志 先 之 入 和 孫 劉 活 他 公 先 提 卯 稿 令 摘 之 之 艾 宗 香 觀 其 四 壽 言 抽 視 之 不 真 其 不 知 伊 何 也 之 眠 之
白 花 卯 肖 之 宋 誤 素 不 序 殊 精 伊 惟 煙 十 地 久 之 廣 語 翁 鼓 樓
景 晴 早 起 令 健 多 到 店 魚 四 尾 二 錢 鴉 二 只 鼓 煙 廿 斤 千 陸 一 百 文 新 安 正 堂 寓 于 海 萬 業 求 切 稿 拗 之 兩 揚 夜 之 以 安
陳 綱 並 揮 誥 而 後 又 援 其 人 表 之 用 乃 與 湯 孫 之 而 攜 卯 去 通 大 字 知 非 危 中 先 不 訪 以 三 件 物 而 裝 坡 南 之 攜 署
雅 與 家 從 識 陸 先 陳 戲 久 延 少 尹 讀 次 以 物 叔 下 不 能 聽 保 罪 不 必 向 我 語 余 採 不 成 卯 錢 去 之 集 述 頗 書 之 再 節
陳 特 閱 紙 脫 付 爲 安 乃 歸 理 料 午 物 午 寫 實 未 談 小 假 雲 四 種 久 之 去 陽 夜 我 稿 未 既 一 定 並 午 以 方
翔 翁 未 談 唐 叔 及 子 予 康 來 爲 言 伊 門 口 閱 俄 陳 濟 乃 至 康 伊 於 書 法 未 定 而 余 付 四 千 文

生去應祀係粟洋高等中等及尋常小學讀本各書 又往西社須知 摩查乃謝年神宅生

祁王公鑒閣地藏菩神 今年已託平安保歲社稷寧宜康壽 靈二天子所來與共飲禁

後去相合山家團屬指恆相對猶不能自天倫樂趣 那乃歡共度歲 今世之誰的境地

是夜至天明氣升降大潮與桂神衰大腿痠無力腰臟之病 然成老病

廿八晴 早往傳應靜涯陳道 安細大陰道擾之痛 已別來往去北店 見程丞一所 言不情 掉頭移向吾去

須索平肉數三斤 飲飯于店 粉加風後來 金盛往洪不依 何不能付洋七北 餘和除 以息例 文真接去 不便找

而保去收周錢店 出去採樣等去 還上天滿龍付完 祝佳利 多[illegible] 益昌一元 而貨祥源 葉付話棟收去 款印業內

靜為六元口 付七元 云託吳公泰 收 北去煙店 十一元 小洞戲 共十八元口 店取廿元 付十二元 付未息 加內息 如諸了還之 一兄相

請及當前旋 賴于環恆中初歸 早 午甚暖 晡風暴加凄 天仍晴 留底吟之 拜托叩謝我

是日 檢店欠 閱本朵三次 付卅元之左 又許過寓路譚

除夕晴 乃約汝(?)卿 已 初程平 餘畫對家人 掛祖宗神主 祠堂圖 薛岸出來 找田契 掠往 寄 又去 請對 各錢

家人料理於當各事 步到店 爲還 欣云 印爲九江借票 數三元了 爭店百 還能 來 查詢 印爲

已六七 特去不過 五盛乃借 其 照洋艾 西 連恆裕 懷大 柳 佛 餘 和除九口 仍帳 元茂 盛 開另之 信 盛 去之

收和除息 號 劉人借乃而 補 其 印 生 先 來 家 ○ 謝付一元 是夜 交 商 折 息找 時乃在店照料

晤恆生多 桂 餘 等 交 一過 保 盛 談 及 夜 還 帳 任 律 而 不 還 除 欠 多 恨 全 帳 者 六 十 五 一 月 以 第 店 本

四吏至二更。為有二俄來信，余將行，自往金榮房索去，御付其年去收，謂將後顧多開收之之与
子寔共收少年四百五十元子贈年（伊與健安同在店）。樓玉書來，言陳述經投海防營効力，其住漢
口。返，請第九說之來，忽成二截，不能假，故亦為難耳。二更後入局，與禎卿、達卿、嘯雲談，靜
亦在座。直述與伯唐狀，宗禮截不君隨。因言部識余為指示從歸，府又來稿言撤滬日捐
有四部草，謝之。去涓三更後，飲食、精神倦，乃與健歸一路過汪隤子（祥昌）。詩蓋牌卅元，及
珍三卅元，均星需寄，具相戒如慶遠，苦而慣矣。途中燈大熾，拂天無星月，與雨歸宗，後館後
以蘇廣溪並不在被居，以為是亞，想念不利，可謂私念智昏矣。鄭蘇龕一只，傳樹生三洛
岫雲歸送其小子直一次，甚矣已。

南塘播 你世卿都士 天原桂書成識旗長
藤古中集采生
楢中 敷驛 為 宋吳修刪書
伊藤道貴 日文學書在東洋苍

光緒二十五年己亥五月廿四日記接

娛廬主人

赫氏以物競為家原，而人治終窮于邑席，与斯氏異，然其事演進不可少，人道必臻于郅治
之小大上下異之焉。皆民智之見端，必智進而後可進也。十四日今獲一佳才，若其衆必通地植學，知水利
并兆并備巧，天賦物以草孔而食，其種日上，萬物均如是，人其一耳。進者存而傳，不進病而亡，一家一
國中各種族，而智力如故者，則其走無不遵焉。物生之物，至多不得全一論，人於國民必用
生才力心思与物生為閔，負者退，勝者留，勝者仍乃能徒加。三者皆大耳。種貴取精于書，形日密
剛毅之用日盡，一身精感證思，皆腦主之。學治道於腦於大，聚積合家，感通來遠，人者者取物之精
精神去腦星賞，腦賞智生之事亦廉矣。物美，然而大今歐民腦，方之野蠻，四十而餘七，証腦進者盛
十歲又証男女情欲極盛時，男力必遜，蓋思力大耗，此學操者畧學之難，然生育能了，往往但抑不能
學治道極穴內人深邃，歷不足為進。況人之生產，遂後化深者反此仰也。夫種下多子而子夭，種
貴少子而子壽，此天演之例也。豈今論者徒嘗皆苦而尚非。種貴其理互與博，注之數十古傳其
誼雖方多種，如馬、鴿等，群合自相剖知生，于勝于二耳。男女同權，其生不蕃。西國生兴十寡者，其載之詳矣
英赤黑人与大角者相至二千，不得一其黑生率過于死率。世治之家，不棄不死，罪者在下而至不留焉
立上位，殺戮婚降，乃以除之力也。一國分卸之內，民固必擇，聰明強固，勤勞剛毅而仁之人，而後國種民富
不言保其升降，不止宙治進種之效焉。

己亥五月光緒廿五年

廿日 晴。烈日如洪爐，汗流浹背。早晒厨中書。二姪婦與陳舟田之婿男出往石門看出游御至橋

歸。五之生物恐當當漸廣之，與郭竹三至龍店，指余所存藏字程撤自邑歸。飲物甜

廿一日 晴。說文解字由吳子苾觀，星得應頌說文及段氏等以廣識

廿二日 陰。大雄似不了了，獨玩說文。晚出到店，匯湖帳，于戌戌並小飲。閱全盛和六書板畐

讀古典經郭吉甫余出四家已廿一日，陪姬於來往細一閱。出本本書取詞伊六條及六日出之信

廿三日 陰。為私留也，于是閱說文於典款，復借女間隙段用心于此，加多又之，出新苹花月，沒如陸

於每逢之堪憐，望向十五數又南天一閱原本，說文達跋重刻無帳，均有疑處，出西店，道惱極一

時，四娣又病不適，遂延姜雀峯一診。 夜有先正之叩

廿四日 陰。悍汗於雨，說文將省完。午後剃頭，身幅吐胳腹中盡熱，身上覺寒，一刻即復又來

越請來診，出到店。 住陪四娣，加熱病全至寧，榻刻之，至夜匠不來，可惟陳升擲之，殊添更布

香帖日復來二三日，夏貨日有增，然情勢甚速也。市肆步程，錢絲絲之，近恒私禮當初自杭

歸于此，一小坐，回道與行友，說日有缺，行市下沛，仍於西此向行，實際價低不能稱買，余欲余行為

家，把持無坐住。談一頃，再根由，說荒地歸。 夜陰，以後不適，冬汗乃大，擬病，極重，此以行來之

而裹衣遲遠，瞭矣

廿六晴。清晨四鍚來，其店賣余牽月實由欠信實所致，附雖後也。辰刻账歸，月嘗官塘與至
仍復閒談交解字趣語等無之，不復自四鍚詢此事。副陳店奉家，度存借其二本至乃
我其上年代存稅契，因長它其產，未伊見語欲送一佃除，首田九畝六分，田面每年其石，少向七石，過子
貴另年不及三石。今年招田仍佃，實而皆設首反之說。承宗陳阿寶不協，余無向詊，反為之障，至余
佃為計及伊先去崇，將麼只照附再候，至來秋下田所去。若設匠只又牽自下去就，被我俟之
翻已更，欲佳語，仍為合實茶會送佃，看從詊費，又加犯食，且上藏無日，石要細計。況伊將費盤，根合口
多視西肥，南谷耗費不小，臨下改時，伊等大盤，手算鼓說，頗及面布十塊，計一元。而去論從來其人宋
厚實，實我詞下，惟常向之。四鍚來到去找工塘，成熟惜。司同來野，匠已做成，未找謂加牆，握保
約三尺五寸，原案折必須加。況又搭漏，包家砣石專尺找帳，去共總共未刻。當過雙價差，論定，見四樣
陳氏前屬之翻，後樓并東柄。自步堂出了，東門入山擋，至錫蘇借款帖，余以伊久仁，原差三元，而內加
與鍚量。有之伊雖已過去，然想須直說，職而懼益甚。余只議去找回一元，已收去元，實說無可厚非。轉
之，我大棧詢其租人，云須作先來二月起補，即日倒卸，初即除做。該本六工，伊又信之。其人如此，可恨！且前
而工房未，揮漏，伊向那工加付五角，只詢明工派去，免再治梘。其卸會錢，石煤以板推卸，而下雖
閒，新法。賴須四遇，至吳夫、陳季實于放生橋下，遂與季實一路訪北乞，其為用手，所甚力

允中設燈旗至伊丘及去二事行蓋之從北到店予雲五論旦市已望日升子做二首陸右郎一來侯不且
清晚云云知靜見徐申與陳暢生借款取到暢生碼布十疋布與寧情同小蓮市主悦乃歸過張宝照
小頃隨予到家云現二房之正室兩發利議代為許只三十四元百兩成一地錢之後去　靜見說伊子一二
雨山恪悦付洋圖帳去二元
廿四日晴早煮烟后奔田存开许耳玉來到畢徐玫桐付書二冊予研來徐嘉坪之劉王二顧朱宏之屬宗
討欠租息曲云云者已韓老假空空涂曼兩為此種性竟以為水卿人於此說布往郊出于橋市張孝昨
附仔戒北入中為藥房以云布三尺藥比之為者内子疼發朔因加劑焉過店怕未知其款庶出抵款之
託為之陸右卿來請徐健伯架之歸紀子雲過至我處　大千雨中春帆信帆因熟親至田店　靜霜物料
付丹力弘全速藥桃四隨四兩是不便筆如百斤　夜我靜梅歸為西書
三十日小雨付作洗旦我天演論并閱西種東西書往氣回曲早到宝業將作丝所出午後李在庄水
未收付帳　芝生廣生所悦印光付楊竹行鏰錢王惟祺　上半靜竹之地誠為布斤帳　又布聯電公寓
在店見來帐收算計偹款北于市和見廣三様之徒家收過廣朔三小毛洋　庸又征友去陸五所為來
催兩算無之與庸話歸　寶庸來今晚日付庸重
六月朔小雨即霽仍在天演論予研來亦不實到　言筆為一千二百和尚報　假室將西伯里亞之信　退讀去典
予后為陳人言陛南刻洗進由圍至縣之屋漢宮　附果成劫蒙帶置得賣予悟張乃付之小洋一元

与读五家并其家之随书后。夕阳中一更，移坐门一过。店见清溪居等一向讯[illegible]

初二，晴，小雨。碧云早午入闹墟，求作楹联。巳刻郑植卿借一书，午来访，询静斋儿之病。道经西学长茂先作跋

雨，午前小试不利，后至禄。午后青柳山路往西学问往耶。未刻谒得悦庵同年，丰霖见访，同至读

书禀帖，后画阁论画久，而前丰霖总加意书画人物，乃其高妙。惟成与玉相与同阅，顾壹读

欲之陈册，无之雨下即止。张泽尤余亦言落笔，书事便至所完，钱契相党商甫涛东二元上年

事张与许晋卿[illegible]，宫悟加为常来文付两元收，二角文，去见王符村，借树生询填税，乃转北到店

初夏布与清馥，送厨，至午前和客板，送归。竟日以烟不入，难守其静，且为耗

初三，晴。早，吃鸡，女兴至未，出，殷买四物，亦以着房叔来，余録大读诗序之，高公雅来，求作晓示

未刻出楼，市麦四斗，又课计十八午，因是午来，三厦挑来，春画四年，[illegible]，出书午，收宝庆具钱

甘麦已至，故而后作楼油即行。章假也，持执之扇访蒋悦泉于四子街，入读后，扇请世弟去寒字

人物悦局细毛花卉，伊去表，芳佰子负吴门，陈周唐甫，宋子裴画数十种，又四去生钱，悦庵，米芾倪李

画阁山水印小村，事实大幅，既入作栈道，数十种，然画文书，等花寺，新师古，石田，伊浩海市，眉山东光，莲花寺

书名帖相玩，当然其好子嘉而又雕刀，事律也，为崇敬，诗题神堂木板，說題名韵，笠之，此如印琴乐

甫伊送元氏铁，乃入举杯，畅论，路百数。谈语梁山舟、成道间来伊之，并及臣之大隐之，作雷阵雨，至余

偕之急伊，耕慢，村镇，叱之于去，旦直至北去，乃转，广东云物四面，阵阵于楼楼里雷

如墨，雨點如錢大，雖階柱奔至，魚巷已成溝渠，而天[illegible]屋漏，即于[illegible]米小[illegible]。臨雨與其友閑[illegible]，追天黑[illegible]
不果。[illegible]往于巷吳家，遇雨具[illegible]不堪，始溼而西南雨變，此何[illegible]雖[illegible]，越至樓，雨驟再[illegible]，今[illegible]吳[illegible]，驟雨[illegible]
寧之。歸而[illegible]獨只若心悸，益[illegible]行，電中[illegible]若雷變，以知[illegible]物引電，[illegible]尤甚也，此後切不可不[illegible]
[illegible]。天時[illegible]之早，未近此心，[illegible]。若此，切戒之。

初四日 晴。早陳仰[illegible]來，詢其[illegible]，[illegible]堅不肯，[illegible]伊[illegible]乃言其[illegible]。隨[illegible]之，致子雲，令詢許送物，[illegible]二舍拔[illegible]故也。
晚以陣雨不出。 寫八[illegible]字

初五日 晴。寶生來，[illegible]華送廣豆一斗。 居[illegible]走楊付一元 黃豆價 作[illegible]曲 王來售鹽 十六斤[illegible] 鹽[illegible]陳[illegible]白
作陳宅[illegible]，[illegible]寫[illegible]，牡丹黃月季，補[illegible]用色為[illegible]。申刻桐居來，送一斗，乞為陳小蘭[illegible]匾字
「善氣儲祥」四字，請補。因[illegible]泉女與[illegible]未[illegible]，書此[illegible]算[illegible]長者，[illegible]大[illegible]思早來，[illegible]任為[illegible]
[illegible]工[illegible]隨與[illegible]子高，桐為伊[illegible]，[illegible]我金[illegible]伊二角[illegible]圓，說至防夜[illegible]，[illegible]詢子[illegible]
[illegible]明之屋[illegible]，閱[illegible]市，出可隨回見一合[illegible]。 無[illegible]，抱而出，[illegible]以[illegible]市，歸又市[illegible]物及[illegible]
米[illegible]到家黑矣。 送神 插花 迎神 [illegible]

初六日 晴。看舊年各書，[illegible]，[illegible]魚至，為補匾字。閱大[illegible]論[illegible]，申初出之，[illegible]錢[illegible]
[illegible]市[illegible]雨，[illegible]入[illegible]王[illegible]村，[illegible]問[illegible]，[illegible]大[illegible]一[illegible]，[illegible]桐宅與[illegible]人[illegible]
[illegible]致[illegible]，[illegible]向之[illegible]。 [illegible]于[illegible]月十五[illegible]廿七日迎神[illegible]

羡事间搭其作诗乞画种种，欲于廿前寄与两扇，即代仕俊大帽来寄还余扇，复为为作
異是役宁亦甚口，但恃伊为侯自此余画亦无坐其住杨而为题画，穆久书相招之一切壮利店
无历事，两只过溪御蔬饼乞代纸为布了，余复至布包宁已清，楚伊云系王典了，由伊了，但此等
人脚气断难保，年也即归。是午王重来，并送黄豆一斗，伊云余继元竟果挟延史宁而来，无恨
寿宅田换八毛发云。四锡店云有佳某欲租北屋。侯舜生来言店约廿七八来还欠
计店加工，见收午，尚是日全了
初七日晴，预和同宁生工作，间钞天度论来，到以疑移，兴作饼，申刻去于傅桥，遇郑吉甫，适北道
宫莱说两家事，闻系要据一面之词，同到店，四锡又以扇告，为之踌躇，后散，遇义记乞寄还
张石卿谓萧含之一件已由钞刊云云，遂归。逢石臣相商
初八日晴，同子往叶望文，静之来，留，四锡来议，请姜达奕，而心甚不喜。张枣宜识，而其扇亦不
王研来，已去，扇甚画
可耐，而为来年冬盛出去，午前徐间来，至东药店主同徐某来，为租北屋，欲开杂货店，余
讨月房，伊便还价，每月十二两，字或是或否，答之，下午后傍晚睡，至已申刻去往随保成
查问相公，略谈，去于杨吕银铺，见吉甫、佳林等，北到店，悦泉、焕章、张季直、小郎一带
随乃话，并指地名，谈了多多，便南，由其地归，见

寅生先來商定芸稿　内子晚歸

初九晴　早起檢玩帖　携往嘉興茶竹計閒壽枝相聯　陳小蘭加墨祠額字　令作粗布壁掛　為記似結一聯　草多已閒　當午雨雖至于橋店巡看雨院　雨初定降乃北　一見李定庵　買四扇　高談甚歡　余識貴之出城之義若已要之　兄立石橋　後巡多以畀二三元至兩　而貨多次色　知皆贗購　謂美　並有陳畫力而家見硬　勒伯價　余一宋版字價也　然夏之沖之不追　碑寶會得唐子畫二幅　印不佳　一鐵印是筆刊　疑其義似以不為　往取四布視甚　徐翰印送之　夜熱甚　睡不寐　且熟眠口渴　翻三兩選　直至力大倦　陳廣將出行因旅難幸　步將思之題甚　大三四日不食　巡不久

初十晴熱甚　晒暑書　鈔大唐郊祀書不能似也　午後天作雷陣雨不能出　極熱　陽陵寓至橋渡　出取焚字紙遇其便家　使見與蘭輝陪橋市李遇教獨材店購廣一方于地　借柔邑用紫

桐柔身覺吃力　夜寅生轉弥

十一晴　早四鐘來　將午得　來粗屋　寿生賀主　宣室日粗二千五百文　柳拉種又添二元七首斤理

鈔書近暮　周潔之　覺不適　家人作多糕　合畢合四佳出入祥霞見五六幅时名人畫一方　惜未少

白山福寫一石佳　用墨硃　伯滄石壁過雲是過之　夢唐一仙從下二蟹一葉大盆菊　伯滄加紋　一王秋　權在石上　易有　営中之鍋　上牡丹　一小幅石榴等

物殊贵，久之，此人店中一册之齣，道义记、陆秀卿、汤咏语、丝乎望趣色 势之一件，走廊卅元左，西店荣珍印圃石图法

来，药以谱评共也，未能物以归。 夜课

十二 巳刻阵雷雨，收整，十时子研午来，寓生兄弟至，他人亦食于我家，雨中为我洗帐，午晴，心绪烦杂，语多不

豫。饭后又出游，六点冥随行而北，路中食饼，到店，六点至西门，遇张店市收罗书画之诸，近一刻，于摊铺得子财文

健行市肆止之。 幼圃来，阅其法多有问之读。 夜小雨淋淋。

十三 阵雨时作，间晴，有似夏黄梅。子研来，谈文病，要将年欣同现来，又言贝日内不起，状闻饭余，两目朦然

子广地及春雨不止，故亦不出，惟理翻阅旧帖，味陈册书楼理查积书，还来业撒画满，已不少，况风雨

直悔前之往过此年。 此夜无挥西谈，夫望而子到市，已陈酒西饮，寓生兄弟冒雨出库，兴不禁。借稿久之

狼句，御借日一揭，黑暗中竟雨淋。二人往兼。 夜风狂雨骤，有拔木撼天之势，乃六月风灾也。

夜思我人积财谋子国遗而还，而要在日常能守，众所有得意不少，少放回报，去年此时，五子如见

书家均为对善事，一年中子如自去，迎以特居书实谈进与上书，忽见几家人不积私产，区又

初梦花身为为奉门，庭设观，思病难免，亦以钦二书立誓苦，至恃宝恃积，见他每每触目惊心切

各时时以最励家人，至于大家子孙，实不甚爱，并发，尤不可设想矣。

十四 风雨甚大，狂飚拔折若树二株，家内屋漏处之澈湿。张飞早祝以书叶询寓生，语大如黄实和

留葉揆扶午飯，合藏本作字，語不能如意。彼時得与葉、陳、杜合契之。是夜風雨仍大，遂亦不出。

晚者甫數良佳。

十五日　風雨如昨，雨雷少息。午後觸雷午後，仰蘅來，至未遂閱。伊次女許字元宜，疲之人，有所決，有時務。伊在此市研孫後傳也。一下樓，樓作夜逕瑞瑞。張剩秋至，候剩，印辯去。申刻，出于橋，見悦泉兄弟在座，孟同話至牛衙院宅，和清宅也。過丈室，一息奄奄，時而嘆，甚疲，神思不眠，詢余為誰，乃如見張世，嗟嗟，悼以被褥已多付被，欲因備怪為加耗，不給，彼于甫辭知識，陳思好者過厚，不思及了，而去不顧之。但要多廣，嗚呼，莫是堂堂國家那出此見。芳樹北逕園，途見月，推桂入和原，談張右卿，乞其託借余君幸之付呈，遂候，蓋大常少元云云。伊告不能指向何行閑，余心為之一篇，別出轉店歸。

晝作字，竟解書意，每種雖好神情。

十六日　晴，昨風。以南柳地大損，蓋種早也。午市大府之後，借王瓛，未相居芳草於閑揚，滿于一之加探入，祖議之去。張姮從葉樹科謀契，為其子抵百甘，借屋至中，極表思意。書理于林，及處，彷萬里，不得時，喜時慎。申刻出，出通同，赴大廟已垂危，可惜見小常弟桂森，內務北刊居，遂悦泉。居取上蓋，一過恒秋，話旅南，相君去，一示面奉國，錄背文一戰，架直隸立，左一武安甲第，贈中有將軍二字，行楷極佳，詢以價，四角錢，可營業之，即歸。視京中新日報，自初一至十二，時多日非。能無雖見，頗仍多佳。論著名文人林灝者，不獨財實于上下也。

廿七晴。寶生仍工，閒後地寶和患痢吳侄罷行，忧其年前不適，皆賢氣力乏泄，利病腿痠亦痢之。申出之吳氏，又付戒其
廿八日午前見丈已一具，僅存同代作稿位稿銀錢，無暇料量，爲議而予研蓮舊無識，又不予之。久之出爲桐議，許伊代
費，假字以天熱謝之。到店見蕃舫兄弟，因述其用帽鋪伐錢，往細後，予催兄弟及悅泉兄弟在座，伊談及
張益市安貨傍手伐中一間，予欣然起矣。又述陳小予旅出北市，至平岸店。卧又市茶出之收，零者等云
生某入學不謁師，不返，贄人如之。予爲張君慳回，市零物而歸。寶生十五共七工矣。
廿九晴。費烟旧方大壽內埠，因糊燭糕數錢以謝之，來予飯，詞寶和婦病遣去。申刻出，至丈家，丈已臨危，一息尚存。
報朱等而設爲布置，看燈過急，外面用人知未洽，張伙人不曉事也。出桐完爲歸，陳兄弟植卿、清臣和談至久，南至店
知蘇春林君，余乃南入姪，向訊于某出之，爲右卿等談，又過洪瑞林，招于怪談之，詢其行爲，并紐予爲實情，適其伯
至，合家大飲，閒各亦至談久，飲一斤，余付鈔回店，因之三假衛口，屬伊亦假余允，向出中間之，伊亦大可然的。
卅六出，寶兄別去，余亦歸。天時仍健，兒包如例，年果送于衣，起爲獲大至接下
九晴。黎明喜押，據田云丈于上夜二三鼓去世。家書告辭其禮，而兒全先往，十祀譽，春生祖母是者也。至
飯後至，維純來，相借契至，押租悅盈下月起，租戒貼，閒談其年仰出，到丈寶謁，排料理，談予又爲北店的
言取洋送相吸鴉灰，及亦爲案擬病。是夜寶送燭口和米廉作，誌之。家集，至夜小飲，歸。使兒等

約任叢

廿一晴，夜雨陣陣。日來甚涼。早鵝歸，與七葉送袁，得後抵琅（字僅存一小挥）瑣屑示二人，當應乃去，到印局偶謁雲

陳紫卿于陽翁、楊君威，友結伴至合静生明子桐與余帶子孫子研等理于內共收禮子卅餘号，廿餘千而已

甚謁吉百餘人，午大殮。二內收與蘇同來，詩內報女請蘭君，報內女六刊。午夜均為廿餘桌，夜六碗全葷，一桌店

所僅廿元，交內子一述桐與受梅同收，謨只要照前例。帳付名人道來司菜担安作，工人請資，又與舟夷等共飲

楚楚，乃食子飯，少談照料，旋歸。

廿二雨。絳時作許撰挽聯，余指佳思致示房，未成草稿。

壽越老師年四十一壽，陳威旗此並都答此稿。（丞張）八秩年行著，林御四十一壹寧羣出間，侍自侍近古遠直，十七載情際，錫畧居後多遇，偶此後來，悵惘訴英樣言歷

賦為儀墻。五日辰從夕過，偶鄉門閱乘，摸者高婦（号）。頌泰山見穎，又須作挽詩，丈峯青杳

未刻述欲來，長談，謂伊家子及如人名節，人書明白，而稿有隔閡之語太多，似陳，薦之，背齊（?）某同往，欲出

之，如出麻，付侄，廿膺大嶽口，澤元覆萬出覆孫二角，日葉付出寺北寺，茂男人中書難一少年呼告，余情以雇乳

母夫歸，旧百錢，又雇女陸姓，爾者陳三房，乃印京話，名述于余，皆不識也。急甚，北外店順悅泉，順兒來查閱，歸來子也姓

札邑伊寺居昴也，詢余四耗四角。陳六爹七三翁、鄭植卿，又稿張子問候，入丈宅，子將其爲節，挽已，樸(?)而期之，乃歸

由子姜輿去

廿二陰晴相半 謹范宸同閱報內子言其家素事 備送迎神禮日晡子研來閒 西泠徐并請陰符帖

式等去 晚換步往植卿借其二皮未訪靜 一色雅一秣性 與弟子迎余步於橋間殿殿作雷乃北手打

鐵各雷大作雷卿如墨風雨將大雨 遂直往子橋小憩與周吉村十言乃歸歸未一刻陣雨大作 滿耳熱阿

一刻雨止　　付寶生工一元 收收第七 作函至雪泉生條 均未發送

廿三卯夜小雨惺忪至晨未巳正刻日出 上午聞萝萝阿大發熱 陸睡和續張石銘 市面本亦無 卯夜思瘀為代

勞夫事張為悔心干我正已無和而吞應和如拐瘦 令人疑實悖之意甚 內子重生平光明磊磊為受冤抑

況稽一周且不為平稍 略謀縈輿何若無瑞當此名即未刻 訪唐鏡其 富店晤前赤研詞 瑕瑜互

見 出揭葉宅詢子研 偕康一同步 輕識反怪且仍為偕與 工食于彼 拙者不惜己費而為獨矣 而瀟灑于我稽狹之

事節略改動反為不通 直自作聰明 指示之恍然 猶屋之作道 俟之照未 不閱然涂加 謂欲去言店 于陸店

暇來子言 閱說張仆及華事 并入園少坐 回見子雲 若能將其設據出去辦件 歸買沈菊生于白慶樓

下 說中東西洋學事 偕至孟林樓出別　　店勇佐封 大三尺二 漢額 仁尺五寸 計五千廿之左

將後付祥霞裝潢

廿一 晴，早聲使來，往拜，食蝦麵，晚飯後偕伍肆帶岸尋黑窰田居，市茶少憩，歸中途而止，過刺

歸作對聯寄于弟肖赟，未家人以字之，未出者助，午後荊談半時，使記於此寺，甚入場若提燈戲演，三更而大

風，便偏尺許，面作似真，到于祥霞，再復對，付胡與鄰小聯，隨天色鍋飩北方店，子雲悅余店一宿，又

過恆裕同葬，青之不至，見洪伯夫，又詢南已夕陽在山，并以不安小畔，本慢于樹起，嘆息久之

廿二 晴，早起，葡萄熟，為烏所食，驅之不去，至于再三，作楹用白泥，對贈與子華，并于稱靜之由，畢氏，又來，亦

君翊母拜，飲母內，來報喪，昨日殮，午後先萬生來，請書輓聯 欲聯未與 來談，悅余，承命送乳于朱，為出未函

來衣之辭去，又為丈作挽 五古未完 許思書內申倩寫

廿三 陣雨，申刻出，至廣濟祠北，五二模廟來存，傳孫萬胘于用為對，為來之言，未而知也，到店，子雲在伺

談至暮，還，臣一角，留之照與字，出蹊雷，信使信詢作，至悅余店，復出申，歸陣雨，濕衣

廿四 晴，復寫償欽字，靜之來宿，來萬大字，復作七絕詩二首，談之出名，聊寫喪責而已，子所未談

書葡萄新，書法賀來，臨帖學敖，又思詩，意執信，昔思而得以，使人為畫，為題八幅，戒十餘，懶書之，書罷亦也

其印，戰來而之，畫二紙而臨，中國書何嘆，尋民但知，花紙攤之物，全手未似，御書于商，首花來，市中盛，難説

何以為，以而存根之機，為其畏用，件被因無識，小民由來上書，貢華之事也，謹出于店，元欽摘留，復作一封

校排送門因，務子為伊藤入，復欲請，到福，下雨，復下入，卸門，庭門，並為帝朱二家，相與出尤，與王王樓也

既而少上，凡行程，所發事用，見而來云，事已畢，約飲先乃吏，入留數日，與陳其甫、何榮、沈榮、唐卿宴

陳小蘭子卿談述瑗瑗，觀附樓東人路向彼，續鐵路利權，海寧鹽務，石門茶葉，詔書狀亦難報矣之啓。
農報專報出向及陣雨。信錢店于北寺巷元兄攤分歲少多，詢其價乃歸。
大晴。早李厨司來收祭菜，八大八小廿四碟，内四人物四獸，實脱空，收付洋二元。去買棕葡萄以七分作以半作。
伯炮來，坪母來告其情形，向田禾言八點來。兼定李七七來觀靜每每，六圣宿山庙農報，兹來北寺巷。
宿山庙詢候，云約已十年，數爲上名矣，一路遊行而升山。10到店，接留似行，落村貼五作，詔伊上件仙如此恒。
張許其大作，將尔清問後一見，居又壽爲榮子國葛壽東，又5方如讀遇祥，陳訪子雲，伊與周達談乃入座。
姚其留任由乃枉之，蘇記入西，張存卿佃告不恰，行信與洪號去接接，其太不恰，爲私取家族典當，乃大邨。
之問其借錢，伊須七百，要烟禮，作呼法菜之，適飲談之，去張店中接留，在之價照稱應之，隨市店余由福。
周北寺巷，灯光與佛光相照，閙今年較上勝矣。
大晴。整次陸惺卿門，閲西美秋字母王觀漢社相手第二十一回，惜觀之又逐之，如識四王重來指此。
余陸之正相俟二元，講點的寫年。子册來爲伊寫報論，隨來去名付之，并聯談指去陳西佳恒。
九孫入之讀兵書要討相找，若出北寺街，以小雨人太半歸，到店時之咸亨問當過傷空。
告其以記我照伊同入過病去之，所以記一色快不敢動工之，抗言乃宗在伊且少于找高之恢也，賴出于元。
藏華人指飲鹿脱英同座，讀諸種種，計共三刻，桂軒等他座一之以歸西，别去觀什物，一路道度。

印甫詮玉楊俊見犖鏡之人　玉葉梓子穠宸帖頭寺

十一月朔　二三次雨　早四鐘來王堂為伊老萃藥重體猶四不足余甚服其乃安諸美金山元至王四鐘三人保帶館午請晚去余作字一紙出僕之隨之邑之館載到貴寄席山一函印去于陳居室見箱瑞林老炸詢去辭云咏去城不定屢托雅之余晤君去邪店過相同見鍾其友而入晤拄科而晚西甫死狀并慌追去戚事為之盡郎妻伊為去安日且不宜也久之回店市類糖与雨子董各又發三瘧也

初二晴大風去正使袜蘭菊三斤以之作伍理本溝滿花課書辛之餅墨而菩心于近日後以金力以酒需用

韓生李余來取門窗

不健寫句內子午後與之葉　琥石去收大神會照了　蘇費報敷席　萬出葉為之理脩需洋錢北廣當取鐵城存以次早付之桐門保成之有胃姜方壽乃見詢你來灶新居今是家生你上海蘇之去為方院居主相因去為種碌銅伊安小石許十餘元見壽上石賑詁未許見信被一大石似雲墾一對尚一瓶執條一五來瓶一小石柳州余適其過我國鈐詖偷余去到店取得後付第与四場令各次費借來此余本見還之藏其瓶一力居石速之店以有反應不及來令伊居反借來飯而別

初三晴早綠農報午將飯等之以來請謁羅去妹玉甫證乃至飯去到店不值隨以于雨去見來來談久為留伊以得久過同君素大詢不見歸乃妻牀來告之屋因需素去契加中而價且待以到不諧矣陝世之表既而王四去御医借去飲悅保多詞侃翁看蘭蓀山產契和去之蔣去煙筒一角為是

王壹亭換對來，隨係之，此刻壹生取頭。趁夜庭伊已裝，但向問時已四更，以藥樹也。邑恒義告留終日，而見
印園為陳勝植，雪瓜白之之葉，見友挽詩聯，殊有可讀，語意真可懷，可嫌，最謝樂師，勉之。所作
成向，然又乞余作又為書。籍及上下款等，至久擬紙令佳。但只一篇，請鄭西樵寫小丘壑。

初四　晴。早飯見吉葉，最為書額，謹慎特形篆字。又一聯，請伯自將其雲笠，許老成人言，有典有望。
午後出之，葉是為此耕。余要君娓璞庵，朱松壽于等俱歸。至豫店，見紱卿為雲勝些子後上座。
共論宿，陪等久之，共吻蓬南飲，陪宴，至五大四小十二人，盡。大葉太少，殊怪伊等料理庭間接，迎神下筆。
余與北斯烘佳，歸。

初五　晨起，陵豫出，已祥家門，取洋西楊通一角，似迴港，到葉諸生家，陸續至，共常者。而許人神共殊多
之后與秋棠閱楊等談論，罷，即已刻，斤之店，費米甫，病幽至，請沈月翁醫調。秉承好以5吸，說而郎，共來
看伊在店，粥，余浮心才十，午飯為之。四葉已棚談，另談相信，石姜價，雅之丈屯，歸為枝神而
查諸帳，不從之信之者，間有私吞之，賴賣，陽詢子研陳，思顏要設語人，然伊等早先不務大而見未
不顧大局，了不在之事，在外之名標，肯車又勝廣為相芒，水璞坂平四面，莫位是人照料，精擬乃去
工人又不之着力，須道案司指揮，清品子研，知加閱，將之柱加共某之一至此。而代辦問，結果日已晚，西電

作合佳函歸　子拜靜四　是日偕酒英、秉母賞居　三更大雷雨

初六陰　早去五棵楹樹金花果熟檎共一餘　大清論三年　午後發痛　體甚不適　未刻到

訪甲出對藥　告余用疑已過限數　甚駭怪之　查箋若、所告莫厥目　轉余獲雙目即

桐君出一箋　對余子次崩藥作劑　手甚佳　如之底　過悅私　勿出所窟　見陔生已甚四收

大衍子法　見即刻由隔園歸　內子歸

初七晴　暑　達渠未合飯　英秉母去錢作代　早探病　暮以雨不出　達渠至申初去

初八上午雨　早起到西廊　昨夜有盜故即起視　誰開門　乃於夜閉其箱于內　將諸物打翻　落地狼藉

兩一三方隹及白糖約穡為拙之百碎　又會山未中櫃無為貓扉推門　又扇匣等均被損壞大

帳　見帳之不已　惧振後者詳可廣防　遂生物面匣神札　初子質　金鍋華錢　又匣而皆秋生各

等均只值用度　且又衡堅　殊為棘手　身子日見衰頹　華庶去劉廣北訪崔仲卿　論且仍深

日更為閑　過伊處有地茶話良久　出北千家店　布土二元　小公店台店弄雪帳舍每二　即歸付過元

此肆

初九晴　夜一陣雨　上午查烟於二月半上存　午後瑞林來談至　吉客談所約可得　懶案僅之　且速緩

大史盖伊贱膝蔽于不知，为其情者因工及以小东西且然也，况今年伊日不切，故画每劝令不惜模实信而为之
少久专未到，出一直到丞楼，帝出与御母灵午克乐二阴，携题尺坐谈，大王子云庶论告，坐市，伊夫人
六月亦赠桃二枝，花亦甘不下水，为程居以御戚斟，叶花已来，和等数十叶，阅读桂苑书林，挺树艺园，宣士信
四不门镜不克入而右，府余子鹏每许以四百文，称未信，至昂原未阅，五和英颇入席，饮毕日亡入闭花中
归，接谈二楹又得二戈，此次不使近取为房百八十两货，极费三年，为与接谈二不与算利
翌午晴，四钥来说病云云，为且初来居，指询然已见昂，申刻出访菊老于家，年已八十六，狂久在卿，新岁由伊使其
住，不可及请，为却之，与书为难，且借萧植上年米在申耗，实仍在不理，且法者，医情云，秀花一刻出向佑，夜归后
舍，于云呼云，乃究入我，以为宽，以入书楼，游陈在御，坐吸烟已，我宽仍仍不四十去，领之，余因论与云公
侯高伊甚需价，未来必欠许，扶来右卿假价云云，力陈右言与曹府生，说伊行已出，精此路，遇保山货之语
硕为归，且仍至我待代特，租金余开然，乃于书生向治纯夫云云，谅你决之，高山保况前已与说，宽伊精言，极
中不为来，袁追郑说，此来，叶匠代伊代租，其与为归，志情而见余，一下与日，想已，且亦许此数，仍与雨
余昨借乃去，后唤子云，伊云，且谓一千余元一毛，以十作为息，净余五千，先生半，计亦不谓，许以往做益
备，后洋五元，供夜打灯往，祥源赴陈宾若，十二集之会，宾于寿毅重十钱，等亦议到，接

閱五人 徐小毛自做閱課捡元字第一人採得廿六日坎王余弟以廿九日一段去 本訂未成 校本由天寄小丝
伊仍閱初又顔色較為不先得其大見耳耳有实數給與張氏處然大席菜頗佳甲魚尤美佳
大甜甜燒師
十一 微雨时作作画 似有得而得出 來天来及作画 真獭隆不标之尤佳 亦不肯認真讀書而帳而懷
申刻去致中丞說竟 对计公 大有钱對计帳 為內子之爐亦甚用以添補也 到店先子和在市阮甫葉
動與子電議墻 乃與高先之法信仰引閱 然以其歸寄信云請今之說伊夫作鋒右言此行可余一之助
不肯之任遂進墻並此戒件頗好六千伊以案及去之日相告只我此鉄好六則與去電成為須頗好
收作好六十四伊待與家在店此需余在店致留江詢價及市雲物帰 雨湿衣履
十二 雨 黎明猴為家有重病赳而歸收者鄭病向友真稱猶也 來儀表實續伊因中地之伊妹付與吾之
作不至費安也 家人以捎祖裏銀飩為六帮謹之 思昨日想伯性而病且兩雖未試案強之
昨给今晚為小号宝議此件萬个而其市且阮蘭及病体 雜以東北阪云懷记武侍伊家果能如議
淨 六鼓分譜 房友 同家往霞此合眠白城 桶梢半 附此 煩取文五雪收之件信如昨言 六如此
翁 吾似且俟 後議 果好蓋有 其者 意為 原 國 增也

三更起，家人同出厅门接神，先供茶点果饼馄饨，共四席（二祖先，一扶一，先中座），烛半拜跪二次收敬

果饼后睡，雨竟达旦。

十二　雨，竟日照成大水，堤陵塞，早晨帘布，上午身体疲困，此患重病，午后起甚，阴雨雨，记及巳子，勉出升厅，知古鼎来访，刻已到家矣，子云去出留住，知泼泥碳桥，子臧扣熟，因与子福出后日拟召全家之典，与丝印屡次来，云约相五十元，古鼎亦来，再与商假日话云，约值以五十六元（添加），两欠乃促票，而右卿以须取洋，只付（作）[illegible]，我余云责取之一百，请日归（四月初四日）须四月全付余手，乃胃雨归，合羊席，取票（四），途中思之不安，盖此票重大，且照月稍转付，右卿坐也，乃令静持票之月与约，照晚必向月全取洋，且洋未来，再付他手，及而交票，并至天里静归，甚疑疑心。

闻平与古鼎信笑，形迹中凡单　计本田[illegible]元角，付四百元，已息作二日会之英，据门息四千有四角（共付叁千六百），右洋三三一伯

十三元六　付借一元　二分半日　二分点玩　屡拱建派兮共七十八元八角　又吉点玩　该玩只吉　渖贝余廿六元二角五

西雨又不止，夏心收拾萧照，邨荒府严民，读[illegible]息不能多走，上午重力（此重）病在身，知居多元，来园发之

钞器据录天津话，阅府国丛话，玩陈宫伯青，甲而出之，桐门结成，收入相与花石又猫，眼窝说雨市

道路后子湘说市，知留三刊伊且已经，与北之票[illegible]年日拟写湾篆六计方问出得，观十六元云与四笔工

以原价少三元上今，由右卿收，借讫，篆书如又要力又收且与右信笑一滴，收说问，传云申行齐兵了政

且市房在果亲必赎，十八点之可催，今与马与林三千元云[illegible]

蒲園來，跋去付店。秋前該十伍四千，取稼俸和家刀，欲脫兌此款，前因計算為難。

十五 雨仍斷續。孫桂卿以抗聯未包，而林芷香、李少陶字伯款書為懷懺，余仍從書信作了。研未告曰：午餐以二十七文市白一飩，值二兩，貴界至極矣。黃雨蓋大，飯出到店。留江在因設福明論及，無求伊思的隨兵七十六者，已經四十以上紅。子雲同往計其汜后，過孫拔結，萬事付之，此百姻。過金國應招兵，百不理。聞西太后、皇上無恙，恐當無憾，毅和慶發云云。四店接奉祀陳松年，作以託張陽讓，即劈東門返歇。侯來譚，禁了遠珠，限明之無良。仍冒雨歸。阿比平岸，于張佳春翟名米五斗，三百六十付悅記。

十六 昨夜雨不止，夏君為持平。雜隔滙，午後晴。雷春忠晨市重雨，過節午請神，祭祖，說好為見合喜執。餘葉葉夫及李桂軒、粮壽南、董氏三處又上座，直世佑之喜，文直六合，話也理性孫報，中和去力求養繼。宅見四櫃，以床痛云。賓客是日到者以家為只兩掃九，云藉居費三十兩，各一錢，歷了多向本北到店。嫁甲各餉過，子雲云同往日接許論此一遂，過弟處付我房午，因借此兩月，恕同朝之，其我孫廿八元四早。知案加大收有扣七扣，過子印，孫以而有時，好路。雲云霜亦第先，伊後多差，步先於驗之七，惜無實一見，即圍向賢。市和源布了，姜店接西錫常語來杭，入大美醫院，廣雲查審核，徐心不定，取得百元接歸，已上燈。

王強伏未不值。

十七 晴。觀日仙瑚玉書請，以逸粵來留飯，伊來買帽，余令留一隻，三元付。旬日取珍多，西錫杭粧，剃頭。姜李蒲園見子雲來，借四一稱，語云在卯以見我，后讀為再拜之之。到店睡。張信甫以般菜以小菜指子小之布。

余之以记伊归在少佳，读右至郎与信帐，应派伊嫁娶卞云，欸其息，陈蕉通澄只余，姑若冗乃出要金注，伊但知多趣析剧短矣，一心只欲寄，不知难行，多郎及自许，殊收又取缓一元易赎，共出多三元，是以多利照前之析，时赎者已入高安里，伐起于一贝，归高少明，不致如之安，而无用许谈，设即宜照伊项自即为选择，如其时姐余不能也。出午逢通菊卿，芸青问入庚云，菓近行午来，惕及右多不信，惕之，刺之不休，余惧艺，既而至寓四锡作，知沈佩亭来访不值，刘玉韶亦见，取百元而回归，途经见菊芸在湘上风景，归。

十八 晴。阴。午后至绿书铺，快畀常熟于申来，至杨庭已，觉右太阻满痛，旧之宿甚苦，疾难忍，痛甚，出大困，遇徐寅宸宅，(?)陈玉林，伊在阁，陈及吉四楼，适时许出，宝花坡，桐居，然至北入桐庐借卿，刀析之与之，赐之，令之至北见寓，告之庐小琪与，若与宜庆，拔二千，计之，刑益，郑青甫遇，任于文戎间，读知，欣然已，受替去芸。

庭於住，而久，郁任金，谷于而，是自为蹊，跽再出，令宝之，桐少之，余先归。

玉韶致来，噪于杨庭，谈陆，住夫竟要，相与饯归，余未许，伊谈近相许再作谈。

十九 晴。余画。午后作一纸扇，墨东长跋，乃植卿所乞也。一面林彬题，李恂是，候书看仪，刘文清晚出已卅。坚里陈秀田所，为借及辨文词一册，林公又向借郁翁仙西使纪程，又郑代钞西征纪程三册，与与渔。假说田契中年柜契，今又非是，须补陈周折，伊心恭恭，其要契说者亦叹，出北庐，见沈紫卿云，高及侪才叔一叶，谈朱年卅叔，庐讨不还，欲付与人要讨，余句之陵肯，寓回作抵，禄为归，爱伊高

走公園看市花生等歸　路能健步由蘭士而穿鞋難真如摔矣　夜裂澼記極嘅遠遠可危段左
腳　是日來閑一息　送陳第二分孫周禮一元
廿晴　知店內府表非昨夜赴西匠刻錢鞘我未長誤懶人云　調梅亦病甚而曾〃欲往未晚烟云
時許子余仍親要給化裡內子忽腹里跌扶抑痛至癒全聊　募求到店子由右眼見裂用碗藏春夜
為留夜庚甲初玉書使留云出城出城出兵向岀碇素仍多窗地當社　吳日云通店氏弟印浦表殊甚
祇
士餐室　調梅病床灌藏局〃未至更廣夫人嘆版5一孳補請該此市鄭摸蕤根彡章一族乃出之
訪荼伴卿十家出來前日伊之三子生錢七丰四二八錢計召我近計多售大傑恨此向之岀程楊瑞追盤揚丝
安擊不作債市未合點為正錢為大矣　田之別入城見周店鈍橋叙旋歸
廿一晴　着作陣雨　早静佳居比弟內子病不能起床高清沈月庭已刻出子四庭至錄之以為解居難扶
正循明玄郵用來洋參嘿烟紋餅等　子謝要取到麗會兩枝重九錢又言可計洋三元　陸阿身送
我郭孝霄旃庵五天七十眹寄近海道將佳　鄭有分名　鄭楚橋之畫之面一角可庆畫之貿一
西清溥士女徵畫勞湖西法不名故许八百入潮目錄也午後作卡代又作金山店寺楊柳三二株山石
本無名名惟名未据實用筆墨宋法亦全失中心　寔抵得子之　印往玄玉發送二分錫周餅來
余送白米壹担十二冊
廿二雨　早當候王雪舍錢同泰然有陳瑞棠未　又應梅一之　拜送書　郎以郎　春多　應芮伊　故一再
紀四十八廿

談次伊寫原稿程昭甫觀其盛，書畫三卷已先在寓，推之每卷議六十元，至再做打折，尋五元
計本后早加伴且其二千分六萬二三至午後始寓，伊等吸食飯後而去，為其到店，伊乞錢孔仰卿
且乃誘之，不但于書房，留余見其十二冊羅幀，係六文節山水石印，佳其用筆極可觀，惟取紙尺幅，僅付
神游。顧主細閱之，乃去到報風與留等議之，伊去仲卿來論價，大索憾意，蓋價每卷八九十六元
惡不合而罷。去與孚重安食起，赴鴨市買物，雨濕滿衣，又夏太收
內子病痛，以其顧為相，為其日手敢交，補腰身二枝，價二元十二，計洋三元，伊亦夜晚
間俺閣又發蚓太急，夜令生侄帶藥房子查陽清丸，要錢安，觀其病，忧淡夏
條寄楚樓扇　過一以黃條令伊對八信，補佳漢簽冊士六七余舊佛其浮洋六元二角
廿二晴　接四塔信，樹智四方，語要少已，伊屬友過事，漸來。其日如清家貴大殮，送禮，聯與仰卿會同去世甚
惜其夾中之儒雅也。午後即去，知留時無已甚促矣，雇店轉于雲石至急歸，初本為生圖之，過余天之，轉店思又首函語歎
過閱　仰又來論，且余曰已去而買此本家語，並與去我答以可不收去用，彼以余笑頷之，又翻讀久
知錢已曉，吾悅價某而不知其躊躇，見大之與雲起先其來情形太急，雲堅持要其理，聽遲
陸閣生約其赴詢，去日未將來，追菜意。乃報風大之家園盛業，問予心甚憾也。其抄錢書查
次詢情之兩書專售價實為六百，乃報付錢，今業材竹陳大等十種，需議矣此

四麻雲雇請未久雨檐同年月櫳為仍稍晴雲陰不信雲亦截讓伊亦真須要用之
之莫錢伊書數兩又欲某亦有之伊室異自稱不肯去余最嚴加之雲大惱嘴月櫳仍嫌
限會至大雨去 錫明付我 其平福至當以石我其傷皆係指揮之司民自稱因大不合實又非
不大時嘴不足憚畏 直我氣 至夜踟躕歸 是日返春于陳師從姜直事夜蔵徑世讓
論內徐廣陞爲解謝友薦第一友之 請之張頌年不多得也
並聽陳階亦不佳

〇 〇

黃晴早發花門前閒往知事午未已到果勤且雇得高論為王西字為其家須領悉之事
到店買姜餅 余定於五十元待湊此錢 因至錢莊議莫以蘇州錢莊等洞諸擬星月櫳情照料
付清了五十元交店 出開不穫 手書與許池鞘請其人書有至黃陸以孖押之不能必者
接之者到店佳利等魚片麵 評 文武缺了 余付與四處錢主一付 石價三元四錢已四房小查
如此戴來乃換得同音佳至早宜[illegible]仍執拗雲故難久又事執南余收雲款去留
之之充雨驟續續余論車來浪晴余等來換太甚但雜付買齊重之亦離去矣

也即推由其不遠焉，要如其和氣生財，然不變法，待人實不能理喻也，雖留住陳肅甫之又至上及伴店友之見之，默與雲之，張石帅宗不值，令伊明去剩來，要宗談即辭歸。途遇張柑農同去看。

仰巽鞋果內舟船人實要用，是日去城買色，不與道過江西之人來迎尋，取其色急去。七里村人亦係為首小也。其雖上見一人家人內告其婦女二人不良，其女吼止之之。陸出六又沒喝阻，某即速逃至城，愁于心，來內叢鄰告述，所遇同人不服急之，江西人遇某大喊，眾待追之，官某指名某之衛分吏人派色去為曉，呼地保向理，住楊之洵，即為御史為數其說，待之之，去年心始究其案，衙費亡元，某私賠其呼某辨，玉甚，難亦皆等知識，訴于查，店伊禁實告，陳于案于是作為去，入陳門保即議十元，需六元付江西家，說盡逃止，如久後來某觀人往禮貫，店人於告誰坐閑之之，大悔然，無之不于己，被地保吏役出而御其要，不堪向借者以平佐氣，然必合而應，隻不足矣，呼此是何世界。

廿五 陰雨時作時歇。四錫來，談久，共飯。子研午來，宿。前作桐柳未完，又作書跋。雨止，至晚不[illegible]。

廿六 雨晴。去雜知居閱梅[illegible]，遊世難，其文不及古。此梅其文甚素樸，今又閱之，頗堪悱惻，亦足云。

陸上（為伊）祖[illegible]伊身[illegible]無愚多至法天道，何哉尊之耶。為陸閔生作柳亭送別圖，伊將之東瀛，故

寫日人一隅作送行狀，筆墨似為高古，不[illegible][illegible]者，識者當賞。竟陳右卿來，餘筆起

面談，筆身[illegible]哉，不自持。與右卿去，且[illegible]印，計要[illegible]另取一年[illegible]不止[illegible]，吸信論二三日

頂子雲及筆共信，伊天[illegible][illegible]也。久之[illegible]遊印眼[illegible]里[illegible][illegible]病[illegible]覺垂[illegible]不自病，藥以來

似有垂病之來。夜相亂[illegible][illegible]惱[illegible]記

廿七 陰晴。兩日內外[illegible]為[illegible][illegible][illegible]不[illegible]。何暇閔生送別古律

王毅[illegible]來。[illegible]大[illegible]一向[illegible]內且[illegible]金之[illegible]起[illegible]風病未已

廿八 抄畫，仍勉[illegible]。義[illegible]未[illegible][illegible]人[illegible]是日[illegible]

掛已[illegible]病[illegible]。這夜身[illegible]少夜[illegible]不安[illegible]

廿九 晴。早從來閱起，為粹甫致伯[illegible]，是[illegible]大[illegible]三次[illegible]待宗[illegible]係列[illegible]四錫、子研

來，回常[illegible]。寫生[illegible]地[illegible]和工作，傍暮刺[illegible]，仍[illegible]力[illegible]東[illegible]陽梱[illegible]而味若不設

日本高麗人之書也，初不從自書，楷法同我，而書其初學即由晉人法帖爲基，故佳體出中華。
迫乎五國之時，派其中之士夫有文學者、中國人能書者習學，別或有在中國上館，閱年熟。
歸不如我矣。至若畫，全無未見有也，若芥子蘭竹，隨不備用筆，多粗無天趣，訓獨自得之。
觀山水便粗糙規模，舊本錄有用力，深久者，查見雖中人要諳，萬千年一與之，中國抗衡者
不能與日一隣。西法居然彰進，以藝術超出乎東國，正大可識，理有不解如此。
東人之好古，殊覺唐宋，猶賞西洋，而棄其議。
多省。歸過子田二人，于地至家寓，寅送孔來，接同酒。入夜陰濕，去來送庄兆士遺予僚資家云，鄉士予此特子嬰加
罪，程不足任，其去以一元托四鍋布學士。晨映日，閱古用桓模朴且深明，頑子陳衍附擬合之，夜與子研西陽等共飲，而仟去
如冰，亦竟移床，夜又三四起，不安。是日知年歆初歸，捷去且價之四六八
花早雨一陣，寅生兄來，別地今起煮烟，四錫來，土降，但安卒存田年。余致陸闌生付，招左鄰，傳私移床打管
靜見理行李錄，方演論，書法在進退間，作挽居外補來詩，七絕三首，成而不佳，棄之，又改擬作七古以
百年粗糙，輕之問，爲之自以風來佐之，恐力猶亦，後再地詳。
得且送同生之東洋

驪歌一唱飇輪東，送别情深一揖中。此去好尋徐福墓，歸裝當過樹林
公才多幾輩，能量斗識定何容。待贊桐四海賀豪識，可數擊天珊網
撇頻空
近在南見之，予夜臨帖，讀書完，在揚包地寒淡蕭若置枝床，胡言睡去，醉三更與巾子御
請家子，郭打豐出門爲莫氏，攸看嚴陵屋座，拖三欲門以達四後，雅擬布兹雜之於
三十日雨。寅初大雨，子以丈六七枝菜飯往祭，仍不吃家飯，并令他念著佛，畢，亡數枝，以陳欲來之翁之又
見山弟與靜先謁植廷，六月大婁度。與林不合，又赤光人文宗左等收靠心扇爲祈禱殿，又加
然請六尺之謂，信之又六不畏。子雲來出，留作詩七頁，百四五兩嗎第少印神以先說，此又以補後，且快法論
往後之云之。英公掛因別來謁，爲中語言諭之去。雲亡日樵閣說云云，今伊已爲告予什直情于浩譽於
爲催樣報荻，借滿畏寫，必論以貴教謂之，余甚之告伯時緣聚義，種往來之日，樵清清爲之業爲了，奈他不之不
然告遂去，費之視而歎，借看以興歎之。雪欲而來，且直說離太遠而本觀，伊根畏硬不治，爲且于其後亦將
明日畢去子四又一間都矣。康午靜員夫文節山水十六冊，不知能有乎。齊夜雨，子歸。靜庵雇到
自與鄭樊夜回行之所。樊爲所推薦，學業雖老有習过
初一日雨。晨日夏，水陸偏稱矣，作詩色完，飼之扇者佳交。午子雲來，言談行欲寡爲之，情晴且此行懷
以雅以証入伊舊共近雪諸情，使共家進我等與之。挨將大何清初之里著寡書知照來寫而辦云云，論還了

玉久余説將合做機器局由桑皮開廠彼出善也又説各樣收及洋筆兩粒子翻書改察及番貨大局改

四錫廷得一節最早欲由伊來語潘欲呈程桐與杏公應不日逮及余桐弟出卻又家之極印如意未必耕

初六日穫帥嶽子研六集共編玉久真不日啟程欲留午膳余起歸併俟田契擬伊等乃約之跟俟家為力桂兩為 應四錫與

八日逮安名得七百元來且欲予出去檢數既番印且就得其如今楊之人云亦云也恒甫業頭似子一百五二株更為州

夜後月寄二起欲似寫趣 方夜寄楔居仍甫素秋楔詩七絶五首

初二雨又連日不怕之玉已刻子雲來出留江及陳瑞棠行語出用卒一併在內且恒武受屋立得找及用付楚之以免

去去云之其好得已得且還請其出用雅去乘矣乃矣子雲細商稿語川年為榆如將蓋穩之先將出用石伊出之文（留楷付五十元為出用需）

論別從以且洋嶺擬在印且洋兩退方異署予伊等欠兩任必大急索如何處我借得之也留兩付伊去付之任

四錫來付前之七百元內一就除去方案來請留江旅到指書言為坐為余謝未能也 寫兩柳一扇未完

夜月寫楞若有似露 三更月因子説靜得來或出見多册今以筆便內務補貼且無又償之屋用

予去陸聞生在母賤三七百呆付往陸宅內之寄余回此十兩以才氣逼人將來或有異于常流

請之

初三晴上書讀唐詩别裁作畫 張杏卿來再與算合做之件仍不懈 伊物評自是此區第二次矣

白黃言玉久邵紹翁山雲到午雲又與我佳緇帥且大請之乖伊也再政兩 共四勢未去為鞋其器兩

用丸此如帳午後留以至亡之為去子英榴寫意鍾四作今一再與聊説倪奈之霎大佛不免

此乃四有儀尔文集，得何用著急留它，請它舟乃呼雲樵，唐允留店抄之，五十元。我其此間出用多

乃陸由萬變付徒，我家不宜，我已狷情矣，伊允送往我義門，伊乃五十元，我又唐取借款五十，以付託了了

唐升 叔六 藝成去。右卿亦去。子雲再談，令之為與清計行初至，留為不應付匠，今再宴悔余清業之，此計秋深

存太如甚辭去。二姪石來，余之當拒店詢留承之，我回東不受，請店友必要雲之留，已與清說及道

三叉初歸于烔店，請賓客來到，詢及我談，僅兵允節，余畏承我，依允將令自悔不及也

○初四晴。陰。寫一書條楊柳岸扇，完多草出，祠裏換西格桌，說清雲飛碩人余壽之，不置文榜樓，比偶視

晚北到店，云留已去，安云此處無用，造不必出，余乃作書之君論為無，多壽甚重視，一畫一幅，伊保留或被

牙及惟治查收按次而其孔後之意，拒而不辭，然後不服回理事，怪余等安為，今加此伊想太甚，然不於不若

伯之又與洋會收被，自往自北杜而為票，歎惡性報陸店，太所見初內子程浙三十文無回，內子三廳仍發與程

綢廊　相甘懷說塊分座，余辭之，是夜俺安之廣生樓，十要分取不允，後大改面

初五晴。作紅樹青山扇於那之為，對之歎，書保設色，終見得信，布置已覺入勢，佳之可取名家

不敢矣。抄陳富右書子研其人，說其分座日，余自畢出于橋，修楊渭編纂道生，晨鄉聖陳洪，余亦至

出巴苑錢市店出一，我由振泉閣之中之，遇賓賓伊等趁東灶間迪正樓下，玉林硯石周之皆在，是想要

到大陳座出久出一段引司，出東門過野房，從等東西家指陳瓦加泥，仍望乃細查之處，庄屋仍而浮西墻

墻脫間因有度推不能即倒，才是詢只二百間而柱及大門頂蓋横木三百元，不了真無好罷去

光緒二十五年己亥

夫訪李雲于行，不值，知新花值行，日間小跌一跤，已陳山澄与郭秉楊，大談，更入茶店食陽糕，然後入城，先生訪錢翁，季于家，不值，至其田，遇于路中，執業亦業話，共入大東門，出，欣逸，訪俞湘梅，未于家，見能母壽，腳下已上床，已半年不能轉折，衣以均倚人扶持，不覺難若痛若，累況日陪，歲之其難保，勸令備後物以自奉于垂老。葉璞六學空生守家，少年一意地方士夫，以喜方長，殊以爲中之一替一日也，半年不見，岳到店，儀似衰，余嘗之食品，余告以病亦爲你也，因此到店，于雲留，以是作語，另有子英陳瑞一信附來語，訴人論兄，近云秋藏此子大覺，早日本語去，有況已妥，高其輕重，不知較充來杜杜之，完人不已且改，再照作語我，對他不起，殊甚多陸，依了擬來，余未書至，又不得持，去端，執尤直不宜，一笑，使不事明理，或長時俟，務留，由之詳，意告人云收藏其誤，性多買，何必辭，全，于英葉，碑如見爲真，浅（夫）誤爲，雲又梅陳瑞意作語，此擬，兩大意。

出四更人，必洪刀闹之，多晴，留之歸。夜又發熱，之多起腹，覺天明大便，須出多，多之至。

初六，雨，以似寒熱，府月燥，不思眠，于起身，半時許，勉起，半碗少進，終日不能作，事任物已寫，成之翁，加印，到匣匠，夜來已寡人動語，匠後乃空，延沈月庭，時已晚，約明日來。

初七，晴，辰，子雲來，告往友鄉未家，且匠蓋不至，雲留午飯，閑說近棉及福留，然爲不解，与夫与局，排九第，余雖以行出，少日，從未大食，午後沈月庭來，詳明少外，酉妹，等余又識爲由手法，不是之

游四老病欲先俟以转医真好写者为之也　于野试画诗俟时许　俟见读书无功且懒素之崴在
身后胜窥查身以　三更后闻长声之而热慄口燥屡然其数吹喊之神疲　子研来吴宁传之病
伯贤甲笺诗照所赠
初八晴　居民出城较访曩赖帖　王锐与余说相楼与余且从俟会伊即看种尺为画了云李氏挥舞公手收已泄者亦
元之角各归旧及难　差买矣　居至午僮传不来之　理薇鬻来心禅僮一传集以人所通已结其有要事
庸流矣　手得伴右欲来齐云昨约两至会之传往往　取其去即奔巡可不接头乃函请子云遂与右长谈
多谈　青芳笺子云至乃定计其出后且去即一之陆贤与余亦为纪共柳平伴计六千两契亦经而右仍附即每季
二万　余约十余两写两之殊失又邗江两德兵事议以若古且遂议余有帖　自去后房快贴于其云收我留王元允写
柏去即开账　云余必埛貌尚且乃定找廿九元　将久未已果祥去
初九晴作阵六　病云懒桃大楼诗静意用者保笺意是而设色帖　是日叶春雨搜获物至有较四格予
地喜出由我从地去小桑访钱聊于印宗言见其根其抄　告其九十月间撇间十六亩田地立一二户编款自任文
广元且从实传子研　叶来深有九亩之下间四分伺户東国三分及误寿书与马余手携等字君陵续完谚
清润为是不能缓因去北到店雪云留余烟信乃写其帐　传真　余还入店留手取廿六元一角另且钱还来报太即
剩来为买六元　其余俗之伴右科九十九元来次买元　接切琴后为要空情与谕多三升元了面　面许楼便阅来付如校
自思其矣　垂下即帀肤归　店撇四楼队　吟撇台是一角书写及买台书致

初十晴。早起剃頭，家人焚泊厌，這此項燒送祖宗。横嘆何為。午後寫孫松梅扇，水墨雜樹二叢山家印

一幅，一扇隸川布置，不用墨點，能周到。即置畫王中年悅，往欣快之至。蒙腹痛至再，赴書店，譏雅多

工雲兒摹賴字。附書子節信，謂有慶之舉。乃點之，方寺付僕，有銅，上去而為收猪，阻止之。上

未時才日使到，呈到內亂，照左不免矣。剛之專有猪室，社之家之廣中道雖植蜀法，以物殺試于淮也。

乃子也恆德詞植收法清。以二兩菜會市烟，並腹痛，恐收款請在痛藥，冀止之。四夜睛，初更很痛。

十一晴。早植菊法于農桁中，桂花盛開，香直異觀。下午書區和源知歌于楚詞，訪子敬岩，已扇作畫，部甚

茄存廣暇，要至居，鄉鄰衍清表妹，晤領帳請僕貨。入門沈鵝夫、沈保華、鄭仰陵、陈杖耕、鄭笙和，清以余之絕

手倩作復信，為撫書孫雲作隸詞，尚佳。回談，向芝補小屋，即戲冊與應興席，與孫雲廣綠英、鄭杏甫、得成枝

杖小屐一席，共四品菜。得成言設，子屐要欲讓一二，能余為開塞，謙之。猶敬也，雨夜一更二點四點歸，之酬，卑出合杖，乘月歸店

取燭乃歸。是日送店禮，三元，全合新。是日過謹，表弟吉府謂知鑿于中蒙，整飭

十二晴。早食喜于店，對合出轎，店中想中三居民，即隨後入調君起，住之客半，讓其回頭，乃落雨蘊鄉星

當子蒙戴詩珊表妹，辭稿，家來因畫畫，遊以老姻來往，其人年七十有餘，老師衣對，律然語之于我，談甚

盖合翻其比。是日修冊，房用廣之景雲，僕因設烟，余大論文議，治僕子，被葉合留其之

秀才面又錄之于逝去為福，子扇，更之詹，因等而名之。午後東，異出，悟易衣，寫之更之，子宗，祖子

將已初十夜上府，堂場女出，云自針以三日前起，今日到家，不知所，或云其之

郛種作多不勝正逸去也，不能兄之雜為情也。而二鍛擾擾無記，雁中一去新屋大佳，少間出入店
悵冬至子雲別圖合松風館，有傳忙秦莪行友高某來談價，梨花已繳，貽運帳全交與李桂辦事
以名之。冬至回入本見子研君，保成不值，薄歸。
兄甲子春夢聖槼本（字小字）多雅至累隆
十三晴。微小雨夜其一夫。早莫鈞三姻亦來。已刻錢菊老至，与其縱論及各氏公私。是日予陸與字符生
至福人詩曲執夸等言。正午偕出香劉吉。偕与鈞三飲膳說而言其理。今來當特藏兩南門內自足出
店屋抵價，日出方充書手三契，共七八帋。又契抵回詢店生知當本屋本，推式合今乃董二兩莫一屋
莫二兩董一語。予洛莫老主持人也。上莊涯不通，來寫拔必加本，猶予做下主調，既切契予昔在余对帷書
未假予作轉為役。是書誰多為虞室諸不為而書之，樣為之。惟既代寫且兩掛之。而能從害，視理息，自須揭
指運及其一不如將一，戚事要務，反成仇視。但不相宜云云。伊並其待其所得，請至其三寓出歷作
桂送鄱僉並斗行。鈞三出古錢十餘，內有布錢一，常平五銖一，兩安五銖一，小貨眼一，取以贈余，西去
也余付扇面四，以贈貢保已完，余秋將石門無處去。借出一頭，談至店。取蔭問至邑厰，猶傍至于廊下，少立又
上吾樓，候我藕閣，皆以教分予也。長坂坡超電動之可也。打扇級。深到君紫文翰。天水回信（是女作也）。書樓
往來財拜少生，菊素至。鈞三去。少語回下，復過店，子雲告花不減，當快樓書，悵終不能以二角說開市殊等
在六点卯十二更。訪人秋友。夜中報時已兼職乃要歸。是日寶原以月仙来剥鴨一，家人酒飯

夜阮方伐雨甚淡，考物字篇等。

十四　小雨霧濕。棉花已壞，彀(?)矣，祇三成收。再雨將壞傷稻矣。兑洋一，市價洋二分。付寶生工錢。吉卿

得與契稿，予感覺陽光甚熾，惟以恒適於研求，推其意作真僮僮。打眼，秀卿、子雲雨中

來，談棉花已下市。　夜雲傳怡盛者下買定身件。價錢約定，有即可貨，便先到金家選路折

○拜論余買，余許同米，計五十件，重七千斤，但計價五二月間一元，照見本利，貴家客行該可帶以

雲云先須付洋若干元，余支稍多付，其殺，於是即議洋號，謂收議而，則須中人不置保據是難。

夜雨甚微。　總代末佳，而門祀，在禮儀。

十五　雨，淋浪陣陣。打點飯菜，數日要事，昨夜又為貓擾。蟲中　雨后稍識，原一再開入，而上一夜甚寒

愁之不出，甚恨，思稍久。午，子雲若滿，夜未能寐。三百元付之。黃姑元　又踪余迎穩實，老到，讓原且乞寬

兒談洋用價及做打，云子若去浣至上樓，號夜錢洋物，善勉，君惠，始問見，銘喜佛倫，於伊諭

有燒傳子識蓋于桐店做人言，渠氏、點鈞、華一樣人贊，於是十佳利。業到店，候子雲至，謂不至，噫，甚可伊計

自是安詳少與趙隨笑，皆候寔又寫，軌來又不理，利云二十要，成二闊，並點帳，伊付該年久而已，償之元，茲飲余

付鈔，過恒孤田公家，然后向而不往，等而推至時，於不至，歸途遙，桐與居外所，　洋紗中縣，寢二本，拿書不睡二

之。余出行，出郎錢去之許也。西宗殘湿。　夜出月餅小，押畫，仍責之。

十六日 晴雨相雜 早間至[illegible]游看野景 權花與藍[illegible]事午 自[illegible]露中 [illegible]之至 乎寓乳 午後 姜生三兄來

威集[illegible]來議及興蔗店屋事 卻不獲准許 後伊再三請加 [illegible]加不允 著予多為請 是之

另款也 再于再三議成 合照去計二時許 此店昔年太好 [illegible]以古家[illegible]歇 歷期不通 其後果[illegible]放 此

加奉 余惜其力 倘[illegible]游蔗 陸[illegible]之地 松[illegible] 為余也 [illegible]為[illegible]實[illegible] 約[illegible] 債[illegible]取稿

真[illegible]日付洋蔗 葬也 限捌年 四贖 月息[illegible]六元 到去[illegible] 此于[illegible]店 間花土[illegible] 六元五角 七元

以店其昨與子雲合爭之辯 四錫 詢及 乃合議去延[illegible] 跪 改香 趙[illegible] 為吾取付款 過合[illegible]向

任兄[illegible]大[illegible]一[illegible] 共國 市茄[illegible]一詢 投[illegible]与菊[illegible]間諸 遂 陳[illegible]夫 管松大 孫二人[illegible] 為月[illegible]來[illegible]

店[illegible]候[illegible] [illegible]二竿[illegible] 張[illegible]急夜問訊 [illegible]之[illegible]木[illegible] 即[illegible]歸

[illegible]付[illegible]作[illegible] 趙[illegible]契稿 知菜康鑫逝世

十七 晴 早市 玫瑰[illegible] 五作[illegible]合[illegible]于[illegible] 午課 便向李[illegible]來取稿 知[illegible]日[illegible]實生[illegible]自來

盛興[illegible] [illegible]基云 [illegible]靜 見[illegible]任[illegible] 來到 出使 隨至[illegible]官[illegible] 劉生 朱菊生 高[illegible] 演桑

圖[illegible]并合 內[illegible] 李世氏[illegible] 出訪 清[illegible] 詢其夫人瘋狀 [illegible] 點[illegible] [illegible]于桐店[illegible]

另[illegible] 但伊[illegible]不相閱 並見[illegible]到店 子雲[illegible]知[illegible] 其[illegible] 過[illegible]及市 梅花片 一角 店 即[illegible]

飯，途遇少耕，於煙館邀請煙霞，阮踐，六吉戲館看蘇梅花旦，失照之，若面大雅稱，吾字煙瞎偏

令度得咸陽一刻，乃雜大一雲中。讀其室，八只師，玄夫之所也。用物一二三件，禮聞中式，文物一書耳。

乘月獨歸。是日起戒，不吸以應，代之祝福，過吉。暮卯，工資。

初六日　晴。早食，蝦子麵。江鄉訊實生來，偕午拜榮堦。葵實生太翁興玉及門，朱星原、金山公到，乃開論午

得姜比。畢出契，將名須註入，立定五百元，以典瑞輔庄立咸布房屋作抵，二年為限，每年租摺月息六元，分四季交付。其

押據付琬玩，又寄致四錫取回百元，英老典吉所，偕星原、金山別去。余四人步行，印書西門上塘，又晤黃吉金年

同日去。送兒陳七春及洋八角，于鎮海康濟去，雖不足大患，開倒翻雪，雷罷帖邀人共議，原擬將布

內于錦庄知多三百萬，小黑等論老錢主張宅告。伏少耕談人之見，余漢然而自務步，戲場人猶甚之，原宮因

申、西北湖庄人均生來，咸乃怪經理者之無識，無法挽株根，見未曾見。禮四偶之作，政仍發吳之知，子叠為

四徒處此，仙乞付戰信四角，等朱年限于茅玉付四百元，記書歸已年此寺房，晚課成注非深山，非不滑靜

友，因訪向金芝地而歸。

初七日　晴。至樓，理名契，並錄出屋開報各户入簿，惟談户及馬春林、西馬庭春仪等坍廢雜項開

具，閉眼拙也。馬達慶偏徒元，葉柄南、黄吳氏墳地四户，計五户，因不立王研，北户撇有殘服。

上床劉設，並吕承壽往。晚以燈背書寫，又不肯讀，深悔，將改名，書後讀金粟乃大

責繕之。申刻兌一元付隔肩荊珍后收，午到海神廟見堯臺演木蒔鼓，即掉頭行北門，鐘聲到
店了之。雨事陸桂山說店規，彼已遂見陳仲夫一言而歸。閱莊作班錄
二十 晴。早一至地看行作字，筆不稱手而罷。閱前月之書，頗不滿意。
赫君之論官貴傳序，習以經之言，必精神法勤且功智周匝，思慮有又深而其不化者，於物感字而有
經史之助，豈有所性之理。
寄翁宮扇，以其係詩卷，錢法華之殊可觀。至晚夢韶原佳四甬之事，修矣。此後不患要夫嫌帖
來日晚不能長多之作，而自信自強哉矣。廿一訪蔣君于山前閣，談秀花生而北，到店之金人手稿之怏夫
以母表保更八少之人備注，還怏祖知其某病且去，令又甚七年諄似錫病未為甚，惟相唐欠次宣之屬云其來過
廿前物忘之，將煖而歸。午電三對日不見，店見取任，使我表取近來三鼓，狂自辨也。
廿二 晴。至地昔劇難筆，且筆僅付宣生，陳諸壽生家，討其租，已乏矣，又知甬糧不但宣信，欲又煩扇杜濤
作書付彼其許閏叩高，又祭帝參詳一甬，午後不適，竟不能耳，勉書一稿，欲北中止以飲于宣保宿
與閱者村忠壽去譚，黑歸不快，乃閱棉花鋪一甬，少久閱書及其要歸，擬病幸得以影，宣生回
洪佃僅付三元，終湊約下月初，度少餘竿以
廿三 晴。菜沈彝生日子表嘱打點作書稿，衆改，至董詢其病，僅以錫，令宣生帶往，託其一并寄之二角五分

今來條乞付
板窻壹封
板門壹扇
照
王潤齋先生台啟
九日
春生堂具

至其虞集，子俶家送物至，申刻去。作伍書，行海塩大寧寺僧書，致浦文來狀，附扇付去，今封復，并復許

洞二元，付寄子彥麈云云。又至店，因偶寫，壯見朱魚生同入秋風饮，徒孫家子，子雲又至，共談久，出，自四鐘至四下鐘，至店

金義同病，所談去冊木買回，得店事屢人來，無不法中，心懼懼。閱湯生荘信已屬至，弘。恒升兄相料寫余辞

復余同季寅取刊抄本，接復集，本乃同一角四，後閱朱小山作古

廿三日晴。早，門前同眺，入室點集，至薄暮，勉力過桐生，見丹國先子，同說一晌，鄭樊俱在座。出到店，子雲崔氏。新報內有吊六君子文甚合。又載潮日大有戰云

付伊明日之皈，託以二角，本十八冊，因吉莊晚去，與徐善聊歸。付丁陳湯生角五，四六合算，一角日除，實今日遇

廿四日晴。早不適，雖若勞，腫漸漸，殊可悔，因昨夜以不安多說去，故所致也。稼雲如燠，至熱，只不安與

至又四鐘，來，高後十月，將明余二來，保之斷而買，陶淡無定力，且苟安之，識雖為主，留中館去

〇玄禄寫陳集

丸戴乃宋美信闕，詩老欣入誰傳的，葉高深神遙去，高客麟饮更之闌半

有號齊西作聯云：濱上為虞來之俠義，門前種柳駐之和菁

善生到店，又子雲，二角，本壹様，今應至燠也。又為伊寫子俶信，錄柳花等多，并屬伊彩照切琴，本昨日

余誕，備麪因市肉菜二角，又自恒相四多湯甲四，阝五歸云。原可送飯過三橋，來與肉子食，後三層

不知者用君謝之

廿五日晴。余年五十三，今乃誕辰，早食麪，晝麪，共十餘碗，作山水一冊，用墨甚平平，欣濂來長談

為人學繪南,收藏談之,又言錢君無心作為,面目可憎。初二陰。傷風甚,不自憐。當夜開戒,步從步陵街
至聊與朱常夫談,伊在上海拋球場租大錢店,已[illegible]子梅在永達成又處,並即及成吉有[illegible]
廿六晴。早至店。烟蓋習淨,煙不止於此。作畫四幅,子衡未與詩,并命作冊以了,并作一冊,以詳見[illegible]
生廣織畫未能竟。收三元,張女南土物。謝農又携印譜,從切托無予見,順生已回,在紫峰花富陽上
七畫古城市共二元,和議一間,訊回店,見留信,省滙又錦老錢,慨予慨怪,真憂人,為其所異矣,知不解
嘉店友六費,如此等真利令智昏,不除無救藥。市歸二角。
廿七晴。煮烟,及七分三。當收土産,后仍用米。至午後城門前呼補缸匠補一鍋、大缸一只,又命補座米缸半只。
出三已晚,於鎮中見舒匯語,餘眷子清籌款百元,設如今重幣二角論,未也。陳季宣見之,之至花園兩當大雄假
出元六角各至之,讓已不合,見六欽謝金扇,余乘勢詢諸帝,錢伊子慕琪師派孫子研生之來,據說弟不來
六欽言陸之言,余遂不說,閱悼詩,未矣此人真之戈,第之無緒者矣。到店,知錢晚日節怡,七房舉節,票見伙作有詢
申布怪如店,才縫人諸不安心,未保告伊,東亞分之在心,無不至而名等,事可愧也。
作信寄印譜,為畫三幀,于三太見之,告細為云之,遂一寄,乃將日回,將來無高,又談謝物其(不加),子雲信說其故
柔并絲物為加書,寄金盛。青莊于蔭花池與居談談,為還陳烈卿白小冊。
廿八陰。傷風日甚,猶課,方不事事。午後居錫甫來謝,言連會為詢一切,伊至書房學館,寄金回,從寄生五六十八人,日來明
談一刻。至陳申刻訪菊堂于宅,不值,晤于鎮中,略談。到店,僕磨團,自硃未,印譜寄之,贈物之,買自來至,並寫信

謁方從謝，又子雲云照原冊六様張好墨角函，便請寄一箱。還九三廠前訪朱以原，晤談甚暢，其來也四年海棠墨六枚，子廿文，四收畫幅。王縠臣來，云持崇祖生定，五煙下席，自備藥四兩六大，書一冊去。還前為之同席陸敦以甜餅至。初更持燭歸，即枕席。

廿六日 晴。費農學及來隱論加設色山冊，四日居亂體店，借用及晚出北，見菊之請雲書館了，請往之安信寄丕遠借漢乎錢三四年多錦叔相見（已出部），而不克送子讀書資，其他可想，為師者何以識日年。

二十 晴。早，筆金山志留午飯，寄以原直幅付之書，去刻印本之錢中順，暢敘，寄云便宜將遠寄付伊，必移寫林支書賓[illegible]雜性高兩全書之注與且為名之北以一元為付本同深處，惟云。見其子欲本堂書一冊不見，印圖許晚日，我且借伊又無之交涉宰其利以十三文，仍和居叔而餘不對，後書一不見一子，是庸碌到班經謂其印出一生不利。書店收帖，語降十元而不及二三，且卻帖[illegible]付有如何書不如意語人，言之可笑。夜呼伍半斤。至初更歸，緣飲以傷風，頭甚痛，唐遂送縣云店東已避。

廿八日 初百晨出惠祥，生談。朱群驌來留晝[illegible]賬，并撰文，張頭羽為文之論及唐了去，晚出訪居，遇蜀[illegible]，寄靜齋。

廿九日 晴。早，訪植卿，去訪書，借冊九種。作伊書，去。蕭伊[illegible]買送書，漢[illegible]而去。

需二日，雨不能出。檢點醉翁畫，以謀穫福，甚悅。孔子研未出小錢。晚出，行店，爲桐鄉 代季
樹人來，與桐一賬，吳伯貴帖，諸仁並十七伊秉綬字，方板大字，卤之頗也，注大之一張，振與南山論相
四叠逢陳仲篤，携有畫册，借日計三册，留玩之。一陳其名 秉忱神品，一梅册，平平，頗佳
一陸象山跋，康熙時人，兩畫譜，吴其八大石，戲筆，圖騰，婉娩，觀之，義寧，寫食

初三晴。玉雪來，店宜下樹，說來，姻子余以畫，故無恪，甚艸作，仿册十二頁，又艸册八頁
又爲伊藤捺之，兩共借不值，乃帖，意臻仲篤，留一夜，詢價，及其之，賤，因不適
是梅植卿來。植卿册係庚寅，示錯李戴作，色殊殊也

陳其名册中，白鑄一帖，純乎秉忱，乃淨陸伯英神髓，非屆後諸家所可夢見，可不寶諸
梅册諸大佳，且多，惜不脫錄秘時陸山水臨，殷然氣韻，脫脫神採，庶未宜趙一不
旋但打宕矣

初四晴。完昨册，又爲伊藤贈道上畫廣，來看舊畫二册，狗植諸也。湯官來，取殘對，已裝付矣
午又鼓仲篤，還昨册三種。晚出，趨還子衍，回贈刻手巳廣，五號，甚僅有一異矣，搭橋字悍
一幅，再到店，下久，子雲搭至，代買到戴文節山水原印册，計半元，太巷即印，屋閉，不及說無
子陀西詢店，若息與，乃兩租

村靜初一早謂東廟，那足刻，請白一過三頁，已少食西米

後起床，作子只信。牛乳、藕湯、餅爲擔，夏又顧賓人，龍需家五元，吳宗需房用六七元，皆所用又欺

真，爲伊等作夏心，牛馬不死不止矣。指歸告家人。夜夢與人似傷風，是涼。

是日外姑去。

初五晴。出自四經話，飯後午飯于家。請諜言，作付靜亦，附家五元，即圓來函題經二角，而查類同

○致其子羅師，晉出到此，唐[illegible]入報，風說何象欽何明德又住在何氏，且好及冊，均欲之別之北師江

向來償西房靜行，即唐十元來入王相，得成謂出，臣去后已，恐因指令歸，付還于摂房用。

重晴，鈔冊，寫作陳列，作冊一種，仿文節草，又自作一冊，寫呈米料，因伊都後各歙還，既言子研求中

力推陳，秀臣書陸氏以痛而發，又須備禮，又作一冊，敬陪接，臣待賢置穩道，惟人物略不稱，于是出

邑錢菊去，不足云非，陳冊仍[illegible]費縣去，食須四元，借爾二冊甚，北四觀言，即圓同，重不須兩日

初七晴，抄冊，換前中挂幅，鈔天德論三頁，並鄉來，下日初須用款五數，全之当代籌，既以附加五數，但現只事不

由寅淮，蝴蝶之說，今去出刊，唐邑仍鄉，概料只請代籌而不為辦謝，于悉伊高從所言，擇本齡極新當，區二列，如

市隸一角，同時聖為設溫來，寄房井塘被窩過，相言伊並[illegible]大陸二元三，其報價屬賞付居云，是用[illegible]相于貼

当子市，賞為用玉桂、麝香、炮膽等日，蘇州修指六，蔡廣中略去賴

初八晴，早四點來說，其房之弁，行平冬，令修二書，取為吃完，其子手修課兇，罷出王府，宮前，陸宅，陪，變居書

婁氏，治殮，余以陳見與共事者，有時害名，須送給入，謁候王處，與王仰山家，協告書，更祝及六郎

禮曾繞冬之稽植卿至，談學堂及國政事，伊主張專注日文學堂爲習，即伊藤之說也。談久之，余經

上年之反正各節，固要而有益，此出人，惟東亞之料及武試在所亟。廢武科以來，武事多實，實信佳

一武俾繞大隊，必棄千人，應試者許其手列里保，生六七名，每省用一學生，三年出省，將各鄉陣法精熟乎出身，勤

年之間，每省可得預備勤兵數萬，不勞餉而得團練之用，計每已決，況習武皆有家，須可保鄉，更可得兵，寧爲兵備

邊之可作船砲之兵丙之。伊大首肯，出此別去。云有鄭套蘇某某案，即晤以盡其意，並求余函之，余詢其是物不帶

且思其後更又再請講，余大意如此，居仍無情自視之他，順人如此重，不知我論者之厚，今類者指之，仍可讀經管

實買菜自從知無憐，便道乃謝他，不往院而再三請，又託僕處閩錢求其許可，得送其物，即日步賴，余不理也，乃作

彼自不知，將多累人大思，其事其不自量爲之。陳小生病，似其重請，沈仰園君祝留后一見，讀此不自見余入和之

拔缺須如抵前料，徑回不拔，即隨宕益寫，常見一晤，零紅粽，其辦程、陳圃歸。

重九陰早猶處。閩來議仰翌情況，先加字說四，伊很稱量其猶錄，余慎之似不足，王禮擬數稱之，乃今出宋云

不缺之，是張書有三者，自從平路甚舊，禁賭以雞，稍已出舊，至留之房，南不山等務，事李女送爪至

前翠健者之來，翠房，雄書茄並全壽奏，其居居所見云雕工極善，乃退除之，顧細審刻一字家，詩之

此日葆馬帶之向，雄唱聯殿，惠雅瑞詩來，林來晤，談在王家，趁人另寫之，云喜帥將其程，仍由袁集之，四字加

中甘四九和仰學隨去，即至，余以車來告，租價且詢來囑之，云之云，與諸君之談，即憶仰寫，而此天已雷，余經兩到之

唐与初議伊要之走付完院余辭之雨仙作借無路歸逼甚入粵陽初速至再与談遂入殿詠人十九號即答狀而去
啟請子齋次初一直来論及与定俾允及小費余定付訖歸唐洪恩深矣而名其妙理由北寺藉入東掌是日送書
美伯兆之精書閱示節唐萬勒移錢之蓮又遣要挽論之再入本壇雕慎閣告狀貴論陽娃錢萬貴乃与訊
直之屋等同談因大雨把屋仙夜深乃歸後飯而眠
初十日雨午後晴接玩篇冊擬夜因寒殺為午後為静輝健課讀書之嚴心堇直不至去為可恨言罢不怨休怪
以病瘧發之日吳渭子又發中然杜讀
新任署海甯州八月到任汪幽子符生江蘇無錫人　十三唐接静孝附達衛函云假須搬家男
○原伊病略愈請付猴擇月修一元伊子去于學而于健学論之詳盡现先使心不放至亦不留
○静波来林位謂北租包加黄光以煤之事因印于後作羅以晏迅罵隔不勝其煩　市價五
○十二市價日報晚稻三斗黄光又余蒼料計二元一角收如支
十二日陰即晴早客要禮打燈作珠達呈条年港底使持草謁觀族議撕可子研之未會者出戒
塾詢陳丹如以垂認与談其可借極技須知而各士采刊價一元出而之葉定光可濂開論務出至
玉吉以家耕事欲先与張成继五与濂似未久呼子研来伊嗜孝貴濂下地其亡且讀余理不
韓細議市甲三兩收其七告論濂一亦亡事日而得四擇濂事于以不至因欠據也此日至責

典戤幷進一千四百五兩，經從言信與不信耳。人欲觀之，且為打算，略詢其得謙息積多日，定未成。叔等亦屢見也。余以謀面程契等票，許族戚當時急切付洋，許付另契。了事不可，惟有另立契，伊等係伊至失據，乃從源門合出北莊換印契，踏青及累假七天，將付由子張行，立憑外殘信而寄三路四利息之。　夜寫撫梅書，第二大路至三更，擬以歸途見洋萬齡一禮，伊未得。

十二晴。課徒讀，誤作一柳，在杭陵須知。午後三旨懶，族字祠生成斌來，為承之今日祭祠及天陽桂畫兩大字，皆以病不已。伊但一人來，不免雜，實少出去。子阿來去，理到店，與帳生一言，過恨極一生，間謀面南與菊卿語，談中知張楷友任英夫以祥之言代安常六千，余入此等，若見陳壽田論，伊謙恐為告伊勸之了，入張禮元虎為代聞喜寄四，空久之入席。我席七大四小，送信你親印遲書之，丹出另員余第二十三乃慶雲楊亟羨貝子及其子彩和子。風飲次間，族叢極使惜名維，多食席為遲客持炬歸。　書送陳孔紉，社之致相攻勸也。　是早陳宅來請丙子論之

十三早陰，午後雨。已初聲使光為余披冠衣出之，與前祠中陸讀到者共廿餘人，水地三人，王家展三人略與五族助對書寫付飯費，備十三石子。其中不識者甚多，尤為難理，有為故裁為不合也。久之成職四私為料理於子午家畢案積視送羅銘飯後，其以於三辦在隹於日至今水此和之，是錦三年七十矣，與之家又合有王家展文慶等三人又騰據楊支之極，是錫氏文生開仍來店，在慶奎孫諸伊未錄，為去如人王家閑

請和尚先生廣菩問沈姪請之書，已小滿矣。玉女今兩外孫來，并隨王姪家境未佳，以是士而給衣食於
雇人服役，職非工行。大患未能自度而求安閒，薄暮雨既不止，身亦若重負不釋，夜飯後以床將成而
入睡。玉女呼經迷罔不安，急工稍兩足冰冷，於膝而以三天經稍暖。
十四雨時作止。子研來，雜余以身重若大病，至將走，雖當支撑，一切書不欲觀，字不能擱，管呻吟歎。
陽之氣息奄奄，午後連下數氣覺輕，睹察健兒之不妻學好，游走經心于閒事，大恐此子之不成材
也。竟無工筆能移撑，夏頗深，不能將就將能親大健，儒將後不為之專學，惜其無暇，余頻頻為玉女戒
句陷愛句，今任性稍長，宜交學擇學，望成即真愛也。是爲伊祖母日陷之於市，餅肉以餡之，乃實
之非愛之也。李五送黑衣屋，渴未留飯去，晚未出院。早
十五雨，暮陰。上午課健看三國蜀志。午後子研未至，今之出抄閑報，爲户子研之劉店，商季市九萬保户陳墨
菊石大洋欲獲之楽地，麦六萬九天户户二分石，合健元十九戸，北十戸財爲户田二分零，馬達廣五十九户十二分，九天共
五户五分石，今之錢，分家毫二分市二架房錢，煩付伊閒，考核主主硯北户，洋二元小坐，与談為説，原白侯田，說閒二之途
十二北店見子雲，隨子研到三廠街烟爐君，丁木字書，正月南貨帳不符，丁乃出帳，其云中實有據，乃向僮福對
其中實冒羞，乞將子扣罰，乃今加記，便將与店，實賛日，欲從宜反要吃虧，於是罷店，致慎夫即今子雲研

三元又元茂呼往利解處三疑猶致錢區三斤約七八千文，圓言與師弟等及悅來多年，罢居見笛仁，不知性去核
係宮杭存折。假調姐，心甚悶極，善歸既不能利，又失敵運，圓問，與圓來書，而楚楚日之，談及田頭市，而及蠡尺
稀且正喜計冗，某不思之甚，默與之往還，難情也，心甚悶，稍與二角，市豕腸，市糕餅，遂歸。接達卿并杭靜任
謂明年與石隱，校靜可默，是而于佳，以為石僅出衛識然。　送德雲生歸，迎神禮五角。

十六　晴。早，庭前蘭花烈霜，遷入階西。午飯以豆菜，全味少飯，寧豆調失宜，更加多人擾亂，孫大發熱，寒取
藐全典押攫合之，屢生付之。伊持之杭存調則在四錢。倩兆仙花，子雲與之同往余條永，英伯討梓花。　兆仙雄知
居為陰友獻雅呈禮，神狀可怪，頗笑主者之無識。養一年程叔，使過面之，奉行過濟，變且家區扎莫乃留
兄家皆海防，擾人與子壽亭斯，將去門前，不席與紳。　馮二　孫二叔　子耕八不五篇，只畢持炬，令子耕語問
少坐去。　來扶知偕劍。

十七　雨。早，子耕送豕腸與豆糞呈稿去。課讀。午後似不適，懊惱怨難，攪胸，比至未仍得存。洋再取二方
合壹之，擔之，屢背雨行，若矣。交付入帖，以即市詢籮，過怪茂，命閣岳告余，由館樓將歸。伊校姚氏取信
古錢數枚，以枚以木板將各瑣出朱嵌入作玩，每板數文，今已借傳某莫孫姚氏，說存古朱數十枚，伊取之十分之二三，皆古
不似常品，雜見之，癬之乎，好見之心躍之矣，得物以後傳遇難之，指向無友，竟不得無郁中，市留收，收十六，說由信諾，疏
自接歸劑包，岁圓已實傷，止為于不利，那些段不致如今日之大辱，言之黯然。

十八　早仍細雨，往校自去，往祝桂珠，謂知兩天文，頗知與健，讀舒閥生一卷，兩為。　夜，桂雲來，偕之而去，未朗

剃頭

十九晴。昨夜雖雨大，然無甚。三更即起，甚熱，以書學其字度數中不能歸，辭去。早起於樓屋書樹中
摩訶小兒前賜書店送霜降，余收理各物，於來算伯言道稀花被真錢，實如此。姜書雙仁卷四種言兩不
少坐，出大東門市，裁衣兄于陳信，又至店過山塘一坐，後入同陽蓮一之。至北到店，云有申信已付家取一元，據之兄
細閱留生說此子的雲西符之格局，個有五元方未來。本月義興因經柳柳未歸，問之書賈，使堂云此詢可信。君仰其
信不過然之。隨未合，乃出北寺街店，招租情形，又恒茂王子美言此，至可容存此，仍有清東查看，出逢印，得以日
事稱兄市經北又市，談話岩說定，疑卞日簡月用紙，以契撥云市。十二元于當店，乃歸。
發靜齋內附許春帆一書吟南信。下日交盛航陳處已查。

二十晴。早王子美令二至，奉未發此，擇兄陳，以然迄許元叩余，錢收銀深晚云云。言回人昌易萬五共三百
定部書遞我于後以交此圍多兩子。詳之。余孫算美信須如加減家陳其公度數及公信數，書難算解未刻，待以不
至嵩撫巳山著書遠見細過，乃合歸後云此許合足許錢元。乃久少于雲四過于節公荒表述所以請加許半元，算道大
云然留飲譯云恆茂數之來充答過子雲，今此入睡。王子雲吟為惟價雖多，恆去一路與雲往復衡惠計店。少坐，王子云
至子留江俱合談，伊加五元，不許，伊偕留茶。言余為雪作掀信，少食晚飯，留回謂極微錢元，又子雲言定售即余知
恆茂尚一座不管語，定期後云明早勸此報，是錢買賜知恆茂留印圖多，乃持燈歸。

廿一晴。王子雲令王必前去。薛司前云王子在陳大門。來伯定保款甘四在陳劉付前給云云，即取全此款付挑去。附許子雲一
未暢不在，定付圖裝述同往，有情並合柳唯指了去。午鍾錫春來，云款恢十月十日用豪以今市價哥或不

○而朔也。語久之，去寓付靜兒諭三弟、奠伯家，來過頤來刻出之，相宅陳古錢數種，皆殘已久，相映然借此
出以為吉。過店約子雲，乃之松風樓閒茗，云古泉已來，遂聯步之其宅，出其十極，內有不五朱質，風氣太堪久六
銖大至五百當千及幣十餘種，三四未寓目者，刀十許種，半皆佳，點黃久之，知為拓攝家氏物，主人風雅，甚
古極多，但是乃新得。子雲今北，捐園道楚卿、左原諸侍以十月到平，倘用此袖換，乃為圖書因以悅我
子雲初以先付大和然春墨，又起語堅留，初由露大匯付余錢，醉圖印書，子安稿，說市一字，許來店存
入城店，發留訣到，樓收付杭作調，期而子雲歸，余名下劃，收共錢，余我存之宅至宅，后我上方見字靜侄姻
之子去衛開談而歸。　並曰又逢廣三去，沈子用為楂叉伍昭雪。乃沈延森咨都，以欲歐，被無一遍，夜責
照　子研來　　廿二晚市毛栗一斗，市四十子，以植荒地
廿二雨。付作查姻母之舞在上，存于未，至未刻始完，其壁題佳，因雨不出，過廣三，留晚而問，語久之歸。
廿三陰。早餘以算學說與其子，父子廣信數及代數通，均有來解，亦不盡有何實用，如繼戊，出之如未能為未解
說陳達平歲以治心靜為，並習兩孫之算，子研來共飯，出舉李某書全莫，視母及峴山，偕來留飯，人辦，買煤三担
取得八寶銀二，過店，入六百元，亦據出之算，籍柜完，王國南欲北上，二戶工手條之半，付得式元收，我言其于桐宅，過校財之國
在多與桐論古泉，證明以為讀習，得勝而始，病久之出到店，與留劉余玩，使明到陸內，露大匯抗入廣，出余閱國國
之三元葉照說，店多并二家，用度伊善理財，實難，年無二千，重然殺之為利，每月始一萬，真可見作牛馬者，當桐等勸
之不過惟大以實，病狀之則可少，度也手誤久，同歸店，此市糖與子雲談，于今盛閱報，市零物歸

是日天陰四人合 英寶三人加了研 又向宿事有丢女宮四人共六字八人諜費自用 晚飯陸佳本黄柿去十斤作咋

廿三日晴 早晚走遊天園地 木葉蕭槭 桑脫霜滿身 亦覺寒周體重滯 蓋客衰病相乘 故人皆偏風小疾 善出見仰賢硃玉帖生借元書明季畫 蓋明年遂美植 諧美學生過子雲將之侯轉居 論及楠油併致疑伊之依子怡住欠益另查務

廿四日晴 早門前看楚录 疏覺甦之 試筆作書學畫 沉思代鼓器奔衛 年衰精減 院雞記習又至長惶與生不能為寺門美景臧事甘同徒至後落地 至借之地 有直柜不知誰何 西向宮者不出葵 病至池工 亦重凄水楓丹草黃 過楊府宅 朝來甚飄搖風雨 悟婦之 余借前求余得飲之 因燉搖遂移 恐多費 而另不減 旅歸 暮至橋又市毛橡子一斤于寅元言下往 訪先良入書肆 半月取出 平埋于土下 年滿出少加肥 好指大乃移植 恬含植清北川

問廣善丙年 過恆裕市餅 時友鄉里至入酒肆 陸友談 素山 招合座乃共飲 間陸王往樹下久之 飲手別過北寺巷 澹泊在義塾門 說及伊事 招而細之 今不再用陸說 誌書功並施 棒衣破學無柿柳桑老三妙均然是日祇食 昭滋往 余剛然益吸之 不善作生而內善保質 今之豪此偽失誼路大荒 何景象 況戰旗以古梳仇無善一頓 憐直雖不得善 為何爭 潤氣更不題 何哉 向伊亦自惶 余今此似稍閒雅 乃合四之遣著別 嗟之此文人不害依生 而內專務食飲 致使天忠人無專以鄉生 余思拾舊府为之共商導思善後之計 躑躅惆者内子亦亦責然不已

是日 仰園來 余不面

廿六，雨。早起，欲不能起床，氣血升降皆不為患，親圃之至，作書與陳鼎卿，附冊二紙。晝若翁法帖戴文節書，與大作那些，又及能勝好，且識也。健兒不肯專學，余安欲以逐輕法遊寬門徑，然足抵饕不恨。弟作屠鏡甫，紈扇，杜亭，瘦石之屋極神似。戴文節惟此節少佛不能不可，加馬印于兩相簡末心識見所此。啟然玩處，又臨保成柔，又鈔天演論，又作東麓鄉都山景殊不佳，此未完，天黑矣，不研了束。

廿七，雨，閉晝，雜寫雜畫，核字與健習請篆，篆伊子隊洋尚未全解，應習珠，篆弟并示要法横作捷徑。

廿八，晴。早子研取西陽至余閱董帖，作字，鈔天演中利弊損益，靜信訖，取牋為書寫扇，惟楷真

○扇此兒布分扇，百家附來，臨雲信，於是晝可大分類。健四筆合數子傳，極情步訊，統計四紙，使前僕歸，余至北店梅閣，四三新，說抵庄已吃出廣，性出此門，過和保[?]，鋪觀音，指叩尤少亭，門與兩嫂談，快之，少亭病臨見謁六病，備堂有周，柯名在同業者問之，并述前事，即健其狙。雨然順來，曳大之去過，局鈔報，交擱問楊

晚寄信，汝遊歸。

廿九，晴。理庭中花草，門前椅桑移之，黄葉一至，地為健課上書。晚出市，山薯，蘿蔔四，又至聊更，錢小荒地池上閒眺，籌計絕無長策，因往步過，由老橋街，市羊腦，羊肉，用一角，返入，義整與潘之論及伊從及鄰居皆四非之，此出余詢其所有，族田若干，至租契，糧票何以，指為我以一款，恐情保，先生此至，出真心

實仍以對人一再盼之，先為畢付也。余甚恨此人之忘計之習狡也。其于業詎有陳［？］所挨堯某扁生
康之子及六君子死事，以為大逆不道，又以為地不幸而值此舉之迎，其罪之可謂痛不忍言之。自少錢
見雜信同言及，自不知國賊和一節，稍有識者知安也。康以數書生小官，又無兵柄，何以能團練使
役康等安得有千餘黨為之業耶？一擊而全鯨也。何至偉逃甚他議論，種種不類，無識自證高
見，真為賊黨及洋學六嬰二山長以出清好，相日為大話，乃蛙鳴蜩穀，務人云亦云，獨識此等稚以為力爭後
古實地球工自居[redacted]也。蓋伊祇康等人為人所愚，不足責，余亦不暇責，惟念今靜閉自藏，密自修
四方宜影迹，對客人口實也可。座為健作筆陳序，伊已半解，不難全曉矣。講經悉律，剛柔不入
十月二朔。早甚不安。檢契稿，華書之葉與子研詢田租契。閱鄉來，皆云因屢窩之契，經伊取去，諸二此詢伊夫人，諸
三嫂下，康出大之往查契紙，伊但云不載租契等，又往人邊查，以為余另半年不理此事，何至以余，四乃誤矣，余作審查
子與余命田不值，泥此乃收殘究租用若書，賦諸所到租契未不見，二國余詫非無保以取列在宮，世接余屋勢日前往
無憚而尤指留力已之時，差為執持，生處不能無忌。余許十日再返，而予所為者可太詭異，否已余去北辰，子雲為余此
持悍被濟，看告示。子雲來，余致謝。伯其總乃屋遣當櫥油云拋仍得物云，罷市望三日。返相出市架云搜查
已返。其洋私戎衣仿做一件者，欲當以置十五，伊甚羨，余不為意也。歸燕台賀
尋增亲書寄往蘇寧生。子研來未值。吳日補也，馬入，頤何入京

廿二晴。早飯後加棉皮衣，至橋市烟茅，即見錢菊堂來訪，乃至寓間談，伊弟訪竹官若甚上年又納妾，現在始有長樂，屢屢來看，即將歸。予囑之出，又入海窗名官而陸翁（蘇子右先生）為致意之。宋間緒于舒元真只小畫軸，不大方之甚。因歷舉誤謬之人之多，益為希榮。與核日甚長，談見者每謄寫之，沒結六月帳。作字終難成家，自顧半生若功，悔于少年不深于楷，又不可尋家及老，覺之，為之似稍力楷，而望已收矣。予研一墨，眾出所署取而六，墻東翁南二瓶，串思垂來門，不果入訪。鈞菊為伊寫為順方，瑟予作成衣書談。看彭剛直集、曲園序跋、許四本，又看周斗山柄蘭圻人蘭帖，筆為是，而頗識蘊味，出陸次澤信，久之，看鍾子。左嚴出門望，又王菊舫來，更甚贊靜學陸象之。伊今年為當西山長，老而篤于古，執雅子真書名士也。出北庄過余，予與之往談，市兵肉一角，斜陽枯樹如畫，歸途如畫圖中見士鼓聲謳。

初三晴。售枯系一角八分，鈔天廣論。午後元健人快囑至石其文病，逐四蝶至，自叔仁巷乘來，因名堅菱旋與健人偕出，入楊樓台假姚亭一角，因暢談別之。余北庄看性予食泗一程，望恒視了無所予以回。

華亭見之滿予。

初四晴。未飯間，雨子起，因聞說痛母子聲息，隨狗而屋翔至，預備余六句起，李五來，專捧兩信，呼叔生賞與其門同適絕書五之，信沈姬至，而少久工樓了，研來，草健至，南門帥來，拜覲已刻全，南新孫之楊為山芋，出南文沈田孫廣訪聞聲，嬰已落地，聲甚洪，旋聞狱然若戶甚屬既聞笑語，移時兩子出，謂雄也。不喜手由生一

元旦將高大君郎偶錄吾宗始加一代祖宗照依蒼穹靈感于朱字數世隱德而論宜昌長著者也

鉅材以起家，修殷為希冀之年（午）付靜兒去二信，又加單一紙，面交臺男，事事手刺（次）臺歸以定

順庸大丹詣伊母大殮，索本者生，但湯汝寬、沈靜甫、葛廉桂、鹽里專支社，與協同盧甸市協，加強達

衛吾家，悔非，與（幼）蘇親家言建明銀子，鄭費極壯，以西法陵為實，余以服病痛甚，帶諸麗旅兒保

付西務明市魚肉，拔伊圓去程三處，如內年節。三子叔于文思香輝近來得項諸（詠）送，而所言不服太急即歸

二初知痛，宗某佳偶母女昌事，陸皇上欲請神祈見，余大建候止不已，余（諸）為醫諸人云不必，誰知日發而

陳木匠函與畫堂上燈，視兒女葬藥，實痛已甚，並生之為役，不知事理下愚，（友）不能秋穰，但開竹十千八

千付居此矣，余識其此信以陸夏夜往西

初五 陰晴 詣太均外三戲年鄉神畢，今日吾飯，廿齊分于秋旗，余亦亦出

初六 雨 因小孫（不歇）亂為之蓋兒（月），晚出市藥，遇子湘，說杭撫及甫市為而子，傳謂今居城者莫湯居發

等押（不）單間，粗指為要者或舍田數，一田而售，莫有出余以動而談田利，畑俱之不來，亦不讀，保與有舉深計

聞士夜送徐氏生姪未之來，罷與孫赴丹陽，貴病多之，稍挑撥而諸人狂不安，思其法擬去余註發無足

一晝天氣我等著蓆棉，又換，（垂棉）更去全去衣寒之甚已，然一夜頻為離帰不眠

初七 雨 取廂房（?）去，賓師棚，秋貨，子研來幫助，開糧字未刻今子研去，又策于錢，醮字久黃之元

乃廿日十二往姊山交洋 元亨豐大記 洋入申正庄 王硯北户撤 王四右户撤六金 至北平廣取十五元付子研十元 余自兑洋茶烟费二千 作知子敬昨日上宗堂賀友備禮 我以伊不送 我不備 令子研送元箴 呼子趙後一行欠敝 乃别回查 知上夜黄山寺中為盗劫去洋元 昨早盗由城趁戤舟至長安 學宗知之即刻舟趕前 于長安獲三盗 又查獲四名 此業窮餓 以劫掠為生 其性命實由工之不查 不禁使然也

夜工課 仍業四行 即陰淫似已消 抄城衆陰矣 又喬以廣律 令無讀普行 小復少查

初八 陰 少見日 接達衡農譜信 不入學堂 直學費伊將就費如向計也 陳氏錢糖三次來為小孩挑擔丹芥 並壽子云 高八伯來做西中刻之 錢借前來撥大東門 達陳佛云 錢絮子去查 詢之一戶六十羞佛十二三放 入署見朱陳與倩楞一言 說所遂遇先叢萱 膩云讀冊上務去 詢伊俱容一眼除 忽又查理遇詠子 例不值 北入廣 知子貴去 松鳳乃至之 伊又病 腫泉至安慶 至為四書與高遠 取原貸之 言只得月 陳之屬託共常壽生 仗先之即達廣壽堂 令仍出錢 他撥付玉 要仍呼東 乃持便之 為陳小蘭等 向詢仍轉廣生 一見瑞林 壯知一夜聽之一病 鄉間而歸 告家人如何辦旅

初九 陰 小雨 暮 燈和家人談之 而屋掃 思患秋少 昨染病 仍令又傳食 喉痛 去達一戶 為哭往扣問伊母犬 粘息回局備金捨方書 請人撰之 殊為驚詫 子研來告回局借去買而還錢 聽宗取 廿一日十三揭 而内傳往寫文 七十餘歲 業去十四年 其廿二三年望去不少 約而此善相風與諸人同往 接靜信 已還高曾祖國氣作利

第廿二三諸紙以石刊之恨子丈云說因事歸而南帆之知莫毋令意揮之城內外官乾大宋內之骨諸之情良真只

駭詫閱年來不得遂意嘆彼毋乃全不曉耶況其思女之存性情之如此作字傷似曰靜安主先習西敗家是日校小戰

寄人亦定識能不自檢謙亞難當矣果於二更後安坐　之淹能告知其子去稿歸田失租粮衆等一再之

聞三弟作八租諸某子　陳三弟子支季余西擁辭　陳根亦前在其遊是日強

初十陰錄天演北轄廣田之淹取其租粮衆歸併衆語伊又呈皆其批不准情事懞而外訛傳其事矜上

了肯相讓勸兄推之不理此子更難矣　是日妻子二女孫玉焜母陳氏

日

鄭修三早來謂其為伊子後仫煙與友借貸說兄期我中裏心急莫知託另謀且不使成衣水木各作

已日昨讀先使素仗來說余以時日為默而思之息重雜求情之去院而詳自來匿房子情其之可男人行而實不行

年前以疾病累子伊國變遷擇病下力代謀之祇脫出代設法此亦各隔其不過以存我力之職年成出方東門于廟宮

一二三月　弟壽到大山增與楊蘇主伊之病過丞處詢邀為相回傅之做據出所招內留再柔此更入女語遇談強

民兄來一　夜宿店者別而北與楊恨告郎信于遠又有子雲高吉事供不協而止返家孫兄又到廣二集

吉日所會約作推樓余即于煙下午復還之

十二日陰送章日照其禮月年十六十時四點鍾程要四十二字矣于碉來數其明日與伸煜之談壽生今去理閒粮與同弦年

余讀唐宋詩別裁未刻出諸朱泉生于新定不值見程成蔭送林來云與行陳正丹元矣云說去此入店子

批說後漢辰方雲買到禁鴨已花不多取而振興八勝談西中歸不協而知無瑞之意因事去乃上與

子女受余之神惠，嵩嵩之毋氏所爲，譯安危猶跎下，無論其靠你嗟矣。此舉大不如前，而仍任歸至你必至敗壞負

甚矣理智蔑卑下，真家門之不幸。欲見之北市，嵩土一　宜益男未閔　辨　晏市糖汁　夕陽中歸

夜課律唐律，而仍法篆書，無餘暇及天資之下甚此

十一日　晴。徐樞甲同子研來，金石攤余門前行，赭廣葉，鈔天演丢元詩，申刻出，在照向里緣成鴻，訪徐岫雲，不值

與朱子量小談，出邑，留飯，重譚甫陪言之，又赴春府，余歸說，晚旋，計明早出履新。冬之訪桂軒，又不值，到店與子淑見，市閒

談之歸　市箸卅盤二，子桐一言

十二日　晴。少寒，身倦且冷，琵琶缩手，晨出，到子研處，翻帖之，讀壽生，伊仍今日來城，倫且疾，問其狀，皆不能和指，但不害伊能

踐約，至然而至此，蓋伊亦不得已耳。留子研午飯，出至路中，含爲健德，馬入店，壽談不至，知大健人取書，物況

少頃，病至，因往看知已，在張留倩談。　至像峯家，遇切理，後子問策，出看鴻洩洞，壬冬周　在冬之壁

諸君到店，談壽生至，責以何以不來將已，惶然而退，謂必明年四月後再回，閒余以己之闡，美雖挽，麥惟不家

於少子，則即聞之冬之，文我，否則余祇與家談，方時聞云，伊又甚語，一再又須少利示，菁子研至，以不曉子謂

勝之杞風，叢談，竟受之過蘇，專林至，談與大錢他夫會到，美係主人，至杞風茶，詢其事，存只子比至杞風伊

爲以表示言談，余祇與之議事，伊允其閒成之事，議一刻，去，余告子研之之一再談，種之伊仍大出，至此，盛閒哉

亦必有善處第，子研不深甚其理乎，及祇許若明，而稽之，元氣飲即回南，與仲夫一言，客星　午後月大

不適，懊恨之氣沖甚，悶極死也，即亦子不如之意所致乎

王同另佃歸去也

十四日晴。黃姻伯偕翁斧存兩弟已到大宅，擬步亭病，強留半元，為好買合藥，以鹿研珠砂五錢之

以膽串四兩，(用丸)焙燥研細，加硃砂(另研)一錢，甘草、黃連各一錢(研末和匀)，用白蜜和調，以瓶貯，(每服)壹錢，兒亦時時服藥，余于乳

〇上午晚之合下羌膽串，俗專生阿末，黃連、蔘又各壹一日，夜合完，兒呼吸稍甚，病且絕徒，易長蓋妙方

也。然余之六歲年，弟以淨錢絕，看祝小孩，寒暑出換，靜亭附達徽信與子，惟之才說話家

非小繼印四

十五日晴。早使使龍已到館，誼付靜，計由紙田義孚附課，存蕭華悟墨餞，又即換之潘館，又之

〇黃星日寓來，同由靜軒發路，乃問其地名，北到店裡，收其僑年呼，得無所證見，印圓之門，一招入而赴，往其安家

物稱者，飯而北遊何西街，謁少亭禮君靈，即往戚及審生家，重語市，多情堂，財許出訪子，住于家以親居，目詢以

言一步店路，印四條路，飲北一里，蓋大與丁吾語之，紗再入大全家，堂附到，廿宗墟，邑入河城，號雜詢，居子，即子蕭去

爲柿卿將息安子陳奠，少亭之靈，出去其亭待飯，即拜，並女及子孫孫，六刑全陸歸

應巳入睡，有伊門乃蔣悅，飛來集色，借小毛，索幷靴，夢中見僧肉子，給付之，蓋為陪陳喜士，姓宗，親戚也

節相成女出嫁，使拴禮部而去，禮送故不備，遠從衆親，拴周名不得，保臨晶信，小可粗心一之也耶

十六日晴。過節，市魚(住出山)，等午刻神祭祖，未刻出去，排草，著使慶一，雖至此年，羊闌園子，元(?)曲，更挽子除坐，格蓋祭

酒，村焚紙串，拾祝松柏，位份二十有七，呼使只歸去，示讀善生，由墨園等一再，望候令，先守勿失，謝收之

光緒二十五年己亥

訪吉庭談卷一卷之後二层讨地租前此稱係地方出歸發今至佳售枯桑葉月内付楚文蔭甲东至
老宅兄二姪并印圖樹幻歸出見侄一三業話之東並王五及承林炳其甘柯伯由伊雅秋告细歸与柔而不協
翠母性古执而卯愈往識說孫見協各與二姪等向之讀書已日衙山途遇地歸告毛女子合今錫述全集至我
督寬印由原稿更之西曼衙各式楊書展客衙画歸　力倦神疲眼昏頭倒書聯矣稍向瓜山芋少息
十七陰晴　書为知少亭作鏡詩五代　王子墻并保才原三首亦为情恨無聊之極告嘗以課健遂杯
急近神祀
是日身重大不適有时似偏风尚以难为之痊否已是不安　子仰来
昨陰達陽作每刻中二帝甚不得意宗而悟升
十八陰晴不定　昨夜早寢数小雨摇病甚重仍未能脱然少已　印作鸽三绝诗一代王子墻一保才一自己诗
字皆不甚用心如悦鷄鸭偕食以来岩上晓山来到晚身倦不適而出　送郭錫三字吃何岳九釋
晚移子研不至知该寿生来不来心懊恨異之　傍晚至鹅同莠菜油一刻回
十九晴　早起（四）跑如淂以少頃为理其衛询仔犯量的衛定有事而其情而惡之甚情然出至子研店邑和店路四鄉人
借去些门僱拥舟（以後公述前不成）郊遍無逞陕璃合權下鄉于家楊登舟四鄉之東门知子研行未來見子研乃其上
船四鄉異郊偕即開一路漢光涵眼見王同出菜船高其之　王许楊三里兄陆寿生于路按之下舟道云來城乃責
問之游谈不实洗来到抵东门上岸偕之店金宫開粮票搬于读学交户二户下開除　廿户十二定書即合四
子研入读利台饭罢　物望鸡肉五鸭糟共（又伍斤　元蔡）　吉子研兼述寿生该其家居備来且加之犹照鄰比九年日

後有羞恥之善舊時錄十倍即為言之不顧矣一路話至錢聰家付條開去又貸三元兌即出關其入京之六

惟此户者故正西有十畝只存二分研之頃積歸四畝 芮開華其原云本是户東詢之研係菓原者記 甚伊云不能及其之誤

與此開我所藏西湖開去通家 送楊送禮往廣為之伊寄子 勸其福其業發達之兮寺事于田地桑菜松

真仙人也 寄日之 子衍去 是日和廣生詩五元 又仰付丹詩四角 知樓三子田賓搬去

二十 晴 未明閱鼓吹先郊鄰之熟積至因不寐在床唱理舊曲而本忘矣 後歸書自數年來在館保課使蒲年讀三國史迄課唐律又習筆矣其如蔵秉燭已入門惟詩又不相文益自棄置雖子恨 初更即以二更眠至天明而次經看百種書而精然無所得秋塵目而已 是別通人不過也早飯日高又一臥而起 近日起甚晏 寒且嬾病益甚矣 以後初同家人閉衛看花理菜償數十年未之清福 六人生難得之境界 后到過郭館三宅賀喜 入秋坊市得其果事二色與鄭植甫談 書歸看花時雜之與周季村來厚堂後一談歸 未末雨研來 席欲出門不曉山來留飯去 未到訪蔣悅孫于汝街談及欣申缺仍稱 三三方而巧程 書稱寄伊其說須 其欲即皆從地取乃皆不滿人意 而罔友戚此其一二 者多任意猜偶拈撞 于泒同通於至戚此常揚之居 唯其上晚有先息 真當官途自謂精明 危前出其此後之人其實諸事 至從不信附向伊所事 先也心實甚也 為花廠失花波及云云 今久未之山陰畫錫四卿由城治赴高家從已此雲門後第儀先之 是日出又看其陳引明日娶媳詢禮不收又訪鄭吉甫于謹吉典話改乃并產利便報帳狀因有其街 又有中藥方及八股墨之數 伊再迤任避之久而出到廣宴所事 南入桐前出竹指車有百福是繳四百第往返舊 致吉詩稿二字 此甚佳 詢之鄭振鐸 識 全其子 無甚懶世人之本草

廿一晴。早省一雅，性叩门入间，坐左㸑，乃悟識其刂野，余蔭非犯，不復再詢内來知。研客旁人，誰知矣。覆之亭午
上憩。書子研青甲初出，諸錢菊卿、兔發孫下日去，完稠圃讀琰屑，江又梧、應陳甫一面，與菊卿北南書業間，語不覺
夕陽沉。論董者來，庚余拜之，庚金成句，悅衆已門，拉之合南一趟，談書畫甚洽，至梧飲，亦未伊付。天里西
廿二晴。健兒早之，尤弟巡神，寧列未儀，來乞之，甚牿以書事不專，請借甚力，蓋舉等一切用度，舍完見，致此為
不了，而余悅善閒，歎為難為援手，謝絕吉未到，過廣之，譚伊給陳數之，當暇枉至者家，書適家有兹，實來請
隨歸小飲。晚 弟友係恒茂薄 出茲九串，計可廿[illegible]，已拜達印，狀蓋孫，完仍列，兄元而出，開子之，四串付閱以為
次不及。而中間次出三三乖，那出拜之，孫蓮塘，遂令加至燃，而合廿厘，狀完，狀宜借[illegible]，仍宜廿七付洋，書余即出，由孫圃
五尤氏獨雲奠酒已圓，初矣，夾步恒茂，蓋一以實具弟，一以閱價，大四印，二館而元，與之論到，分兹為左桌，子雲出札議
對印出，仍刊尤飲，六筆不能下箸，胡亂食畢，即令健南入廣一轉，知陳氏書料，有銷元之文，徹晴，中歸，復飲
陳眉甫蒼趙世之有，為詖官者不少，同聲稱之。其為帝王者，勢向詩情，移維之萬人下，特不洽于鄉里
而不惜，魅之哉。 夜安 別裁詩選
廿三晴。早已橫攤，詳某甲乃枉四弟，與陳佳林之歸，于阪濤仲完，為在保蒙被者，為言雖斂極讓，度記保二千元，期
出而未能如以多拔在保，僅以四百元伊作，姪予搬加一千元，翁生設余，仍訂饑食，分事或空咸，語久伊之，未必全托出多
諸而次晤，余二備，而謝評而去，子研來，余出廣店，見子雲，子諾，語不淋淋，清託，與陳樹完之，種樹之墓地，須用花
青一年五佳枝，果間桐橋，人計文論之，更數有采，已致甲之，作砍有田界，留放售，各開弟，兄過霧之，詢之一二，今
晏不見，畫苗弟與，昨大姓，要之言，迴異，約明日之，子培，譚道曲莊地歸

蓋田中有窮饑佃戶淺桑地之𨂾葉一捆柴，持之陳歸，持擇持歸，此中俗美為盜藪耳。

廿四日　晴，陰風大，有欲雪意。門前婢取枯葉作薪。檳賓排長安住其女董。室明正十七出閣，來禮三千。即辛陳之壯僕中存作賀多賀，因故成列錢二把，祖一雙，文一二千，回錫來，令勤種，惠爾勿太急，其姻了定間信句加對筆謝，蓋出于本市牛乳一罐，一角。又牛乳瓶帶一角，致甲取抄回單，乃之廣為成談過堰下，與長陳僕談一刻，風大，談之子語不果。晴而北，八和源云月抄需用，云又市收時寫書一封，送遞常相君等乃歸。　因子胸次作惡狀，以市氣也，達及歇哉如癡狂，甚矣，俗處之難持也。余以孩兒未成，只賈底之而不知架

廿五日　晴。丙子尤嘆之，尊嬰多，孫不可解，健又不事學可恨。　伊于處化氣頗頗雜，蓋見又兄俱有此病，平時嬌（胸次似等）妄推及一動氣則細事為之拚命，孫恩固他白可惡，該日不安，此上樓陰望看，對中已整付元兄，以送陳等語諸弟端，子稍一來，未到出，思殺之。五子請客說田而胸次撥恨可事，悔退且欲之山陰，乃不果往北，于叢門廠生指生言明日入祠，因詢子研他出過祠，根語翻索白抄為賀余，辭以不給且難耕館處，長春家門氣象

廿六日　晴。暮接太鐘意，虛安之姿用其每窮之甚，思偏隅處，拆往自若，至孝懷二字，全然不知，嘆然怪恨，無語不待易處用兄于西語呼吾足下陳責，唯有他年果日否？析各居為善，修要囿然。家（廿房）不足待也。余既不敢出往口懊恨，至北訪曹懷卿，談實大生此前陰月稿之合庄，入見焉，與嚴南識達，飯了，隨與曹及陳子青、華康友芹往視朱友蘭，余藥，談廿年前往事，久之，別焉。入廣知照，月抄用四元，擬付對之簽，而杭接日未

惟不敷用，又不能出年胡(?)程用也。云卿而歸。許翀(?)泉發于江蘇，差次

廿六日 晴。寶生來。下午使挑泥于船坊，跌修其墻也。午初，蔣悅泉偕其兄（賢）來，少生即出，后册玩賞移日，

尺幅未完，伊忽忽欲去，而飯已出，乃匆別之。然欲玩畫若是，刻急相託，識其意領卿。渠甚深喜，又說不能之既(?)

莫曉山來，邀同飯。少談，余以為母夏服，然未言不回否，余理其事。春卿出邀廣一顧，余行余之業，九腴(?)當即渴，與韋伯有

三挑(?)請久留，應館辭，為此匠致中到店。子鴻譚，施此入和源與致岩，孫雲日初，有數，候楚玉付抵僑云，仰圃云只價亮(?)

五十二元，強不可思議，子英又已限期未許。遐南，與周吳伯談，告張雅山畫價璞璞殊厭，醒也。閻湘梅留宿(?)

廿七日 晴。數日寒已冰。早鈔《江石如墨林今話》一傳。月來禮參疊疊。下月十五日朱禎吉(?)、鄭又園、錢鞠卿、王春禮(?)

文人是日出柜，推廣以遠其傳不能容也。昨未刻，蔣瑞林來，昨(?)來補告，蔡駿之逝世，送奠禮(?)，聞初五即

迎神。云：春林在上海楊樹浦開小雜貨鋪。侯寶生將毛粟下肥，敘談，日而搖桂(?)。背紵(?)來，曩夜作稍稍(?)送丈出殯(?)

善出店，能四錫(?)，知我在洋談，不發，乃持四注(?)。金見蔣(?)過生，令入，伊子雪子，乃照付洋一元，因少坐，茶。遇子云於門，入和源，請

新岩看洋，到后，令四(?)物換洋。金國礽族人成斌邀茶於蘭園，伊待久，不言。伊細曰：寡女嫁錢萬(?)，彼以要挾，至於

搭樓拉人，誣告於官，費押，原告殊不解，何以黑白倒置如此，破家致令作孽，罔罪識如是乎！為之嘆嘆。無余

晴，廿三至。憐彼仰家，詢言不識體，殊有失本理。大(?) 每之以為元，以分廣備，月底付加(?)

以五十八元交內，令買(?)，計找余十元，因歸彼取。交顯之五十元，又還蘭園十三元。又丈書之過悅，又丈田(?)錢，共洋(?)

找來杞(?)，又息三元，合晚年(?)，而余仍跌(?)。伊又多其言(?)。健兒去葉邑(?)葬(?)

廿八日 晴。午後清明(?)，逢陸毅(?)三子坐禮。下，王生金子合起來，陪鵬(?)坊樓與王士通(?)，康海(?)春來，將換租契

余詢其何由，因王坤不甚合，伊本務農，前又已錄一二千金置屋度日，頗如矣，因許之。月吉接將午，威哉云其困人，

陳述子始去周莊，此事一者，龍求計，余細詢，頗未似本能為力，購其情，大賈而衰，蓋被秋搶擄，被人而害，家一家不

合，即來押不得，况若且說出押款，當經甚多周章，牽累刑訟，其奚官者原告，押去從害，衙役控作威福，搬弄御侮，

者無天日，則世無此除，可嘆嘆。余稍示種種，令即往成都告之成都府，量其情，多難于對人也。一刻去，余未別，至祠，往答不

值，至桐店，樹人告陳月樓至此到店，岳往來，而余于八月中撥出價帳銀，俟日至帳，又數日至一元，僅欠一角，誑惟少將此一

元楚收友不認，反去余待子雲真，說第仁和病矣，檢付六二角，談言因不符，應得去收轉，此又控安東陸性素也，乃即

出取並另系简各筆記，歸與桐之集之義人騰帖來出莊地田。楊四之兄陳屋送燈

伯送丈歸。

廿九 晴。早寒，王角人承生從來，令同王士通即來換契，午，王士通、康以年公拜來，寫換租契，因識邑以中係舒角人

太東北門開三家鋪者，書畢，去押換去。去前者有所作之在中，且應鄒出之師去楊陸氏賀娶喜穀事六十男三子

定陪入贊得因我即入新房，復送果二匣出，與陳騰遠、沈梅卿、鄭四楊、王子雲語，遂有錢蓮盒四奈情山水全

假廿年而未純然六角勇久矣，此氣之不易脫去，叫哇之離座，入席，與王勝一精神，合座一正位，有陸舖光子，為子，又陳吉

堂東康子臣長話間麩及耕，今年在合卿座睦之一家至和楊屋卡其風已較唐而同一處，莫氣此才理役

佳老张負真花問天然其自棄其才，至半惟其天賦異才付田而少時不許嗜好齊全，攫以殘旧後甚已折氣斷依姪

卯四從當歷不得心次醫伊亡也陌難至行錢與陽席屈指卿陳康三一讀，席畢，即持炬歸。

三十 晴。早閑之間，聰子研來，宵三來唉三表，均今午飯印圍來，余以俞淑史發換備古飯催從而榮王

人笑予拙業，在校乃措辦上一千五錢行日，計洋三元五角，願費勞時吃力，留仰收之。余並去北店詢款已備，九
兆和詢，鍾發見已來，君余滿與菊書回國說，陳去後予攸兩我去交抵契二，楚卿和洋票一紙，四月廿初月息清
日取，隨令錢與學生至慶豐取洋四元，余吾存款共錢付訖5。壹信並我與余付滿收半，仍又與恒泉信事清
與市肉而返。

十一月初一朔。李五桃、杉桃至，留飯，詢令稼屯慶三等二十來字。張儂送阿月襪，余甚以為徒費，此非習佛人不
革俗耶？予頗未妻刻令健去。指市陳棠一冊，至留取文字，啥事調與許曉臣，即同令去書，大東門山頭與
陳福華三元，交仍歇，步至去新塘，天濛濛，所肉，至來嶽廟左近，買宗禮宮子，佃户告以田須另租，伊再四懇求
人二嚴乃告以明日來并定推黃豆一斗來。久候，又至田磁器小店，赵北粵池，指示使見由王彬見即辭。襪抄書，因請二為其主者
道談小生與美國人甘君談其家中證，極洞久之。順道樹藝公去園中菊之插花果已收，僅寶之菜一畦而
已。又小坐，一小東兄云傳見到廣店寄三元，硃市去求取四物，少憩回去，行七里，已倦，然甚大暖，汗出。
初二陰雨，早起理舊月事，市物，觀佛，作論，靜二刀，接來字，附孫七信，二弟兩第蓋出，日論伊共三弟
至研市，供物，補孫女曉山衣，至留飯，來杏桃、桃餅，午呼匠司剃頭，接佛，送禮者四十分，令者建鄰須八千
分開學，孫子其禮物，陳問結婦靜病，因午後為予研字，成刻贖，族在上海，同行與送大表禮一元，後之
寄佃拔豆一斗，至將初十來付租洋。付靜和草。錢君陸來上海，又來送禮，其少不去
初三晴，早接弟太三二元，知四埸起申之信，此佳工術，四之說，但不識果否。早食移烟，於奔小孩之相方正，顧閔見其高
秋，有為之質，名曰潛昭，乃靜取其沉潛高明之意也。

与曉山共飯，課健兒。未刻出北一直街，見得泣雲鈔刊本地笠屋園前方潤兩狀陳六等，又訪他無所觀，晚歸甚晏。

甘君信，謂其壯烈，居甚真誠，甫奚容哉。諸人云四鄰皆是，惟心為余使，誰知別有所見，余劉註予云來告四竹。今歲下半年懶不可習，其壬福拜之謁安，余恬甚，四詢諸友，有所竊笑者，不審為何，抑種種痴印，又或以此省錢而無用耶，或者人間健之自累耶。釋之可恨而不與，余家而去，又請彼自下君鄉生子，乃以姓投門，替為友莫人誤，將伊久叙，有光群況，而子為子細審，得便宜緊歸，其福其順為我算計，周且摯，足其他鄉人之嗟茲瑣者，祝其天人合思家，更是大累哉。矣。在成二角，劃家蘚臘之，與神礼并啖，五利方夜，取服，家壯。市歲王完，過恒裕，祥林，歉四，小話，仍轉店，歸，帶羊肉，過魚花口錢紙店，小坐，周夔伯留茶。周秋都黃小某一話回。曉山去，家靜，信派陳已。

初四 晴。晨煮烟。午後寄茶旧在并牛已畢。煨芋。蒼士到店，知周夔伯查栖風，候乃過之，排悶累受虐行。隣日來者，富果俟書者等（蒼亭年七十四，今春為丈蒐集之佳物甚夥，大道故託之也，見偶告我）。李桂卿等与談多久，仕隱回英一元，過上日送一雅禮，六大兄舊鹽呂常至，殆不市，冰茶令使归過，残葡之，于路中談話久之，合布口別，知沈拆于壯戚自鵬于陪仓而天，後生慎之哉。

初五 陰。又同一菊，晨知昨夜陳氏為賊竊，失去錫器書等，門前說之，傷其門一二處，得過一尺于墻下，抑小人由梁上墻耶。晏後不適。子栖一來，余擬病，申刻出，由城過之廠官，訪俞秸田宗，過陳八姨母，知連日已稅帰，大安，去夜伴等之，粮訪允之，令毛女來，伊猶未見，与建六叶月四聲，渠之家，乃伊家吊唁，最難二子失業，并至多陽中而四兄，廣錫于途。在以驗者而思，二西作詩未成。小孩又以陶舟学之，搵桃之。

鄉人于隹雲蘇之間(西也)日光自雲中漏下，照之如織，甚麗，謂雲棱，上之 明日可晴 次日果然

初六晴 夜半數陣大風，我甚惫，雨即寓，晨作服丈換詩隱指揭八号寓，以形玉余把執看，頭角尚佳

補白疤母来，午後与内子工作搭膊古一尺許，方而僅得三文半，日成四分只六方為 讀得四文

海錢之瓢

暮出訪林中店，見陳以雲与悦泉玉共談(西)洋器具之精，然半為无用，保倍損大多，而出之氣馀子貴

二叉牌市十五枚，即一寄，持者後必為覓也 大半鎔金佳者路以时新限定，用更超法此

老住此 孙住此 以返而川

又得炒子元一成，欽言余吹秒，乘月仝歸 夜上樓一吹聞簫，以久不理，氣口不准

初七晴 晨理手樹，用鋤剗蜂梅枝，分枝傍下午活而分栽一盆，樓間查檢拾古錢裝作帶板，市海賊一角

每兩六文半，昇蘇此可怕，午課從未完，周吴伯玉伍話，朱公石与海雲王石公伊在往申，欲擬辦可帶物售之言，乃出其文房聯

院示其小幅陳蓮汀(麟)相之齋大幅，并玉杠与閔久，他日代售，因留吸傳去玉橋名說話為宗子，但其年已七十而氣壯

壯而蘇性子坂孫印年廿一尤成者，老換提攜，我對此一在指知事，但其玉甲豪高勤華，兩全國位，招更差謝陳董生全

又歸已上燈，夜飯亥健不可學 内子為余除齊古祭六枚

初八晴 晨子研市承陽玉，余洗足後俞拍大換詩，玩古琢千家畫詩，傳及九字以帝宗刺葉三之，及定向園雜事

朱奐乞代作謝不遂，乃書一絕句○ 海閣名堂共同欽，鵬為蔡未渡海移，岸磨宝橋分路那(解)，協香花伯

廿琴之句(一詞)，書畢人之不往，弟是畫也，出大東门来野之坊，上海城獨步，海山林高起伏隱現，千古心胸一曠

吉山增訪沈藻，伊抱孙自怡而(两)只今欲竟不付，全以游詞，可恨世只為病床矣，出城錫麻公入城係盤飲之

雜之即別，食湯包，市香物光度一午而回

昨夜西鄰窃賊洞穴被偷，逾月隣門失窃，此何小窃之多耶。

初九晴陰溫甚寶才來共飯補同照〔也〕未淌仍宿課使早出店無可出城寧安否照怡親閒談香爲小本〔錢〕世一刻

市半居歸路与仲夫話李子由荒野地眺雲晦霧將雪狀　十日未夜四刻起查別栽詩

初十早雨惺忪未出知有佳劇出過維中和王雅庭話其男之窃憐了然一直新息早破獲今之善良為之羞恥無賴到

店見周晏伯謂小生去年飯見亭子橋隆　老姜堪輿子緣之處船留店住也一收印赭走邑廳生習楊和質長

生大名府全齣打花鼓蘇杭君子將畢而出西謂老與先一元市豕腸一四斤過祠說倡崇為擇撰一兒季宣四兩

一店排煙南于承和見指有沈鵬編修上書代奏奈〔劾〕榮祿剛毅大臣招權專無妄為詭奸狀又太監李

蓮〔英〕拉筵　太后弗宋明之福不遠請〔特云尤〕立置典刑西謂批逆鱗能人〔言〕所不能膽識如天讀者老懼深慮

朝廷每杜之路陰執爲〔之〕有楊樵山公之福強不知批否何益甚熟坐犹移宮寢也〔晋額直臣其直爲正氣西感天人〕

申刻入祥源萬生陸叙重寓爲等之信到付令欽三元二角餘升四人撲兵全怕其四點乃得計太保既角深笑方

色神丁府飲之先畢付下小錢〔安付白之加利大〕乃重四方請看拌然後歸查茲數笑計共一郝〔一百廿〕而下次即供發七千另陳金〔代付〕沚二方

了大義不慎而強不合矣然此類又須日積寡成息正學燭慮也復飲以

挽介休大 定謀玄志

君自平生負有才，奮身學業起蒼茅。中年英為錢神厄，鬼職高明定作來。趙宗為史漢

宗英，窮力錢刀轉水衡。市道交情衰宦海，陰收帆發業暗存身。究繫曾逢白眼多，先以營梓傍濟

陰大原鶴過九相，問旧物青鐘奈爾何。五十年中猶挫黑，不才將屐屢追隨。西湖山水共山月，難

免青年悲陳述彰。小築山樓得里定，清可愛宜似無謀。諸如何病榻，秋風東難免，宜前故友誰時習吟

悼去詩，篋宮圍數加高擁去，閱翻黃書，係陸籌，隨聲隨。秋与琴已不復，洋身延九死紅

羊知葉一望全飲食，畢風雪篇，穴燈回朔後語亲。人生雖得古稀年，兒女成行

睹病白首，衣衙同輩如君五福算完全。照同時，君後彌城百回腸，君何起思

詩徒前塵事萬傷，桂舊病軀栽若貫佛服，特持慎

心垂泉似悵淫暖萬雅名，根猶誰平思怨，不肖衛詞歌曲

園仇責報平

漕米海寧縣城法 每啟照 予算 六升一合八勺 加二五耗 又帥費山戶廿八文

一錢二分二厘 加一耗

東文普通字樣 組

折生白盾用巴主頭丁桐油掛し

烟照上州和与

廿蓋里州山五

廿野佐慎工芹原2

娛廬承寄氏

光緒二十五年己亥十月十二日接記

光緒廿五年歲在己亥子月十日 晴 天溫和僅御夾 南風潮溼 時不正氣 睹州後羿
見放風箏輕穩如燕 初印僅見也 巳刻課健 間遣錢藕卿函玉細語 并伊請孫
十六要孫婦期喜酒 楊叔婁撰蓋又其女及婿由安慶歸來相賀 將午留膳不許 看蠟梅 別去 午
後以健之書過生 發恨重責之 因悟昨欲憾必須妥措 乃出到店 即過永利湯錦卿 呼異書生修鋒
余六印欲往袁種也 是留看李含漢 仿黃霍山旗 中幅筆細而毛 氣韻渾厚 深得古法 題云 黃昏滿月于
北苑者僅矣 欲延 李字南溪 安徽有縣 只一字皆拓 畫係北派 往人黃其子存此幅半載 間見之 戴少倩 于咸豐
者 說及市情 出北門 同丁益大 黃三蔭 悯而不還 就田一生 廣卿南于橋間 聞悅泉子雲弱明來 與陳蕃生立談
久 謂作會多算一筒 詳送還 詢及健學 乃細告頑懶不事學狀 必須從嚴師 日以啓悟 其通詞文 前作一年
即國有識 從賞事學業 旁晚歸 夜課精深 陸門丹來 知廿學書取齊 江大形古今 換銭二元
十二 晴 早機匠來結細 精做雪裡蘭葉 題自寶衛係石
圖青麦 怕清漢白石 鏖秦風吹不到人間 覽星只因將羅中書省小謫 遺神八百年 翁題
約點午所來長談 玄中刻出 俞氏陳潤梅許曉臣 偶去書經料理 乞余書三聯 庶之又代題料與印閩寺經力
久留席 與許陳沈日春五爲東 話久 界六大 飲畢而偕之 途乘月
約閩伊另余房筵琴 渡小飲

十三晴，少寒。東底翁先令往陳宅，余應往，心情懶怠，探探不自持。天啟換一道，果吉生入齋，易店事，霜六陪謹健陸翁堂來，謂及林屋畫上以贈謝帖，貴為恩換，言子、大子不信，伊子以銅五分，亦不給余，語為曲頸令大子出，銅分切屢奪爭。敘老為悼，然熟心焉。生錢之，耀盛來，合在石某，平懷言辭，茂為瑞林、姜伯、郭店玉長談一刻。周厚甫至，余與管陳吳乃往之，施昔有李，陳百用予益為，息伊評一分，余復加之，後又他日所時，再加不声。或以質國之，乃再識別，以身不適，恐田因事進，復田以播與錢申全，劍秋至，說揚壽山拾宗玉子已止，黃余侯寄伯羅他人之理。陳話陳與健萬陳亮一席，飯業不能食，與劍秋調指洗，蓮生李莉畫，周席合健，歸，月工寄懷。夜雨。

晏午悅卿來訪，不值。寶生市墨玉，余以針救，令門為墾地種粟，完一三。

十四早陰，後晴，晚雨。早作書，學畫馬。

致蔚春、霖表拜，硃書程月初，知駕常來城，因瑣俗冗劇，而本日暇，准文和表爹，以拜弥月未能，論至所輩。俞氏襄之為致，持海書，寫諸公聚談以接晤，瑞林姜伯知，以書積不克來，殊成若鴻，昨前之二麻街之屋，精待言。法侯未莫來得現日內，號書來索出，美田一屋議，罪數一合出內即以成交，在即作羅說用書以再事，用佳進必多方周折。伯蔚故此事，詢薪原班，復之，謂前日此屋務宜閒已久，昨見和閒，茶店燈興，想久于此。書以佳適不存書寄。

未刻過廣三，謂書錫蕃用款事，伊至黃烟，茵吸，粗談得談，出一瑪瑙蓮房，紫色一花，又一蓮葉，都多是折。四特得張益，佳公一間，到店與悼甫，談詢及省房，錢頭余以有與益為，沈滿錦卿，廊下得貨土店，伊即雲書稱之，乃過益為與此梅语，因力進霞其，旋回告懷，即過廊下，錫告以三日抄，烟月分共四分，半月也，余回

日入，至廣觀劇小武班一齣，豆不足入目，乃往居西子雲等，恆四說定，明付洋收票，是日送三家壽禮

錢菊老、儀甫景温兩次來，請不值

十二日 昨夜雨，天稍温暖，而日光已透窗。擬書托友鄉市樹核並傷害生所至者，將下種藥園圃中

西園子云，此生已屬不能，有為即積資為後計，亦殊自愚。惟既有二子，必使後日無爭，以分居為宜，要撥將

所蓄僅有住舍或房屋，可覓一住所，將來即男戚亦可均分住。其法先以書房廠傷，乃至二子，各人自立簿中

撥久議將產之屋，兩分搭匀，田產貨物請一監晰，分以兩鬮拈定，為宗分居。倘有業枯不准，但業者力在

念性資之可任，則已不許。拈者有所希冀，從乃此為兄弟分居，雖隨之道，務此乃無書所玩物，各人分存，不准要或

借忘節，即陳之祭產，即指書畫古錢玩器等。諸此後人毋得惟諸，亦為與等之安計也。宗將請來餘地，買起屋，能分

然后大物之物者也。吾歎近歲自士大夫至平人，鮮有兄弟親族情者，而貴無往者十於此而已。兄弟親戚振無之不

至架之入祇有之，偏密相扶者有之，每不成為丑人道。觀此等，豈不為寒心。是以望吾子弟稍稍人，必自立，資財必同於上

四學力而得農，殷富莫可，力儒業習書，及烟烟後也。啐切切

未刻出訪悅鼎，思言公在蕭山汪通判處，適子六法大觀，無稿人物稍佳，開業得古法，其序乃宋序，由上古書陸

而交者不謀而合。悅云，定大幅，要潔又去百馬。畫春屋鈞勒甚佳，其弟鈞東又畫屋，即乃日本畫稿，平平。誦一刻出訪

錢菊老，已在上尉適將所得照生。六七年舊友，既至伊之道班候，通判執事京舊已許，經手書可已無之。陳聲庭、許衡

叠生先將人買夫至翻訪等，內語舊人之士毅所出兒，伯和此入，居有士毅，體孫未連之，作未擬同行科從，王親之

人和鄉居中，向後金可重來合集。恆甫來，同陽稀卿、恆盛大店票，買了八元，二月初期日一元七八分

以细雨偕益斋与桐孙、陈宗俊入鞠老宅，见印齿兴李蒙山子陵字额子 子衡 遇此屋四壁书画皆精品，聚而守
子孙卿莲汀藏。理帐。入夜，诣席耕赞于江。余居二席之，与王鞠访年七十三岁像赞为俗代周石说，陈沈五六子同座，甜不捷，烟为果
礼也。四五四点六大馆看，石云丈美间说者，与席叙余奉从扰，烟归。细雨，无风
归见子重，是蝶至，青说四锡所为多，楚芳异荒唐至别不解，且遣去田书何耶。
十六。阴，小雨，晴。作少时阅，多细，借租等与玉葛改园，筑墙、叶埭挂树之计。经来阅，买饮伊心不定，且去年识
真以策宝道谋也。与健三人共走荒园，马群相接，经不得之去笑，杨归。读书。售屋余以价不能为难出之，杨徒菊
寓之必穿元梓政迁伦做以子所来玉宪，戏去合约，初二三取租，全具取对出地只虞，入钱氏偶赞，菊之来面送，行果带
与朱共出去，偕杨郑宅，房见珊曲农觅夫入郑屋，贺澡六元，弟子趣与照生沈略生同谈甚久，宝蔡亦广续至
以熟人做二郎见礼，寿桂初三茹亿元之数见秋归，馆出归。足是痛，不适。到家知四锡已回，而子研改请候去，往梧四指静宇
○初八，蒋者归，握而惯讫，现译林之北中曲报二十八日廿元，指福又许其爱学，专事日无，伊牌后六元，当借他日出
拜资一美学，已至代数，阅方案仍照年可毕，然议未详事之也。
十七。阴，后一见阳光，旋复阴雾。作付静斋五哥，读告移之书，就袖出于杨同小主蒋悦泉，遂又见陈锡苏至屋
行至北悦之，去遇留以子此于强云，待于三元馆，乃到广锡，询陆风水，俄见雨倩便，即谒雅修理天后宫段
殿，前在宫，据余以初至一来，因为为伊搜便，不之理，见后元亨巷，乃合锡荪饮之，茂同说为姜岛岸，就伊之风
工费多代成并数，予呼年凝然后一行出，到店遇周，日昨伯少间，谈寿生之至之限，子租期，余以已肴

人到仰倚相催极已闻宾僚与郑比较安意难少又要只需自诒初三携出余以下乡伍能待一再论之执之坚
随余至杭保寓甲信许加委不复自逸一岁报又帝年面并糕寿生先日抄来宪去所归
四鸦見告知伊兄以在念也第伊心衷无复风年至扣闷之情者程怵之所余家唤伊亦不应日渐憔悴自是
精一墯压境于本性况痛矣　夜三五醒氣促病日形重

十八　雨　辰后工挑年闲至计卅四斤莫约九元者修且雨皮厚不合用后人之恳为事多恨　饭后看天演论　四鸦来　家人询其来作
之面九多鹄师翼责备之辞强不自认过余欲其速不复过不自责过伊过余不之理并不与讲盖言之无益往
君伊怯而无救其旧後来以此而不言也　雨中终日不出　夜书三四字册并阅锡诗

十九　早起细雨辰后有晴意　阅天演论　未刻周翼伯来出汉玉扣头价贱　携乃所托代销之汉子只對　炒向多来数秋季炊状惊时在海楼中
戴之為八金联贱　陈永来小幅字价贱　陈蓬汀梅贱　共五物约略过廷开宴傍手言盖共一书申也　晚出所误雠后僅而寺务
于外者出觉仙坛中诸人乩批直信都不堪被哈祝而神异邪仙而无理有不可解伊劝余之信甚力余谢未遑也冬之
中刻去杨闻以地浸浮旋回　宝生作工收画　自中至夜　夜因富马地不发植坟甚懒作诗风字移只课楚

二十日　早至陆霸　宝生借前后捻请委件色后作余送高家街周翼伯　思归書懶託　翼作　遂觐余询其上有
及收岁计未刻出　知刘日昼死　此到后刘头去将而刘匠竟溜水不热意责之子微悦乐到间语少久与悩令人文
我饮为之仔任该多不种人之物货而不为事纪错名被言指告默数及其三可成群厉为上者命二以欲新标
女涌不能离真福来如风过也何极运过如奇拈手呜呼吾先见不往是厥术到中以寿应之罪乎

樂亭午内歸，去儀午未商及伊妹將冠冊招謝改還之西鄉，在季仿作致閑仔作術果地和振先承十元，九付湊，進其令根自五爾竟不來，真不解也。夜過廣益答謂田徒又惶母男人，謨見孫雲卿，卿又諱世事，廣及六男從恩至夜深一點四已二鼓，歸矣。

寶生夜來內棠一工付工三角。尚衛及門力一角

廿一，早風動生寒，天可□晴，陳氏來償雇，予在寄物件，在家過廣，與諸人謂明日陪冢晤也。寄陳孔一元，總日來往

達卿上有送考未醒，張寶馬行未完

陳氏與季寶長伯程詠春居士叙閒，言海寧至西隨事，旁從一點請便飯六碗，與楊卿閒華店少許書，觀其取閱勢帖，集諸家較詩聯額書撰一語以錢對，要人證，有所請予今晚致有印經樓，予病而呻也，以辭印四

陳霽卿於余時中乞書中楹額之。書閣叔選詩，有佳者，君寶擇誤讀之

廿二，雨終僅少寒，故不晴，早衙收與居冠佳詞，我雇為傚倣作，陸雲而擇，每知懷梅，夜拆結，東不知其從過塘端，大悲不能坐窗，西巳刻上樓，閱古泉書，並又鑄宋錢錄，年譜將以揀金之文珍，羅林庭書請將亭居之延寧園室及洪往道，實不知何代，賤宮之錄，銅元赤，並宋以後，蓋見陸庵所著有錢文考，必成錢書者也。午飯與沈緰元，說女子事，途經鍾撫書華，同來存□，石居來一談，頭畢，余歸四子四作李頂，持呈理眉，□撫有鄭女陷身，致況寶元在鄰居，妹媚與兩妹，閒遊無責，然均下流，為生胃涯者，閒人訴狀，噫噫，談及厭，余雖以面，臥者乃強安，在諸婦女於鄉，舊之自不知肥力□，□未之帳不一，擇所之也，久之于申刻過西雁，諸人皆打麻雀，照生伊先未片夜言晚乃邀過，余宴細說，伊晚錯因借款與所，至堂而怪往謫于及，抛一陸楊，名為役責，予典閒之指大，予晒，前此加米至錨乘四楊，凍枯宗而，抵離於屬告呆撰，客色茶于地，欣然見之莊乃寧撤帳房物實之，伊有繆缺不我一百，詩文而三句，米託錨帳房一也，竟及此之不成體統二也，伏近取三也，尤燭某，謀以數千金家，予不敢得，至不理，種種諱妄，真非正辯，似有人得幫掃泽瑞日車馬備至

能為官切戒自恃用人即子和親戚因一律摒 第二少者令往學中老者請回資助乃不少責名怨毁氏怨上憤懷違葉為也 語久以後 將煙樹人尋至乃留楊吸余見別步入莫共飲者為王多儀楊優甫賀 偶至山洑月郎即丹三月前入往乃赤道座談坐而不知禮風俗 余竟不能飲茶不及一二即散歸 照料門戶 諸僕及道從船口招藉兩十四余上樓二鼓四[illegible]日傷也此甚危虞

以氣升喉四子後下食喜擤陰之病日趨理粹年前者乃別共食貽鍊乎升

廿三 雨沉沉如濇早起詢四嫂病自言不可爲矣 共常性坐食館而高校為擬乃何失去意詢舍雅主判陳氏來請客治因索信 石向道頌鍾樑書云過我室請讀因導入將余藏石古玩之 被實有知其多知 举伊字苑名稍去座佳葉乃人竊觀 語多事丟去倫義 入陳室諸人集高 余到烟霧薰蒸 照生而臣入未余璜之 即去為試室莫上焚入席共四桌坐廿人 余第四位上座 恨升老程秉呂 錦炎合座 謝翹曾陪 十二四六余百位 業呂遂倍事梅我余屢北飲十二杯乃退歸中不酒而為時已二鼓遂歸 敵 夜因不適之甚 是日信作寄寫川 未完 未不播去

廿四 陰風縈似有晴意 早起 接上海四弟信怪其聞閱 乃翻仁重華為它書疏為余而來 真不自量而知上海地大錢博人眾 柱翻錢至申中 蕃者而申著至救潤之邑來求 殊不免黑白倒置 灼可疑 書為既去之用 祇不理之之 教王陳貝自辰類痛 轉而薄澀 何只該若余不備書午後未已 貝寶子 研未共飯之 六少職至未詢步慶 家豪出訪錢翔之者 獨薛樹生入 詢晤為前見 沉見夫小 樟移時 至北廳查書畫 余唯以祁雋藻小聯見錢 能諸市室主席 去前樓財二而蘇 吳能不佩之共起程起晚矣 天黯之 乃出道楊見悅余 抱德門並閑 致酒甚 形金錢之其本東西宜起 霄錢矣歸 夜出照鏡不在詩 兩類種未如舊

廿五 小雨陣陣復作大雪 達夜不休 早起烟 行 舟余因脈 痛 午後煨芋煮豚肚 手不停而牙齦痛不止 擬為

風尖使勉讀害馬　多有小註

○昔云：去害馬者去其害群，養民當辨其害。禍種植十年無一獲○，疾苦而不有司聞○，懷昔爲馬有禁城

圍東董澤戍陰，就役雜種，佔塞歸驛馬田圃，綫路林木○。自從某戍肇肯禍○，更有土豪偉人會劫[illegible]

牧馬係兵運馬者，而無不使將無害，弁輓為多，生繼世上游以海氣備諸不辨，以自謀工作，營干不據，違札者復[illegible]鎮伸自養三馬

圈養，向有時雇夫喂食，而[illegible]私放出作踐，無異戍伸家。而城民苦害，僅隊有以照帖者，西鄉[illegible]則將字推諉依然

如故。殊非不獨使追[illegible]不能植物，即十年庶田桑，僅爲播者矣。販馬胡兒接踵至○，城隅衛戰城邊[illegible]三五年

中外府衆○，竟以墩底托其言，以防洋園人燈欽[illegible]

[illegible]戍畫發告，為[illegible]積弊[illegible]況○，官伸名向土豪[illegible]，但說民無業色侵○，世間百害無一利，當[illegible]

[illegible]戍[illegible]款陳[illegible]冀民虞[illegible]同心

[illegible]馬，而以保甲[illegible]今去匹馬，今而存大本[illegible]氏販馬[illegible]放[illegible]踐為責，市與[illegible]年駝騾[illegible]利

而海防營囚并[illegible]曾西詢主守戍謂其宗馬，唯為前任所[illegible]，雖為借飾[illegible]李[illegible]小事[illegible]販馬匹以

貨城中愚夕，故指自[illegible]手弟群不了，讓不獨衛倒街人，殘害園地，諸家[illegible]也。[illegible]馬百害而無一利

唯每商賊伸印官禁降，獲為此[illegible]利坊[illegible]，[illegible]不禁，果[illegible]革此弊，唯有[illegible]亦以有城

[illegible]街[illegible]閭人民地，被人[illegible]獲，[illegible]不論[illegible]

都雷厲整令限日城内不准存馬，凡有舊者每匹充費，以後永禁，並為保甲，似去賊民，庶幾桑葉咸陷

小民蘇息，不致燒燬糧，又得閒樹蘖之利，百世之惠實在于此

善堂痛甚，急刻安陸取陸齋二吸，即時平復，山王舊患除，然抑此疾稍停，竟衍牙齦痛，夜神即夜出，釋卷，三四日以向求此

室中頗作，偃臥看黃梅時　門前古樹雀棲巢　夜仍看圖經詩

○瑜事上諭氏王虞上日七年九甲午收　佔昭告後　民部言也

尚許上者

廿八早陰，午四時陽光滿目，旋大風，書字微見青光之秀動，得畫髓

詩畫理之相通，詩寫景雖曲折傳之，微妙唯不能萬類並集，高下要眇，至于畫則景亦全體畫現，羣岑一山石

一草一木，風晴雨露，不着思意而見景情生矣。詩寫情則于胸中蘊趣，畫者亦能曲達，畫不能也，第恐

之情則在語言文字外，用筆如情乃在，胜閒幽深，甚微有致，景中真景，境中真境，妙處環生，動人心目，所以畫情更難著

筆。然得詩情似難而實易，得畫情似易而難矣。寫詩景似易而難，寫畫景似難實易

暮，北入房，四下周賓伯將言，不佳，歸入室，松風追之，云書程已仍取四块禪玉杯，敢寫去，云昔年蔭棠一云云陸轉

山遊之留淳賓妻無致遍平易物意陽歸鄉，保季通，信表異壺之道，通桐君之得一尺許之石，計其角又陷

未晚畫撰詩，索禮之蓮歸，呈悅余，隨歸

廿九風狂少霽，王年歸發，請李杜古風已刻集壽　王今年傳到　出鎌倚之云陳模擬，夜於李又去捷鋒倚

之遠中新指竟識其固將筆鬱為二物，須緣以完，鑄材之得五六百戕取，朱子語云五，特世過世喜報

料陽翟樹，此去來是其楊閒眺，楊四泛海，歷則其必陸　本晨伊立有余多頃，余評印應落寫意

信歸屢詢，余不出也。見前考東風陰雲黑似陣雨。夜

只陰有雨雪狀，微得晴，未識余歸，詩識看。接寅肅來信，并諸盡託付施石卿，會客在，祥源請代余接題。廣西余不能飲，夜作何緒，靜字，苦夢。附稼雲信，內陳果往又看，五卿摹澤館，呈名請人立正氣。余又合祀任兩廣，情為陳硯璫事也。洪鵬又工指呈立案，王子銘照大五天秀。同子凌來閱節，接王之春皖接，陸元鼎書曰莫接，屬付霖江楷，附呈書光久出缺，蘄提督調劉永福，係朱讀去見報，為告之也。譚鍾麟去任，劉坤一內用。

未到。出此文友卿余店，見其為人毀壞，恨甚。友告陳山人九，性過傷，師卿陳戩皆燒毒，有節老成。永和主過，恆瑞因動寓與寓，夜過永和，知周金銘仍胃夫子。有客靜畫，乃往取，到佗井路地名屬石過，及君友卿之寓，告所以久之。入祥源，待往會客，得得出農，陌接乘第一花忙，至亭七宿，廿二點為花白入席，四更矢葉不佳，與米諸夫小語。席散四更作寅寅侍，會了，廣生閩其九友往，皆至狀。寓，永和持燈歸，夜黑山深。

取四閱君與伯書畫，存一把五在役。夜雨

十八 苦雨。旱作寅寅往，以四脡移雨宿，書見，因作二書，知病狀，并顧得著敘事。

詠月季

徽婺不畏暑霜侵，肖生含艷晚，一月雨珠諦準，十年百二結同心。一月十星論價品，百年當計值千金。

致唐希請其自三十嗣七祖二妣并嗣子由二妣六位寫小神主一幅，先照儀計議，即成裁明正熟接之

四經熱君茅壯一局以沒無朋類存誌以存孝思其情慘惻不忍掩其言即作稿樣請其覆訂二十五年文
虞源店來劉讀書生至云久未至為云祖歿我主之許伊安自怪恨悔予論金太嘉歎嘉之伊將
作壯之兩相後日歿至去年冬歿祖既不能米又要短價又曾姊此等內澤內實很不精細之然日見拈
窘此田契作大加征劃不可之另換一予忍實和三至你來量伊仍初三去來必至兩不值为推託也時許之
與撫直託儀官你令使持信出行　雪下寸餘未已
詠雪　僧舞墨雲濃天低寒雨玉龍林壑盡素色山水絕塵容

十二月初四日小雪微晴　玉書來　帳計錢物交四錫日昨來　即出赴店　令伯炯昊照恒福至園取七元　市物歸
夜四錫來　金陵是　收鄉户田第二第
初五早踏冻步往陆至店　錢月初丹運去壽云後至新丹到玉潭　伊不啝　錢交苑小毛丹至莊何予頗久之之
請伊至又至之家取伊李四市内業　書摘潤已　已來矣至鄭滨北　後到玉錫家　送布尔蔬菜　見林仙一上岸開
至朱家　物東马　作芳仙家　伊來未曾　四宗債無有　過寶生家　見其家之瑞泽泥甚　而鞋不見　乃借
宋和舒鞋　挾撞而走　四馬之許初十送米來　滅余之氣　遂一休之　四丹　寶生送赤焦二篮　收其一　開門至寺
橋已笋刊馬建慶家以開糕交與　其累雜　貴殿向尊　糕果来已　右糯斗五升　至延七毛一角　送問收布之延又
晚

米價共計八毛錢首當千米 [illegible]收九斗算 已夜分矣 雪下如絮 行路若甚 玉舟飯之 後上岸 踏洪后 再又[illegible]
閔廣宗知其子 云已成羞回五斗 全量還 余使之 責其種種 伊云云 收來一石九斗四升 量畢已二更 路凍難
安雲如舞 玉已厚六七寸 玉舟夜寒多 玉說比五更雨寐
初三日 雪不止 一望瓊林玉樹 天黑水黄 飯後雪少止 乃行 行舟子惟慢如僵卧 恒懈可恨 同繞夏宗俛
舟行屢誤 迴陽佳已過 徑比到已午 冀踏雪厚尺許 過危橋 假陰見常玉 猶面順宗 亦說米多少
路告散初佃日 不足米 又保令玉不量 伊來回量下多收米 責之不已 祇看下收地租一石下 再問出於佃之
張林才宗量米三石 歸子世才仍降氣以求 及不專來 才五錢 乃悔 孝罵人不足 當獨刁難 余恐他一二責
伊大大跳 郡邑 用 玉游玉頭痛惡甚 二子亦形寡人理 余以逝之氣 追下舟 閒玉郎居午飯 舟子呆如木雞 但心賊多安
宋他不相知也 玉申斥 抵廿胡岸 厚上米 可脚力 挑[illegible]久之 玉居莫舟 付一元七可牢 伊大急之 獲少 而去米三升 轉上虞
僅分文 此次千文 乃如是真小人家哉 那鄉獨歸 已上燈矣
初四 雪又小下 宿生已見初來 春米 宿生來已挈 呆楊房米六角 一看米來 而玉點米 筏初三日 星疏 包也 款
寅六兵安四樣十元 代仙力 又樣甫如宏免二元 竟七 祖下六位神主 未刻 出借楊見西南男殤和八 晚來完利
莊見同 村 潤十九 七莊 架書地保 云初六佑捕 必能與 甫佃 送官責 然 雖倚之 並要當風也 欽不能以方 探去為
美善

然答之早不成鴂佐也遂深感同鄉吉生不在而其洋兵二角逢王重陽見洋大炮炸一孔即燃鍾從中開平蚊蚋之隙則

至此北堂居衙同楊君白志彦爆而糙與殃石利旋相去遠但不能健嬉市野路一千二角而致君花賦再搢出云云

往舟繫刀不得況且家[在]墨見白米計步三升實仍舟中而君乃憤恨即往君閘上談話京庭必得此庸石女

而閒六艘[不在]此若王閒兴棧訪伊在京年矣貴之渡畫完乃然萬羔錢非不可遇也況此等人不[情]賊心不可向而擲了為

求小人之言如此問收竹[秋]進集見　薛楷姪子　達徽二種　陳仲訪子趣以諸國故青生名字不一而害完進與黑

特言倘路貝矣無[不知]驚之[八]自覺我自今安矣　當夜歸　上方查來為少一石太急達遠健下謂此另寄來云來甫

來行年　夜中以撻屢貴本不得貴義且又一盡遠尖不准從責被人上下皆怒　楊孫來訪不值

初五小雪陰仍未正面至何未城居做炭云云　付工四角去　撻鍾以用練醋秋之軟乗一節之脱下帶時鋪之不

甚堅不知肯　從銅渡君　擬作書楊才呈　摸書之　大東門山墻務有不值留弟約明午會晤於大城由四門樹至播

下見[阮子]唐詢五之把坊間十九日七點為俗等小帆查四廠區[論帶天順]之在製筆所招大不亦生以房佃情形須自治則

保長退之云伊允代為理家香藏而許乃去見佯偶然談及三廠於柜諸色湯色過杜大見之秋干談說伊甚清楽

之深此錄誠犢乃去到店留在詢來價之惜秋雪下更甚逐本道桐伊病不食麼之須医即歸見出雪

晤王林菊契稿尋改　夜三理雪下如棗[又]過且三尺　内子作羅砌方食查桃籽油之物

初六雪罷陽室風寒不見達前積且四尺許庭樹皆壓垂地聞折竹聲清楽爆作清響余始令小帆思膺

令揚乃去之楊至渡理銀去即楊四家談揚屋理雪壓倒須理之余遂倩伊便之令君與小帆搢清佳

來了七條謂瓷信扎照需我可并浦來得至架書伊久之後久入未至說前了之之又5楊四

昨作往係屋修狀，汲踏雪歸。午後陳錫翁來，久話，定議伊自用三下 日許 五月底期成，平撥定，十分五月分勞

又代定鳥炭，身不便，世兄輩逐塘加租補，定價事現洋式，伊開票也。灰蓬玩物中間楊四至語，已肚會

小航云七九日七保 已約，明日偕芳佃來定議，現伊為勸阻，恐老年夜窮，且明日伊翁早去 去，並楊至開去，店契等

偕渠錄之，開首全佳，掃雪開路一白無際，遠看店后來六哥 云 力可升，硬據匠工畢，莫憐去，內子患癢

是晚以雪厚，雖月不復出。夜作 歸 菜後恨未交。莫由余計米 陰如 三石五斗○，洋十五元○，虎佃去

雪中找地梅開因作七古

頭有澈有寶玄真快雪時晴也

冬月屋後野梅早開

經年不作梅花夢，以離邊點點玉霏霏，飛來小雀報南枝，遠引寒烟空聹送空山

寂寂，蹤跡橫溪溪，淺淺 枝 方 遙深知心遠道香堪寄，得氣先出 姓 遊 盛讚幽人稱冷 豔

同調不共春來百卉開

中和去後御黃吳之歸云粮源向 但二丘一屋已開其田地三畝，可契明 成 盤後再開，向叔當評理，有嗡之吳氏男鮮入 收 成

取看付修工院，與吉生往取一看，此玉店出賬統，前日要存煩之，政恒夫查十現言，吉枚票款，後及 陳 盛 長 閑 賬

出地內五同為看糧，后 年 出帳 摘 又黃某人共一不 稿，共付支統取二葉，一年總打，然不能合算，其宜和至首之

斜秋保見陳丙才 收地租三角 及歸楊見楊四云今以帆之 師保与幼個均不来

初八晴 雪消冰泮寒減迎桂早改換諸理掃未出穀庠如缺楊之年改子研言陳壽生来即与美相

存心退讓情佛侍之仍作向十石美加法米石五斗去作加法来作作照折 拉共計净洋元四罡加去息本升

撥 收于杖鄭量八九斗五升 照相去年十錢元矣伊似欲減而復去 仍洋廿元兩差甚巨一年詢所欠廿元院内撥

壬辰年十元後本年取利取清而已照伊所擬送共止兩付擬 夕挽 乃久而去此等尸擬難為之甚 昨年石加錢

捐上二年文信三慶陸大兒去年粗磨余出楊見楊四云十九日七保吳秀五不来而不帆仍在逆向武使於鄰來

吴共見陸姬者 其子方来十一十二山元姻一種 到后陸之忘一二遇悟極一直星府南南入門宮找向周全之饒丹言名

寓屋見沈之近之屋卅餘四友伊設一陽庵手種屋四年住進七十元一人度日自資食讀書其所資年六十二如映其顏只

中年所嗜烟酒一切戒去真青窮寡人也極仰之且說劉伊子乃出曲北寺歸明月照積雪光景可愛而星

不仁

庭与年来乃定秋四大禮

初九晴 春来年来四上詢三慶伊只見今年不復付極兩難 晖年中标石米於本五元 年糕有賊

聞卜樂歲尚无株價 百年暴騰鼓圍孫棵陳近轉成為欺諜旨蓄果春事劇喜時伏臘風 高有歲

瑞芭辟邑圭營口稿搏成色相笑兒童劉郎詩語雖然字勝錢情吟到歲終

申刻出東門入山塘与錫蘇同使出燈收甚佳閒說一刹入城剩頭于天后橋里饒傳山長生緊委為說間彬了種之北

到店遇嚴鐵橋，賀其子入泮。子雲五六弌共扎頭，詢宕糙，悉全用三西石光之參燕玉，蓋知悅夫一見，保成詢桐庵，欲畫

老坤兄裝肪找拘四不見，之快悅金玫只便來看，屋旋歸，地泥淖殊甚。夜子三處陸大培，以畢睡

初十 晴陰寒。昨夜孝來，洋宏和笛之陪子。來作程，薪多煩難，求致室生等，呼王佃田顧，觜飾家人忙亂

兩月(自)昨似傷風，已刻玉錫來，偕馬錦芳來，已到全室生洼，挑另袋笛宕，廣生隔一日，言炭是午加辜二担一只

宕室，其子玉錫，惜七八人旨，子硯市到年，雞三斤半，計自里下且有備，往來斤百物之昂，如此不可思議。後投已，結玉岭，分付燒

債作年糕，請莊蓋，招向嚀，子雲來，乞自手抹米，與生存，悉因久留，說多市，情而飾茶，又至寶到，炭票同託宕文

晝 賻(?)雲，款，約夜付，言申刻去訪，錢鞫雲。其家云病已十日，乃留之面，東府不見，返保成，晤桐庵，到店，改保宗，以(?)四錫送來，另

以杭及周六均無處，多恨地滑，捷歲(?)御者再歸，上燈，夜保錫莽來，同付祝(?)統，改炭票，杭延佳宗頭，笛吸說市，種之去

打糕至十二下，待畢，替之假(?)祻及糖糕共計，上燈時，王閏為來，算租金三十，婦如為十元，付僅十元，仍約十五付，為求代抵

回敘，飲之。半夜復飲睡。糕司歸(?)　李室留宿

十一 晴 早來，來來參致英寶，安之，詢其翁，陪其保，何以未到。偶言來取粗，杂二元，宕，陳仲太陳(?)縣未刻子研來，審畫稿

問韓(?)仍難，以北到店，無所事，敘己。子雲暇，至時(?)租周六二，復嗜光(?)，只遇沈網(?)之一言，市肉歸，楊運楊四云，其石保不大合人道

訊，呼為渴(?)言西地，又筆(?)朱筆庭，說老子，踏月雪中，境多清寂

十二 晴 晨門空間眺，冷風凜冽，復讀《唐七古》。午後歸，看九毛玉，申刻去，仍不往行，寓備(?)數日為剩，陰風帳冷(?)，二三日和暖

不可往，穆(?)玉保，有山羊肉，集市三斤，付三角，火(?)耐久，于歸即不復北去，幸(?)陰陰雨，更(?)何得(?)也。連日送朱方不往，迎神

子沈月樹册二九(?)至神祀(?)

十三日晴 拜榮老半壽 心蘅早過此一遊又一晤 極一來一洩悅全一處 拙而詐可笑 讀唐七古 午後仍出謁沈月村太夫人
上座見其珍日言 伊父在倉而不容脫之 殊不合禮俗 致風壞 但為是也 望桐君病 榻中喃喃說病 將家事已轉托
金處 又值陳板林共談 余出到店 看洋瓷玩 彼等均日逐習染不華美 一路過北月地攤 有銅物可計數者
二百 鏡六角式皆有飛并龍大一徑一缺半 不甚古 又見古錢百餘 大者如兔及常而比泰山又宜心人
物花鳥各一 時唐宋物 又至西端平安寶 各種大錢挂滿 寧教未六角 鏡壽字角 枚價撿取 乃入
松風館 晤何翁於玉翁 不值 適遇康侯談室 珍與程翁 花小毛冊少 文及錢及少米 徵木佳之再又
半與才為解說 乃又候玉來晤 神乃又 唐侯必歸也 食 遇和源 珍桃二件 又同往米市杜泉 印本又入茶新
猪網同居來乃行 甚悄未少 市一二枚也 至合茶見攜雲 同快悅去作 不值 而帶机至亮全俊茶游樓洲歸即
四子琮中托市青魚一元 計八斤 延寶元半開 及楊飲一角 夜書四日方了了
十四日晴 早修雨鞋 以青里雜作 葉飾 天演二頁 掃屋拄樓 未刻出訪錢翔老病 知少會北入祥霞 詢希和神王
未成 但見金心蘭梅桃 桐石老中年杜四小屏 未有佳者可玩也 一至琮中 到廣樓靜等 具有保說寫出
祝於孫五恨也 附達信以至和仲只主 觀政時雨禪處 有近路節幣盤 商說用之慨矣 今已旧田宮庭太之似
小品觀劇 書竹為便 其叫鄉一材也 并知來看大刀會等起教 教民法人授室有令 因亂已殘分 毀已無以三
年不得安枕冬夏 孫五處爭其烟一殺害 出北門為古錢攤 不得入和源 云得已送來而往米已完 琮居余
性早信居法人不見 乃市廣柑二斤 每斤福橘十斤 文字二角 楊四歸求請年前寫十餘元 以地捺明春下
奚以到樓也 閱吳虞大根詩 都無狼

知鄭晴川園已逃去蓋惡不及兩月其父母據據屢家以事告用區今三人當嬢女矣性了無著落且
新婦深系病懨懨有此處室獨其家人任以爲情即行毆威欲爲泣下茅餘三不應于室手速爲孫子娶歸
余亦爲之悼惘家門不順至此第余六七年前早識伊歟頗秀小十余年不來今果不材并其父子生平拘謹猶善
衡嘉發及陵情奇乃取之弱天之報施誠不可解
于族中物見若賓之弟如之契闊飲後晚霞告以大來橋邊必有佳境同行入踏坊巷而告父母日間至吳門伊爲仍
歲入場下帷吾在伊與諸女校書共話濃節此抵橋一坐兩李寺前水木煙光頗悅情景佛細橋上指點
歸烏煙擾書傑即各別歸　陪若英賓生太爾從所欵已備已同兩來至伊所上一席始
四日　晴雪階倚壺料理年事四點一刻作字數百曾出稽廣君銅攤不見至恒裕錦見子渺不寓往訪田宿
楊四云卿保寓帆來菊來欲取洋四珍其糧於伊盛本以土一元明日付至芸地張燧靜居成而聯柱即詢楊歸
覓出鄉兒張五云昼伊車中袁其似是而非手槐告人說鄭晴川不應安而鄭生新嬪否自出中皆怪了返見
光早已楊處桑篡者見楊謂論中歸云與鄭浣之　陸味青同歸也
五日　晴早壽烟自六點半旧在奔玉年畢遠衡興來其限閑說家事至中初去予研來而細思不來早宿
家和呼快收室蘇州寓到茶油廿三斤速稱計十一手之六千為中出和廣見子怡說且當何市后明十元步出北
門市收賬桂生與保成談一刻至楊四詢居攷玉重來會市積葉取益黃而心萊秋石見陸延耆道契六千要歸
夜攷成書三示返收　陳蓋鑫收　陳木扇收　沈月亭收　朱竹王來儀來　錄三令之　予書並爲諮將傚

棠地昨年採運作息揚言余與室信之而發行三百兩少詢燬至加厲至有伊除見情實不堪悼乃定令濱

十九偶數日內有洋即歸欲歷鄉去抵契整之威脅決不能負萬惱請人持洋去余家人皆怪其作事太過跋

家長甚窘不審其誰得了

余言我將概下之策及他為絕契被本年第一生息我日聯拼珠寶家人以為萬業即有息進事均就了

亦不過偽為之辭

十七晴訪郭晴川表札二角繪起園畫藏園有額懸上客次

遠山四合一江開浪打孤城日兩回睡醒漢聲到海換（源大）赭龕山色渡江來濤頭一線滄溟接

水底中分吳越境伍相前驅文種後迴腸盪氣發詩才

午後高八根來雅法子未議未妥取五元余後價付與高前所已取十元昌兒立一抵字匡劉文到余取到款另立一情

甚重至晚余去北廣承洋去此內陸和才佃押字平二頃年六十二矣和藹可想見稱此仙殊去歸我以元予王未仗被契

先年王國兄來我到租押六元四角伊要卅元以田抵去契余兒當面人伯世後本說之詢明了未詳也

午後雨晴以室兄周厚夫係又覺之并取此捷長之因王佃來即歸

夜饒同伊門乃靜兒中歸知于姨之整日令舟平安到家聽一曲各種去夜中三姊發關氣擾忍至天曉又以

十八陰伊之嚎之早出要雇特往宗家寺訪碑（續）蘇姚好古緒余識也宜生元來冒雨望地午去東谷史家部有開（撤）檀

譯句太平後來近廿年典附與敗斯有子親中來俄來告余淳已見地不佳此衍望之吟日前明年月近得而

鄉我四元余告之迎神到來之為歎加之須蜀得一處地畢之則伊要廠息我得聯備去竟之而子同葉鐵衍止第二

以伊謨省呆西南去后不復云云 寶生拌五四絡之四青樹六斤紫八石來一元九八角售之 照舊所取第五地贅墾地見竹敝
來留芽學之利旧作長遠楊筆厥多由阻衛教郭地案不足卅株 但不及三成葉乎 不出北户來將出奮去夜分
詢靜初乎
十九 陰 出見陽曦寶生兄弟鉅翁書 約七八日 幣理出帚攜阿有損一枝 皆小兒輩所致也 出北兒子湘云 法來啟姑
慶 還陳盛球傅鍾程順生 云夜東墅趨乎 又以為輩所市 陰油價甚貪 機又與陸月樓 談其藉乎不前 松風諸人話
陳叠夫 拌拋出例三付 惟毛案限果不留 與會在寶五遇 暑快南必利也 歸于楊見楊因偷與沈梅卿 畫大一箱
諸麗二人路會于共飲 携回陳五 談陳佃吾汪四家 天暖矣
楊厲野玉成寶到角洋二百角 兌信中壹錢付金證收入外匠挖也 相君已收來壹一尾 三斤〇 付樹價八元
二十 陰 昨夜細雨雨于以分 謨祖來書 余以廿之中撥六元作法錢 對字無院 伊以為太過 但余明日面需不得數 收伊杯六元錢
果錫寶生之北挑來并常經談 表生余印攜其鄉而出列慶 子湘云在西米巷 紀阿聖加挑夫于一角 只索册至金
其恨合日來有二人 但見多費挑人之錢 準不合也之 詳陳盛 表生云須加兒付柏順之名 君聞云人收費 乃至庫與張薛
證一刻見 官者印旅通付 法費乎一角 收十文 來只人不平 同收球攜出等之久 被更為原通職至舍又眾人
令二工又四段筆亦出一更辭云 乃于廣居膳 陸恰夫出法 半舍全了 師代完 又吸于房內 該件為人拆取去一刻 後了之
麥錫粮陶解 趕會完畢 余乃于第二戶完納 畢出付完錢 計來三石六斗二升七合 來路一斗零之 以其備三石分
到慶付之 雲來濟 攜 誌又未見 逆旗嘉興葉帖 仁甫承和帀國甬 見達渠 告臨中乃攜不便以有

而使余以前所用刷印机以後作名数年久于遇损坏只舟金贸易矣。请史宾代买余所需杂货日本

维皮纸利百世，伊乃然而志不坚，识且未甚高，久之厌倦，乐出旅归。市水烟灶牌，收

李五送到洋四元，乃借帐之款，计自八月大至年底共收六角，利合之。收捐汉合上十七千二百

收四元合上三千零七百廿，油价三千四百廿六两，借伊议上廿千零二百六

达卿送肉一碗、蛋糕一盒。付子研息，现收伍代付洋来，还收。应付开马性

（半天）廿阴，午晴。前生所借洋三串，之前乃付之洋贰元，而家用不敷，钜付半角。取铎糙米济付子研，交支那文学大纲，孟

庄韩叶家（所论）文不能也。家人洗锡器壹瓶诸物中刻出到店，大城市乡离一计算予评，本市杂干，其来力局

实和子叶宝不见己，陈盛付二角，仍钱沉收金约廿三串，阿清筐墨，告祠屋使住状

陈桂卿子贻（名守元）来拜

廿二晴。子研来付予米价七角，即出予四角，市半两一肘，送唐桐君（饰德），埋蛋壳于地作肥料。午後来仪来要找（之地价），详明日

达卿来，因述明年谋生计，思以用机器养米，无能教之法，然了无筹款，诸件难办，起余昔日功业亦

钱江浅轮伊雅之居事，收果保取谛，静得两日，八事利之件，余为再次唯一料（不能）夏布来，退宵后

以年数百千不难成，较有把握，因难访求，久留侬山暮南瓜，去余一查地，思于此一以天晴不远

余所予，遂不复行。思计年需用项卅四十元，又加屋价起造，又须加百三四千之不可，所開支括

据張君奚然峯後中止之。　以市洋半角買屠桐，市栗一斤，予丁角器。

廿三陰，間雜細雨。錫大宗二頁送鄉，情以迎神禮。肩蕎來儀來取地權四元。余適一謁，見其肖像屋院二老偏權一爲情日可又延一陰，心中諄可迎復，而不得出。督業宝紫西菴送寶豫諸孫耕送爲一級，順途送風之寶。予類果一包。　省三來代市鴨，收藍一斗，同午飯。

廿四陰，寒甚，手足僵凝。夜雪。德衍楊四來，言屋價國一再說定，付五元，餘五匯日。嚴炳來書，收到。唐兪受之像送林霞，霞之逝，天寒不及無掛。唐道子濟悅，收訖錢洋布。貴生代市半鴨，收。云杭市銅價，兩年後黍已四過，恨祇取眛分文，增之錢可錢中恨見細間，為仰仗梅林狀借得以炳抵。又請陸林提借得付，以息借余款，以直幾出佳市價，略加十石之呈，數錢煙價，差收未許而去。　天氣陰霾，寒風刺骨，迎雨雪，均無若於市人矣。

廿五陰，衛雪室生兄來言，信下紗，付杭收當加相米錢，停供又私。玉書來，談合布采秩，留之未刻出大東門，銷山暫鋪舊往下紗不值，由城隍殿司玉倉取洋芳老人，由保國到府，因其續杭息帳算以發，將玉州又來對玉詩其遞止。憶月初阡堂談了論，以大府雪不止，豬表青夜市示和收猶索十〇四，又見殊宗染坊友了留住其吃年夜飯，係甜菜，正初更拔燭，冒雪寒風刺骨，以佰坡得不值指。　與玉書談。　留之談，頃刻已慌云。　業果花少年錢静言。

廿六巳刻陰晴。昨雪二次，二三寸。今日即晴，整理麻子錢，清林紹借至不許久之去。余步至山增命玉挑父書，已居下。

晚又雪，侍談身出不至，之之兮係坐待，整達真頗抗之，尤根鬱之杠。　去稿談至天后補刺訂，遍毛刺司。

過乃令來卯帝羨地栗山非叙刊予一角將歸又久之于徽之邑中劉招　雪又下　該處業者　何以始終不得乃嚴飭家人
勿事過予而諸僕押以柴作省陪費數來不易言之為不依不言即跪揣冬底止　聞夏老家雪年性以屢戒諸均
雖若予　人多附家物畀心地目狠多至之走伊等各求出入其居　惰之難辰　其臨終所努對余不足歎　予所一集
應賽甚而益如泥水坊不溫
廿日小雪　午後雨　早令至錫之臺石濱　泰明四雪甚寒不寧去而乃不得歸還市　魚蔬脚年神　魚斤江較上年減十之
五　午行速甚不至心中甚悶　比申初未　宰雞　特夜祀神　係業世楯　叔謹跪拜至九下送天　雨雪相雜　焚燎于庭　即
治夜膳　歡喜團圓　一家團坐　余飲酒至十下鍾　以
喜事未回係憶念之　中往宗之友未坐四撲病　略與之　留謀去　三更　雪下　聲颯颯
廿六日　雪止　係積約三寸　一望銀海　午後見陽曦　係虞柴薪不繼　今年雨多　各家無存柴　畀至四五百一石　甚至二千
貧處家人宜惜此　必致滿三月　莫雜時時看去前史記萬華錄　鄭負其陸賞林行　讒得願有性　當時及時情深
午後至查今諸春佃未　余責以疑不如期　致今有雪事情既未又只玩其少性　乃大嚴諭　彼使之無辭　至為之請
我將田之旁桑地三畝作抵秋租　許免伺空　明九月底租息同清　決不再誤　留飯去　彼佃竟不知恩　無款計算候之無
蓏還不出而去　姿諸之甚矣　少間至去　余即令其未懌市肉為四元　債只六元半　中央祥後見神之將成　付稱係後
益多逐寄貨性恨　到店鋪北市肉　紅口豬油似今健損　歸北之和原借息性玩　還住何言　第秦石厥情凡議仍利
店見滿莲腹一注　晚到四庭南還亦和原恨殺中棄喊　乃歸途甚難行

静四閱書之，有段年之談將名寶慶後戒更定而無係，恭親之孫天下多事能遣又覆路甘
步韓出内江四拜文作　夜閱書果鐘止呼語提醒視
十九午小雪，卯出詣史記，午飯食畢出之，前街室茶館，以黑爐抵十元換洋一百五十，比二詢慶桂棧知已有信，乃
晨往看，聲明日到，趙老店得錢訪澤臣林伯葉談，次知鳥其已在，過恒裕閑說，後過恒大告
敘多不至，息矣，知戒陳松甫偶一至，歸店以匯兩付于常店，与日評晚飯，清夜鳴陳李繼一談，等久而松不來，將燒
而歸。　細雨，夜之為健讀史記律，有味，健亦似有領解，雅讀不捨，云云，收以善讀，引導不多。
陳宗向說之，是日家人忙亂很食，園覓熊記像清，案摩楊罷業，付店欠五元，前共十元，又再者云，厉目内
屈與出屋並一二周遊，余以被為持，顧云：望之無事，禪工張未見錢，計存七，付陳十七角，内十六角交陳寶慶，與之四
角而已，留今年潘來八角付矣。　昨往蟹房未出，卿以畚被付刊，重新傳紙白蟬，冒雨，至申刻冒雨出店，見子堂
言伊事，店帳乃生意以兩折，此細說及仁和多笑性，與恒大信，店私中取帳，付匯往來玩言，又收糕點二，往至仁和，便右去云云
不接，恰要馬歸，特之收，貨物將買，言取折，燒金有也，免匠到往，來而信乃出，匯元前四角，店夜饍飯，陸性供
罪未還而祝，指疫只罪之和錢，指店見四塲，形字不店一責之，恒找仁債多，笑貸收公角，比和烟具之，怪瑞不僅乃
而打燒歸，亦和矣，于珍三、汪祥君、沈達生各欠皆不往，以往往貴居吉，必無功，雨中首出小茶攤，恼，至揚炀頭，膳中歸
四點以業，性至河任之，出至十下，對將飲而寿，計現存六洋、恍角、卅文